REVISTA DE DIREITO MERCANTIL
industrial, econômico e financeiro

CB081583

136

Publicação do
Instituto Brasileiro de Direito Comercial Comparado
e Biblioteca Tullio Ascarelli
do Departamento de Direito Comercial
da Faculdade de Direito da Universidade de São Paulo

Ano XLIII (Nova Série)
outubro-dezembro/2004

MALHEIROS
EDITORES

REVISTA DE DIREITO MERCANTIL

industrial, econômico e financeiro

Nova Série — Ano XLIII — n. 136 — outubro-dezembro de 2004

FUNDADORES

1ª FASE: WALDEMAR FERREIRA

FASE ATUAL: PROF. PHILOMENO J. DA COSTA (†)
PROF. FÁBIO KONDER COMPARATO

SUPERVISOR GERAL: PROF. WALDIRIO BULGARELLI

COMITÊ DE REDAÇÃO: CALIXTO SALOMÃO FILHO, LUIZ GASTÃO PAES DE BARROS LEÃES, MAURO RODRIGUES PENTEADO, NEWTON DE LUCCA, PAULA ANDRÉA FORGIONI, RACHEL SZTAJN, ANTONIO MARTÍN, EDUARDO SECCHI MUNHOZ, ERASMO VALLADÃO AZEVEDO E NOVAES FRANÇA, FRANCISCO SATIRO DE SOUZA JUNIOR, HAROLDO MALHEIROS DUCLERC VERÇOSA, JOSÉ ALEXANDRE TAVARES GUERREIRO, MARCOS PAULO DE ALMEIDA SALLES, NEWTON SILVEIRA, PAULO FERNANDO CAMPOS SALLES DE TOLEDO, PAULO FRONTINI, PRISCILA MARIA PEREIRA CORRÊA DA FONSECA e VERA HELENA DE MELLO FRANCO

SECRETÁRIO EXECUTIVO: HAROLDO MALHEIROS DUCLERC VERÇOSA

REVISTA DE DIREITO MERCANTIL
publicação trimestral de
MALHEIROS EDITORES LTDA.
Rua Paes de Araújo, 29, conjunto 171
CEP 04531-940
São Paulo, SP - Brasil
Tel. (011) 3078-7205
Fax: (011) 3168-5495

Diretor Responsável: Álvaro Malheiros
Diretora: Suzana Fleury Malheiros

Assinaturas e comercialização:
CATAVENTO DISTRIBUIDORA DE LIVROS S.A.
Rua Conselheiro Ramalho, 928
CEP 01325-000
São Paulo, SP - Brasil
Tel. (011) 3289-0811
Fax: (011) 3251-3756

Supervisão Gráfica: Vânia Lúcia Amato
Composição: *Scripta*

SUMÁRIO

O ÍNDICE DA *RDM* 5

ÍNDICE REMISSIVO POR ASSUNTO 7

ÍNDICE REMISSIVO POR AUTOR 141

O ÍNDICE DA *RDM*

O Instituto Brasileiro de Direito Comercial Comparado e Biblioteca "Tullio Ascarelli" e o Departamento de Direito Comercial da Faculdade de Direito da USP, responsáveis pela edição da *Revista de Direito Mercantil*, conduzidos na atual gestão pelo Prof. Doutor Calixto Salomão Filho, têm a imensa satisfação de oferecer aos seus leitores, com este exemplar, os índices consolidados, por autores e por assuntos, de todos os números que fazem parte desta segunda fase.

Trata-se de uma antiga aspiração do Comitê de Redação, ora implementada, graças à valiosa colaboração de diversas pessoas que somaram enormes esforços voltados para o presente resultado.

Desejamos agradecer especialmente ao Prof. Doutor Francisco Satiro de Souza Júnior, da Faculdade de Direito da USP, que forneceu a base principal deste índice. Estendemos o nosso agradecimento também ao advogado Rodrigo R. Monteiro de Castro, que nos repassou um índice individualizado e atualizado de todas as *RDMs*, fundamental para o esclarecimento de dúvidas e complementação dos dados formadores da nossa fonte primária.

Desta forma, conseguimos realizar o almejado objetivo de proporcionar aos nossos leitores um instrumento importante para o auxílio de suas pesquisas em relação aos assuntos abordados pela *RDM* ao longo destes últimos anos da segunda fase de sua existência, tão significativa para o Direito Empresarial no Brasil, graças ao reconhecimento de suas dezenas de colaboradores ao esforço que tem sido empreendido para o incremento cada vez maior da qualidade de nossa querida *Revista*.

O próximo objetivo dos responsáveis pela *RDM* é o de criar o seu "site" na Internet, que pretenderá ser um foro privilegiado para a discussão de temas jurídicos relevantes para os quais ela tem tradicionalmente se voltado e no qual esperamos disponibilizar o presente índice, permanentemente atualizado.

HAROLDO MALHEIROS DUCLERC VERÇOSA
DIRETOR EXECUTIVO

ÍNDICE REMISSIVO POR ASSUNTO

Abertura de crédito — Nulidade de cláusula contratual — COMPARATO, Fábio Konder — **3/59**

Abordagem aos aspectos jurídicos dos créditos originários de operações de adiantamento sobre contratos de câmbio, garantidos por títulos cambiais, em face da flutuação das taxas e de sucessivas prorrogações, Uma — SOBREIRA, Diógenes Setti — **51/45**

Abuso de direito na denúncia dos contratos de distribuição: o entendimento dos tribunais brasileiros e as disposições do novo Código Civil. O — LILLA, Paulo Eduardo — **127/229**

Abuso do poder econômico e (i)legitimidade — SCHUARTZ, Luis Fernando — **95/57**

Ação civil pública — Legitimação do Ministério Público — Não pode o *Parquet* exercer o *munus* que a lei concedeu ao advogado, pena de insuportável e virtual obsolescência da nobre atividade — VERÇOSA, Haroldo Malheiros Duclerc — **87/53**

Ação de depósito no novo Código de Processo Civil — RESTIFFE NETTO, Paulo — **14/141**

Ação de prestação de contas — Trânsito em julgado da ação que apura saldo devedor ou credor — Execução — Apuração de culpa contratual no curso da ação — Responsabilidade do credor caucionado por duplicatas prescritas — MALUF NETO, Miguel Alfredo — **23/113**

Ação declaratória — Declaração pretendida da nulidade ou insubsistência dos efeitos de cheque emitido pelo autor — Inviabilidade do pedido — Carência decretada — BULGARELLI, Waldirio — **13/89**

Ação ordinária — Sentença (Proc. 5.209, 6ª Vara Federal-RJ, Juiz Carlos Augusto Thibau Guimarães) — SILVEIRA, Newton — **37/139**

Ação renovatória — Adição de prazo contratual — FRANCO, J. Nascimento — **3/63**

— Citação, seu retardamento e conseqüência — FRANCO, J. Nascimento — **1/93**

Ação social derivada de responsabilidade civil dos administradores — LEÃES, Luiz Gastão Paes de Barros — **112/127**

Acciones preferidas con pago de dividendo garantizado, independientemente de los resultados — Síntesis de la ponencia. Acciones preferidas con dividendo garantizado: 1. Introducción. 2. La acción preferida. 3. El dividendo prioritario. 4. La ausencia de voto. 5. El capital social y su intangibilidad. 6. El dividendo garantizado. 7. La tendencia a la uniformización y las líneas de pensamiento dominantes. 8. Conclusiones — BORBA, José Edwaldo Tavares — **118/112**

Acesso aos livros societários. Notas para uma interpretação sistemática e teológica do § 1º do art. 100 da Lei de S/A, Do — MOTTA, Nelson Cândido — **115/127**

Acionista controlador — Alienação do controle e incorporação de sociedades — Responsabilidade nas operações em desacordo com as normas do contrato e da lei — MAIDA, Sílvia Maria do Prado — **113/210**

Acionista controlador — Impedimento ao direito de voto — FRANÇA, Erasmo Valladão A. e N. — **125/139**

Ações bonificadas derivadas de ações subscritas com utilização de incentivos fiscais. Implicações — MÉLEGA, Luiz — **9/59**

Ações homologatórias de sentença estrangeira 2.476 e 2.521 — Embargos na carta rogatória 3.101 — Cartas rogatórias 3.166 e 3.237 — BULGARELLI, Waldirio — **41/95**

Ações preferenciais exclusivamente com vantagens políticas — LEÃES, Luiz Gastão Paes de Barros — **109/223**

Acordo Brasil/França no campo da propriedade industrial — 50/121

Acordo de acionistas — 1. Acordo por prazo indeterminado. 2. Acordos em cascata. 3. Acordos que alteram a proporcionalidade legal do direito de preferência. 4. Acordo dos que dispõem sobre eleição de diretores — CARVALHOSA, Modesto — **106/20**

Acordo de acionistas — Arquivamento na sede social — Vinculação dos administradores de sociedade controlada — EIZIRIK, Nelson — **129/45**

Acordo de acionistas: panorama atual do instituto no direito brasileiro e propostas para a reforma de sua disciplina legal — BARBI FILHO, Celso — **121/30**

Acordo de acionistas e o poder de controle do acionista majoritário, O — 1. A configuração do controle societário e a transferência do poder de controle. 2. O controle da sociedade e o acordo de acionistas. 3. Validade e abrangência das disposições estatutárias e contratuais definidoras das relações entre acionista controlador e acionista minoritário. 4. Conclusões — WALD, Arnoldo — **110/7**

Acordo geral sobre o comércio de serviços (GATS) e o turismo sustentável — JO, Moon Hee — **132/77**

Acordo TRIPS e a implementação de políticas de propriedade intelectual no Brasil. O — VALÉRIO, Marco Aurélio Gumieri — **124/143**

Acordos de acionistas sobre o exercício do poder de controle (análise das principais alterações introduzidas ao art. 118 da Lei das S/A pela Lei 10.303/2001) — TORNOVSKY, Miguel — **127/93**

Acordos de comercialização no direito brasileiro. Os — I — Do regime legal vigente no Brasil. II — A jurisprudência administrativa do CADE. III — A regra da razão e a sua interpretação. IV — A posição do direito estrangeiro — WALD, Arnoldo — **47/15**

Acordos financeiros e a Resolução 3.039/2002 do Banco Central — Distorção na legislação falimentar — VERÇOSA, Haroldo Malheiros Duclerc — **127/52**

Adequação das funções legais da Comissão de Valores Mobiliários à realidade brasileira — 1. Introdução. 2. Antecedentes históricos da criação da Comissão de Valores Mobiliários. 3. Conteúdo da Lei 6.385, de 7.12.1976. 4. Críticas à Lei 6.385, de 7.12.1976. 5. O Projeto de Lei 1.564/1996, do Ministro Antonio Kandir. 6. Conclusão. 7. Bibliografia — ALVARENGA, Maria Isabel de Almeida — **105/144**

Administração de cartão de crédito constitui atividade privativa de instituição financeira? — I — A intermediação financeira. II — O conceito de instituição financeira. III — O cartão de crédito. IV — Intermediação financeira e administração de cartão de crédito. V — Inexistência de autorização do Banco Central. VI — Conclusões — EIZIRIK, Nelson — **88/25**

Administração estatal indireta e o concurso público — ROCHA, João Luiz Coelho da — **87/17**

Administrador de fato nas sociedades por ações — PAULIN, Luiz Alfredo — **130/102**

Agente de navegação — Responsabilidade civil — I — O que são os agentes de navegação. II — Os agentes de navio revestem a qualidade de representantes do armador. III — Limitações de tal representação. IV — Gênese e índole da responsabilidade dos proprietários por atos do capitão e da equipagem e pelas obrigações contraídas pelo capitão. V — Responsabilidade face ao Estado por penas pecuniárias, taxas, multas e direitos marítimos devidos pelo capitão. VI — Inadimplemento das obrigações impostas por lei ao capitão. VII — Responsabilidade não-solidária por atos do capitão. VIII — Responsabilidade dos armadores e proprietários pelos atos e obrigações dos agentes dos seus navios. IX — Irresponsabilidade por danos causados pelos empresários de carga e descarga. X — A ação de dano contra os armadores ou proprietários do navio é uma ação direta. XI — Pactos especiais que excluem ou limitam a responsabilidade dos armadores ou proprietários. XII — Interpretação das cláusulas exclusivas ou limitativas da responsabilidade. XIII — O contrato de fretamento. XIV — Carga e descarga. XV — Comunidade de carga. XVI — Das regras para entrada e saída de embarcações em portos nacionais. XVII — Equiparação dos agentes aos armadores. XVIII — Faltas na carga. XIX — Requisição da entidade estivadora. XX — Abertura de crédito pelo armador ao agente. XXI — Quem é o armador? — SOARES, Luiz Dantas de Souza — **34/53**

Agente fiduciário do consumidor em compras pela internet: um novo negócio nascido da criatividade mercantil — Introdução. 1. Das proibições expressas. 2. As atividades permitidas às sociedades corretoras. 3. A atividade de agente fiduciário — Características, funções e responsabilidade. 4. A função de agente fiduciário perante o Código de Proteção e Defesa do Consumidor. 5. A compra via internet e o arrependimento do consumidor. Conclusões — VERÇOSA, Haroldo Malheiros Duclerc — **118/88**

Agravo em agravo de instrumento contra a inadmissão de recurso especial — LOPES, Paulo Guilherme de M. — **120/183**

Ainda a abstração — TOLEDO, Paulo Fernando Campos Salles de — **80/133**

Ainda a questão do valor das ações em caso de recesso — ROCHA, João Luiz Coelho da — **81/113**

Ainda a reforma de lei falimentar — Parecer da Comissão. Substitutivo adotado pela Comissão — BULGARELLI, Waldirio — **111/203**

Ainda sobre a necessidade de homologação das sentenças arbitrais estrangeiras pelo STF e a **Convenção de Nova Iorque de 1958** — VALÉRIO, Marco Aurélio Gumieri — **131/91**

ALCA e União Européia: interesses específicos e gerais da política econômica brasileira — SIMIONATO, Frederico Augusto Monte — **134/138**

Alcance das limitações estatutárias ao poder de representação dos diretores, O — 1. Introdução: extensão e limites dos poderes de representação. 2. Atos estranhos ao objeto social. 3. As restrições estatutárias aos poderes de representação dentro do objeto social. 4. A posição do direito societário brasileiro — LEÃES, Luiz Gastão Paes de Barros — **113/9**

Alcance e limites dos acordos de acionistas: a teoria da vontade frente à indisponibilidade e cogência da legislação organicista brasileira em matéria de sociedades anônimas — Apresentação. I — Caso "Polienka S/A" — A soberania do acordo de acionista. II — Caso "Família Ometto" — O efeito "cascata" do acordo de acionista. III — Fundamentos da construção organicista (em oposição à contratualista) do direito das sociedades anônimas no Brasil: 1. Das teorias sobre a natureza jurídica das sociedades anônimas; 2. Dos fundamentos de adoção, pelo direito brasileiro, da teoria organicista e suas conseqüências. IV — Conclusões — CHADDE, Alexandre Saddy — **109/108**

Alienação da empresa na falência e sucessão tributária — FONSECA, Humberto Lucena P. da — **132/87**

Alienação de bem imóvel pendente demanda contra o alienante insolvente — NUNES, Hélio da Silva — **123/94**

Alienação de controle acionário de companhia aberta e o dever de informação ao mercado — 1. Revogação da obrigatoriedade do *takeover bid.* 2. *Full and fair disclosure.* 3. Repúdio ao *insider trading.* 4. *Leading case.* 5. Conclusão — BARROSO, Heller Redo — **116/162**

Alienação de controle de companhia aberta: o papel das instituições financeiras — GUERREIRO, José Alexandre Tavares — **30/115**

Alienação de controle de companhia aberta e a recente reforma da legislação societária — Efetivo avanço? — ANDREZO, Andrea Fernandes — **130/160**

Alienação de controle de companhia aberta seguida do fechamento do seu capital — LEÃES, Luiz Gastão Paes de Barros — **113/255**

Alienação de controle de instituições financeiras — Acionistas minoritários — Notas para uma interpretação sistemática da lei das sociedades anônimas — 1. Notas para uma interpretação sistemática. 2. Art. 255 — Um exercício de leitura. 3. Oferta pública e rateio dos intangíveis. 4. Direitos da minoria e poupança popular. 5. Direitos patrimoniais e igualdade de tratamento. 6. Oferta pública e direito de voto. 7. O dever de zelar e a preexistência do direito. 8. "Alienação" e "aquisição" do controle. 9. A Instrução CVM 3/1978. 10. A doutrina estrangeira. 11. Alienação do controle e incorporação. 12. Ainda o acórdão do TFR. 13. A nova estrutura do mercado de capitais de risco — MOTTA, Nelson Cândido — **46/33**

Alienação de distribuição disfarçada de lucros — SILVA, José Manoel da — **18/45**

Alienação do controle de S/A por oferta pública (art. 254-A da Lei das S/A) — JOSUÁ, Adriana — **126/141**

Alienação do poder de controle compartilhado — MOTA, Nelson Cândido — **89/42**

Alienação e aquisição de controle — CANTIDIANO, Luiz Leonardo — **59/56**

Alienação fiduciária — Automóvel — Busca e apreensão — Pedido feito por consórcio — Admissibilidade — Apelação provida — Voto vencido. Alienação fiduciária — Busca e apreensão — Requerimento por consórcio — Inadmissibilidade — Negócio reservado às instituições financeiras — Decisão — FRONTINI, Paulo Salvador — **33/100**

— Automóvel — Tradição ao comprador mediante contrato com aparência de venda à vista embora não recebido o preço total — Obtenção por ele, no DST, de certificado de propriedade sem reserva de domínio — Formalização posterior do contrato de financiamento — Busca e apreensão do veículo por inadimplemento do adquirente — Embargos de terceiro opostos por sucessor — Inadmissibilidade — Inteligência do art. 620 do Código Civil — SENATORE, Carlos Alberto — **28/103**

— Busca e apreensão — Venda do bem fiduciado — Saldo devedor — Ação contra avalista — Inicial indeferida — MORAES, Mauro Delphim de — **31/100**

— Falência do devedor — Busca e apreensão — Carência — Direito de pedir a restituição — Aplicação do art. 76 da lei falimentar — ABRÃO, Nelson — **6/69**

— Negócio feito por pessoa física — Falta de legitimidade desta — Eficácia apenas como contrato de mútuo — Pedido de restituição — Improcedência — MÉLEGA, Luiz — **10/99**

— Títulos vinculados ao contrato — Resolução deste — Saldo devedor — Desentranhamento — Deferimento — Agravo provido — GIOVEDI, Hedila do Carmo — **21-22/89**

— Venda do mesmo objeto pela segunda vez a garantia também é celebrada pela segunda vez com outra financiadora — Prevalência da primeira — Embargos de terceiro procedente — ALONSO, Félix Ruiz — **3/67**

Alienação fiduciária de embarcações e aeronaves — RESTIFFE NETTO, Paulo — **13/137**

Alienação fiduciária em garantia — COSTA, Philomeno J. da Costa — **3/213**

— Alterações propostas na respectiva legislação pelo Projeto de Lei 1.960/1979, de autoria do Dep. Odacir Klein — MÉLEGA, Luiz — **37/166**

Alteração de regras da concordata — BING, Plínio Paulo — **54/134**

Alteração do dividendo obrigatório nas companhias fechadas — PENTEADO, Mauro Rodrigues — **48/95**

Alteração do período estatutário do mandato da diretoria — BULGARELLI, Waldirio — **122/244**

Ámbito de aplicación de la ley de defensa de la competencia — CRACOGNA, Dante — **61/89**

Análise do mercado relevante e o princípio da isonomia na matéria antitruste — NOGUEIRA, José Carlos da Silva — **131/75**

Análise do regime jurídico do Conselho Administrativo de Defesa Econômica — CADE — 1. Evolução da disciplina jurídica do CADE. 2. Órgãos encarregados da aplicação do direito antitruste, do ângulo do direito comparado. 3. Processo administrativo na aplicação do direito antitruste. 4. Últimas considerações — FONSECA, José Júlio Borges da — **103/25**

Análise econômica do *factoring* no âmbito das pequenas e médias empresas — BRITO, Cristiano Gomes de — **124/174**

Análise jurídica do estudo e gerenciamento dos riscos envolvidos na atividade financeira e seu tratamento atual no Brasil, Uma — GONÇALVES, Almir Rogério — **128/102**

Análise jurídica dos conhecimentos de depósito e *warrants* de emissão das cooperativas — I — Nota explicativa. II — A previsão legal de emissão de *warrants*. Conhecimento de depósito pelas cooperativas. III — Os armazéns gerais e sua sistemática: 1. Breve histórico; 2. A constituição; 3. Obrigações; 4. Restrições; 5. Do depósito; 6. Responsabilidades; 7. Da fiscalização; 8. Das penas; 9. Dos direitos. IV — Características do conhecimento de depósito e *warrants*: 1. Noção, importância e histórico; 2. Conceito e função; 3. Sistemática; 4. Requisitos e características. V — As Cooperativas como armazéns gerais — BULGARELLI, Waldirio — **45/35**

Anistia constitucional — Avalista — Inoponibilidade do avalizado — Dilação — Agravo de instrumento não provido — Decisão da 4ª Câm. Cível do TACRS — VERÇOSA, Haroldo Malheiros Duclerc — **75/90**

Anotaciones sobre la nueva Ley de defensa del consumidor de la República Argentina — BERGEL, Salvador e PAOLANTONIO, Martin E. — **92/21**

Anotações sobre a legitimação para requerer a apuração de haveres — 1. Introdução. 2. O aparente conflito de princípios. 3. O vínculo pessoal nas sociedades. 4. Natureza jurídica da apuração de haveres. 5. A sociedade de segundo grau. 6. Conclusão — SABINO, José Alfredo Ferrari — **106/178**

Anotações sobre grupos de sociedades — 1. A legislação brasileira dos grupos. 2. A natureza jurídica da convenção grupal. 3. A classificação dos grupos. 4. A consideração da empresa no direito contemporâneo e os grupos. 5. O fenômeno do controle externo e os grupos. Bibliografia — PEREIRA NETO, Edmur de Andrade Nunes — **82/30**

Anotações sobre o acordo de cotistas — BULGARELLI, Waldirio — **98/44**

Antecedentes internacionais da regulamentação de transferência internacionais de tecnologia — 1. Introdução. 2. Antecedentes das organizações internacionais atuais. 3. Antecedentes da OMPI: as Uniões e os BIRPI. 4. A OMPI e as Uniões na atualidade. 5. Conclusões — SOARES, Guido F. S. — **57/19**

Antecipação de tutela e dissolução parcial de sociedade — ASSIS, Carlos Augusto de — **119/188**

Anteprojeto da CVM para a reforma da lei de sociedades por ações brasileira — BULGARELLI, Waldirio — **86/58**

Anteprojeto da nova lei do cheque — BARRETO FILHO, Oscar — **29/105**

— TEIXEIRA, Egberto Lacerda — **4/87**

Anteprojeto de Código Civil e as sociedades limitadas — TEIXEIRA, Egberto Lacerda — **9/103**

Anteprojeto de lei das sociedades por quotas de responsabilidade limitada — 1. Prazo para apresentação do trabalho da Comissão. 2. Natureza jurídica da sociedade por quotas de responsabilidade limitada. 3. Comercialidade da sociedade por quotas em razão da forma . 4. A disciplina das sociedades limitadas no Projeto de Código Civil em tramitação no Senado Federal. 5. Definição de critérios precisos. 6. Um diploma legal e flexível. 7. Um diploma legal para as empresas de um volume econômico pequeno e médio e de menor número de sócios do que as de forma anônima. 8. Direito supletivo. 9. Remissões ao direito positivo. 10. Proposições para o Anteprojeto. 11. Outros pontos importantes: a) Violação de direitos previstos contratualmente; b) Questões polêmicas; c) Uma lei nova extensa e casuísta ou uma lei sucinta. 12. Conclusão — LOBO, Jorge — **66/29**

Anteprojeto de lei de sociedades por ações — REQUIÃO, Rubens & COMPARATO, Fábio Konder — **17/111**

Anteprojeto de lei que dispõe sobre as associações de interesse econômico — 54/137

Anteprojeto do Código Civil — Ofício enviado ao Ministro da Justiça pelo Instituto Brasileiro de Direito Comercial Comparado, Associação Comercial de São Paulo, Federação das Indústrias do Estado de São Paulo, Associação dos Bancos no Estado de São Paulo e Sindicato das Empresas de Seguros Privados e Capitalização do Estado de São Paulo — **8/145**

Anteprojeto legislativo da lei de concordatas e falências — CARVALHO, Dora Martins de — **88/88**

Anterioridade da lei tributária, segurança do direito e iniciativa privada — I — Princípios constitucionais do estado de direito: a) Considerações gerais; b) Caráter basilar do princípio republicano; c) Representatividade; d) Consentimento dos governados; e) Segurança do direito; f) Exclusão do arbítrio; g) Legalidade; h) Relação de administração; i) Previsibilidade da ação estatal; j) Lealdade informadora da ação pública; l) Anterioridade e livre empresa. II — Princípio constitucional da anterioridade da lei tributária (o problema do imposto sobre a renda). III — Conclusão — ATALIBA, Geraldo — **50/7**

Anulação da assembléia geral. Voto do acionista controlador contrário ao interesse da companhia — RECART, Rodrigo — **108/197**

Anulação de assembléia de transformação de sociedade anônima — FRANÇA, Erasmo Valladão A. e N. — **119/255**

Aparência de representação: a insustentabilidade de uma teoria — COMPARATO, Fábio Konder — **111/39**

Aparência do direito — Diretor de sociedade que costumeiramente excede seus poderes sem qualquer oposição do conselho de administração — Responsabilidade da sociedade — LOBO, Dilson A. da Costa — **120/173**

Aplicabilidade da Lei das S/A as sociedades por quotas de responsabilidade limitada — 1. O que está em discussão: hipóteses específicas. 2. O art. 18 do Decreto 3.078. 3. A sociedade limitada no projeto do Código Civil. 4. Exame das hipóteses: a) Distribuição trimestral de lucros sem que a Sociedade tenha as reservas de capital previstas no art. 204, § 1º, da Lei das S/A: (a.1) Da intangibilidade do capital social; (a.2) O princípio da anualidade do exercício social; (a.3) Nulidade do contrato social; b) Possibilidade de ter a limitada um conselho de administração composto de residentes no exterior. 5. Conclusão — PALMA, Luiz Fernando de — **57/61**

Aplicabilidade da Resolução 2.493/1998 às companhias securitizadoras de créditos imobiliários — 1. Introdução. 2. As companhias securitizadoras de créditos imobiliários. 3. As companhias securitizadoras de créditos financeiros. 4. Aplicabilidade da Resolução 2.493/1998 às companhias securitizadoras de créditos imobiliários — LIMA, Caio Moysés de — **115/79**

Aplicação analógica da lei dos revendedores — I — Colocação do problema. II — Lei especial e analogia. III — Aplicação analógica da Lei 6.729 ao caso. IV — Conclusão — GUERREIRO, José Alexandre Tavares — **49/34**

Aplicação da correção monetária nas condenações em dívida de dinheiro no juízo civil — 1. Introdução. 2. A moeda e as suas principais funções na economia das nações. 3. A correção monetária: conceito, aplicação, colocação no quadro geral das formas de rompimento do princípio do nominalismo da moeda. 4. A correção monetária e sua incidência nos casos judiciais. 5. Extensão da aplicação da correção monetária às dívidas de dinheiro nas ações no foro cível, precedentes na Justiça trabalhista. 6. Conclusão — SANTOS, J. A. Penalva — **20/51**

Aplicação da teoria da desconsideração da personalidade jurídica — PENTEADO, Mauro Rodrigues — **51/127**

Aplicação do Acordo TRIPS no Brasil — Antecedentes remotos. Antecedentes próximos. O resultado. A questão da vigência e eficácia do Acordo TRIPS no Brasil. O Acordo TRIPS obriga Estados ou particulares? A questão do prazo das patentes já concedidas antes da entrada em vigor da lei de propriedade industrial brasileira (15.4.1997) — SILVEIRA, Newton — **115/66**

Aplicação do art. 65, item 15 do Código de Propriedade Industrial aos títulos de obras literárias, artísticas e científicas — FABRIS, Roner Guerra — **79/130**

Aplicação do Código de Defesa do Consumidor à atividade bancária, A — LUCCA, Newton de — **112/66**

Aplicação extraterritorial da lei antitruste — 1. Introdução. 2. Território e soberania. 3. Leis extraterritoriais em geral. 4. Direito antitruste extraterritorial: 4.1 Estados Unidos; 4.2 Comunidade Européia; 4.3 Brasil. 5. Tratados internacionais. 6. Conclusões. Bibliografia — PINSK, Lior — **115/130**

Aplicação extraterritoriais das resoluções do Banco Central do Brasil — MAGALHÃES, José Carlos — **90/23**

Apólice de seguro — 1. Lacuna do Código Comercial relativa aos seguros terrestres e a divisão do direito privado. 2. A matéria no regulamento 737 e a classificação dos atos de comércio por Carvalho de Mendonça. Seguradores comerciantes e particulares. A qualificação dos seguros terrestres na jurisprudência. Promulgação do Código Civil. A dupla natureza das sociedades anônimas. 3. A mercantilização das companhias, a imposição da forma anônima às sociedades seguradoras. Reintegração dos seguros e das anônimas no direito comercial. 4. A questão das fontes da matéria dos seguros. Prelação. 5. A função da apólice. 6. Os requisitos obrigatórios da apólice. 7. A apólice ao portador. 8. A função circulatória das apólices à ordem e ao portador. A cessão legal do seguro. A transmissão do seguro na alienação da coisa segurada. 9. A apólice avaliada, fechada. 10. As apólices de averbação e flutuante, aberta. 11. As normas especiais sobre a interpretação da apólice — FARIA, Werter R. — **54/40**

Apontamentos para formulação de uma teoria jurídica dos cartéis — SALOMÃO FILHO, Calixto — **121/18**

Apontamentos sobre a alienação do controle de companhias abertas — 1. Acionista controlador e sociedade controladora na Lei 6.404/1976. 2. Alienação do controle acionário: tratamento dicotômico para as companhias abertas e fechadas — Oferta pública. 3. Interveniência da CVM na alienação do controle de companhia aberta — Posição do TRF. 4. regulamentação e polícia do mercado de capitais: atribuições da "SEC" e da CVM. 5. Natureza jurídica do procedimento da oferta pública para aquisição de ações. 6. Nulidade ou ineficácia do procedimento licitatório e responsabilidade d CVM — PENTEADO, Mauro Rodrigues — **76/15**

Apontamentos sobre a invalidade das deliberações conexas das companhias — 1. O problema. 2. O regime de invalidade das assembléias e das suas deliberações na Lei 6.404/1976: 2.1 Vícios da assembléia; 2.2 Vícios das deliberações; 2.3 Vícios do voto. 3. A invalidade das deliberações conexas: 3.1 A anulação da deliberação e sua influência no procedimento de formação das deliberações posteriores; 3.2 A anulação das deliberações e sua influência no conteúdo das deliberações posteriores; 3.3 A anulação da deliberação e sua influência nas deliberações posteriores por força de conexão voluntária — FRANÇA, Erasmo Valladão Azevedo e Novaes França — **112/19**

Apontamentos sobre a responsabilidade civil na denúncia dos contratos de distribuição, franquia e concessão comercial — THEODORO JÚNIOR, Humberto & MELLO, Adriana Mandim Theodoro de Mello — **122/7**

Apontamentos sobre a responsabilidade dos administradores das companhias — I — Os padrões de conduta do administrador perante a empresa e a sua função social. II — *Da vera* e própria responsabilidade — BULGARELLI, Waldirio — **50/75**

Apontamentos sobre aspectos jurídicos do *e-commerce* — 1. Uma breve nota introdutória. 2. Os limites deste trabalho. 3. A celebração do contrato. 4. A forma do contrato. 5. O valor probante do instrumento eletrônico. 6. A senha e o comércio eletrônico. 7. A assinatura eletrônica. 8. A comprovação de ordens e do recebimento do produto ou do serviço pelo adquirente — FORGIONI, Paula A. — **119/68**

Apresentação a pagamento de letras de câmbio e notas promissórias — GRINBERG, Mauro — **17/31**

Aquisição das cotas sociais pela sociedade — LOPES, Mauro Brandão — **25/55**

Aquisição de ativos e assunção de passivos empresariais — LEÃES, Luiz Gastão Paes de Barros — **118/236**

Aquisição de quotas pela própria sociedade — 1. O regime jurídico das quotas sociais. 2. A possibilidade de aquisição de quotas pela sociedade. 3. A aquisição de quotas pela sociedade. 4. O valor da aquisição de quotas pela sociedade. 5. Distribuição disfarçada de lucros. 6. Redução de capital. 7. Tributação dos sócios — Pessoas físicas. 8. Conclusões — GUERREIRO, José Alexandre Tavares — **36/49**

Arbitrabilidade subjetiva. A competência da administração para a celebração de convenção arbitral — LEÃES, Luiz Gastão Paes de Barros — **134/211**

Arbitragem na concessão de serviços públicos. Arbitrabilidade objetiva. Confidencialidade ou publicidade processual? — LEMES, Selma M. Ferreira — **134/148**

Arbitragem na lei das sociedades anônimas — ROSSI, Lívia — **129/186**

Arbitragem na reforma da Lei das S/A — FLAKS, Luis Loria — **131/100**

Arbitragem nas sociedades anônimas — ENEI, José Virgílio Lopes — **129/136**

Arbitragem nas sociedades de responsabilidade limitada — MARTINS, Pedro A. Batista — **126/58**

Argüição de inconstitucionalidade — Tributário — Imposto de Renda — Lei 7.713/1988 — Art. 35 — Acionista — Lucro não distribuído — Inconstitucionalidade — SALOMÃO NETO, Eduardo — **99/127**

Arrendamento mercantil. O princípio da liberdade das convenções. Elementos estruturais e funcionais do *leasing*. Cláusula de correção cambial como "moeda de conta". Repasse de moeda estrangeira. Prescrição das ações por enriquecimento sem causa — VERÇOSA, Haroldo Malheiros Duclerc — **130/247**

Arresto cautelar de ex-administradores de instituição financeira — Decisão da 8ª Câmara Civil do Tribunal de Justiça de São Paulo — FONSECA, Priscila M. P. Corrêa da — **67/82**

Arresto e a indisponibilidade na Lei 6.024/1974 — I — Da evolução legislativa das normas de direito bancário no Brasil. II — Interpretação da legislação vigente: a) da interpretação literal e sistemática da lei vigente; b) da interpretação histórica; c) da interpretação lógica; d) conclusões da interpretação do texto legal; e) da inconversibilidade da indisponibilidade em arresto; f) a formalização da indisponibilidade não se confunde com o arresto. III — Indisponibilidade e arresto. IV — Da impossibilidade de concessão do arresto sem o preenchimento dos requisitos legais. V — Conclusões — WALD, Arnoldo — **33/11**

Aspecto distributivo do direito do consumidor — LOPES, José Reinaldo de Lima — **123/59**

Aspectos atuais da duplicata — 1. Aspectos gerais. 2. O aceite na duplicata. 3. O protesto da duplicata sem aceite. 4. A duplicata simulada. 5. as duplicatas de serviços. 6. Duplicatas sacadas contra a Fazenda Pública. Conclusões — BARIONI, Roberto Caldeira — **118/159**

Aspectos atuais da letra de câmbio. A introdução das normas da Convenção de Genebra em nosso direito cambial — Requisitos do saque — A exigência do registro — Novidades da lei uniforme — Endosso — Aceite — Aval — Vencimento e pagamento — Forma do protesto — Cancelamento do protesto — Intervenção por indicação — Multiplicação e alteração da letra — Prescrição — Nota promissória — A matéria objeto de reservas — Remate — BARRETO FILHO, Oscar — **15-16/11**

Aspectos atuais do contrato de câmbio — 1. Introdução. 2. Espécies de contrato de câmbio. 3. O regime cambial brasileiro. 4. Conceito do contrato de câmbio e sua natureza jurídica em face da teoria geral dos contratos. 5. Aplicabilidade do Código de Defesa do Consumidor aos contratos de câmbio. 6. O adiantamento sobre o contrato de câmbio e sua natureza jurídica. 7. O inadimplemento do contrato de câmbio de exportação. 8. Assertivas de cunho conclusivo. Bibliografia — BERTOLDI, Marcelo M. — **115/88**

Aspectos atuais e polêmicos do cheque, Alguns — VIEIRA, Alexandre Letízio — **120/250**

Aspectos constitucionais do sigilo bancário — 1. Relatório. 2. Competência da Comissão de Constituição e Justiça e análise inicial do problema ora analisado — OLIVEIRA, Régis de — **99/98**

Aspectos da competência do CMN e da CVM no mercado de valores mobiliários — SALLES, Marcos Paulo de Almeida — **108/101**

Aspectos da execução do Código da Propriedade Industrial — ALMEIDA, Carlos Guimarães de — **13/41**

Aspectos da teoria jurídica da empresa — ALMEIDA, Betyna Ribeiro de — **119/236**

Aspectos do Código de Proteção do Consumidor — ROCHA, João Luiz Coelho da — **81/109**

Aspectos do crédito documentário — Introdução. 1. Contrato de compra e venda internacional. 2. Formas de pagamento nas vendas internacionais. 3. Origem, evolução histórica e terminologia. 4. As diversas formas de substituição do devedor, de sucessão na dívida e de adesão à divida. 5. O problema da tipificação dos contratos. 6. Da apresentação e conferência dos documentos. 7. As partes e as relações jurídicas no crédito documentário. 8. Classificação. 9. Teorias sobre a natureza jurídica do crédito documentário. 10. Tentativa de estabelecimento da natureza jurídica do crédito documentário. Conclusões — MARTINS, Ricardo José — **110/43**

Aspectos do lucro e sua distribuição na Lei 6.404/1976 — 1. Pluralidade de conceitos de lucro na Lei 6.404/1976. 2. Distribuição do lucro. O Decreto-lei 2.627/1960 e a Lei 6.404/1976. Proposta dos órgãos de administração. Participações estatutárias. Dividendos e reservas. Reserva legal. Dividendo fixo ou mínimo. Reserva de lucros e realizar. Reserva de contingência. Dividendo obrigatório. Reservas estatutárias e retenção de lucros. Lucros acumulados. 3. Escala hierárquica da distribuição do lucro na Lei 6.404/1976 — AMARAL, Paulo Afonso de Sampaio — **31/65**

Aspectos gerais do intercâmbio compensado ou contra comércio — BAPTISTA, Luiz Olavo — **69/31**

Aspectos gerais do sistema de marcas: o registro e o risco de confusão — LIMA, André Luís Amoroso de — **133/203**

Aspectos heréticos da lei antitruste (Lei 8.884/1994), Alguns — ROCHA, João Luiz Coelho da — **97/108**

Aspectos institucionais, jurídicos e econômicos da conversão e a necessidade de uma política normativa catalisadora — I — Considerações gerais. II — A conversão na área pública. III — Conclusões — WALD, Arnoldo — **75/5**

Aspectos jurídicos da cédula de produto rural — NORONHA, Ilene Patrícia de — **119/168**

Aspectos jurídicos da gestão dos bancos de desenvolvimento — WALD, Arnoldo — **20/11**

Aspectos jurídicos da macroempresa — COSTA, Philomeno J. da Costa — **4/207**

Aspectos jurídicos do capital estrangeiro, Alguns — WALD, Arnoldo — **65/5**

Aspectos jurídicos do protesto cambiário, Alguns — 1. Ônus, e não direito. 2. direito, e não ônus. 3. O protesto dirigido. 4. O abuso do protesto. 5. A sustação do protesto. 6. Regras para orientar a sustação — AMARAL, Paulo Afonso de Sampaio — **21-22/57**

Aspectos jurídicos do *underwriting* — 1. Noção e função econômica. 2. Modalidade de *underwriting*. 3. Quem pode ser *underwriting*. 4. Consórcio de *underwriters*. 5. Características do contrato de *underwriting*. 6. Responsabilidade do *underwriter* — EIZIRIK, Nelson — **66/19**

Aspectos jurídicos dos contratos internacionais de mútuo, Alguns — 1. Partes. 2. Língua. 3. Local da celebração. 4. Juros. 5. Notas promissórias. 6. Vencimento antecipado. 7. Garantia (I). 8. Garantia (II). 9. Garantia (III). 10. Citação das partes. 11. Tributos. 12. Juízo arbitral. 13. Testemunhas — SALLES, Ricardo — **17/17**

— **(2ª Parte)** — 14. Moeda de pagamento. 15. Língua (II). 16. Língua (III). 17. Simulação do local de emissão de nota promissória. 18. Cláusula Penal — SALLES, Ricardo — **20/67**

Aspectos jurídicos dos mercados futuros — 1. Introdução. 2. As funções econômicas dos mercados futuros. 3. Qualificação jurídica dos negócios a futuro. 4. As bolsas de mercadorias e de futuros. 5. As caixas de compensação e liquidação. 6. A liquidação de contratos nos mercados futuros. 7. As margens. 8. Observações finais — EIZIRIK, Nelson — **81/22**

Aspectos peculiares do direito bancário: o regime jurídico dos autos bifaces — WALD, Arnoldo — **48/5**

Aspectos que envolvem a nacionalidade das sociedades comerciais, Alguns — Justificativa. 1. Conceito de nacionalidade. 2. A nacionalidade das pessoas físicas. 3. Teorias que negam a nacionalidade das sociedades. 4. Teorias que admitem a nacionalidade das sociedades. 5. Formas de atribuição de nacionalidade às sociedades. 6. Conseqüências da atribuição de nacionalidade — RÉGNIER, Leonardo Medeiros — **111/86**

Aspectos relevantes da reforma da Lei 6.404/1976, pela recente Lei 9.457/1997 — BULGARELLI, Waldirio — **108/69**

Aspectos societários do resgate de ações — FLAKS, Luís Loria — **123/120**

Assembléia de cotistas na sociedade limitada. Aplicação da legislação societária — A natureza dessa espécie societária — As deliberações sociais não-unânimes — A assembléia de quotistas — ROCHA, João Luiz Coelho da — **106/53**

Assembléia especial dos preferencialistas e os procedimentos de reestruturação das empresas, A — MARINI NETO, Pedro — **114/199**

Assinatura do "Convênio de Cooperação" entre a Comissão de Valores Mobiliários — CVM e o Instituto Brasileiro de Direito Comercial Comparado e Biblioteca Tullio Ascarelli — 116/7

Associações e sociedades — SZTAJN, Rachel — **128/15**

Associações voluntárias de empresas — Uma análise da Legislação no País e no Exterior — 1. O trabalho: 1.1 Objetivos; 1.2 Plano. 2. Legislação aplicável às associações voluntárias de empresas no Brasil: 2.1 Considerações prévias; 2.2 A constituição de uma nova sociedade com o fito de propiciar a colaboração interempresarial; 2.3 A cooperação empresarial pela via contratual; 2.4 Primeiras manifestações sobre o consórcio na legislação brasileira; 2.5 A lei geral sobre consórcios; 2.6 A legislação tributária e o consórcio. 3. Legislação estrangeira: 3.1 Critérios de análise; 3.2 Itália; 3.3 França: o *groupement d'intérêt économique*; 3.4 Portugal: o novo Decreto-lei sobre consórcio. 4. Conclusões — PENTEADO, Mauro Rodrigues — **52/44**

Associazionismo econômico e cooperativismo: considerazioni generali — 1. Associazionismo politico ed associazionismo economico: origini, funzioni. 2. Associazionismo economico e tipologia delle strutture operative. 3. Forma associativa e svolgimento de attività d'impresa. 4. Dilatazione delle strutture operative economiche di tipo associativo: forme nuove in particolare: le associazioni di produttori agricoli. 5. L'organizzazione cooperativa nel quadro dei fenomeni associativi: generalità, caratteri differenziali. 6. Considerazioni conclusive — VERRUCOLI, Piero — **34/11**

Atividade bancária e o Código de Defesa do Consumidor — SADDI, Jairo — **120/76**

Atividade comercial das empresas estatais e noção de efeitos comerciais — GRAU, Eros Roberto — **72/41**

Atividade de resseguros à luz da Constituição — I — O método interpretativo adotado. II — Análise semântica. III — A exclusividade de funções do "órgão oficial ressegurador". IV — Natureza e forma jurídica do órgão oficial ressegurador — COMPARATO, Fábio Konder — **86/63**

Atividade do Empresário — Tradução de Erasmo Valladão A. e N. França — ASCARELLI, Tullio — **132/203**

Atividade econômica do Estado — O art. 170 e 1º da Constituição Federal — Formas jurídicas da atividade econômica estatal e os 2º e 3º do art. 170 da Constituição — O Decreto-lei 200/1967 — A transformação do Estado Moderno — A dificuldade do tema versado — CAMPOS, Lélio Candiota de — **41/13**

Atividade mercantil. Ato de comércio. Mercancia. Matéria de comércio. Comerciante — 1. Caracterização do tema. 2. Atividade mercantil, comerciante: 2.1 O lucro; 2.2 A prestação de serviço. 3. Atividades econômicas mercantil e civil: diferença: 3.1 Critério histórico; 3.2 Critério legislativo; 3.3 Critério da dependência ou da conexão. 4. A comercialidade das relações jurídicas e o entendimento do Judiciário. 5. Conclusões práticas. 6. Resumo. 7. Fontes bibliográficas — VERÇOSA, Haroldo Malheiros Duclerc — **47/29**

Atividade negocial e seus pressupostos econômicos e políticos — 1. Revolução industrial e comércio. 2. Economia socialista, comércio e direito comercial. 3. Condicionamentos institucionais à atividade negocial. 4. Presença do Estado na economia. 5. Reflexos no direito constitucional pátrio. 6. Ordem econômico-social, vigente. 7. Pressupostos econômicos e políticos da atividade negocial. 8. Atividade negocial e função social da livre iniciativa — FRONTINI, Paulo Salvador — **18/31**

Atividade negocial no projeto de Código Civil brasileiro — BULGARELLI, Waldirio — **56/113**

Atividades bancárias no anteprojeto do Código Civil — COSTA, Philomeno J. da Costa — **10/11**

Ato normativo INPI 35 — SILVEIRA, Newton — **31/121**

Atos de liberalidade nas sociedades anônimas — Os órgãos da sociedade anônima. Indelegabilidade dos poderes. A diretoria. Limitações aos poderes da diretoria. Atos de liberalidade. Amplitude do conceito de liberalidade. Objetividade do preceito legal. Crítica à justificativa das liberalidades. Autorização da assembléia. Previsão estatutária. Crítica à lei atual. Elogio ao Anteprojeto. Conclusões — MENEZES, José Alberto Bastos de — **11/49**

Atuação estatal e ilícito antitruste — 1. As principais teorias: a) *State Action Doctrine*; b) *Pervasive Power Doctrine*. 2. Poder regulamentar e direito antitruste. 3. Imunidade antitruste. 4. O caso do Sistema Financeiro Nacional. 5. Conclusão — SALOMÃO FILHO, Calixto — **106/35**

Atualidade dos contratos empresariais — BULGARELLI, Waldirio — **84/63**

Auditor independente — Sigilo profissional — EIZIRIK, Nelson — **112/136**

Aumentos arbitrários de lucros como abusos do poder econômico — Interpretação da Constituição e sugestão de alteração — 1. Introdução. 2. Evolução constitucional. 3. Evolução legislativa (infraconstitucional). 4. Impossibilidade de subsídios do direito estrangeiro. 5. Concorrência como bem protegido. 6. Lucros arbitrários. 7. Lucros arbitrários e abuso do poder econômico. 8. Conclusões e propostas — GRINBERG, Mauro — **103/51**

Aumentos de capital das Sociedades Anônimas — COSTA, Philomeno J. da — **73/129**

Autogestão na lei e na jurisprudência — 1. Introdução. 2. O fenômeno da autogestão. 3. A primeira jurisprudência. 4. A autogestão na lei (ordinária). 5. Jurisprudência posterior — PATRÍCIO, José Simões — **56/90**

Autonomia do Banco Central do Brasil do Brasil e despolitização da moeda — 1. Introdução. A análise da técnica econômica pela ciência jurídica. Necessário discernimento entre meios e fins. 2. A influência do fluxo dos meios de pagamento e de outros fatores monetários sobre o contexto macroeconômico. Necessidade e fundamentos técnico-econômicos de um sistema de direção monetária. 3. A função de equacionalização da aplicação dos instrumentos de direção monetária (política monetária) e as demais funções dos bancos centrais. 4. Autonomia do Banco Central — Razões que a justificam. 5. Breve exame da questão da autonomia dos bancos centrais no direito comparado. 6. Conclusões aplicáveis à experiência brasileira. 7. Proposta de regulamentação pelo SFN. Bibliografia — MACEDO, Ricardo Ferreira de — **113/237**

Autonomia e heteronomia na relação profissional/usuários de serviços e ações de saúde e as declarações de vontade viciadas — SZTAJN, Rachel — **110/22**

Auto-regulação e mercado de opções — WALD, Arnoldo — **79/17**

Autorização para o exercício de iniciativa econômica — Agências de turismo — I — O direito positivo. II — Os questionamentos possíveis. III — As liberdades. IV — O princípio da liberdade de iniciativa econômica. V — A relativização do princípio (e do direito) de liberdade de iniciativa econômica. VI — As autorizações administrativas para o exercício da iniciativa econômica. VII — Natureza da exigência do art.7º, V do Decreto 84.934/1980 — GRAU, Eros Roberto — **49/21**

Autotutela do acordo de acionistas — Novo regime estabelecido pela Lei 10.303/2001 — PATROCÍNIO, Daniel Moreira do — **135/194**

Aval — 1. Introdução. 2. Funções. 3. Conceito. 4. Forma. 5. Referências históricas. 6. Sistemas jurídicos estrangeiros. 7. Disciplina jurídica. 8. elaboração doutrinária do aval. 9. Conclusão final — LUCCA, Newton de — **53/41**

— Prestação por sócio em garantia de obrigação de terceiro — Violação de cláusula contratual — Contrato registrado — Efeitos perante terceiros — Embargos recebidos — Ineficácia declarada — FRANCO, Vera Helena de Mello — **29/70**

Aval, o Código Civil e os bancos — FARIA, Werter R. — **134/48**

Aval em cheque — Conceito — Histórico — Legislação — Natureza jurídica — Aval e fiança — Requisitos (quanto à forma) — Assinatura — Lugar e data — Requisitos (quanto à espécie) — Aval "em preto" e "em branco" — Alterações de espécies — Aval em separado — Requisitos (quanto ao objeto) — Aval parcial — Avalista — Capacidade — Pluralidade de avalistas — Aval coletivo — Aval de aval — Avalizado — Recobro — Ação contra o avalista — Extinção do aval — SIDOU, J. M. Othon — **12/39**

Avalista de concordatária responde pelo débito em moeda estrangeira até o efetivo pagamento (Lei Uniforme, art. 41) — MORAES, Mauro Delphim de — **65/64**

Avalista face ao protesto — GRINBERG, Mauro — **26/153**

Averbação de aumento de capital das sociedades anônimas na Junta Comercial — BULGARELLI, Waldirio — **32/113**

Aviso de sinistro no direito brasileiro — Existe um "princípio do prejuízo"? — A insubsistência do Enunciado 229 do STJ e a exegese do art. 771 do Código Civil de 2002 em consonância com o princípio da boa-fé objetiva — ZIMMERMANN, Dennys — **135/44**

Banco — Horário de funcionamento — Competência do Município para sua fixação — Segurança negada — FRONTINI, Paulo Salvador — **14/89**

— Pagamento de cheque — Valor adulterado — Inexistência de culpa do correntista — Responsabilidade do estabelecimento bancário — VERÇOSA, Haroldo Malheiros Duclerc — **64/71**

Banco A — Brasil S/A (Banco Múltiplo) — VERÇOSA, Haroldo Malheiros Duclerc — **133/276**

Banco Central — Possui discrição para conceder ou cancelar cartas-patentes de instituições financeiras — Segurança concedida contra ato judicial que ordenou àquele banco, em processo falimentar, restaurasse a carta-patente da falida — LOPES, José Reinaldo de Lima — **65/77**

Banco Central: questões jurídico-políticas na Constituição de 1988 — 1. Aspectos Constitucionais Gerais. 2. A Independência do Banco Central — SCHUARTZ, Luis Fernando — **93/36**

Banco Central do Brasil — Procedimentos de registro de investimentos estrangeiros direitos — Empréstimos externos — MONTORO, Thereza Maria S. Franco & RIBEIRO, Mariana Martins — **134/187**

Banco comercial — Cessão do controle acionário — Incorporação — MORAES, Mauro Delphim de — **61/63**

Banco múltiplo — WALD, Arnoldo — **64/9**

Bancos múltiplos e o direito de recesso — I — Introdução. II — Do conceito de objeto social. III — Da identidade do setor de atividades entre Banco Central e as demais entidades do Sistema Financeiro e da Política de Formação dos Conglomerados Financeiros. IV — Conclusões — WALD, Arnoldo — **87/5**

Bipartição do domínio no direito societário, A — Propriedade direta e indireta — SILVA, Américo Luís Martins da — **107/129**

Bitributação internacional — NOGUEIRA, Ruy Barbosa — **62/83**

Boletim de subscrição — Natureza jurídica — MORAES, Mauro Delphim de — **45/89**

— PENTEADO, Mauro Rodrigues — **43/120**

Bolsa de Valores — Competência fiscalizadora das operações bolsistas — Lei 4.728/1965 — EIZIRIK, Nelson Laks — **34/85**

— Operação com ações — Nulidade declarada pelo seu conselho de administração — Operação casada — Ação improcedente — BULGARELLI, Waldirio — **25/99**

— Transação com um de seus associados — Compra de títulos — Falsidade destes — Responsabilidade solidária — Ação em parte — Recurso improvido — BULGARELLI, Waldirio — **24/93**

Bôlsa de Valôres e o balanço das Sociedades Anônimas — TEIXEIRA, Egberto Lacerda — **1/135**

Bolsas de Valores no Brasil — I — Introdução. II — Bolsa de Valores: natureza, características e objeto social. III — Autorização e condições de funcionamento. IV — Patrimônio social e demonstrações financeiras. V — Assembléia-Geral das Bolsas de Valores. VI — Administração da Bolsa de Valores. VII — Conselho de administração. VIII — Superintendente geral. IX — Sociedade corretora membro da Bolsa de Valores. X — Sociedades corretoras permissionárias. XI — Representante de sociedade corretora. XII — Títulos e valores mobiliários negociáveis em Bolsa de Valores. XIII — Tabela de corretagem. XIV — Responsabilidade da corretora nas operações que realiza. XV — Fundo de Garantia. XVI — Poder disciplinar da Bolsa de Valores. XVII — Bolsa de Valores *x* CVM — FERREIRA, Luiz Eduardo Martins — **86/45**

Bonificações e o regime de bens — WALD, Arnoldo — **30/43**

Branqueamento de capitais — Medidas legislativas em Portugal e na Europa — MATIAS, Armindo Saraiva & MARTINHO, Catarina — **129/30**

Breve análise sobre o direito aplicável a bens no direito internacional privado brasileiro: a caução de ações — MAGALHÃES, José Carlos — **82/24**

Breve estudo comparativo esquemático das sociedades limitadas no direito anterior e no novo Código Civil — VERÇOSA, Haroldo Malheiros Duclerc & BARROS, Zanon de Paula — **130/69**

Breves considerações sobre sentença que indefere a renovação de contrato de locação — ASSIS, Carlos Augusto de — **102/72**

Breves notas sobre a atividade negocial no anteprojeto do Código Civil — SIDOU, J. M. Othon — **10/141**

Breves notas sobre a posição dominante e seu abuso — CONSIDERAÇÕES INICIAIS SOBRE POSIÇÃO DOMINANTE: PODER ECONÔMICO, POSIÇÃO DOMINANTE E *POTESTAS* — A óbvia e inegável identidade; Vantagem competitiva e posição dominante: uso e abuso do poder econômico; Inc. I do art. 20 da Lei 8.884, de 1994: Tutela da livre concorrência e da livre iniciativa; Incs. II e IV: Domínio de mercado e abuso de posição dominante — Ainda a tutela da livre concorrência e da livre iniciativa — O AGENTE ECONÔMICO DETENTOR DE POSIÇÃO DOMINANTE. DETERMINAÇÃO DA EXISTÊNCIA DE POSIÇÃO DOMINANTE: 1. *Market Share x Market Power*; 2. Concorrência potencial e barreiras à entrada de novos agentes econômicos; 3. Comportamento/dependência dos consumidores; 4. Potência econômica da empresa. 5. Estrutura avançada da empresa; 6. Vantagens tecnológicas; 7. Grau de crescimento do setor; 8. Aspecto temporal — A necessária conjugação dos indicativos; Da estrutura do mercado ao comportamento da empresa. POSIÇÃO DOMINANTE DERIVADA DE VANTAGEM COMPETITIVA: A ATENÇÃO DAS AUTORIDADES ANTITRUSTE. ABUSO DE POSIÇÃO DOMINANTE. PRÁTICAS TÍPICAS — FORGIONI, Paula A. — **107/45**

Breves ponderações sobre o aparente conflito de normas que regem a substituição de acionistas dissidentes reembolsados — CORRÊA, Rodrigo de Oliveira Botelho — **131/144**

Busca e apreensão — Crime contra a propriedade industrial — Privilégio de invenção — Indeferimento, fase a conclusão da perícia — Desnecessidade da manifestação do requerente sobre o laudo antes da decisão — Mera faculdade — Apelação não provida — Inteligência dos arts. 525 e 527, parágrafo único, do CPP — ANTUNES, Eduardo Muylaret — **35/114**

Busca e apreensão na alienação fiduciária — Introdução. 1. Alienação fiduciária em garantia. História recente. 2. Alienação fiduciária em garantia. Natureza jurídica. 3. Características gerais e sujeitos da alienação fiduciária em garantia. 4. A ação de busca e apreensão de que trata o Decreto-lei 911. 5. As principais discussões quem se estabelecem em torno do Decreto-lei 911: 5.1 Da condição de depositário e a possibilidade de decretação de sua prisão civil; 5.2 Do Pacto de São José da Costa Rica; 5.3 Dos requisitos para a concessão de liminar na ação de busca e apreensão em alienação fiduciária em garantia; 5.4 DA inexistência de liberdade para o juiz deixar de conceder a liminar, se presentes os seus requisitos; 5.5 O direito à tutela jurisdicional efetiva e eficaz. 6. Reflexões finais. Bibliografia — WAMBIER, Luiz Rodrigues — **114/117**

Caça aos livros — REBELLO, Edgard de Castro — **66/107**

CADE e o controle preventivo dos atos de concentração empresarial — TADDEI, Marcelo Gazzi — **121/86**

CADE *vs.* BACEN — Conflitos de competência entre autarquias e a função da Advocacia-Geral da União — GRAU, Eros Roberto & FORGIONI, Paula A. — **135/7**

Caducidade do privilégio de invenção na lei brasileira e na Convenção de Paris — GONZÁLES JÚNIOR, Astyr — **58/61**

Cambial — Ação contra avalista — Título oriundo de rifa não autorizada — Irrelevância — Cobrança procedente — Apelação provida — LUCCA, Newton de — **24/87**

— Aval — Garantia prestada por diretor de sociedade comercial, contrariamente à permissão dos respectivos estatutos — Responsabilidade da pessoa jurídica, não obstante, face ao terceiro de boa-fé — Sentença confirmada — FRONTINI, Paulo Salvador — **14/96**

— Concordata preventiva do emitente — Irrelevância em relação ao avalista — Prazo prescricional — Quando flui — Recurso provido em parte — ABRÃO, Nelson — **20/81**

— Ineficácia de cláusula ou pacto de vencimento antecipado, em separado — Cláusula incompatível com a natureza do título — LOPES, Mauro Brandão — **3/71**

— Intervenção interdependente do protesto — Sub-rogação — Lei uniforme — REZENDE, Lucas Ênio de — **9/79**

— Letra de câmbio — Emissão em moeda estrangeira — Desobrigatoriedade do registro — Possibilidade de ser pedido o pagamento na moeda nacional ao câmbio do dia do vencimento ou do pagamento — Inteligência do art. 41 da lei uniforme — PENTEADO, Mauro Rodrigues — **42/89**

— Letras de câmbio ao portador — Aceite de financiadora — Remessa para firma distribuidora — Desaparecimento — Ação pleiteando restituição ou anulação dos títulos — Carência — Recurso improvido — Voto vencido — LUCCA, Newton de — **29/79**

— Nota promissória — Ação executiva instruída com cópia do título, permanecendo o original em cofre do Cartório — Acórdão que, por esta circunstância, anulou o processo *ab initio* — Caso de nulidade suprível — Cabimento de conversão do julgamento em diligência — Recurso extraordinário para este fim conhecido e provido — Aplicação do art. 877, parágrafo único, do CPC de 1939 — SOUZA, Luiz Antônio Alves de — **21-22/94**

— Nota promissória — Aval — Assinatura apenas no verso do pacto adjeto — Validade — Voto vencido — AMARAL, Paulo Afonso de Sampaio — **15-16/109**

— Nota promissória — *Causa debendi* — Perquirição — Quando se admite — BULGARELLI, Waldirio — **18/69**

— Nota promissória — Emissão em branco — Preenchimento do título pelo portador, inclusive no pertinente à data da emissão — Registro, no prazo legal, a partir dessa data — Procedimento exato — Cobrança admissível — BULGARELLI, Waldirio — **18/74**

— Nota promissória — Emissão em moeda estrangeira — Validade, no caso, face ao disposto no art. 2º, IV, do Decreto-lei 857, de 1969 — Conversão em cruzeiros, à taxa cambial da época do pagamento — Apelação provida apenas para a redução da verba honorária — GUERREIRO, José Alexandre Tavares — **12/101**

— Nota promissória — Emissão por procurador com poderes expressos para o aceite de letra de câmbio — Validade alegação de ter o mandatário desrespeitado as instruções do mandante — Irrelevância, desde que sua atuação se enquadre nos termos do instrumento de mandato — Discussão sobre a causa do título — Ônus da prova a cargo do réu — Executivo procedente — BULGARELLI, Waldirio — **12/106**

— Nota promissória — Falta protesto, em tempo hábil, contra o emitente — Fato que não acarreta perda de direito de acionar o respectivo avalista — Inteligência do art. 53 da Lei Uniforme de Genebra — ALONSO, Félix Ruiz — **12/112**

— Nota promissória — Prazo prescricional decorrido — Ação ordinária de cobrança — Carência — Recurso improvido — SENATORE, Carlos Alberto — **17/59**

— Nota promissória — Procurador nomeado em contrato de adesão — Cartão de crédito — Avença legal — Eficácia — Uniformização de jurisprudência — Títulos de crédito — Cartão de crédito — BULGARELLI, Waldirio — **27/144**

— Nota promissória — Valor em UPC — Contrato de financiamento com o BNH — Eficácia — Apelação não provida — Voto vencido — LUCCA, Newton de — **42/108**

— Nota promissória — Valor em UPC — Ineficácia para execução — Recurso provido em parte — LUCCA, Newton de — **42/107**

— Nota promissória — Vencimento a certo tempo de vista — Prazo prescricional não decorrido — Registro desnecessário na espécie — Apelação não provida — PENTEADO, Mauro Rodrigues — **37/125**

— Notas promissórias não registradas — Cobrança — Cabimento só contra o emitente — Rito ordinário — Revista indeferida — SCHAHIN FILHO, Nassaralla — **10/101**

— Posse do título — Presunção *juris tantum* de pagamento — BARRETTO, Lauro Muniz — **4/39**

— Valor em UPC — Inadmissibilidade — Juros da mora a partir do vencimento — Recurso provido em parte — Voto vencido — LUCCA, Newton de — **42/111**

Cambial: concomitante exigibilidade em diversos processos — 1. Discrepância da jurisprudência. 2. Autonomia das obrigações cambiárias e suas conseqüências. 3. A ação cambiária dirigida contra um, vários ou todos os coobrigados. 4. A exigência do crédito cambiário em diversas ações e processos. 5. A obrigatória exibição do título; exceções à regra. 6. Validade de certidão ou cópias fotográficas autenticadas dos títulos cambiários. 7. O duplo recebimento do crédito e sua repetição — REQUIÃO, Rubens — **3/33**

Cambial: invalidade da lei que exige seu registro — I — A natureza circulatória das cambiais. II — Restrições à circulação interna das cambiais. III — Lei Uniforme de Genebra como lei interna. IV — A posição oficial do Poder Executivo. V — A controvérsia nos Tribunais. VI — Os Tratados e as Convenções em face da hierarquia das leis. VII — A invalidade da Lei 427, que declara nulas as cambiais não registradas — REQUIÃO, Rubens — **1/13**

Câmbio flutuante e contas de não residentes — 1. Do tema em debate. 2. O controle de câmbio no Brasil e sua evolução ao longo do tempo. 3. O regulamento da contas-correntes bancárias dos não-residentes — O entendimento e o alcance da Carta-Circular 5, de 27.2.69. 4. O início da liberalização cambial com a criação do chamado "dólar turismo" — fundamentação legal inadequada do "câmbio flutuante". 7. O problema da qualificação das instituições participantes do mercado de "câmbio flutuante". 8. Conclusões — VERÇOSA, Haroldo Malheiros Duclerc — **92/93**

Caminhos da ética no *franchising*, Os. A importância de um Código de Ética — Prefácio. A livre concorrência. A auto-regulamentação. A importância da ética. A ética. A ética nos negócios. A ética na magistratura. A ética em serviços profissionais. A ética em finanças. A ética no turismo. A ética no *marketing* de rede. A ética na atividade publicitária. O Código de Auto-Regulamentação da Associação Brasileira de *Franchising* — ABF. Código de deontologia da Federação Francesa de Franquia. Código Belga de Franquia Empresarial. Código de deontologia européia da franquia — BARROSO, Luiz Felizardo — **116/118**

Cancelamento de protesto — Novo capítulo da acidentada história do protesto — BULGARELLI, Waldirio — **35/131**

Cancelamento de protesto de título quitado — Impossibilidade, dada a inexistência de norma legal que o autorize — Recurso extraordinário conhecido mas improvido — LUCCA, Newton de — **27/105**

Cancelamento de protesto de títulos — 14/151

Cancelamento de protesto de títulos — O direito desuniforme — OLIVEIRA, Edison Josué Campos de Oliveira — **10/149**

Capitais estrangeiros — I — Generalidades: 1. Introdução — 2. Conceito e regras gerais. II — Ingresso de capitais estrangeiros no Brasil: 3. Investimentos diretos em moeda e/ou bens importados sem cobertura cambial: a) Investimentos em moeda; b) Bens, máquinas e equipamentos: 3.1 Exigências necessárias para a efetivação do registro: 3.1.1 Do investidor estrangeiro; 3.1.2 Da empresa beneficiária do investimento: a) Sociedades anônimas; b) Sociedades limitadas; c) Empresas estrangeiras autorizadas a funcionar no país. 4. Cessão de investimentos. 5. Reinvestimentos. 6. Correção monetária. 7. Empréstimos do exterior: a) Empréstimos baseados na Lei 4.131; b) Operações 63; 7.1 Juros dos empréstimos externos. 8. Importação financiada: a) Importações com financiamento externo; b) Importações ao amparo das linhas de crédito; c) Importações financiadas ao amparo de recursos providos pelo EXIMBANK — *Export-Import Bank of United States*. 9. Contratos de assistência técnica, científica, administrativa ou semelhantes, e os relativos a exploração ou utilização de patentes de invenção, de marcas comerciais e industriais. 10. Transferência de patrimônio para o exterior e herança: 10.1 Patrimônio; 10.2 Herança. III — Transferências para o exterior: 11. Remessa de lucros e dividendos. 12. Pagamentos de *royalties*, de remuneração pela prestação de assistência técnica, científica e administrativa, e juros. 13. Retorno de capital. 14. Aspectos fiscais. IV — Sociedades de investimento: 15. Aspectos gerais. 16. Captação dos recursos. 17. Registro na FIRCE. 18. Remessa de rendimentos. 19. Direcionamento dos recursos. 20. Aspecto fiscal. V — A nova lei das sociedades anônimas: 21. Funcionamento de companhias estrangeiras no Brasil. 22. Emissão de debêntures no exterior — CHIARA, José Tadeu de — **26/67**

Capital requirements and the Brazilian Banking System — 1. Introduction. 2. General characteristics of the Brazilian Banking System. 3. Capital requirements in the Brazilian Banking System. 4. The Balse Accord for capital requirement of banks. 5. Capital requirement in the European Community. 6. Capital requirement in the United States. 7. Capital requirement in Japan. Conclusion — MESSINA, Paulo de Lorenzo — **93/49**

Capitalização anual da correção do capital social realizado nas companhias abertas e fechadas ("carimbo" ou "bonificações"?) e nas sociedades por quotas de responsabilidade limitada — LEME, Dirceu Paes & MATTOS, Walmyr — **32/107**

Características essenciais da nova lei das sociedades anônimas — ABRÃO, Nelson — **21-22/155**

Caracterização da corretora de câmbio e títulos como instituição financeira e seu regime legal — WALD, Arnoldo — **36/11**

Caracterização da insolvabilidade civil. Pressupostos objetivos e subjetivos do processo de execução concursal — 1. Introdução. 2. Inadimplemento, insolvência e insolvabilidade. 3. Critérios de aferição da insolvabilidade. 4. Insolvabilidade real e insolvabilidade presumida. A disciplina legal da matéria no Brasil. 5. Pressupostos objetivos da execução civil concursal. 6. Pressupostos subjetivos da execução civil concursal. 7. Conclusões — TOLEDO, Paulo Fernando Campos Salles de — **57/42**

Caracterização de condutas contrárias à ordem econômica — FRONTINI, Paulo Salvador — **96/101**

Caracterização de emissão pública e privada de valores mobiliários no direito americano — 1. Antecedentes e propósitos da regulamentação. 2. O tratamento legal da emissão pública de ações: 2.1 As isenções para emissões públicas: a) As isenções para *dealer* e *brokers*; b) As isenções para *underwriters*: b.1) *A two — Step distribution*; b.2) *A secondary distribution*; b.3) *A Rule* 144. 3. O tratamento legal da emissão privada de ações. Observações finais — GAAL, Ariadna Bohomoletz — **63/48**

Caracterização jurídica da emissão pública de valores mobiliários — EIZIRIK, Nelson — **83/55**

Caracterização jurídica das sociedades de economia mista — PENTEADO, Mauro Rodrigues — **43/111**

Caráter obrigacional da relação tributária — ROCHA, João Luiz Coelho da — **121/83**

Cartão de crédito — CORDEIRO, Rosvany Terezinha — **89/86**

— Extravio — Comunicação a companhia emissora — Uso por terceiro — Exclusão da responsabilidade do usuário — Embargos recebidos — VERÇOSA, Haroldo Malheiros Duclerc — **58/101**

— Extravio — Comunicação à empresa emissora — Cláusula contratual prevendo a hipótese — Consignatória ajuizada pelo usuário — Improcedência — Apelação provida — BULGARELLI, Waldirio — **33/120**

Cartões de crédito bancário — TEIXEIRA, Egberto Lacerda — **8/121**

Caso da falência da Sanderson e as tendências atuais do direito falimentar — FRONTINI, Paulo Salvador — **15-16/247**

Cédula de crédito bancário — FRONTINI, Paulo Salvador — **119/52**

Cédula de crédito bancário (Medida Provisória 1.925, de 14.10.1999) — 1. OS favorecidos da Cédula de Crédito Bancário — CCB (art. 1º). 2. A natureza jurídica da CCB (art. 1º, *caput* e art. 3º). 3. A extensão monetária das obrigações do devedor (art. 3º, § 1º). 4. Os requisitos da CCB (art. 4º). 5. A circulação da CCB (art. 5º, IV e § 1º). 6. As garantias da CCB (arts. 2º e 5º a 15). 7. Do protesto da CCB (art. 17). 8. Dos Certificados de Cédulas de Crédito Bancário (art. 19). 9. Conclusões — VERÇOSA, Haroldo Malheiros Duclerc — **116/129**

Cédula de crédito comercial e nota de crédito comercial: dois novos títulos de crédito — FRONTINI, Paulo Salvador — **40/154**

Cédula de crédito industrial — Abertura de crédito — Conta vinculada — Decreto-lei 413/1969 — BULGARELLI, Waldirio — **60/54**

Cédula de produto rural — BULGARELLI, Waldirio — **97/114**

Cédula de produto rural — CPR — Novo título circulatório (Lei 8.929/1994) — FRONTINI, Paulo Salvador — **99/121**

Cédula rural — Pagamento por estranho ao título — Ação deste contra avalista — Carência — REZENDE, Lucas Ênio de — **9/81**

Cédula rural pignoratícia — Débito pago pelo avalista — Prosseguimento na execução contra o devedor avalizado — Admissibilidade — Agravo provido — MORAES, Mauro Delphim de — **26/126**

Cédula rural pignoratícia — Depósito de bem fungível em armazém-geral — Prisão de depositário infiel — BOITEAUX, Fernando Netto — **126/159**

Cédulas de crédito bancário e os limites legais dos juros — I — A permanente questão dos juros. II — As cédulas de crédito bancário. III — A liberação dos juros para os credores das cédulas de crédito bancário — ROCHA, João Luiz Coelho da — **125/25**

Centrais de risco e o sigilo bancário, As — HAGSTROM, Carlos Alberto — **106/174**

Certidões dos Cartórios de Protesto — **14/153**

Certificados de depósitos de valores mobiliários em garantia — 1. Introdução. 1. Da legislação aplicável. 2. Da doutrina. 3. Classificação dos títulos e valores mobiliários. 4. Conclusões — STUBER, Walter Douglas — **82/39**

Certificados de depósitos de valores mobiliários em garantia — I — Introdução. II — Da legislação aplicável. III — Da doutrina. IV — Classificação dos títulos e valores mobiliários. V — Conclusões — STUBER, Walter Douglas — **83/71**

Cessão de controle acionário é negócio mercantil? — 1. A definição da matéria de comércio no direito privado brasileiro. a) O sistema original do Código Comercial sobre a definição da matéria de comércio. b) O sistema atual de definição da matéria de comércio. 2. A inaplicação dos dispositivos do Código Comercial brasileiro à cessão de controle acionário — COMPARATO, Fábio Konder — **37/113**

Cessão de cotas operadora no exterior e arquivamento na Junta Comercial — 1. Posição da questão. 2. Existência, validade e eficácia do negócio jurídico. 3. O mandato outorgado pela empresa estrangeira. 4. O arquivamento do instrumento de alteração contratual na Junta Comercial. 5. Os efeitos, no Brasil, da cessão de quotas realizada no exterior. 6. O instrumento de alteração contratual. 7. O procedimento da Junta Comercial do Estado de São Paulo. 8. Conclusões — GRAU, Eros Roberto — **59/20**

Cessão de crédito no mercado financeiro — EIZIRIK, Nelson — **116/200**

Chamadas "cartas-patentes" dos bancos e outras instituições financeiras e seu verdadeiro significado — COELHO, Wilson do Egito — **51/91**

Cheque — Ação de cobrança contra o emitente — Defesa deste — Título desnaturado — Garantia de empréstimo — Recurso provido para o prosseguimento da ação — BULGARELLI, Waldirio — **31/112**

— Aplicação da Lei Uniforme de Genebra — Necessidade de protesto — Interpretação da reserva 21 do Anexo II — TEIXEIRA, Egberto Lacerda — **8/85**

— Apresentação após o prazo de 30 dias — Falta de provisão do emitente — Ação contra este — Procedência — Falta de prova de existência de fundos ao tempo da emissão — Apelação não provida — REZENDE, Lucas Ênio — **14/100**

— Apresentação fora do prazo — Falta de provisão do emitente — Ação executiva contra este — Carência — Embargos recebidos — REZENDE, Lucas Ênio — **14/102**

— Cláusula "para levar em conta" — Interpretação do art. 18 do anexo II da lei uniforme relativa ao cheque, c/c art. 39 da mesma lei — LUCCA, Newton de — **45/51**

— Contra-ordem — Direito da própria essência do título — TEIXEIRA, Egberto Lacerda — **5/82**

— Data da emissão muito posterior à em que o emitente o assinou — Mandato atribuído ao portador para preenchimento — Inexistência de tempo certo para o seu exercício — Embargos recebidos — Aplicação do art. 4º do Decreto 2.044, de 1908 — NACARINI, Augusto do Carmo — **20/84**

— Emissão em nome de sociedade comercial — Embargos alegando falta de poderes do emitente e de *causa debendi* — Direito aparente do emitente e terceiro de boa-fé — Embargos rejeitados — Recurso extraordinário não conhecido — LATORRACA, Sérgio Murilo Zalona — **59/104**

— Emissão por doente mental cuja interdição veio a ser posteriormente decretada — Inviabilidade da sua cobrança por ação executiva contra a emitente que não tinha fundos no banco sacado —

Título de dívida desvestido do requisito de liquidez e certeza — BARRETTO, Lauro Muniz — **5/77**

— Endosso em preto — Cancelamento deste, para a quebra do entrosamento de endossos — Título, não obstante, pago pelo banco sacado a quem se fizera endossante sem que tivesse sido endossatário — Pagamento mal feito — Repetição ordenada — RODRIGUES, José Galante — **5/79**

— Extravio — Terceiro que cobra — Boa-fé — Ação de restituição improcedente — Apelação não provida — MORAES, Mauro Delphim de — **52/110**

— Falência — Pedido instruído com cheque pós-datado e protestado por falta de fundos — REQUIÃO, Rubens — **4/42**

— Falsificação — Direito aplicável — Usos e costumes — Comportamento do emitente e do sacado — Dano moral — BOITEAUX, Fernando Netto — **131/264**

— Irretratabilidade — Princípio que sofre restrições — TEIXEIRA, Egberto Lacerda — **5/82**

— Obtenção do título por malícia e dolo — Contra-ordem, pelo emitente, ao estabelecimento sacado, obstativa de seu pagamento — Ação pelo favorecido — Improcedência — Inteligência e aplicação do art. 51 da lei cambial — BARRETTO, Lauro Muniz — **3/75**

— Prazo de apresentação — Reserva 14 da lei uniforme — Ação executiva — Insubsistência — TEIXEIRA, Egberto Lacerda — **6/71**

— Título normativo endossável — Falsificação de endôsso — Pagamento pelo banco — Ação de reembôlso contra êste — Improcedência — REZENDE, Lucas Ênio de — **2/67**

— Títulos pós-datado — Cobrança a vista — Título não mencionado em contrato — Autonomia — Apresentação após o prazo de 30 dias — Perda de ação executiva — Recurso provido — DOMEZI, José Pedro — **23/133**

Cheque — Cruzamento especial com indicação do Banco — Decisão da 2ª Câmara Civil do TJSC — VERÇOSA, Haroldo Malheiros Duclerc — **69/65**

Cheque — Emissão — Formas — COSTA, Philomeno J. da — **69/5**

Cheque administrativo. Oposição motivada apresentada pelo endossante. Exoneração do banco sacado de honrar o título de sua emissão. Acórdão do STJ de 26.4.1993 — MAIDA, Silvia Maria do Prado — **117/168**

Cheque administrativo. Possibilidade de a instituição financeira acolher oposição feita pelo endossante — LOPES, Paulo Henrique de Mendonça & GRUENBERG, Charles Isidoro — **130/237**

Cheque falso — Indagação da culpa — Risco profissional — Súmula 28 do STF — Persistência perante a Lei de Genebra — SCHAHIN FILHO, Nassaralla — **9/84**

Cheque "pós-datado": a realidade brasileira e a solução legal argentina, O — PRADO, Roberta Nioac — **118/135**

Cheque visado — GUERREIRO, José Alexandre Tavares — **62/17**

Cheques aparentemente prescritos — 1. Do fato. 2. Apresentação e prescrição. 3. Do problema jurídico: proibição de pagamento de cheques "realmente" prescritos. 4. Doutrina. 5. Do ressarcimento. 6. Premissas da Análise Jurídica do Tema. 7. Da prescrição: uma contradição substantiva. 8. Erro de fato acidental cartularidade dos títulos de crédito. 11. Invocação da causa e função: segurança jurídica. 12. Interpretação teleológica e valor. 13. Dever e responsabilidade do Banco. 14. Apuração prática da prescrição ou do erro. 15. Conclusão: distinção entre cheques prescritos e "aparentemente" prescritos — COSTA, Carlos Celso Orcesi da — **61/49**

Cibernética e títulos de crédito — ABRÃO, Nelson — **19/97**

Ciência do direito e a elaboração dos conceitos jurídicos — LEÃES, Luiz Gastão Paes de Barros — **81/5**

Circulação de mercadorias — 1. Interpretações divergentes do art. 52 do CTN. 2. Três espécies de *saída*, cada uma caracterizando diferente imposto. 3. Decisivo elemento histórico. 4. Conceito econômico de *circulação*. 5. Acórdãos do STF. 6. Conclusão — RAMOS, José Nabantino — **7/51**

Cisão. Prejuízo aos minoritários. Desproporcionalidade. Competência do registro público das empresas — VIEIRA, Alexandre Letízio — **115/204**

Cisão de sociedades — GONÇALVES NETO, Alfredo de Assis — **19/107**

Citação — Firma comercial — Realização na pessoa de gerente, que se apresentou ao oficial para recebê-la, apondo seu "ciente" no mandato — Revelia — Prática repetida, por idêntica maneira, na fase de execução — Pretendida nulidade das citações, argüida em embargos à penhora e sob o fundamento de não possuir tal gerente poderes para receber citação — Defesa repelida — FRONTINI, Paulo Salvador — **18/96**

— Sociedade mercantil sediada no estrangeiro — Representante no Brasil — Negócio efetuado pelo mesmo — Citação válida — Preliminar repelida — Legitimidade *ad causam* — Filial de firma estrangeira — Negócio no Brasil — Consórcio e não simples mediação — Solidariedade no pagamento de comissão — Ação procedente — Apelação provida — CINTRA, Maria Lúcia de Araújo — **27/115**

Citação do comerciante por edital — 1. Introdução. 2. Dos registros para validade da citação por edital. 3. Impossibilidade de citação do comerciante por edital. Exceções. 4. Citação por mandado: a citação do comerciante por hora certa. 5. Citação e intimação — PEREIRA, José Edgard Amorin — **69/19**

Classe e espécie de ações — A questão. Espécies de ações. Classes de ações. Conceito de classe. Aumento do capital social: a regra. Aumento do capital social: as exceções do art. 136. As hipóteses previstas nos incs. I e II do art. 136. O ponto de vista da CVM. Alguns subsídios de hermenêutica — MOTTA, Nelson Cândido — **62/32**

Classificação dos créditos na falência — 1. A crise no direito falimentar brasileiro. 2. Sistema legal global para a disciplina das empresas insolventes. 3. Os problemas da classificação de créditos. 4. Credores não sujeitos ao processo de falência. 5. Os créditos provenientes do pedido de restituição. 6. A propriedade entre os créditos. 7. Análise de algumas questões que os preferenciais acarretam. 8. O desprestígio dos direitos reais de garantia. 9. Conclusão — REQUIÃO, Rubens — **30/29**

Cláusula arbitral nos contratos internacionais — MAGALHÃES, José Carlos de — **43/29**

Cláusula compromissória à luz do Código Civil — PINTO, José Emilio Nunes — **135/188**

Cláusula de não indenizar e o Código de Defesa do Consumidor — CORDEIRO, Rosvany Terezinha — **87/57**

Cláusula "e/ou" nos certificados de depósito bancário e nos recibos de depósito bancário — SCHAHIN FILHO, Nassaralla — **20/73**

Cláusula-ouro — Contrato feito em moeda estrangeira — Credor com sede em país estrangeiro — Admissibilidade — Recurso não conhecido — BARRETO FILHO, Oscar — **5/87**

— Proibição das cláusulas que estipulem pagamento em moeda diversa da nacional — Cláusula de correção de valor — Legislação e jurisprudência do STF — MÉLEGA, Luiz — **11/74**

Cláusulas compromissórias nos contratos de *joint venture* — VALÉRIO, Marco Aurélio Gumieri — **130/151**

Cláusulas contratuais de indexação de preços — I — Conceitos e princípios. II — A legislação monetária brasileira neste século — COMPARATO, Fábio Konder — **85/34**

Cláusulas *cross default* em contratos financeiros — GIFFONI, Adriana de Oliveira — **121/148**

Cláusulas de força maior e de *hardship* nos contratos internacionais — COSTA, José Augusto Fontoura & NUSDEO, Ana Maria de Oliveira — **97/76**

Cláusulas de não concorrência nos *shoppings centers* — COMPARATO, Fábio Konder — **97/23**

Cláusulas gerais do contrato na República Federal da Alemanha — I — Introdução. II — A *AGB-Gesetz*: 1. Considerações gerais; 2. Histórico; 3. Conteúdo. III — Conclusão. IV — Apêndice: tradução do texto da lei — LEONARDOS, Gabriel F. — **86/31**

Cobrança de ágio em aumentos de capital de sociedades anônimas — 1. Origem. Legislação estrangeira. 2. Legislação brasileira. 3. Doutrina. 4. Variação do valor respectivo. 5. Justificativa de cobrança do ágio. 6. Pagamento por antigos acionistas. 7. Soberania das assembléias gerais. 8. Destinação do produto arrecadado. 9. O contrato de subscrição de ações e sua liberdade — PONTES, Aloysio Lopes — **11/29**

Cobrança judicial de dividendos prioritários: desnecessidade de anulação de decisão assemblear — PIRES, Carlos Eduardo da Costa — **127/189**

Código de Defesa do Consumidor (Lei 8.078, de 11.9.1990) — MÉLEGA, Luiz — **83/84**

Código de Defesa do Consumidor: discussões sobre o seu âmbito de aplicação — LUCCA, Newton de — **85/81**

Código e normas de conduta do sistema financeiro português e comunitário — I — Introdução: 1. Moral, ética e direito; 2. Ordens normativas; 3. Desregulamentação e normas de conduta; 4. Códigos éticos e códigos de conduta. II — Códigos de conduta: 1. Razão de ordem: código de conduta do sector financeiro; 2. Noção de código de conduta; 3. Inspiração, objectivos e limites dos códigos de conduta do sector financeiro; 4. Princípios gerais dos códigos de conduta: 4.1 *Honesty and fairness*; 4.2 *Diligence*; 4.3 *Capabilities*; 4.4 *Information about customers*; 4.5 *Information for customers*; 4.6 *Conflict of interest*; 4.7 *Compliance*; 5. Os códigos de conduta no direito comunitário; 6. Os códigos de conduta em Portugal: 6.1 No âmbito do código do mercado de valores mobiliários; 6.2 No âmbito do Regime Geral das Instituições de Crédito e Sociedades Financeiras (RGICSF). III — Graus de vinculação das normas de conduta: 1. Vinculação das normas de conduta em geral; 1.1 Norma de conduta em sentido básico; 1.2 Norma de conduta editada por associação de classe; 1.3 Norma de conduta editada por associação de classe sob imperativo legal; 1.4 Norma de conduta editada por organismo representativo de classe profissional; 1.5 Normas de conduta constantes de lei; 2. Vinculação das normas de conduta no âmbito do Regime Geral das Instituições de Crédito e Sociedades Financeiras (RGICSF). IV — Violação das normas de conduta e suas conseqüências face ao direito: 1. Violação das normas de conduta do RGICSF; 2. Violação das normas de códigos de conduta do sistema financeiro; 3. Da legitimidade para desencadear os processos sancionatórios e aplicar sanções. V — Bibliografia — MATIAS, Armindo Saraiva — **106/127**

Co-gestão empresarial — **42/139**

Coisa julgada em direito tributário — A relação jurídico-tributária como objeto da lide — Impostos periódicos e instantâneos — ICM, ISS e *numerus clausus* — Distinção entre provimento "normativo" e "preventivo" ou "repressivo", em tema de mandado de segurança — A coisa julgada no executivo fiscal e no mandado de segurança — Vinculação dos tribunais. Segurança e paz jurídicas. Confiança dos jurisdicionados — Coisa julgada e ato continuado. Sistematização. Informática jurídica. Computador — A exigência de imposto sabidamente indevido e o Código Penal — NOGUEIRA, Ruy Barbosa — **14/11**

Comentário ao recente Projeto de Convenção sobre Responsabilidade Espacial — LACERDA, J. C. Sampaio de — **9/139**

Comentário de acórdão — Medida cautelar — Exibição de livros e documentos — Pretensão por sócio de sociedade de responsabilidade limitada — Medida preparatória de posterior ação de prestação de contas — Admissibilidade — Aplicação dos arts. 358, I, 359 e 844 do CPC e dos 18 e 290 do CCom. O sócio de sociedade por cotas de responsabilidade limitada pode intentar ação de exibição de livros e documentos por inteiro para verificação do que lhe é devido. Amplo é seu direito no exame nos livros da sociedade, e pode exercê-lo como medida preparatória para instrução de ação de prestação de contas. Ap. 132.891-2, 19ª C., j. 3.10.1988, rel. Des. Mohamed Amaro — LATORRACA, Sérgio Murilo Zalona — **74/97**

Comentários à lei das sociedades por ações (Lei 6.404/1976) — COSTA, Philomeno J. da — **73/123**

Comentários à Lei de Cultivares 9.456, de 25.4.1997 (*DOU* 28.4.1997) — 1. Considerações gerais. 2. Do sujeito de direito. 3. Do objeto do direito. 4. Do procedimento administrativo. 5. Do cancelamento e da nulidade. 6. Limitações ao direito de exclusividade. 7. Da licença compulsória e do uso público restrito. 8. Infrações — SILVEIRA, Newton — **110/167**

Comentários à lei de marcas alemã de 1995 — KUNTZ, Karin Grau — **100/111**

Comentários ao Decreto-lei 2.014/1983 (que dispõe sobre a tributação da variação cambial das Obrigações Reajustáveis do Tesouro Nacional — ORTN, com cláusula de correção cambial) — TORRES, Rubens Paulo Cury de Almeida — **49/105**

Comentários ao § 2º do art. 178 da nova Constituição — BIOLCHINI, Monique Calmon de A. — **74/83**

Comentários sobre o Decreto-lei 1.338, de 23.7.1974 — HENRY, Eduardo Y. — **13/147**

Comentários sobre o novo Código do Consumidor — Lei 8.078/1991 — MAUDONNET, Maria Clara — **86/83**

Comentários sobre o Projeto de Lei 1.734, de 1979, do Deputado Federal Jorge Arbage — LUCCA, Newton de — **39/203**

Comercial — Balanço futuro — Obrigação de pagar ao ex-sócio certo percentual, a ser apurado em balanço futuro — Dívida de valor, e não dívida de dinheiro — Correção monetária imponível, a partir da definição de quantum — Divergência jurisprudencial não caracterizada — MILANI, Mário Sérgio — **61/85**

— Dissolução de sociedade limitada — BULGARELLI, Waldirio — **49/88**

— Execução baseada em duplicatas aceitas pelo devedor — Alegações que não afastam a liquidez dos títulos — Negativa de vigência do art. 585, I, do CPC — LATORRACA, Cláudio Zalona — **61/82**

— Sociedade por quotas de responsabilidade limitada — Aquisição de quotas — Apuração de haveres — Direito do sócio — BARBI FILHO, Celso — **100/123**

Comércio exterior brasileiro: *antidumping* Mercosul — 1. O *dumping* no comércio internacional. 2. As quatro diferentes fases do comércio exterior brasileiro: 2.1 Da Monarquia à República; 2.2 Da proclamação da República (1889) até o término da Segunda Guerra Mundial (1945); 2.3 De 1945 a 1980 (período de substituição de importações); 2.4 A partir de 1980 (gradual abertura do Brasil ao mercado externo). 3. Breve exame da legislação brasileira vigente sobre o *dumping* no comércio exterior. 4. O Mercosul e a legislação *antidumping* — CRISTOFARO, Pedro Paulo — **91/58**

Comércio internacional: fórmulas jurídicas e realidades político-econômicas — 1. Introdução: metodologia e objetivos. 2. Cláusula de nação mais favorecida. 3. Comércio de Estado. 4. Acordos intergovernamentais sobre produtos primários. 5. Acordos de produtores. 6. Empresas multinacionais. 7. Conclusões preliminares: tendências institucionais e lições para o futuro — LAFER, Celso — **13/71**

Cominatória — Ação ordinária — Ajuizamento por firma comercial visando a compelir outra a abster-se do uso da expressão *drugstore* como título de estabelecimento em suas casas comerciais — Cabimento da ação proposta — Exploração, entretanto de ramos distintos de negócio — Improcedência — Aplicação dos arts. 287 do CPC e 120, 5º e 6º, do Decreto-lei 7.903 — **50/115**

Comissão de permanência em títulos de crédito não resgatados no vencimento — Impossibilidade de sua cobrança pelo oficial de protesto de títulos — PINHEIRO, Flávio César de Toledo — **6/135**

Comissão de Valores Mobiliários e a Lei 6.616/1978: uma charada processual! — FRONTINI, Paulo Salvador — **32/103**

***Common Market Cartel Law* (Lei de Cartel no Mercado Comum Europeu)** — BASEDOW, Jurgen — **47/93**

Comodato — Contrato simultâneo com promessa de compra e venda mercantil — AMADEO, Nelson Fatte Real — **36/85**

Companhia aberta *x* companhia fechada — 1. Introdução 2. Conceituação da sociedade anônima. 3. Formas de constituição de sociedade anônima. Sociedades anônimas abertas e fechadas. 4. As sociedades abertas. Objetivo da reforma da Lei das S/A. 5. As origens da sociedade anônima. 6. As sociedades contemporâneas. 7. O papel das sociedades anônimas no Brasil. A estrutura jurídica da grande empresa privada. 8. O mercado de capitais. Lei da grande empresa e do empresário empreendedor. 9. Responsabilidade social da grande empresa. 10. A reforma da disciplina legal das sociedades anônimas. A Lei 6.404/1976. As principais mudanças da legislação societária anterior. 11. A importância da nova Lei das S/A. 12. A grande empresa e a Lei das S/A: seus reflexos na economia brasileira. 13. A nova Lei das S/A e as garantias dadas ao acionista minoritário. 14. As características das sociedades anônimas constituídas sobre a forma de sociedades abertas ou fechadas (art. 4º da Lei das S/A). 15. Negociabilidade das ações de sociedades abertas e de fechadas (art. 29 da Lei das S/A). 16. As demonstrações financeiras da sociedade anônima. 17. O controle do poder de decisão e seu papel na sociedade aberta. A abertura de capital trouxe a democratização da sociedade aberta? O controle nas sociedades e as restrições à circulação de ações. 18. A organização no controle interno na sociedade anônima. 19. O poder de controle na sociedade anônima e sua legitimidade. 20. Conclusão — ARRUDA, Maria Clara da Silveira Villasbôas — **65/42**

Companhia de capital aberto — Não caracterização da responsabilidade da sociedade quando da prática de atos *ultra vires*, com quebra direta do estatuto social — VERÇOSA, Haroldo Malheiros Duclerc — **109/237**

Companhias abertas e fechadas no sistema da Lei 6.404, de 1976 — 1. A companhia aberta. 2. O controle estatal da companhia aberta. 3. Característica das companhias abertas. 4. A companhia fechada — ABRÃO, Nelson — **24/45**

Compensações múltiplas (*nettings*) nos *swaps* e *derivatives* internacionais — YANAGAWA, Sílvio H. — **96/58**

Competência — Conflito negativo — Ação cominatória tendente a coibir o uso do nome fantasioso, não registrado, passível de induzir a equívoco — Julgamento afeto à Justiça Estadual — SILVEIRA, Newton — **25/94**

Competência das agências reguladoras para intervir na mudança de controle das empresas concessionárias — WALD, Arnoldo — **128/41**

Competência judiciária em matéria de acidentes aéreos — 1. Introdução. 2. Alguns traços da natureza compósita dos acidentes aéreos. 3. A Justiça Federal tem competência exclusiva — MOURA, Geraldo Bezerra de — **18/39**

Compra do controle de uma sociedade mercantil por uma companhia aberta — AMARAL, Paulo Afonso de Sampaio — **33/41**

Compra e venda — Máquina — Mau funcionamento — Inércia do comprador — Descumprimento dos arts. 211 do CCom e 1.105 do CC — Ação de cobrança procedente em parte — FERNÁNDEZ, Teodomiro Méndez — **23/137**

— Preço — Parte representada por notas promissórias — Falta de seu pagamento — Rescisão do contrato reclamada pelos vendedores — Carência decretada — Decisão confirmada — ABRÃO, Nelson — **13/94**

Compra e venda de adubo — Responsabilidade dos compradores — Solidariedade reconhecida em desatenção ao disposto no art. 896, do CC, aplicável ao contrato mercantil — Opinião dos doutores — Recurso extraordinário, parcialmente conhecido e provido — BULGARELLI, Waldirio — **44/89**

Compra e venda de embarcação — Registro — Presunção de propriedade — CAMPOS, João Vicente — **5/94**

Compra e venda mercantil — Contrato — Rescisão — Necessidade de ser interpelado o devedor — Inteligência e aplicação do art. 205 do CCom — AMARAL, Paulo Afonso de Sampaio — **14/109**

— Venda a contento — Falta de prazo para o comprador se manifestar sobre a aceitação do negócio — Necessidade de ser interpelado a respeito — Cobrança do preço antes da providência — Inadmissibilidade — Ação improcedente Inteligência e aplicação do art. 1.147 do Código Civil — ABRÃO, Nelson — **10/104**

Compromissos de voto nos acordos de acionistas e sua eficácia executiva — ROCHA, João Luiz Coelho da — **127/63**

Computação de dados. Conceitos fundamentais — 1. Apanho histórico. Importância. 2. Conceitos fundamentais. 3. Cópia autorizada. *Shareware*. 4. Os sistemas expertos e outros sistemas de inteligência artificial. 5. O *software* é uma criação intelectual — CHAVES, Antônio — **98/5**

Conceito de área demarcada na concessão comercial de veículos, O — 1. Distinção entre áreas demarcadas (*closed territories*) e áreas operacionais de responsabilidade dos concessionários (*areas of primary responsability*). 2. A cláusula de exclusividade como pacto de limitação à concorrência. 3. As alterações imprimidas pela Lei 8.132, de 1990, ao art. 5º da Lei 6.729, de 1979 — LEÃES, Luiz Gastão Paes de Barros — **110/16**

Conceito de preço dos serviços e a base de cálculo do ISS — ROCHA, João Luiz Coelho da — **95/85**

Conceito de preposto — CUNHA, Sérgio Sérvulo da — **106/169**

Conceito de publicações na nova lei de sociedades anônimas — HILÁRIO, Benedito Garcia — **27/153**

Conceito de relação de consumo e atividades prestadas por entidades sem fins lucrativos — Ensaio sobre o alcance do Código de Defesa do Consumidor — GUIMARÃES, Bernardo Strobel — **135/164**

Conceito de "reservas bancárias" e as características do mútuo e do depósito bancários, O — VERÇOSA, Haroldo Malheiros Duclerc — **110/207**

Conceito de *security* no direito norte-americano e o conceito análogo no direito brasileiro — 1. Colocação do tema: o caso *People v. Syde*. 2. A definição legal de *security*. 3. Considerações sobre a interpretação dos *statutes*. 4. O conceito de *security* como contrato de investimento. A fórmula Howey. 5. As noções de "transação" e de "empreendimento comum". 6. Caso *Silver Hills Country Club v. Sobieski* e a aplicação do *risk test*. 7. A ausência de ingerência do investidor no empreendimento comum como elemento caracterizador de *security*. 8. A *security* como solicitação pública de recursos. 9. Os elementos caracterizadores de *security*. Definição.

10. A noção de "títulos e valores mobiliários" como conceito análogo ao de *security* no direito brasileiro. Conclusões — LEÃES, Luiz Gastão Paes de Barros — **14/41**

Conceito de valor mobiliário — 1. O aparecimento. 2. O que é o valor mobiliário?. 3. Valor mobiliário ou título de crédito? 4. Efeitos de comércio e valores mobiliários. 5. Valor mobiliário: a) Contribuição para investimento; b) Empreendimento comum; c) Expectativa de lucro; d) Caracterização do empreendimento; e) Contrato de risco; f) Controle de empreendimento; g) Materialização do valor imobiliário; h) Falta de especialização. 6. Alcance, limitações e exclusões — MATTOS FILHO, Ary Oswaldo — **59/30**

Conceito jurídico de custo na avaliação do ativo fixo — I — Critérios para a estimação dos bens do ativo patrimonial. II — O critério do preço de custo ou do custo de aquisição. III — As despesas que não entram no cálculo do custo das imobilizações. IV — As despesas financeiras e o custo de bens imobilizados — LEÃES, Luiz Gastão Paes de Barros — **2/21**

Conceito jurídico de regulação da economia — ARAGÃO, Alexandre Santos de — **122/38**

Conceitos, regras e situação atual do *transfer price* no Brasil — 1. Conceito. 2. Impostos incidentes sobre os lucros. 3. Diferentes formas da distribuição de lucros e da transferência de preços. 4. Paraísos fiscais e países com acordo de bitributação. 5. Primeiras tentativas tendentes a evitar o *transfer price*. 6. A Lei 9.430, de 27.12.1996. 7. Conceito de pessoa vinculada. 8. Bens, serviços e direitos adquiridos no exterior (inclusive em operações de importação). 9. *Royalties* e assistência técnica, científica, administrativa ou assemelhada. 10. Receitas oriundas de exportações para o exterior. 11. Alteração dos percentuais. 12. Juros praticados em operações internacionais que envolvam empresas vinculadas. 13. Principais diferenças entre as regras brasileiras, as regras da OCDE e as norte-americanas. 14. Conclusão. Bibliografia — GONÇALVES, Almir Rogério — **118/123**

Conceitos de "EBITDA", "Brazilian Gaap" e "juros SELIC" — LEÃES, Luiz Gastão Paes de Barros — **128/263**

Conceitos de emissão e de oferta pública na legislação do mercado de capitais — WALD, Arnoldo — **8/17**

Conceitos de financiamento e pré-financiamento — WALD, Arnoldo — **103/74**

Conceitos de liquidez na disciplina do mercado de valores mobiliários — Introdução. 1. Definição de circulação. 2. Definição de liquidez. 3. Liquidez no mercado de valores mobiliários. Conclusão — SZTAJN, Rachel — **126/7**

Conceitos elementares de teoria dos jogos, Alguns — Uma análise sucinta de aspectos potencialmente relevantes — POUSADA, Estevan Lo Ré — **132/166**

Concentração de empresas e a competência do CADE, A — 1. Introdução. 2. A defesa da concorrência e o fenômeno da globalização. 3. A livre concorrência na Constituição de 1988. 4. A atividade vinculada do CADE. 5. Os motivos de conveniência e de oportunidade na concentração de empresas. 6. Implicações constitucionais do poder de apreciar atos de concentração de empresas. 7. Concentração de empresas no Brasil e o CADE — MAGALHÃES, José Carlos de & SAMPAIO, Onofre Carlos de Arruda — **113/30**

Concessão comercial entre produtores e distribuidores de veículos automotores de via terrestre no Brasil: uma novidade jurídica — SENATORE, Carlos Alberto — **36/109**

Concessão da concordata a empresa de assistência médica — Decisão transitada em julgado do juízo distrital de Cajamar-SP — NUNES, Hélio da Silva — **67/90**

Concessões e o mercado de capitais — CAMARGO, João Laudo — **104/82**

Concordata — Compensação de dívida passiva do concordatário, vencida em virtude do deferimento da concordata, com dívida ativa vencida posteriormente — ABRÃO, Nelson — **14/94**

— Correção monetária — Restituição de quantia paga em decorrência de contrato de câmbio — VERÇOSA, Haroldo Malheiros Duclerc — **92/123**

Concordata. Da inaplicabilidade da correção monetária — DAHMEP, Leopoldo — **85/120**

Concordata: risco cambial e contrato de câmbio — GRAU, Eros Roberto — **63/29**

Concordata do ex-concordatário e a desistência do favor legal — POLICASTRO, Décio — **102/54**

Concordata preventiva — Atraso no pagamento da segunda prestação — Falência decretada — Pagamento de todos os credores após esse despacho — Agravo provido — REQUIÃO, Rubens — **7/77**

— Créditos — Classificação — Privilégio especial — Aluguel do prédio onde está instalado o concordatário — Inexistência de sujeição aos efeitos da concordata — Hipótese de penhora sobre bens móveis — Aplicação do art. 102, § 2º, II, do Decreto-lei 7.661, de 1945 — ABRÃO, Nelson — **31/91**

— Dação de imóvel em pagamento dos créditos — Ausência do consentimento de todos os credores — REQUIÃO, Rubens — **12/130**

— Depósito e dinheiro para a garantia de pagamento aos credores — Penhora pretendida por reivindicante de mercadoria já consumida — Inadmissibilidade — ABRÃO, Nelson — **9/87**

— Desistência — Conversão em falência — Título protestado — REQUIÃO, Rubens — **1/99**

— Desistência — Recurso cabível — Agravo de petição — MESQUITA, José Ignacio Botelho de — **6/74**

— Exercício do comércio há mais de 2 anos — Início da contagem — Interpretação do art. 140 da lei falimentar — MELLO, Moacir de Barros — **10/106**

— Exercício regular do comércio há mais de 2 anos — Prova pelos meios regulares admitidos em direito — ABRÃO, Nelson — **1/110**

— Habilitação de crédito — Cambial ligada a contrato de financiamento — Irrelevância — Pedido deferido — ALONSO, Félix Ruiz — **2/51**

— Habilitação de crédito — Cambial sacada de acôrdo com a Lei 4.718/1965 — Sacador obrigado principal — Inclusão como quirografário — ALONSO, Félix Ruiz — **2/51**

— Habilitação de crédito — Letra de câmbio emitida de acordo com a lei que disciplina o mercado de capitais — Dispensa de protesto para a sua habilitação na concordata do sacador — ALONSO, Félix Ruiz — **4/43**

— Pedido de mercadoria no mesmo dia do requerimento da concordata — Recebimento no dia imediato — Má-fé configurada — Restituição pleiteada pelo vendedor — Procedência — Recurso provido — ABRÃO, Nelson — **8/88**

— Pedido de restituição — Mercadoria inexistente — Contestação da concordatária — Protesto por provas — Audiência omitida e julgamento — Admissibilidade — Revista improcedente — ABRÃO, Nelson — **10/109**

Concordata preventiva — Sociedade corretora de títulos e valores mobiliários — COMPARATO, Fábio Konder — **12/91**

Concordata preventiva e a nova lei — NUNES, Hélio da Silva — **81/117**

Concordata preventiva e suspensiva (alguns aspectos econômicos e contábeis) — 1. Introdução. 2. Economia e crédito. 3. Breve histórico do direito concursal. 4. A concordata no direito brasileiro. 5. A concordata no sistema do Decreto-lei 7.661/1945. 6. Algumas críticas ao instituto da concordata. 7. Conclusão. 8. Bibliografia — NERY, Sandra de Medeiros — **118/199**

Concorrência desleal — Denominação semelhante — Prescrição — SILVEIRA, Newton — **26/106**

— Desvio de clientela — Emprego de meio fraudulento para tanto atribuído aos querelados — Obtenção de vendedores da querelante para trabalharem em sua firma — Delito, contudo, não configurado — Absolvição mantida — Inteligência dos arts. 178, III, do Decreto-lei 7.903, de 1945 e 196, 1º, III do CP — VERÇOSA, Haroldo Malheiros Duclerc — **41/126**

— Desvio de clientela — Reprodução de produto industrial alheio não protegido por patente ou registro — Irrelevância — Condenação — SILVEIRA, Newton — **42/98**

— Imitação servil — Atos confusórios — Art. 178, III do Decreto-lei 7.903, de 1945 — SILVEIRA, Newton — **42/96**

— Uso abusivo do nome civil — Meio fraudulento empregado pelo querelado para desviar, em proveito próprio, clientela do querelante — Recurso provido — Extinção de sua punibilidade, todavia, decretada — Inteligência dos art. 178, III, do Decreto-lei 7.903, de 1945, e 128 da Lei 5.772, de 1971 — SILVEIRA, Newton — **24/110**

Concorrência desleal e interesse difuso no direito brasileiro — A) Diretrizes do Decreto-lei 24.507 de 1934. B) Diretrizes do Código Penal de 1940, do Código de Propriedade Industrial. C) A interpretação sistemática. D) A sociedade tecnológica e o novo sistema econômico. E) A legislação atual e o interesse do consumidor — REALE JÚNIOR, Miguel — **49/5**

Concorrência entre empresas perante o Mercosul (enfoque específico sobre o Brasil e Argentina face à legislação antitruste) — I — Introdução. II — A experiência comunitária e o Mercosul: a) A experiência comunitária; b) O Mercosul e a livre concorrência. III — Argentina. IV — Brasil. V — Brasil e Argentina: exame comparativo dos exemplos mencionados: a) Preços predatórios; b) "Venda casada"; c) Imposição de condições discriminatórias a clientes semelhantes; d) Recusa de venda; e) Extinção de produção ou distribuição; f) Fixação de preços uniformes; g) Acumulação de direção; h) Açambramento e retenção de bens; i) Criação de dificuldades; j) Formação de cartéis. VI — Mercosul. VII — O Brasil, o Mercosul e a livre concorrência: situação atual. VIII — Conclusão — GRIMBERG, Mauro — **89/56**

Condição jurídica da possibilidade de existência das sociedades de participação — AMARAL, Paulo Afonso de Sampaio — **30/55**

Condutas anticoncorrenciais no setor bancário — 1. Introdução. 2. Direito da concorrência e teoria da regulação. 3. Regulação concorrencial do sistema financeiro. 4. Condutas anticoncorrenciais — SALOMÃO FILHO, Calixto — **114/51**

Conferência de bens intangíveis ao capital das sociedades anônimas — 1. Um problema tangível. 2. O capital. 3. O bem corpóreo ou intangível. 4. A noção de propriedade de bens intangíveis. 5. A conferência de bens intangíveis: serviços. 6. Idem: energia. 7. Idem: direitos de crédito. 8. Idem: os direitos de clientela. 9. A propriedade intelectual. 10. Idem, idem: Marcas, *apellations d'origine*. Nome. Insígnia. Título do estabelecimento. Indicações de proveniência. Título de periódicos. 11. Idem, idem: monopólios legais. 12. Idem, idem: *Fonds de commerce*. 13. Idem: direitos não exclusivos de clientela. O segredo de empresa. Os inventos não patenteados. O *know-how*. *Software*. 14. Idem, idem: Os contratos. A clientela, etc. 15. A conferência de bens intangíveis ao ativo como investimento de capital estrangeiro. 16. O poder de controle — BARBOSA, Denis Borges — **37/33**

Confidencialidade em arbitragem internacional — JO, Hee Moon — **127/68**

Conflito Brasil-EUA sobre a informática e o GATT — Uma análise jurídica — SALOMÃO NETO, Eduardo — **75/93**

Conflito de interesses: formal ou substancial? Nova decisão da CVM sobre a questão — FRANÇA, Erasmo Valladão Azevedo e Novaes — **128/225**

Conflitos de interesses entre sociedades controlada e entre colegiadas, no exercício do voto em assembléias gerais e reuniões sociais — GUERREIRO, José Alexandre Tavares — **51/29**

Conflito de interesses e vedação de vota nas assembléias das sociedades anônimas — LEÃES, Luiz Gastão Paes de Barros — **92/107**

Congresso de Caracas 1982 — Informe nacional de La Argentina sobre el tópico 2.B.1 para el Undécimo Congresso Internacional de Derecho Comparado — MARZORATI, Osvaldo J. — **48/81**

Conhecimento na navegação internacional — CAMPOS, João Vicente — **2/33**

Conjuntura política e o problema das empresas insolventes — 1. O sistema livre e o comportamento empresarial 2. Os efeitos do sistema político fechado e o fracasso de certas empresas 3. Os efeitos da liberdade incipiente 4. Os efeitos da liberdade ampla 5. A necessária reforma do instituto da falência e da concordata preventiva — REQUIÃO, Rubens — **34/21**

Conselho fiscal: ausência de legitimação processual de acionista para obtenção de informação em nome de conselheiro — SIMIONATO, Frederico — **109/150**

Conselho fiscal: competência orgânica e atividade individual de seus membros — SANTOS NETO, Domício dos — **107/205**

Conselho fiscal da sociedade anônima — 1. O conselho fiscal na sociedade anônima. 2. Finalidade do conselho fiscal. 3. Importância do conselho fiscal, como órgão independente na gestão administrativa da sociedade anônima. 4. A substituição do conselho fiscal por outro órgão ou entidade. 5. O conselho fiscal na legislação brasileira. 6. O conselho fiscal no direito comparado. 7. Conclusão do autor — HILÁRIO, Benedito Garcia — **12/55**

Conselho fiscal das companhias brasileiras — BULGARELLI, Waldirio — **76/109**

Conselho fiscal das sociedades anônimas como órgão *sui generis* na Lei 6.404/1976 e no anteprojeto da CVM — 1. História. 2. Funções. 3. Função do conselho fiscal de proteção à minoria. 4. Atribuições dos conselheiros. 5. O conselho fiscal como órgão colegial. 6. Inovações do anteprojeto de 16.3.1992. Bibliografia — BUCCIOLI, Fábio — **105/134**

Conselho fiscal e o direito à informação — GUERREIRO, José Alexandre Tavares — **45/29**

Conselho Monetário Nacional — Competência reguladora — Auditorias independentes — VERÇOSA, Haroldo Malheiros Duclerc — **124/208**

Conselho Monetário Nacional, Banco Central do Brasil e Comissão de Valores Mobiliários. Considerações acerca de sua natureza jurídica, em face das chamadas "agências administrativas" — 1. Premissas hermenêuticas. 2. As agências administrativas e o direito brasileiro. 3. Conselho Monetário Nacional, Banco Central do Brasil e Comissão de Valores Mobiliário — Natureza jurídica. 4. Função regulamentar. 5. Função regulamentar de CMN, Bacen e CVM, em face das agências. 6. Conclusão — MOREIRA, Egon Bockmann — **116/136**

Consentimento informado e o Projeto de Código Civil — SZTAJN, Rachel — **109/93**

Considerações a respeito da aplicação da multa prevista no art. 23, § 2º, da Lei 4.131 — A) A adequada "exegese" do art. 23, § 2º, da Lei 4.131. B) Da revogação do art. 23, § 2º, da Lei 4.131 pela Lei 4.595, de 31.12.1964 — WALD, Arnoldo — **58/21**

Considerações a respeito da utilização do *trust* no direito brasileiro, Algumas — 1. Do objeto do estudo. 2. Da transposição de institutos jurídicos estrangeiros. 3. O *trust* no direito anglo-saxão. 4. O *trust* e o direito brasileiro. 5. Instituições de origem romana similares ao *trust*. 6. As diversas soluções referentes aos negócios fiduciários no Brasil — Vantagens e desvantagens. 7. Conclusão — WALD, Arnoldo — **99/105**

Considerações acerca da representação comercial frente ao novo Código Civil — SADDI, Jairo — **129/54**

Considerações acerca do *leasing* e sua aplicação no campo do direito aeronáutico — LACERDA, J. C. Sampaio de — **5/127**

Considerações sobre a assunção de dívida — WALD, Arnoldo — **59/5**

Considerações sobre a elaboração da Lei de S/A e de sua necessária atualização — LAMY FILHO, Alfredo — **104/86**

Considerações sobre a proteção jurídica do nome comercial, em face do projeto do novo Código Civil — 1. Apresentação. 2. Breve histórico da proteção ao nome comercial. 3. A legislação vigente. 4. O projeto de lei do novo Código Civil. 5. Conclusão — ARRUDA, Mauro J. G. — **113/130**

Considerações sobre alguns aspectos do programa de integração social — 1. Introdução. 2. Histórico. 3. Participação dos empregados nos lucros da empresa? 4. Originalidade do programa de integração social. 5. Natureza jurídica da contribuição empresarial ao PIS. 6. Profissionais autônomos. 7. Faturamento. 8. Inclusão ou não do IPI na base de cálculo do PIS. 9. Empresas de construção civil — PELICANO, Helcias — **15-16/69**

Considerações sobre alguns aspectos jurídicos dos atos de concentração no Sistema Financeiro Nacional — 1. Introdução: a competência para se analisar atos de concentração. 2. A abrangência legal da defesa da concorrência. 3. A Lei 4.595/1964 e o Sistema Financeiro Nacional. 4. Do conflito de competência. 5. Os riscos da concentração bancária. 6. À guisa de conclusão — SADDI, Jairo — **113/99**

Considerações sobre o Projeto de criação da Comissão de Valores Mobiliários (CVM) — REQUIÃO Rubens — **20/101**

Considerações sobre o sistema de telefonia americano e o brasileiro sob a ótica do direito antitruste — GORGA, Érica Cristina Rocha — **119/196**

Consórcio no setor de informática — STUBER, Walter Douglas — **69/73**

Consórcios de empresas e seus riscos jurídicos, Os — A) A moderna tendência consorcial. B) O balizamento jurídico dos consórcios. C) O risco da sociedade irregular. D) Os riscos do consórcio sob o Código do Consumidor. Conclusão — ROCHA, João Luiz Coelho da — **115/83**

Consórcios de sociedades. Validade e eficácia dos atos jurídicos praticados por seus administradores, nessa qualidade. Titularidade dos direitos e das obrigações deles decorrentes — CRISTÓFARO, Pedro Paulo — **44/15**

Constantes mudanças legislativas no mercado de capitais e seus efeitos — PESSOA, Ana Paula Gordilho — **128/175**

Constitucionalidade e licitude da emissão de ADR (*American Depositary Receipt*) de ações preferenciais de instituição financeira brasileira — 1. Do conceito e regime legal do ADR. 2. Das normas constitucionais. 3. Da interpretação da norma constitucional: 3.1 Dos processos de interpretação da Lei; 3.2 Da interpretação da norma constitucional; 3.3 Dos trabalhos preparatórios da Constituição; 3.4 Da tradição histórica e da evolução legislativa; 3.5 A interpretação sistemática da Constituição. 4. Da caracterização das ações preferenciais. 5. Da aplicação do princípio da reciprocidade. 6. Da inaplicabilidade do art. 52 do ADCT às ações preferenciais. 7. Da inaplicabilidade da norma constitucional aos ADRs representativos de ações preferenciais. 8. A disciplina legal e regulamentar dos *Depositary Receipts* (DRs) no Brasil. 9. Conclusões — WALD, Arnoldo — **92/5**

Constituição? E a moléstia das normas? — NOGUEIRA, Ruy Barbosa — **63/100**

Construção e operação do gasoduto para importação do gás boliviano: o exercício do monopólio do gás pela União — 1. Introdução. 2. Livre iniciativa e livre concorrência na Constituição de 1988. 3. A noção de serviço público. 4. O monopólio estatal. 5. O monopólio do gás natural. 6. O monopólio da importação e do transporte do gás boliviano — LEÃES, Luiz Gastão Paes de Barros — **93/70**

Conta de participação, consórcio e parceria — Formas associativas não personalizadas — Introdução. A) Sociedades comerciais e civis — Taxatividade da lei. B) A sociedade em conta de participação. C) O consórcio. D) Distinções entre a conta de participação e o consórcio. E) A parceria — ROCHA, João Luiz Coelho da — **105/37**

Contabilização de operações de arrendamento mercantil — FELSBERG, Thomas Benes & CÂMERA, Miriran C. R. — **68/105**

Contemporaneidade do Código Comercial Imperial. Breves considerações — SILVA, Luiz Antonio Guerra da — **115/120**

Continuidade da empresa — Representação — Gerente — Legitimidade — FERREIRA, Renato Luis Bueloni — **104/141**

Contornos atuais do contrato de *factoring* — GORON, Lívio Goellner — **124/153**

Contratação entre a sociedade por cotas de responsabilidade limitada e seu próprio administrador — 1. A sociedade por cotas de responsabilidade limitada com modelo jurídico da empresa coletiva. 2. Desvirtuamento na utilização do modelo jurídico da sociedade por cotas de responsabilidade limitada. 3. Aplicação da Lei das S/A como instrumento regulamentar subsidiário das sociedades por cotas de responsabilidade limitada. 4. Disciplina da concorrência de interesses entre o administrador e a sociedade anônima. 5. Manifestações doutrinárias quanto à contratação ente as sociedades de pessoas e seus administradores. 6. A celebração do contrato. 7. contratos firmados em situação de suspeição. 8. O dever de lealdade do administrador. 9. Conclusão — BARBI FILHO, Celso — **96/5**

Contrato — Adesão — Publicidade — Pagamento de mensalidades — Ajuste sem interesse para sucessor — Cobrança de prestações, juros e multas — Ação improcedente — Apelação provida — BULGARELLI, Waldirio — **34/110**

— Arrendamento mercantil ou *leasing* — Vencimento — Opções da locatária — FELSBERG, Thomas Benes — **36/81**

Contrato bancário de antecipação de receita orçamentária com garantia de ICM — Aspectos polêmicos — Proêmios: 1. Considerações gerais. 2. Dívida pública. 3. Do contrato de empréstimo por antecipação de receita orçamentária. 4. Da vinculação do ICM. 5. Legislação, regulamentação e jurisprudência aplicáveis a hipóteses. 6. Reflexos econômicos nas operações examinadas em face da queda na arrecadação do ICM. Das *quaestio juris*: a) A situação atual; b) Da pretensão do consulente. Dos caminhos alvitrados — FERREIRA, Carlos Renato de Azevedo — **74/36**

Contrato com pessoa a declarar — CHAVES, Antônio — **98/85**

Contrato consigo mesmo — Inexistência — Venda de imóvel por anônima a seu ex-diretor — Inaplicabilidade da proibição do inciso I do art. 1.133 do CC — Apreciação da matéria à luz do disposto pelo art. 120 do Decreto-lei 2.627 de 1945 — A posição do autocontrato no nosso atual direito positivo — COSTA, Philomeno J. da Costa — **6/77**

— Preliminares. I — Noções conceituais: 1. Conceito de parte; 2. Representação; 3. A autocontratação; 4. Dupla representação; 5. Natureza jurídica. II — Fundamentos da autocontratação: 1. Utilidade; 2. Conflito de interesse; 3. Situações contrapostas. III — Direito comparado: 1. Critérios metodológicos; 2. Princípios reconhecedores; 3. Princípios negadores; 4. Princípios descaracterizadores; 5. Situações contrapostas. IV — Direito brasileiro: 1. Princípios controvertidos; 2. Princípios reconhecedores; 3. Princípios negadores; 4. Situações contrapostas. V — Conclusões — VIANA, Francisco de Assis Bomfim — **24/51**

Contrato de abertura de crédito — MORAES, Mauro Delphim de — **72/65**

Contrato de abertura de crédito — Natureza e regime jurídico — SALOMÃO NETO, Eduardo — **120/9**

Contrato de câmbio — Exportação — Posição do Banco Central do Brasil — Reconhecimento da ausência de *legitimatio ad causam* passiva — Conseqüente declaração de extinção do processo — Embargos de declaração recebidos — CHIARA, José Tadeu — **23/143**

— 1. Introdução: noções históricas e jurídicas sobre a moeda e o câmbio. 2. As operações de câmbio. O câmbio como contrato. 3. Espécies de contrato de câmbio. 4. Instrumentos do contrato de câmbio: 4.1 O câmbio manual; 4.2 O câmbio trajetício. 5. Natureza jurídica do contrato de câmbio. 6. Problemas jurídicos do câmbio: 6.1 A restituição falimentar do adiantamento sobre contrato de câmbio; 6.2 Outros problemas jurídicos. 7. Intermediação e exercício das atividades de câmbio. 8. Modificações, cancelamento e liquidação do contrato de câmbio. 9. A taxa de câmbio — VERÇOSA, Haroldo Malheiros Duclerc — **42/23**

Contrato de câmbio — Classificação incorreta — VERÇOSA, Haroldo Malheiros Duclerc — **123/188**

Contrato de compra e venda mercantil face ao código de proteção ao consumidor — COSTA, Philomeno J. da — **83/5**

Contrato de concessão comercial — Margem de comercialização — TERRA, Nívio — **71/95**

Contrato de concessão de venda com exclusividade (concessão comercial) — 1. Capacidade criativa do direito comercial. 2. Fundamentos econômicos do contrato de concessão comercial. 3. Conceito e objeto de contrato. 4. Natureza jurídica da concessão comercial. 5. Qualificação do contrato de concessão comercial. 6. Atipicidade de contrato. 7. Distinção em relação aos contratos afins. 8. A cláusula de exclusividade. 9. A cláusula de exclusividade e a recusa de venda. 10. A concessão comercial no direito comparado (Estados Unidos e Bélgica). 11. A concessão comercial na América Latina (S. Domingos, Panamá, Honduras, S. Salvador, Argentina). 12. Rescisão do contrato e a indenização. 13. Ruptura do contrato a prazo determinado. 14. O tema em face das leis brasileiras. 15. Rescisão do contrato atípico no direito brasileiro — REQUIÃO, Rubens — **7/17**

Contrato de *factoring* — 1. Metodologia do estudo. 2. Conceito de *factoring*. 3. Características do *factoring*. 4. Natureza jurídica do *factoring*. 5. Pressuposto básico do *factoring*. 6. Classificação do *factoring*. 7. Ciclo operacional do *factoring*. 8. Finalidade do *factoring*. 9. Conteúdo do contrato de *factoring*. 10. Diversidade de serviços como elemento caracterizador do *factoring*. 11. O *factoring* como um contrato complexo. 12. Efeitos naturais do *factoring*. 13. Efeitos de compra de créditos. 14. Ação de regresso do faturizador contra o faturizado. 15. Outras observações — LOBO, Jorge — **112/36**

Contrato de *factoring* e o Sistema Financeiro Nacional — 1. Contrato de *factoring*: 1.1 Conceito, características e espécies; 1.2 Modalidades de *factoring*. 2. O contrato de *factoring* e o desconto bancário. 3. O *factoring* e a operação de crédito. 4. O *factoring* e o Sistema Financeiro Nacional. 5. A Circular 703 do Banco Central do Brasil. 6. Conclusões — LOPES, Maria Elizabete Vilaça — **74/57**

Contrato de *franchise* e a transferência de tecnologia — SILVEIRA, Newton — **74/23**

Contrato de *joint venture* na matéria antitruste — NOGUEIRA, José Carlos da Silva — **125/58**

Contrato de prestação de assistência técnica — Sua averbação junto ao INPI como condição à dedutibilidade das despesas respectivas para efeito da apuração do lucro tributável — MÉLEGA, Luiz — **19/62**

Contrato de reprodução de obra intelectual — 1. Conceito. 2. Sujeito do contrato de reprodução. 3. Objeto do contrato de reprodução. 4. Distinção entre contrato de edição, e contrato de licença e a licença legal ou obrigatória: 1) Licença legal ou obrigatória e o contrato de reprodução em países e em vias de desenvolvimento; 2) Conclusão. 5. Diferença entre cessão e concessão. 6. Deveres fundamentais do autor: 3) Obrigação de garantia ou de disposição jurídica; 4) Alguns aspectos do dever de disposição física da obra: a) Entrega do *corpus* *mechanicum*; b) Causas possíveis da recusa de entregar; c) Sanção pela não entrega; d) Correção e modificação das provas; e) Importância da "ordem de mandar imprimir". 7. Deveres do editor: 5) Publicação: a) Noção e sanções à obrigação de publicar; b) Alguns problemas de alta relevância ligados à impressão: b.1) O número de exemplares, os *mains de passe* e os exemplares a serem dados ao autor; b.2) Distinção entre edição, tiragem e reimpressão; b.3) Numeração e assinaturas dos exemplares da obra; 6) Difusão e distribuição comercial. 8. Algumas considerações sobre a retribuição econômica do autor — MATTIA, Fábio Maria de — **21-22/33**

Contrato de seguro no direito da navegação — 1. Introdução e plano do trabalho. 2. O contrato de seguro nas suas origens sociais e comerciais. 3. Evolução intrínseca do instituto do seguro marítimo. 4. O princípio da responsabilidade garantida. 5. As implicações do contrato de seguro aeronáutico — MOURA, Geraldo Bezerra — **20/35**

Contrato de trabalho do diretor de empresas — 1. Introdução. 2. O administrador profissional. 3. Natureza jurídica do cargo de administrador. 4. O administrador no Código Comercial de 1850. 5. O administrador na Lei das S/A de 1882. 6. O administrador na consolidação de 1891. 7. O administrador na Lei das S/A de 1940. 8. O direito na nova Lei das S/A. 9. O diretor profissional perante a CLT. 10. Outros direitos trabalhistas do dirigente profissional. 11. O diretor da empresa pública. 12. O diretor de autarquia econômica. 13. Conclusão — CAMPOS, Virgílio — **35/71**

Contrato de transporte marítimo e terrestre e os conhecimentos de embarque no Projeto de Convenção da Conferência Especializada Interamericana de Direito Internacional Privado do Panamá, 1975 — CARVALHO, Dora Martins — **36/123**

Contrato de venda e compra internacional — 1. As várias definições do contrato. 2. Caráter internacional da venda. 3. Lei uniforme sobre vendas internacionais. 4. Lei uniforme sobre a formação dos contratos de vendas internacionais. 5. Usos comerciais das vendas internacionais. "Incoterms". 6. Usos americanos. "Definições para o comércio exterior". 7. Outras normas reguladoras das vendas internacionais. 8. Utilidade dos termos internacionais. 9. Legislação sobre as vendas internacionais — MARTINS, Fran — **33/25**

Contrato de venda internacional de mercadorias — 1. Introdução. 2. Campo de aplicação. 3. Interpretação da convenção e do contrato. 5. Formação do contrato. 6. Violação essencial ao contrato. 7. Notificações às partes. 8. Execução específica das obrigações contratuais. 9. Obrigações do vendedor. 10. Obrigações do comprador. 11. Transferência do risco sobre as mercadorias. 12. Suspensão do cumprimento do contrato. 13. Perdas e danos, juros. 14. Exoneração de responsabilidade. 15. Efeitos da rescisão contratual. 16. Conservação das mercadorias. 17. Conclusão — GREBLER, Eduardo — **88/34**

Contrato internacional do comércio — 1. Introdução. 2. Conceito. As questões chamadas de *direito aplicável* e do juízo ou tribunal competente. 3. A autonomia da vontade. 4. Execução de sentença estrangeira. 5. Arbitragem internacional: natureza e execução. 6. Direito uniforme e harmonização do direito — PEREIRA, José Edgard Amorin — **74/11**

Contrato internacional no direito de empresa — 1. Introdução. 2. A lei aplicável ao contrato internacional: a) A internacionalidade do contrato; b) O conflito de leis em matéria de obrigações; c) *Lex Mercatoria*. 3. A jurisdição estatal no contrato internacional: a) Alternativas de solução de controvérsias contratuais; b) Jurisdição contenciosa no contrato internacional; c) Eleição de foro no contrato internacional; d) Execução de sentença estrangeira no Brasil. 4. Conclusão — GREBLER, Eduardo — **85/22**

Contrato mercantil — Proposta — Aceitação — Inexistência de manifestação expressa — Cobrança procedente — Recurso não provido — GUERREIRO, José Alexandre Tavares — **53/119**

Contrato preliminar — PELA, Juliana Krueger — **130/230**

— 1. Considerações gerais. 2. A obrigação de contratar — O contrato preliminar. 3. Conceito e natureza jurídica. 4. Finalidade e utilidade. 5. Requisitos. 6. O contrato preliminar e figuras afins. 7. Efeitos do contrato preliminar. 8. Objeções e vantagens. 9. Alguns casos judiciários sobre contrato preliminar. 10. Direito comparado — BUENO, Sérgio de Godoy — **37/68**

Contrato preliminar — Aspectos jurídicos, funcionalidade, análise econômica e teoria dos jogos — JOSUÁ, Adriana — **131/230**

Contrato preliminar — Breve análise dos arts. 462 a 466 do Código Civil — MARQUES, Maria Beatriz L. de Andrade — **132/156**

Contrato preliminar, o novo Código Civil e a análise econômica do direito — MONTORO, Thereza Maria S. Franco — **132/151**

Contratos coligados — ENEI, José Virgílio Lopes — **132/111**

— Promessa de compra e venda mercantil e comodato — Rescisão do contrato de fornecimento de combustível, por inadimplência da empresa revendedora — Legitimidade da aplicação de multa contratual — Dissídio jurisprudencial não comprovado — Julgados do STF — Recurso extraordinário não conhecido — AMADEO, Nelson Fatte Real — **33/108**

Contratos de *shopping center* — Introdução. I — Histórico: 1. Origem dos *shoppings centers*; 2. *Shopping centers* no Brasil. II — Conceito de *shopping center*: 1. O termo *shopping center*; 2. Definição de *shopping center*. III — Formação do empreendimento *shopping center*: 1. O planejamento mercadológico: 1.1 Localização; 1.2 Prédio; 1.3 Escolha das lojas; 1.4 Distribuição das lojas: 1.4.1 O *tenant mix*; 2. O *shopping center* e o fundo empresarial: 2.1 Fundo empresarial; 2.2 O fundo empresarial do *shopping center*; 3. A *res sperata*: 3.1 Denominação *res sperata*; 3.2 Natureza jurídica da *res sperata*; 4. O *shopping center* e o empreendimento imobiliário; 5. A constituição jurídica do *shopping center*. IV — Relação jurídica entre empreendedor e lojista: 1. Contrato entre empreendedor e lojista: 1.1 Escritura de normas gerais; 1.2 Contrato de locação de unidades comerciais; 1.3 Associação de lojistas; 1.4 Contrato de administração e regimento interno; 2. Natureza jurídica da relação contratual; 3. Regime jurídico do contrato de *shopping center*. V — Lei de locação: 1. Considerações preliminares; 2. Regras atinentes a *shopping center*; 3. Renovação compulsória; 4. Inexistência de legislação específica. Conclusão. Bibliografia — MIGUEL, Paula Castello — **107/137**

Contratos de transferência de tecnologia — I — Introdução. II — Segredo industrial. III — Natureza jurídica do segredo industrial. IV — Objeto do segredo industrial. V — O *know-how*. VI — Contrato de *know-how*. VII — Patente e segredo industrial. VIII — Transferência de tecnologia. IX — O Ato Normativo 15/1975. X — Bibliografia — SILVEIRA, Newton — **26/87**

Contratos de transferência de tecnologia: intervenção estatal e tutela legal — 1. Introdução. 2. Transferência de tecnologia e *know-how*. 3. Tratamento jurídico e tutela legal no direito brasileiro — FRANCO, Vera Helena de Mello — **33/59**

Contratos de utilização de navios no direito brasileiro (análise crítica) — 1. Introdução. 2. Noção de "contrato de utilização do navio". 3. A regulação dos contratos de utilização típica dos navios no direito comparado: 3.1 O fretamento segundo o Código de Comércio francês; 3.2 O fretamento segundo a doutrina francesa. 4. Análise da questão no direito brasileiro. 5. À guisa de conclusão — OLIVEIRA, Ary Brandão de — **91/27**

Contratos e obrigações "virtuais" — ROCHA, João Luiz Coelho da — **120/90**

Contratos entre sociedades e seus administradores. Conflito de interesses — 1. Introdução. 2. Enquadramento dos contratos. 3. Da decisão sobre a celebração. Órgão competente. Critério e conseqüências. 4. Conclusão — YANAGAWA, Sílvio Hitoshi — **20/115**

Contratos futuros de taxa cambial — A) Da evolução legislativa. B) Da lição do direito comparado. C) Da licitude da correção cambial em títulos públicos e, conseqüentemente, em títulos privados — WALD, Arnoldo — **89/37**

Contratos inominados e o novo Código Civil — VERÇOSA, Haroldo Malheiros Duclerc — **126/31**

Contratos internacionais de financiamento: a lei aplicável — Lei aplicável e contrato sem lei. A escolha da lei aplicável. As cláusulas de estabilização. Autonomia da vontade. Ausência de escolha de lei aplicável — HUCK, Hermes Marcelo — **53/81**

Contratos no projeto do Código Civil — BITTAR, Carlos Alberto — **104/48**

Contratos reajustados com base na variação cambial — Um fator de manutenção do equilíbrio dos negócios — SOUTO, Marcos Jurena Villela — **83/63**

Contribuição ao Finsocial e a Lei Complementar 70/1991 — ROCHA, João Luiz Coelho da — **86/79**

Contribuição de melhoria e taxa de iluminação pública — 1. Contribuição de melhoria: realização de obra pública. 2. Taxa por prestação de serviço público. 3. Direito tributário comparado — NOGUEIRA, Ruy Barbosa — **43/5**

Contribuição de Tullio Ascarelli à doutrina das sociedades anônimas — MIGNOLI, Ariberto — **38/37**

Contribuição de Tullio Ascarelli à doutrina dos títulos de crédito — LOPES, Mauro Brandão — **38/27**

Contribuição de Tullio Ascarelli à teoria jurídica da concorrência empresarial — BARRETO FILHO, Oscar — **38/19**

Contribuição de Tullio Ascarelli para a formação da doutrina jurídico-tributária do Brasil — A vinda da família para o Brasil. A primeira impressão. A primeira contribuição jurídico-fiscal do mestre. Resumo de idéias e fundamentos. Contribuição até hoje inédita. O primeiro curso monográfico de direito tributário, em grau de pós-graduação, no Brasil. Incentivador de publicações. O advogado-professor. As indicações de literatura jurídico-tributária do mestre. O comercialista e o direito tributário. O fato e o direito. Uma explicação possível da redação de Ascarelli. Volta à Itália — NOGUEIRA, Ruy Barbosa — **38/61**

Contribuição do Prof. João Eunápio Borges para instituições do direito comercial brasileiro — SANTOS, Theóphilo de Azevedo Santos — **95/5**

Contribuições sociais — Tributo especial — ROCHA, João Luiz Coelho da — **77/87**

Controle cambial e fluxo internacional da moeda nacional — 1. O regime de controle do câmbio e a disciplina valutária. 2. Princípios básicos do controle cambial. 3. Fluxo internacional da moeda nacional — LEÃES, Luiz Gastão Paes de Barros — **83/11**

Controle de constitucionalidade capacidade normativa de conjuntura do conselho monetário nacional e do Banco Central: o caso do fundo garantidor de crédito (FGC) — ROCHA, Jean Paul C. V. — **120/111**

Controle do Estado em setores estratégicos — SOUZA, Luis Antonio Semeghini & COSAC, Marcelo — **132/106**

Controle e a proteção dos acionistas — REQUIÃO, Rubens — **15-16/23**

Controle externo nas companhias — I — Conceituação. II — Função prática da noção de controle III — Formas de controle externo e sistematização. IV — Conclusões — COSTA, Carlos Celso Orcesi da — **44/70**

Controle público e social dos meios de comunicação — COMPARATO, Fábio Konder — **128/27**

Convenção de arbitragem: cláusula compromissória estabelecida antes do advento da lei nova. Direito aplicável — FRANCO, Vera Helena de Mello — **106/149**

Convenção de Viena sobre compra e venda internacional de mercadorias e sua utilidade no Brasil, A — 1. Pelas regras de direito internacional privado brasileiro em conjunto com o art. 1(b) da Convenção. 2. Pelo princípio da autonomia da vontade: a) No juízo estatal; b) No juízo arbitral. Conclusão — GIFFONI, Adriana de Oliveira — **116/167**

Convenção impediente de novo estabelecimento — LEÃES, Luiz Gastão Paes de Barros — **110/231**

Convênio internacional do café — 1. Modalidades de intervenção no mercado internacional do café. 2. Origens dos acordos intergovernamentais de produtos primários e suas atuais relações com o GATT. 3. Antecedentes do convênio internacional do café de 1962. 4. Objetivos e estrutura do convênio internacional do café de 1962 e 1968. 5. Normas que tratam das medidas de curto prazo: o mecanismo de cotas e suas exceções. 6. Normas que tratam das medidas de curto prazo: os sistemas de controles. 7. Normas que tratam de medidas de longo prazo sobre: a) superprodução (controles de produção, política de estoques e fundo de diversificação do café); e, b) subconsumo (promoção do café e remoção dos obstáculos ao seu consumo). 8. O poder decisório na Organização Internacional do Café (o problema do voto) e a aplicação das medidas de curto e longo prazo. 9. A controvérsia entre os EUA e o Brasil sobre café solúvel. 10. Conclusões preliminares — LAFER, Celso — **9/29**

Convênios interestaduais — 1. Eficácia dos convênios para isenção do ICM: a) Considerações introdutórias; b) Isenções do Imposto sobre Circulação de Mercadorias; c) Convênios interestaduais. 2. Inconstitucionalidade dos convênios não aprovados pelo Legislativo: a) Convênios entre Estados; b) Força legal dos decretos legislativos que aprovam os convênios. 3. Eficácia do convênio e lei complementar. 4. Ineficácia do convênio não ratificado pelo Legislativo. 5. Jurisprudência. 6. Regime das isenções. 7. Fonte da isenção. 8. Conclusões — ATALIBA, Geraldo — **52/17**

— I — Eficácia dos convênios para isenção do ICM. 1. Considerações introdutórias. II — Isenções do Imposto sobre Circulação de Mercadorias. 2. Convênios interestaduais. 3. Inconstitucionalidade dos convênios não aprovados pelo Legislativo. 4. Convênios entre Estados. 5. Força legal dos decretos legislativos que aprovam os convênios. 6. Eficácia do convênio e lei complementar. 7. Ineficácia de convênio não ratificado pelo Legislativo. III — Jurisprudência. IV — Regime das isenções. V — Fonte da isenção. VI — Conclusões — ATALIBA, Geraldo — **53/5**

Conversão de ações e relação de substituição diferenciada — 1. A conversão de ações. 2. A relação de substituição na conversão de ações. 3. Relação de troca de ações com quocientes diferenciados — LEÃES, Luiz Gastão Paes de Barros — **99/18**

Conversão de debêntures em ações e o aumento do capital social — TEIXEIRA, Egberto Lacerda — **54/131**

Conversão no presente e no futuro — WALD, Arnoldo — **69/15**

Convocação de assembléia geral por acionista — GUERREIRO, José Alexandre Tavares — **41/153**

Cooperativa — Café — Entrega — Inexistência de ato de depósito — Ação imprópria — Carência — Apelação provida — BULGARELLI, Waldirio — **42/131**

Cooperativa habitacional integrada por vários grupos seccionais. Soluções para os grupos em dificuldades. Invocação da lei, dos estatutos e dos princípios cooperativistas — BULGARELLI, Waldirio — **117/307**

Cooperativas e o direito dos cooperados retirantes ao valor atualizado de suas quotas-partes — LEVY, Jorge Eduardo Prada — **101/122**

***Copyright* para artigos úteis segundo o direito norte-americano** — SILVEIRA, Newton — **46/55**

Correção monetária — A exceção do art. 1º, § 1º, *c*, da Lei 6.423/1977 restringe-se à correção prefixada mediante estimação dos índices, não significando que as instituições financeiras estejam desobrigadas de utilizar a variação nominal das ORTN para as correções pós-fixadas — Obrigação vinculada ao valor do dólar norte-americano, nos termos da Resolução 352/1975 do Banco Central — Necessidade de provar a origem dos recursos empregados — O ônus de provar fato não mencionado expressamente no contrato compete a quem o alega — WALD, Arnoldo — **53/101**

— Cabimento somente quando contratualmente estipulada ou expressamente autorizada por lei — Recurso extraordinário conhecido e provido — MÉLEGA, Luiz — **12/98**

— Repetição do indébito procedente — Inaplicabilidade da analogia — Verba indevida — Embargos infringentes rejeitados — Repetição do indébito — Ação do contribuinte procedente — Correção monetária indevida — GUERREIRO, José Alexandre Tavares — **20/88**

Correção monetária do aumento de capital — LATORRACA, Nilton — **57/97**

Correção monetária e equivalência patrimonial na sociedade anônima — 1. Correção monetária. 2. *Equity method* (equivalência patrimonial). 3. Ao terminar, posso resumir as conclusões como segue — HARBICH, Ricco — **58/55**

Correção monetária na concordata — Regime legal da moeda e correção monetária. I — Moeda, matéria de lei e função do Estado. II — Moeda, imposição do Estado por via de leis. III — Unidade padrão de valor — Casos legais de variação de valor da dívida. IV — "Correção monetária" em concordata: exceções da lei. V — Leis. Valor nominal e valor corrigido — Regras. VI — Entendimento da lei sobre "correção judicial" (Lei 6.899/1981). VII — Conclusões — RAMALHETE, Clovis — **55/157**

Correção monetária na falência e na concordata: este assunto precisa ser definitivamente resolvido — VERÇOSA, Haroldo Malheiros Duclerc — **81/119**

Correção monetária nas cooperativas — BULGARELLI, Waldirio — **34/73**

Correção monetária no valor de reembolso do recesso societário — FRANCO, Vera Helena de Mello — **89/79**

Correção monetária pela variação cambial — 1. Exposição do problema. 2. Inexistência de lei vedando a cláusula de correção cambial. 3. A correção cambial e o curso legal da moeda. 4. Conclusões — LOBO, Carlos Augusto da Silveira & LIRA, José Ricardo Pereira — **85/12**

Corretoras e o financiamento de operações a termo (aspectos jurídicos do problema) — WALD, Arnoldo — **29/19**

Corrupção dos juízes, A — SEÑA, Jorge S. Malem — **108/159**

Crédito documentado — COSTA, Philomeno J. da Costa — **2/131**

Crédito documentado irrevogável, um novo título de crédito? — 1. A importância da natureza jurídica da carta de crédito comercial. 2. A justificativa de um estudo divulgatório. 3. O crédito documentado e formas de solução das compras e vendas internacionais. 4. Vantagens do crédito documentado. 5. O instrumento do crédito documentado: a carta de crédito. 6. Modalidades do crédito documentado. 7. A disciplina normativa dos créditos documentados. 8. O ordenamento legal brasileiro. 9. A natureza jurídica do crédito documentado. 10. O crédito documentado como título de crédito. 11. Bibliografia nacional e estrangeira — BULGARELLI, Waldirio — **32/57**

Crédito documentário e os usos e costumes internacionais: seu papel com fator de desenvolvimento econômico e de integração social — BARROSO, Luiz Felizardo — **91/78**

Crédito documentário *red clause* — WALD, Arnoldo — **100/105**

Crédito fiscal — Cobrança contra massa falida — Opção da Fazenda Pública que nada a beneficia — Submissão às preferências legais — Hipótese em que seria preferível a mera habilitação — Direito, entretanto assegurado em lei — Aplicação do art. 187 do CTN — FRONTINI, Paulo Salvador — **29/67**

Crédito fiscal e sua cobrança em caso de falência do devedor — A não sujeição do Fisco ao processo e ao juízo da falência continua em vigor: 1. Dificuldades práticas surgidas — Falência continua em vigor. 2. A prioridade do processo trabalhista sobre o fiscal. 3. A criação da Justiça Federal. 4. As disposições do Colégio Tributário Nacional. 5. O Código de Processo Civil de 1973. 6. A ausência do Fisco no processo falimentar, o tratamento igualitário dos credores e os poderes do síndico. 7. Concurso universal de credores e concurso parcial de credores preferentes. 8. A conciliação dos privilégios trabalhista com os privilégios fiscais. 9. A defesa dos privilégios trabalhistas na ação executória fiscal. 10. A pobreza da massa em razão das execuções fiscais. 11. A permanência do preceito que permite a Fazenda Pública ajuizar ou continuar sua pretensão executória fiscal diretamente contra o obrigado, ainda que falido ou declarado tal posteriormente — LESSA, Paulo Barbosa — **21-22/11**

Crédito hipotecário habilitado em liquidação extrajudicial — Cabimento de juros e correção monetária — EIZIRIK, Nelson Laks — **51/111**

Créditos em moeda estrangeira na falência e na concordata — PEREIRA, José Edgard Amorin — **67/115**

Créditos na concordata preventiva e o "pacote econômico" (critérios de conversão) — MACHADO, Rubens Approbato — **61/95**

Créditos sujeitos aos efeitos da concordata perante a nova lei — INACARATO, Márcio Antonio — **77/65**

Criação de impostos — Alteração de seus elementos essenciais. O artigo 146 da Constituição Federal — ROCHA, João Luiz Coelho da — **102/46**

Criação e desenvolvimento de uma sociedade capital — MONOD, Françoise — **101/119**

Crime contra a economia popular — Gestão temerária de sociedade — Infração caracterizada — Consórcio de automóveis — Golpe dado pelo réu na praça, prejudicando considerável número de pessoas — Condenação decretada — Inteligência do art. 3º, IV, da Lei 1.521, de 1951 — FRONTINI, Paulo Salvador — **10/116**

Crime contra a propriedade industrial — Violação de privilégio de invenção — Pretendida a ausência de justa causa para a ação penal por ter sido reconhecida judicialmente a nulidade da patente — Decisão, entretanto, não transitada em julgado — *Habeas corpus* denegado — Inteligência dos arts. 169, I, II e III, do Decreto-lei. 7.903/1945 e 648, I, do CPP — SILVEIRA, Sebastião — **37/136**

Crime contra o Sistema Financeiro Nacional — Denúncia. Peça processual ofertada com base, exclusivamente, em representação feita pelo Banco Central. Instituição que, após, determina o arquivamento do processo administrativo. Atipicidade da conduta caracterizada. Fato que enseja o trancamento da ação penal por falta de justa causa — VERÇOSA, Haroldo Malheiros Duclerc — **131/238**

Crime de violação de marca registrada — Falta de justa causa — Ação penal calcada em marca usurpada proposta contra os sócios da legítima titular da marca — Trancamento da ação penal — SILVEIRA, Newton — **48/69**

Crime econômico por meio da empresa — Relevância da omissão causal — 1. Economia neoliberal, direito econômico e direito penal econômico. 2. Caracterização do delito econômico. 3. Peculiaridades da legislação penal econômica do Brasil. 4. O fragmentarismo das normas. 5. A conduta no delito econômico. 6. Características fáticas e psicológicas do delito econômico. Dificuldades do Legislador. 7. Impropriedade das sanções. 8. Contribuição do novo Código Penal. 9. Conclusões — FRONTINI, Paulo Salvador — **5/41**

Crime falimentar — Delito caracterizado — Inexistência dos livros comerciais obrigatórios — Pretendida isenção de pena, por serem os acusados pessoas de pouca instrução — Inadmissibilidade — Operações Vultosas por eles realizadas — Condenação mantida — Inteligência do art. 186, ns. VI e VIII, e seu parágrafo único da lei de falências — FONSECA, J. R. Franco da — **4/47**

— I — Introdução: colocação do tema. II — O crime falimentar como crise especial. III — Classificação tripartite dos crimes falimentares. IV — Delito falimentar: crime de dano com dolo de perigo. V — Elemento subjetivo no crime falimentar. VI — Concurso de crimes e crime continuado. VII — Responsabilidade penal por crime falimentar: efeitos penais puros e efeitos penais mistos. VIII — Responsabilidade de administradores de pessoas jurídicas falidas. IX — Responsabilidade de administrador de grupo de sociedades ante a falência de sociedade integrante do grupo. X — Conclusões — FRONTINI, Paulo Salvador — **27/55**

Crimes contra a propriedade industrial — Concorrência desleal e contrafação de patente — Decadência pretendida — Inocorrência — Hipótese em que houve necessidade de prova pericial — Prazo de trinta dias, que se conta da homologação do respectivo laudo — *Habeas corpus* denegado, sob esse fundamento — Inteligência dos arts. 38 e 529 do CPP. Crimes contra a propriedade industrial — Concorrência desleal e contrafação de patente — Queixa-crime que não especifica a conduta punível de cada querelado — Inépcia decretada — Concessão de *habeas corpus* — Inteligência do art. 41 do CPP — ANTUNES, Eduardo Muylaert — **27/138**

Crimes contra o Sistema Financeiro Nacional — PIMENTEL, Manoel Pedro — **67/5**

Crise cambial e revisão judicial dos contratos de *leasing* indexados em moeda estrangeira; breve contribuição ao debate — 1. Introdução. 2. Aspectos econômicos, políticos e sociológicos do "Plano Real". 3. A operação econômica dos contratos de *leasing* com reajuste vinculado à variação cambial. 4. Aspectos jurídicos. 5. Considerações finais — RIBEIRO, Renato Ventura — **114/87**

Crise do direito falimentar brasileiro — Reforma da lei de falências — A necessidade da reforma da lei de falências — O escopo de instituto da falência — A recuperação econômica da empresa — A demissão dos dirigentes da empresa insolvente — O papel do gerente profissional — Separação entre empresa e o empresário — A extinção da concordata preventiva — O obsoleto mecanismo da declaração da falência — Novo modelo para a declaração judicial de falência — O acertamento do passivo — A publicidade dos atos judiciais — REQUIÃO, Rubens — **14/23**

Crítica do anteprojeto de lei que dá nova redação ao art. 72 da Lei 6.404, de 15.12.1976 — PINTO JÚNIOR, Mário Engler — **53/131**

Críticas à decisão do Plenário da Junta Comercial de São Paulo, que aprovou o Parecer 618/1983, da Procuradoria-Regional — PINTO JÚNIOR, Mário Engler — **52/122**

Cuestiones sobre la libre prestación de servicios en el Mercado Único Europeo, Algunas — I — Libertades comunitarias y libre prestación de servicios: 1. Aspectos generales; 2. La regulación de la libre prestación de servicios. II — Libre acceso al ejercicio de la actividad económica en régimen de libre prestación de servicios: 1. Introducción; 2. El principio de no discriminación: a) Prohibición de discriminaciones por razón de la nacionalidad o de la residencia; b) Prohibición de las medidas "indistintamente aplicables" pero restrictivas de la libre prestación de servicios. III — "El interés general" como límite a la libre prestación de servicios: 1. Condiciones para apreciar un interés general en la normativa restrictiva de la libre prestación de servicios; 2. Causas concretas que constituyen "razones imperativas de interés general" — CARAVACA, Alfonso-Luís Calvo & GONZÁLEZ, Javier Carrascosa — **116/78**

Culpa e o risco como fundamentos da responsabilidade pessoal do diretor do Banco, A — A) Evolução histórica. B) Análise do texto vigente. C) Inaplicabilidade da doutrina da transparência. D) A culpa e o risco. E) A tese da culpa presumida. F) conclusões — WALD, Arnoldo — **24/29**

Cumprimento judicial de cláusula compromissória na Lei 9.307/1996 e outras intervenções do Judiciário na arbitragem privada — 1. Possível efetivação prática da arbitragem no Brasil com sua nova regulamentação legal. 2. A convenção de arbitragem: cláusula compromissória e compromisso arbitral. 3. Noção de execução específica. 4. O rito especial para execução específica da cláusula compromissória. 5. O procedimento arbitral instituído: incidentes judiciais. 6. A decisão arbitral: natureza, requisitos, retificações e ações judiciais de nulidade. 7. As modificações no CPC. 8. A inconstitucionalidade do art. 7º da Lei 9.307/1996 no STF. 9. Conclusão — BARBI FILHO, Celso — **108/73**

Cumulação de causas de dissolução de S/A. Prevalência daquela que ocorreu em primeiro lugar. Casos de inconvertibilidade do procedimento de liquidação — SÁ, Jacyra Xavier de — **114/192**

Curso de Direito Comercial — COSTA, Philomeno J. da Costa — **11/111**

Curso de Direito Comercial — COSTA, Philomeno J. da Costa — **4/213**

Curso de Direito Comercial — v. 1, de Haroldo Malheiros Duclerc Verçosa — SALLES, Marcos Paulo de Almeida — **134/235**

Custos provocados pelo direito, Os — SZTAJN, Rachel — **112/75**

CVM — Decisão administrativa sobre alienação de controle — Ações vinculadas a acordo de acionistas — O caso Votorantim — PENTEADO, Arthur Bardawil — **126/178**

CVM e os contratos de investimento coletivo ("boi gordo" e outros), A — Introdução. 1. Elementos característicos. 2. Natureza jurídica. 3. Aplicação do direito do consumidor. Equiparação dos criadores e tratadores às instituições financeiras. 4. A inclusão dos contratos de "boi gordo" e de outros negócios na competência da CVM. 5. Considerações sobre o novo campo de atuação da CVM. 6. Um teste da definição legal — VERÇOSA, Haroldo Malheiros Duclerc — **108/91**

Dano moral. Anulação de assembléia geral e exclusão indevida de acionistas de sociedade comercial — TROPARDI, Nelcina Conceição de Oliveira — **109/157**

Dano moral, os seus fundamentos jurídicos e o Código de Defesa do Consumidor — Introdução. I — Breves considerações propedêuticas. II — Análise geral sobre o dano: 1. Explicações; 2. Reflexão sobre os conceitos de dano no sentido jurídico; 3. O dano patrimonial; 4. Distinção entre dano patrimonial e dano moral. III — Síntese histórica do dano moral: 1. A preparação do dano moral no direito romano; 2. Orientação do direito canônico e no direito hebraico; 3. Breve relato das teorias positivistas e negativistas. IV — O dano moral na legislação comparada: 1. Direito francês; 2. Direito italiano; 3. Direito espanhol; 4. Direito português; 5. Direito argentino; 6. Direito anglo-americano. V — As várias normas do dano moral no direito do consumidor: 1. A resolução da assembléia geral da ONU; 2. A resolução do Conselho da Europa; 3. Os direitos dos consumidores no plano internacional; o dano moral neste contexto. VI — Considerações específicas sobre o dano moral: 1. Os lineamentos gerais sobre o conceito de dano moral; 2. Natureza jurídica da reparação do dano moral; 3. Dificuldades na avaliação da reparação do dano moral; 4. A intransmissibilidade do direito a indenização por dano moral; 5. O dano moral causado a pessoa incapaz; 6. O dano moral causado a pessoa jurídica; 7. O dano moral e o abalo de crédito; 8. O dano moral no nosso ordenamento jurídico: 1. Considerações preliminares; 2. Direito anterior; 3. A problemática satisfação do dano moral face aos trabalhos preparatórios do Código Civil; 4. Pequena explanação sobre os dispositivos do Código Civil; 5. O dano moral nos anteprojetos do Código Civil; 6. Algumas leis específicas que tratam sobre o dano moral; 7. O dano moral na Constituição Federal e na jurisprudência; 8. O dano eminentemente moral no Código de Defesa do Consumidor. VII — Conclusões — CORDEIRO, Rosvany Terezinha — **89/5**

De novo a duplicata sem aceite — BULGARELLI, Waldirio — **24/135**

Debênture como instrumento de aplicação e captação de recursos — Introdução. 1. Exemplos de "montagens financeiras". 2. Experiência brasileira. 3. Aspectos jurídicos. 4. Emissão de debêntures. 5. Características das debêntures. 6. Derivativos. 7. Cédula pignoratícia de debêntures. 8. Observações finais — SANTOS, José Soledade Santos — **101/27**

Debêntures — BORBA, José Edwaldo Tavares — **26/135**

Debêntures. Direito de debenturistas. Comunhão e assembléia. Agente fiduciário — 1. Introdução — Considerações gerais — Colocação do problema. 2. A comunhão dos debenturistas. 3. O agente fiduciário. 4. Assembléia de debenturistas. 5. Resumo das conclusões: 5.1 Introdução — Considerações gerais; 5.2 A comunhão dos debenturistas; 5.3 O agente fiduciário; 5.4 A assembléia de debenturistas — PINTO JÚNIOR, Mário Engler — **48/25**

Debêntures subordinadas com garantia real e falência — FERREIRA, Guilherme Rizzieri de Godoy — **130/119**

Débitos tributários das empresas. Responsabilidade de diretores, sócios-gerentes e controladores — ROCHA, João Luiz Coelho da — **101/49**

Decadência do crédito tributário — BARROS, Zanon de Paula — **125/173**

Decadência do direito de construir o crédito tributário — Perigoso procedente jurisprudencial — ROCHA, João Luiz Coelho da — **104/77**

Declaração da falência e seus efeitos jurídicos no âmbito do Mercosul, A — 1. Introdução. 2. Problemas a serem enfrentados pelas empresas com a declaração judicial da falência no âmbito do Mercosul. 3. Conclusão — ARNOLDI, Paulo Roberto Colombo — **109/7**

Declaração judicial de falência — 1. Por que declaração judicial ?. 2. Juízo competente. 3. Unidade e universalidade do juízo falimentar. 4. Natureza jurídica da sentença. 5. Conteúdo da sentença. 6. Os inconvenientes do processualismo. 7. Conclusão — ABRÃO, Nelson —**35/25**

Decreto 350, de 21.11.1991 — Promulga o Tratado para a Constituição de um Mercado Comum entre a República Argentina, a República Federativa do Brasil, a República do Paraguai e a República Oriental do Uruguai (Tratado Mercosul) — **102/118**

Decreto 1.765, de 2812.1995 — Dispõe sobre a vigência das resoluções do Grupo Mercado Comum e das decisões do Conselho do Mercado Comum que menciona — 108/132

Dedutibilidade das multas fiscais face ao princípio da legalidade da obrigação tributária e a conceituação de custos e despesas operacionais — OLIVEIRA, Ricardo Mariz de — **8/135**

Definição de controlador na liquidação extrajudicial e em processos análogos — 1. O conceito de controle acionário. 2. Da inaplicabilidade da teoria da desconsideração da personalidade jurídica. 3. Do regime jurídico da responsabilidade civil do Estado e do agente da administração pública — WALD, Arnoldo — **104/35**

Definição do controlador na liquidação extrajudicial e em processos análogos, A — A) O conceito de controle acionário. B) Da inaplicabilidade da teoria da desconsideração da personalidade jurídica. C) Do regime jurídico da responsabilidade civil do Estado e do agente da administração pública — WALD, Arnoldo — **107/34**

***Del credere* fidejussório, como garantia prestada pelos bancos de desenvolvimento** — 1. Introdução. 2. Operações bancárias de repasse. 3. Espécies de repasse. 4. Análise jurídica e econômica do "repasse específico". 5. O repasse como contrato inominado. 6. Repasse e refinanciamento. 7. Órgão financiador e agente financeiro. 8. A comissão mercantil. 9. Comissão *del credere*. 10. Comissão mercantil *del credere*, no repasse. 11. Proposições. 12. Programas e linhas de crédito de outros Órgãos financiadores federais. 13. Endosso pignoratício. 14. Convênio típico. 15. *Del credere* fidejussório — LEAL, Nuno de Mello Rodrigues — **36/35**

Deliberações sociais nas sociedades por quotas de responsabilidade limitada no novo Código Civil Brasileiro — CAVALHEIRO, Sergio Pereira & D'ELIA, Claudia Baccarelli — **130/135**

Demanda reparatória ajuizada por acionista em virtude de adimplemento imperfeito. Função e natureza jurídica das demonstrações financeiras. Caráter constitutivo das decisões assembleares tomadas por órgãos das sociedades anônimas. A ação reguladora e princípios essenciais vinculadores de companhias abertas com valores mobiliários no mercado de capitais. Imposição da ordem constitucional econômica. Prazos de prescrição na lei das sociedades anônimas — ADIERS, Leandro Bittencourt — **129/234**

Denominação comercial — "Balila" e "Baliza" — Imitação — Atividades de comércio diferentes — Irrelevância — Ação procedente — Perdas e danos — Recurso provido — **41/114**

Denominação social — Sociedade civil e sociedade comercial — SILVEIRA, Sebastião — **52/114**

Denominações de sociedades anônimas que operam em arrendamento mercantil ou *leasing* — SILVEIRA, Sebastião — **36/105**

Depósito — Contrato configurado, pois o diretor-presidente da firma mutuaria assinou duas vezes o respectivo instrumento, na condição de representante da devedora e de fiel depositário, declarando ter recebido em depósito os bens dados em penhor — PENTEADO, Mauro Rodrigues — **40/110**

Depósito de cordão umbilical — Seguro de vida biológico — SZTAJN, Rachel — **113/64**

Depósito elisivo. Levantamento. Decretação da falência superveniente em outro processo — 1. Introdução. 2. Dos interesses do credor que requer a falência. 3. Decretação da quebra e a fixação do termo legal. 4. Da ineficácia dos atos no termo legal — O inc. II do art. 52. 5. Da existência de depósito elisivo em um processo e ocorrência de quebra superveniente em outro. 6. Proibição ditada pelo Juiz incidentalmente e de ofício. 7. Conclusão — FRIGINI, Ronaldo — **104/73**

Derecho Constitucional — Las disposiciones constitucionales programáticas sobre el orden económico social — 1. El problema en el constitucionalismo clásico. 2. Las cláusulas programáticas en la Constitución Argentina de 1853/60. 3. Las cláusulas programáticas en los documentos en los constitucionales posteriores. 4. La operatividad de las cláusulas constitucionales — COLAUTTI, Carlos E. — **55/81**

Derecho de información del accionista — 1. Introducción. 2. Evolución histórica: 1) Generalidades; 2) Etapas; 3) La situación actual. 3. El derecho argentino vigente: a) Información genérica; b) La interpretación societaria — ESCUTI, Inacio A. & MOSQUEIRA, Beatriz Mansilia de — **70/15**

Derivative's suitability — 1. Introduction. 2. The nature of derivatives. 3. Current rules and solutions for derivatives suitability. 4. Conclusion — LEÃES, Luiz Gastão Paes de Barros — **102/59**

Desapropriação — Fundo de comércio — Hipótese de contrato não regido pela lei de luvas — Discussão que a esta não se deve cingir unicamente — Criação do fundo de comércio pelo locatário — Indenização concedida — AMADEO, Nelson Fatte Real — **41/138**

Descabimento da oferta pública de compra em relação às ações preferenciais — WALD, Arnoldo — **45/7**

Descabimento de denúncia unilateral de pacto parassocial que estrutura o grupo societário — WALD, Arnoldo — **81/13**

Desconsideração da personalidade jurídica na falência — TOLEDO, Paulo Fernando Campos Salles de — **134/222**

Desconsideração da personalidade jurídica na prática de ilícito cambial administrativo — 1. Introdução. 2. Da legitimidade passiva frente ao art. 23, § 3º da Lei 4.131/1962. 3. A separação patrimonial e seus efeitos, como objetivo divisado pelos sócios. 4. A funcionalidade do conceito de pessoa jurídica. 5. Conclusão — VERÇOSA, Haroldo Malheiros Duclerc — **100/49**

Desconsideração da pessoa jurídica e grupos de sociedades — MUNHOZ, Eduardo Secchi — **134/25**

Desconsideração da pessoa jurídica no Código de Defesa do Consumidor — I — O desvio de função da pessoa jurídica. II — Mecanismos legais de correção dos desvios de função da pessoa jurídica. III — Desconsideração da pessoa jurídica. IV — Desconsideração da personalidade jurídica no CDC — AMARO, Luciano — **88/70**

Desconto de duplicada não aceita — Responsabilidade do banco endossatário por indenização decorrente da ação de sustação de protesto, uma vez devolvida a mercadoria pelo endossante sacado — VERÇOSA, Haroldo Malheiros Duclerc — **122/203**

Desenvolvimento da teoria da empresa — Fim da distinção entre sociedades civis e comerciais — OLIVEIRA, Jorge Rubem Folena de — **103/33**

Desenvolvimento econômico como fim constitucional — 1. O tema. 2. Evolução recente. 3. Desenvolvimento econômico: meio ou fim? 4. O desenvolvimento nas Constituições brasileiras. 5. Conclusão — NUSDEO, Fábio — **37/9**

Desenvolvimento histórico do direito comercial e o significado da unificação do direito privado — 1. A bipartição do direito privado e o conceito de direito especial. 2. A posição do direito comercial e a sua origem na civilização medieval. O primeiro período da história do direito comercial. 3. A formação das monarquias nacionais e o segundo período da história do direito comercial. O problema do crédito. A crise do sistema e a passagem para um critério objetivo. 4. A especialidade do direito comercial e o capitalismo. 5. O princípio da livre concorrência e o interesse do consumidor. 6. Disciplina da concorrência e disciplina do mercado. 7. A disciplina do mercado e o empresário. Diversas finalidades do intervencionismo. Disciplina do ato e da atividade. 8. Unificação do direito das obrigações e relevância do conceito de empresário. Empresa e causa dos contratos. Empresa e atividade. Atividade e ato. Empresa e critérios probabilísticos do direito. 9. Várias finalidades na disciplina da atividade — ASCARELLI, Tullio — **114/237**

Desestatização do sistema Telebrás: direito de voto em separado na eleição de membros do conselho de administração — CANTO, Carlos Alberto Alvahydo de Ulhôa — **119/268**

Designação "grupo de sociedades" e a interpretação do art. 267 da Lei das S/A — 1. Colocação do problema. 2. Definições terminológicas e interpretação jurídica. 3. Grupos societários de fato e grupos de direito. 4. A norma do art. 267 da lei das sociedades anônimas: a) Finalidade da lei; b) A interpretação literal da lei e o seu sentido — WALD, Arnoldo & EIZIRIK, Nelson — **54/51**

Desintermediação na oferta de crédito e o Sistema Financeiro Nacional: exame do tema e possíveis conclusões, A — PENTEADO JR., Cassio M. C. — **106/154**

Despejo por falta de pagamento, combinado com cobrança. Discussão sobre a não compensação, no cálculo do débito, dos valores pagos a título de *res sperata* — VERÇOSA, Haroldo Malheiros Duclerc — **112/97**

Destinatários da oferta pública na alienação de controle da companhia aberta — YAMASHITA, Douglas — **131/206**

Desvirtuamento da falência frustrada e a necessidade de adequação do rito sumário — CASTRO, Carlos Alberto Farracha de — **122/59**

Dez anos de vigência da lei das sociedades anônimas — WALD, Arnoldo — **62/5**

"Dez regras de ouro" dos títulos cambiais, As — 1. Delimitação, importância e atualidade do tema. 2. Metodologia do direito comercial. 3. Fato técnico-econômico gerador dos títulos cambiais. 4. Atributos ou predicados do direito cambial. 5. Dogmas do direito cambial. 6. As "dez regras de ouro" do direto cambial — LOBO, Jorge — **117/7**

Dicionário expositivo de direito tributário e das ciências fiscais — NOGUEIRA, Ruy Barbosa — **6/141**

Dignidade do direito mercantil — A crise do direito contemporâneo. Direito e economia. Os dados da experiência histórica. Os critérios clássicos definidores da comercialidade. Um novo conceito de direito mercantil. Direito mercantil e capitalismo. Para um novo direito da empresa — BARRETO FILHO, Oscar — **11/11**

Direito à intimidade nas fotografias e nos filmes cinematográficos — CHAVES, Antônio — **52/7**

Direito adquirido em meteria de indexação legal (interpretação do art. 38 da Lei 8.880, de 1994) — 1. Preliminares. 2. A mudança do sistema monetário e as normas de conversão. 3. As normas de conversão do Plano Real. 4. A polêmica a respeito do expurgo do resíduo inflacionário. 5. Direitos adquiridos em matéria de indexação convencionada. 6. Investimentos em NTN, CBD e debêntures — LEÃES, Luiz Gastão Paes de Barros — **102/5**

Direito autoral — MANSO, Eduardo Vieira — **72/76**

— Obra didática — Reprodução de texto em obra alheia — Lei 5.988/1973, art. 49 — Não constitui ofensa aos direitos do autor a reprodução de trechos e pequenas composições alheias, em obra maior de caráter didático — MANSO, Eduardo Vieira — **66/95**

Direito bancário: conceito e fontes — I — Bancos e instituições financeiras. II — Operações bancárias. III — Conceito de direito bancário. IV — Colocação do direito bancário no mundo jurídico. V — Fontes — GRINBERG, Mauro — **43/59**

Direito bancário brasileiro — 1. Introdução. 2. Antecedentes históricos. 3. Evolução — Características próprias e fundamentos de substancial diferenciação, em face ao direito comercial. 4. Elementos fáticos de efetiva existência autônoma — Oportunidade e conveniência de assim o aceitar a ciência jurídica nacional, ante os reclamos de sua integração e desenvolvimento — SOUZA, J. Jacaúna de — **10/49**

Direito brasileiro na visão de Tullio Ascarelli — COMPARATO, Fábio Konder — **38/11**

Direito constitucional. Direito econômico. Propriedade industrial. Proibição legislativa do registro de novas marcas de cigarro — OLIVEIRA, Fábio César dos Santos — **133/288**

Direito da concorrência e seus fundamentos. Racionalidade e legitimidade na aplicação da Lei 8.884/1994 — 1. Considerações preliminares. 2. As razões do direito da concorrência: valorização do capital, assimetrias e incerteza; justiça social, racionalidade e direito da concorrência —SCHUARTZ, Luis Fernando — **117/57**

Direito da crise econômica da empresas — § 1º. Direito da crise econômica da empresa, fruto de uma nova filosofia do direito concursal. § 2º. Recuperar ou liquidar a empresa produtora de bens e serviços?: 1. Do direito falimentar ao direito da crise econômica da empresa; 2. A empresa insolvável; 3. A empresa em estado de crise econômica. § 3º. Meios para reorganizar as empresas em crise. § 4º. Processos e procedimentos de reorganização da empresa: 1. Classificação dos processos e procedimentos de reorganização; 2. Procedimentos parafalimentares; 3. Procedimentos pré-concursais; 4. Processos pré-falimentares; V. Processos pós-falimentares — LOBO, Jorge — **109/64**

Direito da empresa no novo Código Civil — CAVALLI, Cássio Machado — **131/153**

Direito das minorias na sociedade anônima — GUERREIRO, José Alexandre Tavares — **63/106**

Direito de continuar sócio de S/A face as reorganizações societárias, O — Dos direitos essenciais dos acionistas. O exemplo da incorporação. Da indivisibilidade das ações perante a empresa. Conclusões — SQUASSONI, Christian Max Finardi — **114/140**

Direito de preferência do acionista e a evolução da sociedade anônima no Brasil — LOPES, Mauro Brandão — **19/29**

Direito de preferência e a incorporação de ações em outra sociedade — WALD, Arnoldo — **46/5**

Direito de privatização, O — A) Introdução e considerações gerais. B) As concessões. C) As licitações nas concessões. D) As concessões e o direito societário — WALD, Arnoldo — **115/33**

Direito de recesso nas hipóteses de incorporação, fusão, cisão e participação em grupos de sociedades. Exclusão acarretada pela Lei 7.958, de 20.12.89 — BULGARELLI, Waldirio — **95/71**

Direito de recesso nas sociedades comerciais — SZTAJN, Rachel — **71/50**

Direito de recesso no direito brasileiro e na legislação comparada, O — 1. Considerações introdutórias. 2. Conceito e função do direito de recesso. 3. O direito de recesso na legislação comparada. 4. O direito de recesso na sociedade por cotas de responsabilidade limitada. 5. O direito de recesso na Lei 6.404/1976. 6. O direito de recesso na Lei 7.958/1989 (a malfadada "Lei Lobão"). 7. O direito de recesso na Lei 9.457/1997. 8. Bibliografia — LUCCA, Newton de — **114/7**

Direito de regresso na incorporação, fusão ou cisão de sociedades — PARENTE, Norma Jonssen — **97/67**

Direito de retirada do acionista no "fechamento de capital" de companhia — 1. Do "fechamento de capital" da companhia. 2. Do procedimento necessário ao cancelamento do registro para negociação de valores mobiliários em bolsa dou no mercado de balcão: 2.1 Procedimento para cancelamento de registro de companhias que possuam em circulação no mercado ações representativas de mais de 10% de seu capital social; 2.2 Procedimento para cancelamento de registro de companhias que possuam em circulação no mercado ações representativas de menos de 10% de seu capital social; 2.3 Procedimento para cancelamento do registro de sociedades anônimas beneficiárias de recursos oriundos de incentivos fiscais. 3. Do direito de recesso: 3.1 Considerações gerais sobre o direito de recesso; 3.2 O direito de recesso na legislação brasileira. 4. O direito de retirada na legislação vigente: 4.1 O suposto direito de retirada que seria assegurado pelas instruções da CVM 156 e 185. 5. Do grupo de sociedades na legislação brasileira. 6. Do direito de retirada na criação dos grupos de sociedade. 7. Conclusões — OCHMAN, Renato & FORGIONI, Paula A. — **90/38**

Direito de retirada e poder de retratação — GUERREIRO, José Alexandre Tavares — **44/22**

Direito de subscrição em aumento de capital, no fideicomisso acionário — I — Introdução. II — O direito de subscrição de ações em aumento de capital. III — O fideicomisso. IV — Direito de preferência oriundo de ações em fideicomisso — COMPARATO, Fábio Konder — **40/63**

Direito do acionista de participação nos lucros sociais — MARTINS, Pedro A. Batista — **103/40**

Direito do autor (princípios fundamentais) — Antônio Chaves, RJ, Forense, 1987, XIII, 538 pp. — COSTA, Philomeno J. da — **77/90**

Direito do autor e a concorrência desleal — 1. Considerações preliminares. 2. Fundamento legal da ação de concorrência desleal. 3. Finalidade da ação de concorrência desleal. 4. Aplicação das normas sobre concorrência desleal ao campo do direito de autor. 5. Desnecessidade de desvirtuamento de clientela para configurar a concorrência desleal. 6. Atribuição a alguém de prática de contrafação. 7. Relação entre ato de concorrência desleal e ato ilícito. 8. Atos denegatórios. 9. Presunção de culpa no ato que prejudica autor e editor. 10. O descrédito como conseqüência de ato de concorrência desleal. 11. O problema do dano. 12. Falta de dano para configurar a concorrência desleal. 13. Quanto à avaliação dos danos — MATTIA, Fábio Maria — **20/25**

Direito do consumidor e os contratos financeiros — BULGARELLI, Waldirio — **94/126**

Direito dos grupos de sociedades — 1. Grupo de sociedade: uma técnica revolucionária de organização da empresa moderna. 2. A dimensão ótima da empresa. 3. A expansão externa da empresa. 4. Noção de grupo de sociedades. 5. Classificação dos grupos de sociedades. 6. Características do grupo de sociedades. 7. Convenção grupal. 8. Direção econômica unitária do grupo de sociedades. 9. Independência jurídica das sociedades grupadas. 10. Personalidade jurídica do grupo de sociedades. 11. Os direitos dos acionistas minoritários, dos credores e das próprias sociedades controladas em face da sociedade de comando: a) Grupos de sociedades de fato; b) Grupos de sociedades de direito. 12. Direito dos grupos sociedades — LOBO, Jorge — **107/99**

Direito e incertezas da biotecnologia: custo social das pesquisas — SZTAJN, Rachel — **119/34**

Direito e o comércio internacional — 1. Objetivo e conteúdo do direito do comércio internacional. 2. A ordem econômica internacional — GREBLER, Eduardo — **62/12**

Direito econômico e os grupos de pressão — 1. Do Estado intervencionista ao Estado participante. 2. As normas do direito econômico. 3. Agências governamentais. 4. Grupos de pressão: uma análise comportamental. 5. Maioria e minoria. 6. Direito econômico e axiologia — NUSDEO, Fábio — **31/11**

Direito empresarial público — 1. Introdução: uma crítica ao neoliberalismo. 2. A crítica da Hayek aos socialistas e neoclássicos. 3. O pós-neoliberalismo. 4. A teoria jurídica do conhecimento econômico e social. 5. Direito empresarial público: a) Direito antitruste; b) Direito societário. 6. Conclusão — SALOMÃO FILHO, Calixto — **112/9**

Direito industrial e sua caracterização como ramo autônomo do direito privado — 1. Idêntica natureza do direito de autor e do direito do inventor. 2. Relações entre o autor e o empresário. 3. Os bens imateriais como integrantes do estabelecimento comercial. 4. A teoria de Tullio Ascarelli. 5. Caracterização do direito industrial. 6. Autonomia do direito industrial. 7. Conclusão — SILVEIRA, Newton — **36/59**

Direito monetário internacional — 1. O objeto do direito monetário internacional. 2. A oposição do direito monetário — DOLINGER, Jacob — **12/27**

Direito na década de 1990 — TUNC, André — **93/127**

Direito novo da duplicata — COSTA, Philomeno J. da Costa — **5/155**

Direito tributário. Sua codificação, estudo e ensino no exterior e no Brasil — 1. Direito tributário. Sua codificação, estudo e ensino no exterior e no Brasil. 2. Importância atual do direito tributário como especialidade profissional. 3. O auxílio que, dentro do ensino universitário, o direito tributário pode dar a outros estudos. 4. A exigência curricular do direito tributário como complementação científica e profissional — NOGUEIRA, Ruy Barbosa — **24/13**

Direito tributário comparado — Mercado Comum Europeu — Tributação e conflitos — Tribunal de Justiça da Comunidade Européia — SIMSON, Werner von — **10/137**

Direitos *antidumping* e compensatórios: sua natureza jurídica e conseqüências de tal caracterização — FERRAZ JÚNIOR, Tércio Sampaio; ROSA, José del Chiaro Ferreira da & GRIMBERG, Mauro — **96/87**

Direitos autorais — Hotéis, motéis e similares. Pela música executada tantos nos ambientes coletivos como nos aposentos, são devidos — CHAVES, Antônio — **66/13**

— Música — Execução em restaurante por meio de toca discos ou toca-fitas — Indenização devida — Critério para a sua fixação — Arbitramento do *quantum* pelo julgador — MATTIA, Fábio Maria de — **13/97**

Direitos de propriedade na nova economia das instituições e em direito e economia — MUELLER, Bernardo — **126/117**

Direitos do acionista diante da morosidade do procedimento de liquidação ordinária ou facultativa de S/A — NERY, Sandra de Medeiros — **113/201**

Direitos fundamentais — Recensão da obra de Maurizio Fioravanti *Appunti di Storia delle Costituzioni Moderne. Le Libertà Fondamentali* — MATIAS, Armindo Saraiva — **122/173**

Disciplina da concorrência nas operações de concentração empresarial — 1. Noção de concentração empresarial. 2. Técnicas de controle nas operações de concentração: 2.1 Notificação; 2.2 Critérios quantitativos. 3. Fundamentos da proibição das concentrações empresariais. 4. Autorização de condutas anticoncorrenciais. 5. Últimas considerações — FONSECA, José Júlio Borges da — **102/26**

Disciplina da reorganização da empresa em crise econômica no projeto de lei concursal, A — 1. Introdução. 2 Considerações sobre a subemenda substitutiva: 2.1 Sujeitos do processo concursal; 2.2 Dissociação empresa-empresário; 2.3 Demonstração de viabilidade da reorganização; 2.4 Mecanismos de alerta sobre a crise econômica; 2.5 Meios de reorganização; 2.6 Interferência judicial; 2.7 Comitê de administração; 2.8 Administrador judicial; 2.9 Responsabilização dos administradores e controladores. 3. Presunção favorável ao devedor para a abertura do processo. 4. Prazo do plano de reorganização. 5. Crédito trabalhista. 6. Crédito tributário. 7. Fundamentos da liquidação. Conclusão — SIMIONATO, Frederico — **111/138**

Disciplina das sociedades comerciais no anteprojeto do Código Civil — INACARATO, Márcio Antonio — **12/155**

Disciplina do aval no novo Código Civil — SZTAJN, Rachel & VERÇOSA, Haroldo Malheiros Duclerc — **128/33**

Disciplina do direito de empresa no novo Código Civil Brasileiro — LEÃES, Luiz Gastão Paes de Barros — **128/7**

Disciplina do direito de recesso no Projeto de Lei 1.564/1996 — 1. Introdução. 2. O direito de recesso na Lei 6.404/1976 e as modificações promovidas pela Lei 7.958/1989. 3. A disciplina do direito de recesso no Projeto de Lei 1.564/1996 — MENEZES, Paulo Lucena de — **105/126**

Disciplina jurídica das empresas em crise no Brasil: sua estrutura institucional — TOLEDO, Paulo Fernando Campos Salles de — **122/168**

Disposições constitucionais programáticas sobre a ordem econômica e social — I — Localização das disposições programáticas. II — Normas programáticas e direitos econômicos, sociais e culturais. III — Normas programáticas e fins da ordem econômica e social. IV — Normas constitucionais e princípios constitucionais. V — Natureza dos direitos econômicos, sociais e culturais. VI — Vinculatividade das normas programáticas. VII — Normas programáticas e tutela das situações subjetivas. VIII — Conclusão. Bibliografia citada — SILVA, José Afonso da — **55/70**

***Disregard Doctrine* — Falência — Extensão da falência e extensão dos efeitos da falência** — 1. Histórico, falência, extensão, extensão da falência e extensão dos efeitos da falência. 2. A *Disregard Doctrine*. 3. Pessoa jurídica — Personalidade jurídica. O sistema brasileiro de direito e a *Disregard Doctrine*. 4. A desconsideração na jurisprudência. 5. Conclusão — NUNES, Hélio da Silva — **120/22**

Dissolução da S/A pela impossibilidade de preencher o seu fim — Introdução. 1. A norma legal vigente. 2. Evolução legislativa. 3. A exegese da norma vigente. 4. Jurisprudência. 5. Direito comparado. 6. Legitimidade para a propositura da ação — FREITAS, Ricardo dos Santos — **113/222**

Dissolução de *holding* S/A e a apuração de haveres — 1. Pedido judicial de dissolução de *holding* S/A. 2. Apuração de haveres em ações da controlada - PRADO, Roberta Nioac — **113/230**

Dissolução de S/A. Liquidação irregular. Responsabilidade dos administradores — AMENDOLARA, César — **114/183**

Dissolução de sociedade e impôsto de renda — 1. A questão. 2. Distribuição disfarçada: uma presunção. 3. Alienação na restituição de bens aos sócios resultante de dissolução da sociedade. 4. Distribuição disfarçada de lucro. 5. Economia de impôsto — CORRÊA, Walter Barbosa — **4/29**

Dissolução e liquidação de associação civil, a requerimento do Ministério Público — Torcida "Mancha Verde" — TROPARDI, Nelcina Conceição de Oliveira — **113/188**

Dissolução e liquidação de sociedades — Notas de Mauro Rodrigues Penteado — BULGARELLI, Waldirio — **100/132**

Dissolução parcial de S/A quebra da *affectio societatis*. Apuração de haveres — CAMINHA, Uinie — **114/174**

Dissolução parcial de sociedade anônima — BRITO, Cristiano Gomes de — **123/147**

Dissolução parcial de sociedade *holding*, A — ROCHA, João Luiz Coelho da — **109/98**

Dissolução parcial de sociedade por cotas — PINTO, Luís Felipe de Carvalho — **111/185**

Dissolução parcial e recesso nas sociedades por quotas de responsabilidade limitada. Legitimidade e procedimento. Critério e momento de apuração de haveres — 1. Antecedentes. 2. Associações e sociedades de pessoas com autonomia patrimonial. 3. A norma do artigo 16 do Código Civil brasileiro — A personalização. 4. A exegese das normas dos artigos 335 e 336 perante a sociedade por quotas de responsabilidade limitada. 5. A estrutura coorporativa da sociedade por quotas de responsabilidade limitada: 5.a) A razão legal da criação da sociedade por quotas de responsabilidade limitada; 5.b) Sociedade por quotas: modelo coorporativo. 6. A ação social e o interesse de agir: 6.a) Interesse lesado e titularidade; 6.b) Legitimação ativa nas sociedades por quotas de responsabilidade limitada. 7. Dissolução parcial e recesso. 8. Dissolução e dissolução parcial. 9. Problema: O momento da apuração de haveres. 10. O procedimento — FRANCO, Vera Helena de Mello — **75/19**

Distribuição secundária no Brasil e no exterior de ações pertencentes à administração pública — 1. Preliminares. 2. Exigibilidade e dispensa de licitação. 3. A dispensa de licitação na venda de ações. 4. A oferta no mercado externo, através de ADR. 5. A concessão de deságio no preço de venda — LEÃES, Luiz Gastão Paes de Barros — **101/5**

Dívida fiscal — Exigibilidade — Prazo de caducidade da segurança — CORRÊA, Walter Barbosa — **7/78**

Dividendo obrigatório e participação de diretoria — ALONSO, Felix Ruiz — **23/167**

Dividendos mínimos cumulativos e participantes — LEÃES, Luiz Gastão Paes de Barros — **111/157**

Divulgação de informações na aquisição do bloco substancial de valores mobiliários — WALD, Arnoldo — **42/9**

Dogmática jurídica e Lei 8.884/1994 — 1. Livre iniciativa. 2. Livre concorrência. 3. Poder econômico. Abuso. Infrações da ordem econômica — SCHUARTZ, Luis Fernando — **107/70**

Dosimetria das sanções no direito antitruste: análise da nova jurisprudência brasileira sob a perspectiva da deterrência — BERTAN, Maria Paula — **133/287**

Doutrina dos *fiduciary duties* no direito norte-americano e a tutela das sociedades e acionistas minoritários frente aos administradores das sociedades anônimas — 1. A subdivisão dos *duties of management* na doutrina norte-americana e no direito brasileiro. Os *fiduciary duties* como espécie dos *duties of management*. 2. Os sujeitos envolvidos nos *fiduciary duties*. 3. A definição dos *fiduciary duties*. 4. A irrelevância da qualificação jurídica da relação entre os administradores e sociedade para a aplicação dos *fiduciary duties*. 5. A *business judgement rule*. 6. Casuística: alguns exemplos de quebra dos *fiduciary duties* pelos administradores e controladores. Bibliografia — ZANINI, Carlos Klein — **109/137**

Droit Privé Allemand, 1, Actes Juridiques, Droit Subjectifs — Claude Witz — BGP, Partie générale, "Loi sur les conditions générales d'affaires" — WALD, Arnoldo — **93/125**

Dualidade das obrigações no direito privado unificado — ESTRELLA, Hernani — **30/11**

***Dumping* como forma de abuso do poder econômico** — 1. O regime da legislação *antitruste* brasileira. 2. A concorrência e o abuso do poder econômico. O *dumping* como forma de abuso do poder econômico. 4. Abuso da posição de "dominação" de mercado — LEÃES, Luiz Gastão Paes de Barros — **91/5**

***Dumping* e a defesa comercial no Brasil** — TADDEI, Marcelo Gazzi — **120/95**

Dupla personalidade empresarial — BULGARELLI, Waldirio — **79/98**

Duplicata — Ação anulatória — REQUIÃO, Rubens — **1/120**

— Cobrança — Defesa com base na causa do título — BARRETTO, Lauro Muniz — **1/118**

— Direito de regresso — BARRETTO, Lauro Muniz — **1/128**

— Direito de regresso — A nova lei das duplicatas, ao fixar o prazo único de 30 dias corridos, no § 4º de seu art. 13, não se contenta com a simples apresentação do título a protesto dentro do referido prazo com vistas à preservação do direito de regresso. Exige, também, que o protesto seja tirado dentro do mesmo prazo e "em forma regular", para que o portador garanta o seu direito contra os endossantes e respectivos avalistas — Na espécie, sete duplicatas tiveram o seu protesto tirado após o decurso de 30 dias, havendo perda de direito de regresso contra os endossantes e avalista — Recurso extraordinário provido — PENTEADO, Mauro Rodrigues — **44/97**

— Falta de devolução pelo sacado — Busca e apreensão contra ele ajuizada — Carência — RESTIFFE NETTO, Paulo — **13/102**

— Juros da mora — Fluência — Embargos rejeitados — Apelação não provida — ABRÃO, Nelson — **27/103**

— Pagamento feito diretamente à sacadora — Recibo em separado — Embargos à execução — Inadmissibilidade — VERÇOSA, Haroldo Malheiros Duclerc — **59/97**

— Título não aceito mas protestado, nos termos da nova lei aplicável — Cobrança executiva — Carência — Pretendido direito da conversão de demanda em ação ordinária — Inadmissibilidade — MESQUITA, José Ignácio Botelho de — **8/92**

Duplicata e facturas de crédito — Confronto e comparações — 1. Generalidades. 2. Histórico. 3. A duplicata mercantil e similares no direito estrangeiro. 4. Factura de crédito — Lei 24.760, de 13.1.1997. 5. Quadro comparativo entre a factura de crédito e a duplicata brasileira. 6. Conclusão — ARNOLDI, Paulo Roberto Colombo — **108/63**

Duplicata não aceita — Execução — Protesto — ROSADO, Maria do Céu Marques — **94/130**

Duplicata sem aceite — Título hábil para requerimento de falência — Projeto de lei nesse sentido — CHAGAS, José Ernesto de Lemos — **15-16/243**

Duplicata simulada — VERÇOSA, Haroldo Malheiros Duclerc — **119/177**

É necessária a autorização marital para a mulher exercer o comércio? — MIRANDA JÚNIOR, Darcy Arruda — **5/23**

Economia e o direito de propriedade — ZYLBERSZTAJN, Décio & SZTAJN, Rachel — **126/112**

Efeito perverso da deflação — ROSA, José Del Chiaro Ferreira da — **70/98**

Efeitos da concordata e da falência em relação aos contratos bilaterais do concordatário e do falido — 1. A *mens legis* do art. 43 e do art. 165 da lei de falências. 2. Classificação das leis. 3. Leis comuns ou leis gerais do direito comum. 4. Leis especiais ou direito singular. 5. Leis excepcionais ou direito excepcional. 6. Lei de falências como direito singular ou lei especial. 7. Dos contratos bilaterais do concordatário. 8. A norma do art. 43 da lei especial de falências, por ser norma excepcional, deve preferir todas as demais — LOBO, Jorge — **110/32**

Efeitos da falência sobre a alienação fiduciária — WALD, Arnoldo — **44/5**

Efeitos da falta de arquivamento na Junta Comercial dos atos de deliberação de cisão de sociedades em virtude de decisões judiciais — WALD, Arnoldo — **121/201**

Efeitos da reforma do Código de Processo Civil na execução específica do acordo de acionistas — 1. Introdução. 2. Teoria das obrigações e execução específica. 3. Tutela específica das obrigações de fazer juridicamente infungíveis na reforma do CPC. 4. Natureza cognitiva da ação para execução das obrigações de contratar e declarar vontade. 5. O acordo de acionistas como título executivo e extrajudicial. 6. Tutela específica das obrigações de fazer e não fazer relativas a contratar e a emitir declaração de vontade no acordo de acionistas. 7. Tutela antecipada das obrigações de fazer e não fazer relativas a contratar e a emitir declaração de vontade no acordo de acionistas. 9. Aplicação da nova disciplina das tutelas específica e antecipada do acordo de acionistas perante a companhia. 10. Conclusões — BARBI FILHO, Celso — **109/17**

Efeitos da tributação sobre o direito concorrencial — BRAGANÇA, Marcel — **121/121**

Efeitos do registo predial português — 1. Breve introdução: nota histórica; noções gerais; princípios gerais. 2. A fé pública. 3. Compatibilização das presunções fundadas na posse e no registo. 4. Registo como condição de eficácia *erga ommes*; 5. Registo enunciativo ou declarativo. 6. Registo consolidativo. 7. Registo constitutivo. 8. Registo aquisitivo ou aquisição tabular: o regime substantivo do art. 291º do Código Civil e o regime registal do art. 17º do Código de Registo Predial. 9. Registo e "usucapião". 10. Notas de direito comparado. 11. O conceito de "terceiro" no registo predial — MATIAS, Armindo Saraiva — **117/16**

Efeitos do silêncio e da ratificação no contrato de mandato civil ou mercantil — 1. Mandato e representação. 2. A representação no negócio jurídico. 3. Forma e prova do mandato. 4. Obrigações do mandante perante o mandatário e terceiros. 5. Atos praticados pelo mandatário contrários às instruções do mandante. Efeitos do silêncio. 6. Atos praticados pelo mandatário com excesso de poderes: efeitos da ratificação — LOBO, Jorge — **114/68**

Efeitos jurídicos da morte do usufrutuário de ações no tocante aos dividendos e bonificações (da interpretação do art. 205 da lei das sociedades anônimas) — I — Introdução. II — Do conceito de dividendo. III — Do direito do usufrutuário — WALD, Arnoldo — **86/5**

Eficiência alocativa das normas de direito societário em relação ao acionista minoritário — 1. Introdução. 2. Diversos tipos de acionistas e a necessidade de tutela. 3. Equacionamento dos problemas de *agency*. 4. A regulação eficiente do mercado de capitais. 5. Conclusão — CAMINHA, Uinie — **116/194**

Eficiência alocativa das normas que regem o direito de propriedade e a reforma agrária — SZTAJN, Rachel — **115/7**

El concepto de la tecnología en si como mercía: notas críticas — 1. Introducción. 2. La compraventa de tecnología. 3. La tecnología como forma especifica de expresión del capital. 4. Los limites de la negociación tecnológica 5. Conclusiones preliminares — FERRAZ, Lauro Pacheco de Toledo — **32/41**

El derecho agrario español de hoy — 1. Orígenes. 2. Vicisitudes más recientes del derecho agrario español como ciencia. 3. Breve indicación de la reciente historia de la legislación agraria española — SAENZ, José María de la Cuesta — **105/11**

El derecho de los grupos de sociedades en Brasil — Su significación y repercusión en el ordenamiento jurídico español — 1. Problemática jurídica general de los grupos de sociedades. 2. El control societario: técnicas de obtención y posición jurídica del socio de control. 3. El grupo de sociedades en derecho brasileño: su régimen jurídico. 4. La situación de los grupos de sociedades en el derecho español — IRUJO, José Miguel Embid — **71/5**

El nuevo orden económico internacional — Algunos aspectos jurídicos: a) Equidad y solidaridad; b) Obligación de los Estados de cooperar para el desarrollo; c) El principio de la soberanía permanente; d) Principio del trato preferencial y no recíproco; e) El principio de la estabilización de los ingresos por exportación; f) Derecho a la asistencia para el desarrollo; g) El patrimonio común de la humanidad; h) Desarrollo y derechos humanos; i) Derecho internacional desarrollo; j) La codificación del NOEI; k) Las fuentes del NOEI — VINUESA, Raúl Emilio — **55/114**

El orden público en la contratación internacional — I — El derecho aplicable y la jurisdicción competente. En la contratación financiera internacional. II — El frustrado contrato de refinanciación de la deuda con Aerolíneas Argentinas. III — Regla destinada a armonizar la contratación financiera con el orden público internacional — BALESTRA, Ricardo R. — **55/130**

El transporte de mercancías peligrosas en el Mercosur — BLOCH, Roberto — **111/132**

Elaboração do Código Comercial de 1850 — VENÂNCIO FILHO, Alberto — **23/53**

Eleição de administradores em sociedades filiadas a grupos societários — PENTEADO, Mauro Rodrigues — **40/164**

Eleição de membros do conselho de administração pelos acionistas minoritários (exegese do inciso I, § 4º do art. 141 da Lei 6.404/1976) — SOUSA, Pedro Oliva Marcilio de — **126/87**

Em defesa das ações preferenciais — WALD, Arnoldo — **78/19**

Embargos de terceiro — Automóvel — Certificado de propriedade sem restrições — Compra — Terceiro de boa-fé — Contrato de alienação fiduciária registrado — Inobservância — Porém do art. 52 do Código Nacional de Trânsito — Embargos procedentes — SCHAIN FILHO, Nassaralla — **19/73**

— Penhorabilidade dos bens do casal — Defesa da mulher — WALD, Arnoldo — **35/105**

Embargos do devedor — Execução por quantia certa — Falência — Avalista — Pagamento de dívida expressa em moeda estrangeira — Conversão em moeda nacional — Câmbio do dia do efetivo pagamento — Inadmissibilidade — Data da falência do avalizado — Aplicação dos arts. 32 e 47 da Lei Uniforme de Genebra e 213 do Decreto-lei 7.661/1945 — VERÇOSA, Haroldo Malheiros Duclerc — **53/113**

— Sentença — Prolação desde logo — Quando é possível — Aplicação do art. 740, parágrafo único, do Código de Processo Civil de 1973 — BULGARELLI, Waldirio — **18/69**

Emissão de ações com base em contrato de participação financeira — BULGARELLI, Waldirio — **121/229**

Emissão de ações preferenciais por instituições financeiras — Limite de 50% do capital social — NUNES, Simone Lahorgue — **116/162**

Emissão de debêntures — 1. Introdução. 2. Finalidade econômica e natureza jurídica da debênture. 3. Emissão e subscrição de debêntures. 4. Competência para deliberar a emissão de debêntures. 5. Autonomia plena da companhia para emitir debêntures. 6. Subscrição a vista ou parcelada. 7. Registro na CVM da emissão pública de debêntures. 8. Poder vinculado da CVM para aprovar o registro. 9. Caracterização legal da emissão pública de debêntures. 10. Taxa de registro da emissão pública de debêntures. 11. Conseqüência da falta de registro na CVM. 12. Participação obrigatória de instituição financeira *underwriter* na emissão pública. 13. Distribuição secundária de debêntures. 14. Negociação das debêntures no mercado — EIZIRIK, Nelson — **101/37**

Empreendimento de administrador em acção social *ut singuli* — GUERREIRO, José Alexandre Tavares — **46/23**

Empreitadas de construção imobiliária e o art. 138 do Código Comercial — COMPARATO, Fábio Konder — **56/121**

Empresa — Abuso de poder econômico — Proteção ao consumidor — I — Introdução. II — Empresa. III — Dominação dos Mercados: b) Eliminação da Concorrência; c) Aumento arbitrário dos lucros; d) Repressão. IV — Proteção ao consumidor: a) Constituição Federal do Brasil; b) Código de Defesa do Consumidor; c) Ação Civil Pública. V — Conclusão. VI — Bibliografia — DIAS, Sérgio Novais — **84/19**

Empresa: novo instituto jurídico — § 1º. A polêmica interminável. § 2º. O conceito de empresa no século XVIII. § 3º. O conceito de empresa no século XIX. § 4º. O conceito unitário de empresa. § 5º. O direito comercial como sendo o direito das empresas . § 6º. A opinião de Alfredo Rocco. § 7º. A opinião de Asquini. § 8º. O conceito de empresa no direito comparado. § 9º. No direito italiano. § 10º. No direito francês. § 11º. No direito alemão. § 12º. No direito espanhol. § 13º. No direito argentino. § 14º. No direito brasileiro. § 15º. O direito constituído — LOBO, Jorge — **125/29**

Empresa, os minoritários e o mercado de capitais, A — LAMY FILHO, Alfredo — **117/53**

Empresa brasileira de capital nacional: extensão e implicações do art. 171 da Constituição Federal — 1. Introdução. 2. Enquadramento do tema. 3. A nacionalidade. 4. A empresa brasileira de capital nacional — Conceito. 5. Princípios interpretativos básicos: 5.1 Caracterização do controle; 5.2 Controle de fato; 5.3 Controle de direito; 5.4 A titularidade direta ou indireta; 5.5 Pessoas físicas domiciliadas e residentes no país. 6. O tratamento dado a empresa brasileira de capital nacional: 6.1 Proteção e benefícios temporários; 6.2 Proteção e benefícios; 6.3 Proteção e benefícios especiais; 6.3 Atividades estratégicas para a defesa nacional ou imprescindíveis ao desenvolvimento. 7. Controle tecnológico nacional. 8. Percentuais de participação societária. 9. Preferência para fornecimento ao poder público. 10. Conclusão — NUSDEO, Fábio — **77/15**

***Empresa contemporânea e direito societário. Poder de controle e grupos de sociedades*, de Eduardo Secchi** — PENTEADO, Mauro Rodrigues — **133/301**

Empresa multinacional: descrição analítica de um fenômeno contemporâneo — 1. Introdução. 2. Conceituações formais econômico-políticas. Conceituação jurídica. 3. Descrição analítica. Participante. Objetivos. Estratégia. Áreas de atuação. Base do poder. Resultados e efeitos.

Transferência de tecnologia. Balança de pagamentos. Controle da economia. Dependência tecnológica e distorção da Economia — MAGALHÃES, José Carlos de — **14/61**

"Empresário, O" — 1. Empresário e atividade. 2. Atividade e ato — ASCARELLI, Tullio — **109/183**

Empresário no Código Civil brasileiro — GONTIJO, Vinícius Jose Marques — **135/76**

Empresas estatais: participação dos empregados na diretoria — GRAU, Eros Roberto — **52/30**

Empresas estatais e os sistemas de supervisão e controle — 1. Introdução. Colocação do tema. 2. Noção de empresa estatal. Empresa estatal e sociedades integrantes da Administração Federal Indireta. Empresa estatal e entidades obrigadas a prestar contas ao Tribunal de Contas da União: 2.1 Noção de empresa estatal; 2.2 Empresa estatal e entidades integrantes da Administração Federal Indireta; 2.3 Empresa estatal e as entidades sujeitas à obrigação de prestar contas ao Tribunal de Contas da União. 3. Supervisão ministerial. 4. Controle interno. 5. Planejamento e orçamento. 6. SEST — Secretaria de Controle das Empresas Estatais. 7. Controle externo: Congresso Nacional e Tribunal de Contas da União. 8. Observações finais — PENTEADO, Mauro Rodrigues — **45/20**

Empresas unipessoais — I — Adequação Lógica Terminológica. II — Evolução das Empresas Unipessoais. III — A Empresa Unipessoal, a Técnica de Organização e a Tipologia Societária. IV — A Empresa e os efeitos de sua existência na Ordem Jurídica Positiva. V — Conclusões — COSTA, Carlos Celso Orcesi da — **51/33**

Empréstimo bancário — Cambial — Vinculação a contrato — Autonomia da cártula — MORAES, Mauro Delphim de — **81/87**

Empréstimo compulsório — Correção monetária — Sua contabilização e efeitos fiscais — MÉLEGA, Luiz — **39/213**

Empréstimo de dinheiro por particulares: quando se caracteriza operação privativa dos bancos — COELHO, Wilson do Egito — **41/69**

Empréstimos entre sociedades — 1. Introdução. 2. Tipos de empréstimo. 3. Operações privativas de instituições financeiras. 4. Conceito de instituição financeira na esfera penal. 5. Remuneração permitida. 6. Forma do empréstimo. 7. aspectos tributários. 8. Empréstimos entre sociedades do mesmo grupo. 9. Empréstimos internacionais. 10. Teoria da desconsideração da personalidade jurídica. 11. Conclusão — STUBER, Walter Douglas — **68/25**

Empréstimos ou adiantamentos a pessoas ligadas — Emissão de carta de crédito a favor de exportador estrangeiro. Relacionada com importação feita por empresa de *leasing* ligada — SOUZA, Renato A. Gomes de — **99/24**

Endosso sem garantia e *factoring* — 1. Aquisição de crédito e cessão de crédito. 2. As sociedades *factoring*. 3. O endosso como garantia cambial. 4. Efeitos da cláusula de endosso sem garantia. 5. Endosso sem garantia e *factoring*. 6. Forma do endosso sem garantia. 7. Conclusão — CARMO, Eduardo de Sousa — **71/55**

Enquadramento jurídico do *software* — Uma abordagem histórica, crítica e prática — SILVEIRA, Clóvis — **85/90**

Enquadramento jurídico e econômico da exportação — 1. Introdução: Economia e filosofia da exportação. 2. A ordem jurídica e a exportação. 3. Conclusão: o comércio exportador e as relações internacionais — CRUZ, Duarte Ivo — **17/45**

Ensaio sobre a marca de alto renome: uma proteção especial contrapondo a eterna privação da novidade absoluta — 1. O valor da marca de alto renome. 2. A necessidade da proteção especial à marca de alto renome. 3. Conclusão — OLIVEIRA, Maurício Lopes de — **117/150**

Escorço histórico remoto do cheque. Sua transmissão e seu aval — COSTA, Philomeno J. da — **87/40**

Esfacelamento da sociedade por quotas no direito brasileiro — BULGARELLI, Waldirio — **21-22/131**

Espírito empresarial, a empresa e a reforma constitucional — WALD, Arnoldo — **98/51**

Espontaneidade no procedimento tributário — Conceito de espontaneidade e sua disciplina no direito positivo. Teoria da espontaneidade. Espontaneidade na legislação do imposto sobre produtos industrializados. A lei posterior revoga a anterior. Evolução do regime de recolhimento do imposto sobre produtos industrializados. Decreto-lei 400 não alterou o CTN. Exclusão da multa de mora. Conclusões — ATALIBA, Geraldo — **13/31**

Estabelecimento comercial — Introdução. 1. Conceito de estabelecimento empresarial: 1.1 O estabelecimento comercial; 1.2 O estabelecimento empresarial. 2. O estabelecimento empresarial na legislação nacional: 2.1 Referências legais; 2.2 Estabelecimento principal, agências, filiais e sucursais. 3. Natureza jurídica do estabelecimento empresarial: 3.1 Considerações gerais; 3.2 Teoria da personalidade jurídica; 3.3 Teoria do patrimônio separado; 3.4 Teoria do bem imaterial; 3.5 Teoria das universalidades. 4. A composição do estabelecimento empresarial e sua proteção jurídica: 4.1 Considerações gerais; 4.2 Bens; 4.3 Direitos e obrigações; 4.4 Ponto empresarial; 4.5 Elementos fáticos; 4.6 Proteção jurídica ao estabelecimento empresarial. Conclusão. Bibliografia — MIGUEL, Paula Castello — **118/7**

— Títulos semelhantes — Utilização da expressão *Drugstore* — Negócios ou atividades diferentes — Cominatória improcedente — SILVEIRA, Newton — **50/115**

Estabelecimentos comerciais — Lojas — Supermercados — Sintonização de aparelhos receptores de serviços de radiodifusão — Direitos autorais — CHAVES, Antônio — **67/101**

Estacionamentos em *shopping centers* (uma análise da evolução jurisprudencial) — NERY, Sandra de Medeiros — **114/206**

Estado e a economia dos contratos privados — 1. A evolução do direito dos contratos. 2. A crise do contrato. 3. Fundamentos da intervenção. 4. Contrato e instituição. 5. Meios de intervenção. 6. Modos e técnicas de intervenção. 7. A revisão dos contratos — GUERREIRO, José Alexandre Tavares — **31/77**

Estranhos casos de sociedades por cotas de responsabilidade limitada no direito brasileiro, Alguns — BULGARELLI, Waldirio — **25/23**

Estrutura administrativa das sociedades anônimas — Assembléia Geral. Conselho de administração e diretoria. Conselho fiscal — BARRETO FILHO, Oscar — **24/65**

Estrutura dualista da obrigação tributária — I — A estrutura dualista da relação obrigacional. II — A estrutura dualista da obrigação tributária. III — A natureza jurídica da obrigação tributária. IV — O dualismo conceitual e o Código Tributário Nacional. V — Uma aplicação da análise dualista: decadência e a prescrição em direito tributário — LEÃES, Luiz Gastão Paes de Barros — **1/41**

Estudo acerca das decisões do conselho da OACI, dos recursos admissíveis e seus efeitos — LACERDA, J. C. Sampaio de — **5/129**

Estudo apresentado na XXIV Conferência — Panamá (Rep. de Panamá) promovida pela Federação Interamericana de Advogados, na seção com. VIII (Direito do desenvolvimento e da integração). Desenvolvimento jurídico com respeito à integração econômica, sobre o tema: "saques de duplicatas contra domiciliados no exterior" — BARROSO, Luiz Felizardo — **53/123**

Estudo comparativo dos direitos brasileiro e alemão na disciplina das condições gerais dos negócios — 1. Considerações sobre a evolução do tratamento da matéria. 2. Noção de condições gerais dos negócios. 3. Conseqüências jurídicas do regime das condições gerais dos negócios. 4. Círculo de proteção do regime especial. 5. Forma de controle das cláusulas contratuais. 6. Cláusulas abusivas nos contratos bancários. 7. Conclusão — FONSECA, José Júlio Borges da — **100/54**

Estudo de direito marítimo da abalroação — CAMPOS, Armando Redig de — **29/29**

Estudo de direito monetário: a moeda e suas funções; obrigações monetárias; estipulação e indexação de obrigações monetárias — 1. Introdução. 2. Elementos da teoria geral do direito monetário: os conceitos de base: 2.1 A moeda: conceitos e funcções; 2.2 A soberania monetária do Estado: *jus cudendae monete*, conversibilidade de moedas e sustentação legal do monopólio estatal da moeda; 2.3 O "direito de senhoriagem" e a irresponsabilidade monetária do Estado dos pontos de vista interno e internacional. 3. Elementos básicos da conceituação de obrigações monetárias: 3.1 Considerações acerca da inflação; 3.2 Dívidas de valor e dívidas de dinheiro e o conceito jurídico de obrigações monetárias; 3.3 O regime jurídico das taxas de juros. 4. Estipulação em moeda nacional e em moeda estrangeira e a indexação de obrigações monetárias estipulada em cruzeiros: 4.1 Regime comum — O curso legal e forçado da moeda nacional; 4.2 Regime de exceção — Os contratos em moeda estrangeira; 4.3 Considerações críticas acerca da indexação de obrigações monetárias estipuladas em cruzeiros. 5. Conclusão — MENDES, Antônio & NASCIMENTO, Edson Bueno — **84/35**

Ética e o direito das relações de consumo. De que forma o direito das relações de consumo pode interferir na aplicação dos códigos de ética profissional — GRINBERG, Mauro — **87/21**

Evasão de divisas — Tipicidade. Cheques sacados contra bancos nacionais integram o conceito de moeda, para fins de caracterização do crime de evasão de divisas (Lei 7.492/1986, art. 22) — VERÇOSA, Haroldo Malheiros Duclerc — **117/163**

Evolução da sociedade em nome coletivo e os poderes dos sócios não gerentes no direito brasileiro — I — Evolução da estrutura das sociedades em nome coletivo. II — Direitos dos sócios não gerentes — WALD, Arnoldo — **26/27**

Evolução do conceito de empresa no direito italiano — 1. Premissas. Significado e limites da pesquisa. 2. A empresa na categoria dos atos de comércio. 3. A posição de Vivante. 4. A posição de Alfredo Rocco. 5. Os projetos de reforma de 1922 e 1925. 6. A influência da Carta do Trabalho. 7. O projeto do Código de Comércio Asquini de 1940. 8. A empresa no sistema do Código Civil de 1942. Construções doutrinárias. Tentativas de sistematização teórica. Significados de empresa extraídos das disposições legislativas. 9. Evolução e perspectivas da empresa no direito italiano, à luz da experiência comunitária (Tratados CEE, CECA e CEEA) — PACIELLO, Gaetano — **29/39**

Evolução do conceito de soberania, A — Tendências recentes — 1. Introdução. 2. A soberania como poder absoluto: o deslindar de um equívoco histórico. 3. A releitura do conceito de soberania: o regresso às origens. 4. Da soberania quantitativa à soberania qualitativa. 5. Em especial: o "caso europeu". 6. Conclusões — GOMES, Carla Amado — **111/57**

Evolução do direito societário — WALD, Arnoldo — **120/56**

Evolução do regime legal da Petrobrás e a legislação antitruste, A — 1. A evolução legislativa. 2. As parcerias e a legislação antitruste — WALD, Arnoldo — **112/55**

Evolução jurisprudencial sobre o imposto de renda referente a juros pagos a financiadores estrangeiros — WALD, Arnoldo — **9/23**

Evolução legislativa das ações preferenciais no Brasil e os institutos a elas relacionados — RETTO, Marcel G. Bragança — **133/121**

Evolução legislativa e jurisprudencial do direito brasileiro em matéria de sigilo bancário — WALD, Arnoldo — **94/97**

Exame dos livros comerciais do concordatário — Poder regulamentar atribuído ao juiz pelo art. 172 da lei de falências com a nova redação que lhe foi dada pela Lei 4.983, de 1966 — CERQUEIRA, Nélson de Figueiredo — **10/131**

Exaustão do direito de marcas na União Européia e o Mercosul, A — 1. Introdução. 2. A função econômica da marca. 3. O princípio da territorialidade da marca. 4. Outras funções da marca. 5. Da cessão e da licença de uso da marca. 6. Importações paralelas. 7. Teoria da exaustão. 8. O problema das importações paralelas na União Européia e a teoria da origem comum. 9. Importações paralelas e os Estados não membros da UE. 10. Importações paralelas e os tribunais brasileiros. 11. O problema das importações paralelas e a nova lei de propriedade industrial. 12. O direito de marcas e o Mercosul — KUNTZ, Karin Grau & SILVEIRA, Newton — **106/107**

Exclusão de acionista — 1. Colocação do problema. 2. Aspectos do contrato de sociedade. 3. Fundamentos da exclusão. 4. A exclusão por inadimplemento de prestações acessórias na sociedade anônima. 5. A exclusão do acionista como forma de assegurar a sobrevivência da companhia. 6. Outras hipóteses de exclusão — PINTO JÚNIOR, Mário Engler — **54/83**

Exclusão de sócio nas sociedades por cotas de responsabilidade limitada — COMPARATO, Fábio Konder — **25/39**

Exclusão de sócios em sociedades limitadas no novo Código Civil — GUIMARÃES, Leonardo — **129/108**

Exclusão de sócios pela maioria social nas sociedades por cotas, A — A evolução do tipo societário — A exclusão de sócios. O problema das causas da exclusão. O *due process* da exclusão. Conclusão — ROCHA, João Luiz Coelho da — **110/148**

Exclusão extrajudicial de sócio em sociedade por quotas — 1. A exclusão de sócio sem expressa previsão contratual. 2. A desnecessidade de se pleitear judicialmente a exclusão. 3. A exclusão por deliberação da maioria não configura abuso de direito, e não atenta contra os princípios da isonomia, do devido processo legal ou da plenitude de defesa. 4. A desarmonia como causa de exclusão extrajudicial — LEÃES, Luiz Gastão Paes de Barros — **100/85**

Execução — Cobrança de saldo de contrato de abertura de crédito para movimentação de conta bancária — Super-cheque — Embargos recebidos — Apelo da vencida pedido prosseguimento da execução — Falta de apresentação de título executivo hábil pela apelante, para comprovar seu crédito — Apelo não provido. Não tendo a credora apresentado título executivo hábil à comprovação de seu crédito é de ser mantida a sentença que proclamou a carência do procedimento escolhido e a procedência dos embargos — MORAES, Mauro Delphim de — **50/111**

— Penhora — Incidência sobre quotas de sociedade por quotas de responsabilidade limitada — Execução aforada contra sócio, por obrigação sua e não da sociedade — Admissibilidade — Recurso não provido — GUERREIRO, José Alexandre Tavares — **51/123**

Execução contra empresa pública — 1. Objeto de estudo. 2. A natureza de direito privado da empresa pública. 3. Relações comerciais da empresa pública. 4. Patrimônio e capital social da empresa. 5. Direitos dos credores da empresa pública. 6. Conclusão — TRINDADE, Marcelo — **74/72**

Execução de cessão de crédito — Alienação em fraudes à execução — Ineficácia — Adquirente falido — Numerário entregue ao exeqüente — NUNES, Hélio da Silva — **124/199**

Execução de cheque sem fundo — 1. Introdução. 2. O dilema da teoria cambiária. 3. A ação executiva para cobrança de cheque. 4. A abolição do protesto. 5. A solidariedade cambial. 6. O local de execução. 7. A prova e o extravio do cheque. 8. Os valores exigíveis — A compensação pela perda do valor aquisitivo da moeda. 9. As defesas do executado. 10. A má-fé e a redação da nova lei — BULGARELLI, Waldirio — **61/55**

Execução de nota promissória ligada a contrato — FONSECA, Priscila M. P. Corrêa da — **78/58**

Execução de título extrajudicial (duplicata) contra sociedade de economia mista — VERÇOSA, Haroldo Malheiros Duclerc — **107/198**

Execução específica de cláusula arbitral — BARBI FILHO, Celso — **97/29**

Execução específica de obrigações convencionadas em acordo de acionistas — CORRÊA, Raphael Nehin — **107/212**

Execução específica do acordo de acionistas — I — Cumprimento e execução das obrigações. II — Execução específica. III — Acordo de acionistas e contrato preliminar. IV — Acordo de acionistas e direito de voto — GUERREIRO, José Alexandre Tavares — **41/40**

Execução fiscal — Ação contra sociedade por quotas de responsabilidade limitada — Penhora de bens do sócio — Caso em que é possível — Aplicação do art. 135, *caput*, do CTN — MILANI, Mário Sérgio — **57/78**

Execução forçada — Cheque desnaturado — Emissão em 1974 para ser apresentado em 1975 — Carência — Apelação não provida — Voto vencido — BULGARELLI, Waldirio — **29/95**

— Nota promissória — *Causa debendi* — Cartão de crédito — Comunicação oportuna — Embargos do devedor acolhidos — Apelação não provida — BULGARELLI, Waldirio — **36/95**

Execução judicial de decisões arbitrais — GUERREIRO, José Alexandre Tavares — **75/29**

Execução judicial de duplicatas sem os originais dos títulos — BARBI FILHO, Celso — **115/171**

Execução por quantia certa — Cartão de crédito — Promissória emitida em nome do devedor — Pagamento pela empresa avalista e mandatária — Ação de cobrança contra o emitente — Desnecessidade de registro do título — Recurso provido para o julgamento do mérito — BULGARELLI, Waldirio — **26/119**

Execução por título extrajudicial — Cartão de crédito — Promissória — Financiamento — Inadimplemento do devedor — Cobrança pela empresa sub-rogada — Agravo provido — BULGARELLI, Waldirio — **26/121**

— Nota promissória — Alegação de furto — Prova insuficiente — Ação procedente — LUCCA, Newton de — **26/101**

Executividade do contrato de abertura de crédito em conta corrente — Cheque especial — NEVES, Daniella Maria — **119/173**

Exegese legal do requisito da residência no Brasil dos administradores de sociedade anônima — I — Estada, residência e domicílio da pessoa natural nos sistemas jurídicos da família romano-germânica. II — Residência e domicílio civil da pessoa natural no direito brasileiro. III — O requisito da residência no Brasil para os administradores de sociedade anônima — COMPARATO, Fábio Konder — **44/76**

Exercício do direito de voto das ações preferenciais com dividendo diferenciado — LOBO, Jorge — **132/60**

Exercício do direito de voto das ações preferenciais com dividendo diferenciado — LOBO, Jorge — **133/77**

Exibição judicial de livros — Transferência de ações nominativas — Negado provimento — AMARAL, Afonso de Sampaio — **36/79**

Exibição judicial de livros das sociedades comerciais — 1. A exibição judicial dos livros em geral. 2. A exibição judicial como meio de prova. 3. A exibição judicial como meio excepcional. 4. Exibição parcial. 5. Exibição integral. 6. A exibição integral no direito comparado. 7. A exibição integral sobre questões de sociedade. 8. A fiscalização dos negócios sociais pelo acionista, na Sociedade Anônima. 9. A exibição do livro, por inteiro, na Sociedade por Quotas de Responsabilidade Limitada. 10. A exibição como medida preparatória ou na dependência da lide perante o novo Código de Processo Civil. 11. A exibição como ação própria. 12. A exibição dos livros, por inteiro, nas Sociedades Anônimas — BULGARELLI, Waldirio — **28/47**

Experiencia comparada reciente: la ley concursal española, Una — VALLE, Javier — **134/96**

Exposição apresentada ao Instituto Brasileiro de Direito Comercial Comparado e Biblioteca Tullio Ascarelli anexo ao Departamento de Direito Comercial, da Faculdade de Direito da Universidade de São Paulo, sobre o tema: "A reorganização financeira do negócio no direito norte-americano" — ABRÃO, Nelson — **53/161**

Externalidade e custos de transação: a redistribuição de direitos no novo Código Civil — SZTAJN, Raquel — **133/7**

Extinção de condomínio sobre quota de capital de sociedade limitada — PINTO JÚNIOR, Mário Engler — **84/57**

Factoring — COMPARATO, Fábio Konder — **6/59**

— 1. Introdução. 2. Aspectos conceituais e legais. 3. Aspectos constitucionais. 4. Aspectos fiscais. 5. Aspectos legais e contratuais. 6. Aspectos regulamentadores. 7. Aspectos registrários. 8. Tipos de *factoring*. 9. Desnecessidade de lei específica. 10. Sugestão — FERREIRA, Carlos Renato de Azevedo — **59/68**

Factoring **— Alternativas às modificações financeiras introduzidas pelos Decretos-leis 2.283/1986 e 2.284/1986** — 1. Princípio da inércia. 2. Do crédito como mercadoria. 3. A evolução da economia mundial. 4. Intervenção estatal no domínio econômico. 5. Do *factoring*. 6. A legislação brasileira. 7. Conclusão — MARINO NETO, José Ernesto — **66/67**

Factoring **e a legislação bancária brasileira** — Circular 703, de 16.6.1982, do Banco Central — COELHO, Wilson do Egito — **54/73**

Factoring **e a Lei 4.595/1964** — COELHO, Túlio Freitas do Egito — **67/109**

Factoring **e a nova Constituição** — SÁ, Gonçalo Ivens Ferraz da Cunha e — **73/100**

Factoring **internacional** — STUBER, Walter Douglas & STUBER, Adriana Godel — **122/54**

Factoring **no Brasil** — I — Introdução. II — Histórico. III — Caracterização do *factoring*. IV — O contrato de *factoring*. Fundamentos jurídicos. V — O *factoring* ante o direito brasileiro. VI — A prática do *factoring* no Brasil e a tutela da atividade. VII — Ordenação da atividade — HAGSTROM, Carlos Alberto de São Tiago — **48/38**

Falência — Avalista de cambial — Deve ser pessoalmente notificado do protesto do título — ABRÃO, Nelson — **15-16/113**

— Cessação de comércio não registrada — Prescrição de duplicata — Irrelevância na hipótese — Depósito levantado pelo credor — Honorários advocatícios devidos — ABRÃO, Nelson — **27/101**

— Concordata preventiva — Aplicação do art. 143 da lei de falências — Litigante de má-fé incurso no art. 17, IV do CPC — ABRÃO, Nelson — **28/95**

— Corretora de câmbio — Ações custodiadas — Pedido de restituição — Procedência — Apelação provida em parte — ABRÃO, Nelson — **20/91**

— Depósito elisivo — Quebra, não obstante, decretada pelo Juiz — Agravo de instrumento — Efeito suspensivo — Sentença concedida para esse fim — ABRÃO, Nelson — **24/82**

— Depósito para obstar a decretação — Defesa do devedor — Incerteza sobre o crédito do requerente — Remessa das partes para as vias ordinárias — ABRÃO, Nelson — **12/128**

— Desconsideração da personalidade jurídica — VERÇOSA, Haroldo Malheiros Duclerc — **120/165**

— Duplicata em pagamento de máquina — Defeitos desta — Defesa do devedor — Acolhimento — Pedido improcedente — Embargos recebidos — ABRÃO, Nelson — **33/95**

— Duplicata não aceita — Prova de entrega da mercadoria — Pedido denegado — Uniformização de jurisprudência — Indeferimento — FRANCO, Vera Helena de Mello — **25/102**

— Endossante de duplicata — Aplicabilidade do art. 10 da lei falimentar — AMARAL, Paulo Afonso de Sampaio — **18/81**

— Execução hipotecária iniciada anteriormente — Imóvel pertencente a sócio solidário — Prosseguimento — Recurso provido — FRONTINI, Paulo Salvador — **44/93**

— Habilitação de crédito fiscal com multa moratória — Inadmissibilidade — LEÃES, Luiz Gastão Paes de Barros — **5/99**

— Interpretação analógica — COMPARATO, Fábio Konder — **1/96**

— Pedido baseado em nota promissória — Pretendido protesto desta — Requisito desnecessário para viabilidade da pretensão — Recurso provido — FRONTINI, Paulo Salvador — **17/63**

— Pedido com base no art. 2º, I, III, IV e V da lei falimentar — Indeferimento — Honorários advocatícios devidos — ABRÃO, Nelson — **30/81**

— Pedido com fundamento em duplicata protestada por falta de aceite, mencionando-se no protesto a nota fiscal e o recibo da entrega da mercadoria — GONÇALVES NETO, Alfredo de Assis — **5/107**

— Pedido com fundamento no art. 2º, I, do Decreto-lei 7.661/1945 — Denegação liminar por não haver o oficial de justiça certificado não ter encontrado bens penhoráveis — Inadmissibilidade — Decisão reformada — Voto vencido — Inteligência do dispositivo supra — MESQUITA, José Ignácio Botelho de — **7/81**

— Pedido de restituição — ABRÃO, Nelson — **2/82**

— Pedido de restituição — Inaplicabilidade do princípio de imediatidade — Inteligência do art. 120 do Código de Processo Civil — MESQUITA, José Ignacio Botelho de — **2/63**

— Pedido formulado com base em duplicata protestada por falta de aceite — GONÇALVES NETO, Alfredo de Assis — **5/106**

— Requerimento com base em duplicata não aceita, mas protestada e acompanhada do recibo da efetiva entrega da mercadoria — Admissibilidade — Revista procedente — Inteligência e aplicação da Lei 5.474, de 1968, modificada pelo Decreto-lei 436, de 1969 — FRONTINI, Paulo Salvador — **12/115**

— Requerimento contra empresa julgada extinta por sentença judicial — Citação dos sócios e não do liquidante — Inadmissibilidade — Aplicação dos art. 12, VI e 1.218 do Código de Processo Civil de 1973 — TRONCOSO JÚNIOR, José — **17/67**

— Requerimento que empresta função de cobrança irregular ao instituto falimentar, desviando-o de sua função específica e constrangendo ilicitamente o devedor — Indeferimento da petição inicial, que se restabelece — Recurso extraordinário conhecido e provido — GUERREIRO, José Alexandre Tavares — **40/132**

Falência da empresa — Realidade contemporânea e perspectivas futuras — 1. A empresa. Seu papel no mundo econômico e o novo sistema da codificação projetada. 2. A noção legal de falência. Configuração. Pressupostos. 3. Causas de insolvência das empresas. 4. A reforma da lei de falências. Expectativas de um novo ordenamento jurídico — SANT'ANNA, Rubens — **64/37**

Falta ou atraso de pagamentos contratuais. Correção monetária — ROCHA, João Luiz Coelho da — **74/83**

Faturamento ou receita operacional, IPI e contribuição ao PIS. A problemática do tributo sobre tributo — Estudo e conclusão — Dos direitos e garantias individuais — NOGUEIRA, Ruy Barbosa — **23/13**

Fechamento de capital, extinção da oferta pública no *takeover* da companhia e outros problemas afetos à proteção das minorias sociais — A) As frustradas tentativas de democratizar o capital. B) O fechamento de capital das sociedades abertas: Concordância tácita; Oferta pública no fechamento; direito de recesso. C) Oferta pública no *takeover* da companhia: Lei 9.457/1997. D) Uma nova hipótese mascarada de recesso (Projeto de Lei 3.519/1997). E) Uma nova oferta pública compulsória (IN/CVM 299/1999). F) Conclusão — ROCHA, João Luiz Coelho da — **116/151**

Finsocial — SOUZA, Hamilton Dias de — **47/71**

— Ação ordinária contra União pedindo a devolução das quantias pagas indevidamente — Ação julgada procedente — MILANI, Mário Sérgio — **62/59**

Firmas que operam no mesmo setor, ou seja, exportação — A mais antiga, com tradição no ramo, estará efetivamente prejudicada com a semelhança — A firma nova deve sempre se distinguir de qualquer outra inscrita no registro do lugar — Independentemente de concorrência, mormente quando ambas tratam de nomes de fantasia — Apelo provido — SILVEIRA, Newton — **68/77**

Fixação do preço de emissão das ações no aumento de capital da sociedade anônima — 1. Análise do poder de fixar o preço de emissão de ações. 2. A infração à norma do art. 170, § 1º, da lei de sociedades por ações. 3. Conclusão — COMPARATO, Fábio Konder — **81/79**

***Forfaiting* (aspectos técnico-jurídicos de uma operação complexa de financiamento ao Comércio Internacional)** — VERÇOSA, Haroldo Malheiros Duclerc — **88/81**

Formação de contrato preliminar suscetível de adjudicação compulsória — FERNANDES, Wanderley — **80/76**

— PENTEADO, Mauro Rodrigues — **39/136**

Formação do contrato de compra e venda internacional de mercadorias — 1. Apresentação. 2. Preceitos gerais. 3. Formação do contrato: 3.1 Oferta; 3.2 Aceitação; 3.3 Contraproposta. 4. Controvérsia. 5. Conclusão — FONSECA, Patrícia Bezerra de M. Galindo da — **114/146**

Formação do contrato de seguro no direito brasileiro: a proposta e a apólice de seguro (confronto com o direito comparado) — FRANCO, Vera Helena de Mello — **31/53**

Formação do Mercosul e a harmonização das regras no campo da propriedade industrial — Introdução. 1. Os principais instrumentos internacionais de harmonização das legislações sobre a propriedade industrial ou outorgadas pelos Estados-membros: 1.1 A Convenção de Paris de 1883; 1.2 O acordo ADPIC; 1.3 O Tratado de Assunção. 2. A harmonização das regras sobre a propriedade industrial em vista das necessidades do processo de formação do Mercosul: 2.1 Os problemas decorrentes da eficácia de harmonização; 2.2 O grau de harmonização necessário; 2.3 O estabelecimento de um sistema uniforme de proteção da propriedade industrial no Mercosul. 3. Conclusão. 4. Bibliografia — PRADO, Maurício C. de A. — **104/100**

Formas de abuso de poder econômico — GUERREIRO, José Alexandre Tavares — **66/41**

Franquia e concessão de venda no Brasil: da consagração ao repúdio? — 1. O contrato de franquia enseja uma transferência de tecnologia?. 2. A franquia e a concessão de venda como manifestações do abuso de poder econômico. 3. Lição conclusiva — COMPARATO, Fábio Konder — **18/53**

Fraude no negócio jurídico subjacente e seus efeitos quanto ao crédito documentário — 1. Introdução. 2. A Brochura 500 da Câmara de Comércio Internacional, como fonte de obrigatoriedade no campo do direito brasileiro. 3. A utilização do crédito documentário na compra e venda internacional. 4. A abstração e a autonomia do crédito documentário. 5. A formalização do crédito no negócio jurídico subjacente — VERÇOSA, Haroldo Malheiros Duclerc — **99/75**

Fraudes à Lei de S/A — 1. A Lei de S/A: uma carta de princípios. 2. As normas da Lei 6.404/1976: abundância de preceitos e insuficiência de sanções. 3. O voto acionista contrário à lei, aos estatutos sociais, à companhia e em conflito de interesses. 4. O abuso do poder de controle. 5. A responsabilidade dos administradores da companhia. 6. Fraudes à Lei de S/A — LOBO, Jorge — **113/108**

Fraudes à realidade e integridade do capital social das sociedades anônimas — 1. A importância das sociedades anônimas. 2. As macroempresas. 3. Os conglomerados econômicos. 4. Os acionistas-capitalistas e os acionistas-empresários. 5. A tutela dos direitos dos credores da companhia e dos adquirentes das ações em que se divide o capital social. 6. Conceito e função do capital social. 7. O princípio da intangibilidade do capital social. 8. Fraudes à realidade do capital social das sociedades anônimas — LOBO, Jorge — **70/52**

Função social da empresa e o novo Código — I — O significado da expressão "empresa". II — A responsabilidade empresarial vista pelos empresários. III — A responsabilidade empresarial vista pelos acionistas. IV — A responsabilidade empresarial vista pelos interesses externos ao capital. V — Função social da propriedade da empresa. VI — Conclusão — BOITEUX, Fernando Netto — **125/48**

Função social da propriedade dos bens de produção — 1. Explicação preliminar. 2. Bens de produção e bens de consumo. 3. Análise funcional. 4. O sentido antigo de propriedade. 5. Propriedade e poder de controle. 6. Função social da propriedade. 7. Destinação social dos bens produtivos. 8. Deveres sociais do controlador de empresas. 9. Resumo conclusivo — COMPARATO, Fábio Konder — **63/71**

Função social do contrato: primeiras anotações — SALOMÃO FILHO, Calixto — **132/7**

Função social e o controle do poder de controle nas companhias — SIMIONATO, Frederico Augusto Monte — **135/94**

Funções e disfunções do resgate acionário — COMPARATO, Fábio Konder — **73/66**

Fundações empresas públicas — COSTA, Philomeno J. da Costa — **7/166**

Fundamentos e efeitos jurídicos da governança corporativa no Brasil — RIBEIRO, Milton Nassau — **127/165**

Fundo garantidor de créditos contra instituições financeiras, O — 1. A legalidade constitucional e infraconstitucional da regulação pelo Conselho Monetário Nacional. 2. A Lei 4.595/1964: 2.1 Interpretação histórica; 2.2 Interpretação gramatical do art. 4º, VIII, da Lei 4.595; 2.3 Interpretação lógica e sistemática do art. 4º, VIII, da Lei 4.595. 3. A instituição da garantia de crédito e o art. 192, VI, da CF. O aporte de recursos públicos a fundo de garantia: aspecto constitucional. 4. A obrigatoriedade de associação e a Constituição Federal. 5. Síntese dos itens supra — CARVALHO FILHO, Paulo Martins de — **107/190**

Fundo Monetário Internacional (FMI) — Aspectos jurídicos de suas operações de suporte econômico aos países-membro — Aspecto não contratual — FRACAROLLI, Luiz Machado — **119/109**

Fundos de investimentos — I — Os fundos de investimentos: 1. O fato mercantil; 2. Noção histórica; 3. Aparecimento no Brasil; 4. Sociedades de investimentos, de capital fixo e de capital autorizado. II — O condomínio: 5. Noção de condomínio; 6. O condomínio e a voluntariedade; 7. O condomínio necessário ou civil; 8. O condomínio voluntário imobiliário; 9. O condomínio voluntário mobiliário; 10. Multiplicidade de propriedades parciais; 11. Precedentes doutrinários do condomínio; 12. O mandato. III — Forma jurídica societária: 13. Os fundos e a sociedade; 14. As sociedades comerciais; 15. *Affectio societatis*; 16. Condomínio e sociedade; 17. Propriedade e abstração matemática; 18. As sociedades em conta de participação; 19. Fundação e fundos — ALONSO, Félix Ruiz — **1/61**

Fundos de investimento em direitos creditórios à luz das alterações promovidas pela instrução CVM 393 — FAGUNDES, João Paulo F. A. — **132/96**

Fusão, a incorporação e a cisão na lei de sociedades por ações, A — Introdução. Histórico. A fusão e a incorporação: 1. Conceito. 2. Distinções e semelhanças. 3. Estudo unitário. 4. A questão perante o direito positivo brasileiro. 5. Natureza jurídica. 6. Disposições comuns à fusão e à incorporação. 7. Figuras afins; cisão: 1) A cisão propriamente dita; 2) A desincorporarão; 3) A cisão com incorporação; 4) Os direitos dos credores — GONÇALVES NETO, Alfredo de Assis — **23/71**

Fusão, incorporação e cisão de sociedades anônimas, na nova lei das sociedades por ações — 1. O fenômeno da concentração de empresas. 2. A fusão, incorporação e cisão, no processo concentracionista. 3. A participação do Brasil, no processo concentracionista. 4. As características gerais da Lei 6.404/1976, em relação às fusões, incorporações e cisões. 5. O procedimento: 5.1 O protocolo e a justificação; 5.2 A justificação; 5.3 A disciplina da cisão; 5.4 A fusão e a incorporação. 6. A proteção aos acionistas, na fusão e incorporação. 7. A proteção aos credores. 8. Conclusões — BULGARELLI, Waldirio — **23/39**

Fusión de Sociedades — FONTANA, Sagunto F. Perez — **1/174**

Fusões e incorporações de emprêsas (Decreto-lei 1.182, de 16.7.1971) — SAPIENZA, Oswaldo — **2/103**

Garante solidário — Uma construção abstrusa? — BULGARELLI, Waldirio — **84/99**

Garantia à primeira demanda no direito comparado — 1. Conceito e natureza. 2. A proteção do devedor no caso de concessão de garantia à primeira demanda no direito comparado: a) O direito francês; b) O direito italiano; c) O direito suíço; d) O direito alemão; e) O direito belga; f) Conclusões — WALD, Arnoldo — **66/5**

Garantia à primeira solicitação no comércio internacional — 1. A garantia nos contratos internacionais. 2. As garantias bancárias. 3. As garantias abstratas. 4. Comportamento jurisprudencial. 5. A fraude na garantia à primeira solicitação. 6. Medidas cautelares. 7. A autonomia da garantia. 8. Conclusão — HUCK, Hermes Marcelo — **84/5**

Garantias bancárias — I. Introdução. II. Conceito de garantia: 1. Conceito de garantia do cumprimento das obrigações; 2. A noção ampla de garantia das obrigações: a garantia geral; 3. A noção restrita de garantia; 4. Garantias especiais das obrigações; 5. As garantias pessoais das obrigações; 6. Características gerais dos direitos de garantia. III. Noção de garantia bancária: 7. Sequência. Garantias bancárias activas e passivas. Noção de garantia bancária passiva. IV. Tipos de garantias bancárias: 9. A fiança; 10. O mandato de crédito; 11. O aval; 12. Garantia autónoma: 12.1 Origens; 12.2 As características da garanti autónoma; 12.3 Relações jurídicas e conteúdo da garantia autónoma; 12.4 Alguns tipos de garantia autónoma; 12.5 Limites à autonomia da garantia; 12.6 Relações entre o garante e o mandante. V. Figuras afins da garantia bancária autónoma: 13. Abertura de crédito documentário; 14. *Stand by letter of credit*; 15. Garantia de *plafond* de crédito; 16. Seguro de crédito. VI. Garantias bancárias activas: 17. Razão de ordem e noção; 18. Garantias gerais e especiais: pessoais e reais; 19. Garantias activas pessoais; 20. Tipologia das garantias reais: 20.1 A hipoteca; 20.2 Penhor; 20.3 Consignação de rendimentos; 20.4 Direito de retenção; 20.5 Privilégios creditórios; 20.6 Contrato-promessa com eficácia real. VII. Outros instrumentos garantísticos de crédito bancário: 21. Outros instrumentos: 21.1 Cláusula de reserva de propriedade; 21.2 Cláusula *pari passu*; 21.3 Cláusula *negative pledge*; 21.4 Cláusula *cross default*; 21.5 Prestação de caução; 21.6 Cessão de bens aos credores; 21.7 Contrato de locação financeira: 21.8 Cartas de conforto. VIII. Acautelamento da execução de garantias: 22.1 Titulação executiva; 22.2 Garantias prestadas por sociedades comerciais; 22.3 Acções possessórias; 22.4 Direito de retenção por terceiro; 22.5 Crédito por desconto bancário; 22.6 Créditos privilegiados; 22.7 Graduação de créditos. Bibliografia — MATIAS, Armindo Saraiva — **107/7**

Garantias constitucionais aos bens imateriais — 1. Introdução — A nova Constituição. 2. Tratamento do tema nas Constituições brasileiras. 3. Patentes para a indústria farmacêutica no Brasil. 4. A pressão dos países desenvolvidos — Indústria farmacêutica e programas de computadores. 5. A experiência italiana. 6. A Ordem Econômica e Social — SILVEIRA, Newton — **60/18**

GATT, a cláusula de nação mais favorecida e a América Latina — LAFER, Celso — **3/41**

Gerentes e representações dos sócios — 14/155

Gestão privada do Funcafé — ALMEIDA, Aline Paola C. B. C. de, GARCIA, Flávio Amaral, SOUTO, Marcos Jurena V. & COSTA, Paulo Henrique Spilotors — **102/80**

Governança corporativa e ações preferenciais — Dilema do legislador brasileiro — SHAYER, Fernando — **126/75**

Grupo de sociedades e abuso do acionista controlador — PINTO, Luiz Felipe de Carvalho — **108/171**

Grupos de Sociedades y Accionistas Minoritarios (La tutela de la minoría en situaciones de dependencia societaria y grupo), Madri, Ed. Ministério da Justiça (Centro de Publicaciones), 1987, 280 pp., José Miguel Embid Irujo — COSTA, Philomeno J. da — **78/76**

Grupos societários na nova lei de sociedade por ações — 1. Sistemas da Lei 6.404 quanto aos grupos societários. 2. Disciplina dos grupos de fato. 3. Disciplina dos grupos de direito: a) Grupo de subordinação; b) Consórcio. 4. Regras ou institutos comuns: a) A subsidiária integral; b) Proibição de participações sociais recíprocas; c) Demonstrações financeiras; d) Compra por companhia aberta, do controle de qualquer sociedade mercantil; e) Incorporação e fusão de sociedades pertencentes ao mesmo grupo; f) Ausência de responsabilidade grupal perante terceiros credores — COMPARATO, Fábio Konder — **23/91**

"Guerra das garrafas": uma página de direito econômico do plenário do CADE (Conselho Administrativo de Defesa Econômica) — FRONTINI, Paulo Salvador — **13/133**

Há um direito marítimo? — REBELLO, Edgard de Castro — **69/76**

***Hedging* com futuro de índices representativos de ações** — LEÃES, Luiz Gastão Paes de Barros — **124/215**

Hipóteses de recesso na lei das sociedades anônimas — 1. O direito de retirada na Lei 6.404: 1.1 A Lei 6.404/1976 e os pressupostos de recesso; 1.2 Hipóteses para seu exercício; 1.3 Prazo para exercer o direito de retirada; 1.4 Valor de reembolso das ações. 2. A Lei 7.958/1989: 2.1 Alterações no *caput* do art. 137 da Lei 6.404/1976; 2.2 A reação às mudanças; 2.3 Acórdãos e pareceres sobre a "Lei Lobão". 3. Novas propostas de alterações. 4. Conclusão — MORITZ, Renata Brandão — **101/56**

Histórico e desenvolvimento do *leasing* — 1. Origens remotas. 2. Origens do *leasing:* 2.1 Implantação do *leasing* industrial; 2.2 Surgimento do *leasing* financeiro; 2.3 O *lend and lease act*; 2.4 O *leasing* na década de 1950/1960. 3. O recente desenvolvimento do *leasing*: 3.1 O *leasing* nos Estados Unidos; 3.2 O *leasing* na Europa: 3.2.1 O *leasing* na Inglaterra; 3.2.2 O *leasing* na França; 3.2.3 O *leasing* na Alemanha; 3.2.4 O *leasing* na Itália; 3.2.5 O *leasing* na Bélgica; 3.2.6 O *leasing* em outros países Europeus; 3.3 O *leasing* no resto do mundo — WALD, Arnoldo — **10/25**

***Holding* no Brasil** — 1. A sociedade *holding*. 2. Espécies de sociedades *holding*. 3. A *holding*, na legislação luxemburguesa. 4. Ausência de atividade comercial. 5. Atividade negocial empresarial. 6. Ausência de atividade financeira. 7. Participação financeira e atividade financeira. 8. As sociedades ligadas. 9. A sociedade ligada controlante ou *holding* real. 10. A sociedade filiada e a de simples participação. 11. O problema da percentagem majoritária. 12. A *holding* mononegocial e a *holding* ativa. 13. O volume de reservas livres. 14. A prática de um só negócio determinado. 15. Primeiras conclusões: noção e classes de *holding*, a *holding* no Anteprojeto do CC. 16. A *holding* no Brasil atual. 17. A *holding* fictícia, sem patrimônio não está prevista em lei. 18. *Holding* como negócio indireto. 19. *Holding* na Itália. 20. Últimas conclusões — ALONSO, Félix Ruiz — **10/77**

Homenagem ao Prof. Waldirio Bulgarelli — LEÃES, Luiz Gastão Paes de Barros — **119/7**

Honorários de advogado — Executivo fiscal — Improcedência — Condenação da Fazenda na honorária — Inadmissibilidade — Ingresso do Fisco em Juízo fundado em elementos que a aparência da escrituração do contribuinte propiciava — Recurso provido — SCHAHIN FILHO, Nassaralla — **9/89**

— Locação — Renovatória — Ação procedente — Verba advocatícia indevida — FRANCO, J. Nascimento — **15-16/117**

— Pedido de falência julgado improcedente — Verba devida — TRONCOSO JÚNIOR, José — **17/67**

ICM — Cooperativas de consumo — Operação de vendas de mercadorias e seus associados — Incidência a partir da vigência do Decreto-lei 406/1968 — Recurso extraordinário provido — BULGARELLI, Waldirio — **63/80**

— Operações interestaduais — Inconstitucionalidade da Resolução 65/1970, do Senado Federal — PELICANO, Helcias — **14/114**

ICM — Imunidade do algodão em pluma exportado — O caso concreto. Colocação do tema em debate. Conceito Jurídico de produto industrializado. O algodão em pluma sob o aspecto técnico. A questão nos Tribunais. O tema na Justiça do Ceará. Mandado de segurança contra decisão do Conselho de Contribuintes do Estado. Conclusões — PINTO, Adriano — **12/71**

ICM na entrada de bens importados do exterior — SOUZA, Hamilton Dias de — **7/59**

ICMS e a transferência interestadual de bens do ativo fixo — ARAÚJO, Antonio Mattos Pimenta — **93/109**

ICMS e os serviços de transmissão de energia elétrica. Não-incidência — 1. O ICMS e a prestação de serviços de transporte. 2. Energia elétrica como mercadoria. 3. A transmissão de energia elétrica e o ICMS — ROCHA, João Luiz Coelho da — **106/164**

II Encontro Argentino-Brasileiro de Direito Comparado — Discurso inaugural — COSTA, Philomeno J. da — **55/5**

II Simpósio sobre a reforma da legislação das sociedades por cotas de responsabilidade limitada, Rio Grande do Sul — BULGARELLI, Waldirio — **25/113**

Il controllo pubblicistico sulle società per azioni: la CONSOB — MIGNOLI, Ariberto — **17/87**

Il diritto delle società tra autonomia dei privati e intervento del legislatore — CORRADO, Diego — **131/21**

Ilegalidade da arrecadação dos bens da sociedade controlada na falência de sua controladora — BARBI FILHO, Celso — **116/211**

Ilícito antitruste e acordos entre concorrentes — 1. "Bem-estar social" e ilícito antitruste. 2. O real significado da distinção entre a regra *per se* e a "regra da razão". 3. Acordos horizontais: tipologia e análise: 3.1 Os cartéis *harde-core*; 3.2 Acordos de colaboração entre concorrentes — SCHUARTZ, Luis Fernando — **124/47**

Ilicitud del alza unilateral de los intereses de la deuda externa — GIL, Miguel Angel Espeche — **74/101**

Imitação servil e forma distintiva — SILVEIRA, Newton — **35/129**

Impacto das novas tecnologias no sistema brasileiro de patentes — SILVEIRA, Newton — **80/149**

Implicações institucionais da recepção do "paradigma do bem-estar social" no âmbito da regulação econômica e da defesa da concorrência, Algumas — ARAGÃO, Paulo C. & SCHUARTZ, Luis Fernando — **135/148**

Importações paralelas: a implementação do princípio da exaustão de direitos no Mercosul, diante do contexto da globalização — 1. Considerações introdutórias. 2 Noções prévias: conceito, terminologia e âmbito territorial de aplicação do princípio da exaustão. 3. regime jurídico das importações paralelas no Mercosul: 3.1 Direito interno dos países-membros; 3.2 Direito comunitário: o Protocolo de Harmonização de Marcas no Mercosul; 3.3 Tratados internacionais assinados pelos Estados-membros do Mercosul. 4. Direito comparado — Regras sobre a matéria aplicadas em outros espaços econômicos integrados: 4.1 A experiência da União Européia; 4.2 A exaustão nos países do Pacto Andino; 4.3 O sistema prevalecente no NAFTA. 5. Análise crítica: limites aos quais deve ser submetido o princípio do esgotamento de direitos: 5.1 A difícil questão do grau de permissividade a ser adotado quanto às importações paralelas, diante da globalização; 5.2 Limites quanto ao objeto; 5.3 Limites territoriais. 6. Conclusão — FEKETE, Elisabeth Kasznar — **113/154**

Importações paralelas à luz do princípio de exaustão do direito de marca e seus reflexos nos direitos contratual e concorrencial — ADIERS, Cláudia Marins — **127/127**

Importância de Hobbes e Leibniz na história do pensamento jurídico, segundo Tullio Ascarelli — 1. Introdução. 2. A dogmática jurídica e o positivismo. 3. Importância das fontes do direito e do tema da interpretação na obra de Ascarelli. 4. Importância de Hobbes e Leibniz na história do pensamento jurídico, segundo Tullio Ascarelli. 5. Conclusão — LAFER, Celso — **38/87**

Importância dos contratos a futuro para a economia de mercado, A —I —Considerações iniciais. II — Introdução. III — Evolução histórica dos mercados futuros: 1. Panorama internacional; 2. Panorama nacional. IV — Mecanismos e função econômica. V — Da natureza jurídica dos contratos futuros. VI — Mercados futuros: instrumento necessário ao bom funcionamento da economia de mercado: 1. A explosão do uso de derivativos; 2. teoria dos futuros como seguro de preços (*hedging*); 3. Mercados futuros: seguro, barato, eficiente e confiável; 4. A determinação do valor do preço à vista e no futuro; 5. Teoria do gerenciamento de riscos em carteira de investimento (*portfolio theory of hedging*); 6. Teoria dos futuros como mercado de empréstimo de mercadorias; 7. E os enormes prejuízos ocorridos recentemente? VII — Da disciplina e fiscalização dos mercados futuros: 1. Estados Unidos; 2. França; 3. Brasil. VIII – Barreiras que atravancam o desenvolvimento de mercado: 1. Considerações sobre a legislação tributária; 2. Considerações sobre o mercado de futuros agrícolas; 3. Considerações sobre o sistema jurisdicional. IX — Conclusões. Apêndice. Bibliografia — GORGA, Érica Cristina Rocha — **112/157**

Impossibilidade da revisão de contrato de câmbio em virtude da alteração da política de "bandas cambiais" — ADIERS, Leandro Bittencourt — **123/167**

Impossibilidade de resilição unilateral de acordo de acionistas por prazo indeterminado — ALVARENGA, Maria Isabel de Almeida — **108/186**

Imposto — Responsabilidade pelo tributo — Execução sobre bem de ex-sócio de sociedade por quotas de responsabilidade limitada, sem prova de ato fraudulento ou abusivo que lhe acarrete a responsabilidade pessoal — Ilegalidade — Recurso extraordinário não conhecido — CALVO, Roberto V. — **34/102**

— Serviços de qualquer natureza — Locação de bens (filmes para televisão) — Base de cálculo — Abrangência de todo o valor cobrado pelo serviço pelo serviço — Independente da rubrica adotada pela fatura — Validade da lei municipal reguladora do imposto — Recurso promovidos para declarara improcedente a ação — GUERREIRO, José Alexandre Tavares — **19/85**

Imposto de renda — Aporte de capital a pessoa jurídica. Existência ou não de renda — OLIVEIRA, Fernando Albino de — **46/51**

— Incorporação de bens de sócio à pessoa jurídica para aumento de capital — Tributação não reconhecida — OLIVEIRA, Fernando Albino de — **54/119**

— Sociedades anônimas — Comissões, bonificações, gratificações e semelhantes sem origem e identificação de beneficiário — Alíquota condensada ou *una tantum* — A "consumição" do fato econômico tributado — A assunção da responsabilidade pelo imposto na fonte, com o desconto por dentro: contribuinte individualizado — Natureza e regime dos arts. 308, 181 e 502 do RIR — Aspectos do direito tributário comparado — Prática administrativa e jurisprudência — Pretendida alteração do critério jurídico — Acumulação juridicamente impossível: confisco — NOGUEIRA, Ruy Barbosa — **9/11**

— Tributação de representante comercial de empresa estrangeira — Interpretação do art. 76 da Lei 3.470, de 29.11.1958 — SOUZA, Hamilton Dias de — **7/84**

Imposto de renda — Ação fiscal direta e antecipação de lançamento — NOGUEIRA, Ruy Barbosa — **7/11**

Imposto de renda: abolição dos limites remuneratórios dos dirigentes empresariais — 1. Pagamento de renda como remuneração de um fator de produção. 2. Conceito de "rendimento" na lei brasileira. 3. Remuneração de serviços ou pró-labore e despesa operacional. 4. Limites à dedutibilidade: sua *ratio essendi* e refutação. 5. Razões outras que militam em prol da elasticidade dos pagamentos. 6. Conclusões — SILVA, José Manoel da — **6/35**

Imposto de renda sobre o lucro auferido por pessoas físicas nas vendas de imóveis a prestações — 1. A legislação. 2. O Decreto-lei 1.641/1978: 2.1 O sistema do Decreto-lei 1.641/1978; 2.2 O parentesco para o efeito do Decreto-lei 1.641/1978. 3. O Parecer Normativo CST 08/1979. 4. A Portaria Ministerial 80/1979. 5. e 5.1 Crítica ao Decreto 1.641/1978. 6. Crítica ao Parecer Normativo CST 08/1979. 7. a 7.6 A disponibilidade econômica e a disponibilidade jurídica. 8. a 8.6 A legislação sobre o parcelamento do solo. 9. a 9.7 O princípio da capacidade contributiva. 10. a 10.4 O princípio do ganho realizado. 11. Conclusões — MÉLEGA, Luiz — **33/47**

Imposto sobre a renda — Extinção de sociedade e distribuição disfarçada de lucros — CHAGAS, José Ernesto de Lemos — **15-16/239**

Imposto sobre circulação de mercadorias — Leilão — Não incidência — CORRÊA, Walter Barbosa — **6/85**

Imposto sobre operações relativas à circulação de mercadorias — NOGUEIRA, Ruy Barbosa — **11/89**

Imposto sobre serviços — Administração de bens e propaganda — Arrendamento de marca — Receita — Tributo devido — Recurso não provido — SILVEIRA, Newton — **40/116**

Imposto suplementar de renda critério para desconto nas remessas de lucros ao exterior — Visão histórica do problema. A questão. Conclusão — STURZENEGGER, Luiz Carlos — **69/56**

Imprescritibilidade da ação direta de nulidade de norma estatutária de sociedade anônima — A norma do art. 286 da Lei 6.404 e seu âmbito de aplicação. Qualificação jurídica dos estatutos de companhias e o regime de validade de suas normas. Natureza da ação judicial de nulidade de norma estatutária e a questão da prescrição — COMPARATO, Fábio Konder — **29/57**

Imputação de declaração falsa (§ 3º, art. 23 da Lei 4.131/1962) e da vedação à compensação privada de créditos (art. 10 do Decreto-lei 9.025/1946) — PERNIDJI, Sérgio I. Eskenazi & BITY, Mônica Castro de Mello — **125/185**

Imunidades do ICMS e a Lei Complementar 87/1996 — A) Não-incidência e imunidade. B) As imunidades do art. 155, X, *b*, da Constituição. C) A Lei Complementar 87/1986 e suas restrições à imunidade constitucional — ROCHA, João Luiz Coelho da — **112/79**

Inadimplemento do contrato de câmbio de exportação — 1. Introdução. 2. Aspectos genéricos do câmbio. 3. Conceitos básicos, normas e práticas do câmbio no mercado brasileiro: 3.1 Conceitos básicos; 3.2 Normas e práticas no mercado brasileiro: 3.2.1 Cobrança; 3.2.2 Pagamento antecipado; 3.2.3 Crédito; 3.2.4 Casos especiais de contrato de câmbio de exportação; 3.2.5 O inadimplemento do contrato de câmbio de exportação. 4. A natureza jurídica do contrato de câmbio de exportação e as conseqüências jurídicas de seu inadimplemento — VERÇOSA, Haroldo Malheiros Duclerc — **67/57**

Inaplicabilidade do artigo 174 da Constituição Federal às normas monetárias — WALD, Arnoldo — **102/109**

Inatividade da sociedade comercial — Inatividade da sociedade comercial. Sociedade comercial por tempo determinado. Reativação da sociedade inativa. Significado do vocábulo "inatividade". Interpretação contida no Decreto 1.800, de 30.1.1996, que regulamentou a Lei 8.934, de 18.11.1994. Problema relativo à sociedade anônima. Conclusão — SANTOS, Joaquim Antônio Vizeu Penalva — **115/75**

Incapaz e a empresa no anteprojeto do Código Civil — PRIGENZI, Rubens — **11/97**

Incêndio, documentação e imposto de renda — NOGUEIRA, Ruy Barbosa — **18/103**

Incentivos fiscais à concentração de empresas — LEÃES, Luiz Gastão Paes de Barros — **6/123**

Incentivos fiscais à exportação de serviços — MÉLEGA, Luiz — **29/119**

Incentivos fiscais do imposto sobre a renda e as subscrições de capital do fundo de investimento do nordeste — FINOR — 1 a 1.4 O tema a ser desenvolvido. 2 a 2.1 O sistema de Decreto lei 1.376/1974; 2.2 O significado da expressão "arts. 34/18 e 13/13"; 2.3 A resolução BCB de 24. 6.1976; 2.4 As hipóteses da aplicação dos incentivos em projetos próprios. 3. A realização conjunta das assembléias gerais ordinárias e extraordinárias: 3.1 A capitalização do resultado da correção monetária do capital social realizado. 4 a 4.2 O balanço. Sua natureza jurídico-contábil. 5. O balanço como mera proposta dos órgãos administrativos: 5.1 As decisões das assembléias gerais. 6. Sua natureza jurídica: 6.1 Os efeitos *ex tunc* das decisões das assembléias que aprovam os balanços; 6.2 O direito ao dividendo e o encerramento do exercício social; 6.3 o mandato, a gestão de negócios e os atos de administração. 7. A assembléia geral ordinária e a reserva de capital resultante da correção monetária do capital realizado. O capital, o lucro fator tempo. Os dividendos e os frutos civis. 8 a 8.1 O direito do acionista à percepção do lucro. 9. As aplicações nos projetos da empresa intitulada ao incentivo fiscal: 9.1 As hipóteses do art. 11 da Portaria SUDENE 83/1976: Repasse das ações aos acionistas da empresa titular de projeto beneficiário dos incentivos: 9.1.1 a 9.1.3 A proibição das sociedades anônimas negociarem com as próprias ações; 9.2 Conseqüências fiscais do repasse das ações (item 9.1); 9.3 A situação dos acionistas da empresa beneficiária do projeto incentivado face à distribuição de bonificações ao FINOR. 10. As aplicações da empresa titular de projeto beneficiário em favor desse projeto: uma anomalia do sistema do Decreto-lei 1.376/1974: 10.1 a 10.3 Sugestões de *lege ferenda* para correção da anomalia — MÉLEGA, Luiz — **37/51**

Incidências constitucionais da institucionalização da união econômica e monetária, Algumas — NUNES, Antônio José Avelãs — **129/7**

Incompletude do contrato de sociedade — SZTAJN, Raquel & VERÇOSA, Haroldo Malheiros Duclerc — **131/7**

Inconstitucionalidade da alíquota do ICM nas operações interestaduais em que o destinatário não é contribuinte do imposto — 1. Introdução 2. Evolução ocorrida 3. Não confundir a norma com a sua formulação 4. A competência do Senado para fixar alíquotas do ICM 5. As disciplinas são equivalentes 6. Conseqüências do exame 7. Conclusão — SOUZA, Hamilton Dias de & GRECO, Marco Aurélio — **46/15**

Inconstitucionalidade de punições permanentes — 1. Punição permanente. 2. A lei e o ato administrativo. 3. Teoria da punição administrativa. 4. Diferença entre direito administrativo sancionatório e direito penal. 5. Limitações ao poder sancionatório da administração. 6. Proporcionalidade das punições. 7. Critério do legislador e do aplicador. 8. Proibição das penas perpétuas. 9. Interdição de direitos. 10. Desdobramento. 11. Conclusão — ATALIBA, Geraldo — **95/15**

Incorporação — Omissão no edital de convocação para assembléia geral extraordinária — MORAES, Mauro Delphim de — **40/119**

Incorporação de companhia controlada — 1. As técnicas de reorganização societária e o jogo dos interesses. 2. A incorporação e a conciliação dos interesses. 3. A incorporação de companhia controlada e a composição dos interesses — LEÃES, Luiz Gastão Paes de Barros — **94/87**

Incorporação de reservas de capital ao capital social seguida da redução do capital — Legitimidade da operação — EIZIRIK, Nelson — **115/255**

Incorporação e a concordata preventiva — NUNES, Hélio da Silva — **73/74**

Indenização — Desapropriação — Fundo de comércio — Estabelecimento civil de prestação de serviço — Verba devida, tão-somente, pelo estabelecimento, no qual estão compreendidos os elementos imateriais, como o fundo, o local, a clientela, etc. — Recurso parcialmente provido — BULGARELLI, Waldirio — **58/97**

— Responsabilidade civil — Morte de novilhas em razão de complexo vitamínico — Impossibilidade da efetivação do exame pericial — Nexo causal, no entanto, afirmado pelas provas de autos — Irrelevância do licenciamento do produto pela Divisão de produtos veterinários do Ministério da Agricultura — Ação procedente — Embargos rejeitados — LOPES, José Reinaldo de Lima — **66/88**

Indenizatória movida por filhos alegando morte da mãe por câncer de pulmão decorrente de tabagismo — COUTO, Paulo Rogério Brandão — **129/220**

Indexação e paridade cambial; *leasing* contrato com cláusula de paridade cambial — Introdução. Nominalismo e indexação. Cláusula de paridade cambial. Os contratos em questão. Teorias da base do negócio jurídico e da imprevisão e Código de Defesa do Consumidor. Conclusão — GRAU, Eros Roberto — **117/87**

Indisponibilidade de bens — Intervenção do Banco Central e posterior decretação de falência — Compra e venda de bem imóvel por meio de ato que antecedeu a intervenção — Não alcance da indisponibilidade — VERÇOSA, Haroldo Malheiros Duclerc — **133/253**

Inexistência de fundo de comércio nas sociedades de profissionais de engenharia, Da — FERRAZ JÚNIOR, Tércio Sampaio — **111/45**

Inexistência de impedimento do administrador na ação social *ut singuli* — EIZIRIK, Nelson — **80/32**

Inexistência de "participação recíproca indireta" entre sociedades coligadas — EIZIRIK, Nelson — **99/83**

Inexistência de relação de consumo entre o *shopping center* e seus freqüentadores — LEÃES, Luiz Gastão Paes de Barros — **122/211**

Inextensão de privilégio constitucional aos avalistas dos privilegiados — I — A interpretação do direito excepcional na nova Constituição. II — O aval como garantia objetiva e autônoma — COMPARATO, Fábio Konder — **75/79**

Influência da estrutura de governança corporativo no valor, alavancagem e política de dividendos das empresas brasileiras de capital aberto — CARVALHAL, André — **133/81**

Inovações da sociedade limitada no novo Código Civil — PEREIRA, Guilherme Teixeira — **131/191**

INPI — Transferência de tecnologia — Leis 5.648/1970 e 5.772/1971 — Averbação de contrato no INPI — SILVEIRA, Newton — **54/112**

INPI vitorioso nos dois primeiros litígios judiciais relativos a contratos de exploração de patente e de transferência de tecnologia — DANIEL, Denis Allan — **37/173**

Inquérito administrativo CVM e recurso de ofício — PAULIN, Luiz Alfredo — **101/97**

Insider trading — APRIGLIANO, Ricardo de Carvalho — **109/173**

***Insider trading*: sugestões para uma moralização do nosso mercado de capitais** — COMPARATO, Fábio Konder — **2/41**

***Insider trading* e responsabilidade de administrador de companhia aberta** — 1. Introdução. 2. O *insider trading* — Caracterização, razões e formas de combatê-lo. 3. Principais tendências no direito comparado. 4. A responsabilidade do *insider* no direito brasileiro. 5. Observações finais — EIZIRIK, Nelson — **50/42**

Insolvência — Inexistência de penhora — Bens não encontrados — Pedido de exeqüente fundado no art. 748 e seguintes do Código de Processo Civil de 1973 — Indeferimento — FRONTINI, Paulo Salvador — **19/77**

Insolvência das empresas brasileiras e o papel dos bancos de desenvolvimento — Introdução. Breve notícia da crise do direito falimentar. A evolução legislativa do direito empresarial no Brasil. Mudança da concepção processual da falência para uma teoria econômico-social. O papel dos bancos de desenvolvimento frente à crise do direito falimentar e o processo de insolvência das empresas brasileiras. Conclusões — MEDEIROS, Wanderley Pinto de — **72/48**

Instituição do "jeito" e o cancelamento do protesto — FRONTINI, Paulo Salvador — **23/159**

Instituição financeira. Responsabilidade de ex-administrador por obrigação assumida na fase de liquidação ordinária — VERÇOSA, Haroldo Malheiros Duclerc — **134/207**

Instituições financeiras — Administradores — Liquidação extrajudicial — VERÇOSA, Haroldo Malheiros Duclerc — **45/59**

Instituições financeiras de fato ou irregulares, Das — Análise com base na Lei 4.595/1964 — 1. Introdução. 2. Intermediários financeiros: a) Conceito; b) Necessidade de intermediação; c) Usura; d) Intermediação lícita. 3. instituições financeiras *latu sensu*: a) Instituições auxiliares; b) Instituições equiparadas. 4. Conclusão — PAULIN, Luiz Alfredo — **110/196**

Instituições financeiras e a taxa de juros — 1. Introdução. 2. Conceito e classificação: 2.1 Conceito: 2.1.1 Classificação. 3. Liberdade e limitação da taxa: 3.1 Um problema histórico: 3.1.1 Liberdade de fixação dos juros; 3.1.2 O retorno das restrições — O advento da lei de usura; 3.1.3 O anatocismo; 3.1.4 A proibição da "cláusula ouro"; 3.1.5 O fenômeno inflacionário. 4. A limitação da taxa e as instituições financeiras: 4.1 A lei de usura e as instituições financeiras — O advento da Lei 4.595/1964: 4.1.1 A correção monetária; 4.1.2 A comissão de permanência; 4.1.3 Limitação constitucional à taxa de juros das instituições financeiras. 5. Conclusão — CALDAS, Pedro Frederico — **101/76**

Instituto do consórcio previsto na lei das sociedades por ações — Parecer 618/1983 — GUERREIRO, José Alexandre Tavares — **52/126**

Instrução CVM 31/1984 e a regulamentação do *insider trading* — EIZIRIK, Nelson — **55/170**

Instrução CVM 8, de 8.10.1979 — 109/207

Instrução CVM 14, de 17.10.1980 — 109/207

Instrução CVM 36, de 8.8.1984 — 109/210

Instrução CVM 42, de 28.2.1985 — 109/190

Instrução CVM 77, de 11.5.1988 — 109/214

Instrução CVM 120, de 6.6.1990 — 109/215

Instrução CVM 179, de 13.2.1992 — 109/218

Instrução CVM 180, de 13.2.1992 — 109/218

Instrução CVM 202, de 6.12.1993 — 109/200

Instrução CVM 220, de 15.9.1994 — 109/219

Instrução CVM 238, de 11.10.1995 — 109/206

Instrução CVM 243, de 1.3.1996 — 109/195

Instrução CVM 244, de 1.3.1996 — 109/199

Instrução CVM 245, de 1.3.1996 — 109/193

Instrumentos de modernização do mercado de capitais em 1991 e o fortalecimento das empresas — WALD, Arnoldo — **82/5**

Integração das bolsas nacionais e o aumento de competitividade — VERGUEIRO, Carlos Eduardo — **121/193**

Integração econômica na América Latina: sairemos do discurso? — 1. O Mercado Comum Europeu. 2. A integração latino-americana — FARIA, José Ângelo Estrella — **79/63**

Intereses societarios y extra-societarios en la administración de las sociedades anónimas — 1. Introducción. 2. El interés social. 3. Intereses de los socios. 4. Interés de los órganos sociales. 5. Interés de los trabajadores. 6. Interés de los terceros. 7. El interés estatal. 8. Conclusión — ETCHEVERRY, Raul Anibal — **55/18**

Interesse social e poderes dos administradores na alienação de controle — I — Introdução. II — A regulamentação positiva da alienação de controle e sua interpretação. III — Interesses envolvidos na alienação de controle. IV — Os administradores e a defesa do interesse social: a) A solução norte-americana; b) A solução alemã e a recente proposta de diretiva; c) Conflito de interesses *a priori*? — SALOMÃO FILHO, Calixto & RICHTER JÚNIOR, Stella — **89/65**

Interesses difusos e a proteção ao consumidor — BULGARELLI, Waldirio — **46/87**

Interesses societários e extra-societários na administração das sociedades anônimas: a perspectiva brasileira — WALD, Arnoldo — **55/9**

Intermediação no mercado de capitais — VIEIRA, Antônio Cláudio de Lima — **11/107**

Internacionalização, desestatização e mercado de capitais — WALD, Arnoldo — **74/5**

International initiatives (regarding the harmonization of rules having an effect on payment, funds transfers, and bankruptcy) — A) Introduction. B) International initiatives: I — Place of payment/time of payment/time limits. II — Foreign money liabilities. III — Funds transfer/ payment/payment systems. IV — Collections. V — Bankruptcy. VI — Private international law — HEINRICH, Gregor — **84/83**

Interpretação do direito comercial — 1. Hermenêutica: a) Conceito; b) As escolas hermenêuticas; c) Escola hermenêutica dogmática; d) Escola hermenêutica sociológica; e) Escola hermenêutica realista; f) As escolas hermenêuticas e o direito comercial. 2. Interpretação do direito: a) Interpretação quanto à origem e os meios; b) Interpretação literal; c) Interpretação lógica. 3. Interpretação do direito comercial — LOBO, Jorge — 115/55

Interpretação dos negócios empresariais no novo Código Civil brasileiro — FORGIONI, Paula A. — **130/7**

Interpretação realista da alienação de controle de companhia aberta — LOBO, Jorge — **123/7**

Interpretação realista da alienação de controle de companhia aberta — LOBO, Jorge — **124/90**

Interrupção da prescrição pelo protesto cambial — GONTIJO, Vinícius José Marques — **134/66**

Intervenção de terceiros — Chamamento ao processo — Comparecimento do emitente de promissória ao processo a pedido do avalista — Inadmissibilidade — Distinção entre solidariedade civil e cambial — Inteligência do art. 77, III, do CPC 1973 — BULGARELLI, Waldirio — **18/69**

— Denunciação da lide e chamamento ao processo — Institutos que não se confundem — Inteligência e aplicação dos arts. 70 e 77 do CPC de 1973 — BULGARELLI, Waldirio — **18/69**

Intervenção do Município no domínio econômico — CLARK, Giovani — **124/107**

Intervenção nas instituições financeiras sob a égide da Lei 6.024/1974 — I — Visão histórica. II — Natureza jurídica. III — Liquidação: direito adjetivo. IV — Da autorização para funcionamento. V — Liquidação extrajudicial: ato de poder vinculado, ou ato de poder discricionário. VI — Comentários sobre alguns artigos da Lei 6.024/1974 — TOSETTI, Gian Maria — **41/74**

Intimação restrita ao emitente de promissórias e ao aceitante de letras de câmbio: posição dos avalistas — TEIXEIRA, Egberto Lacerda — **1/162**

Intransmissibilidade do estado de sócio — BARBOSA, Josias Correia — **4/19**

Introdução da *Lex Mercatoria* no Brasil e a criação de uma nova dogmática — WALD, Arnoldo — **100/20**

Introdução no nosso ordenamento jurídico do requisito da atividade inventiva como condição legal para a concessão de uma patente de invenção, A — 1. Introdução: 1.1 Importância da propriedade industrial; 1.2 Nova lei: interesses envolvidos; 1.3 Direito transnacional; 1.4 O peso da reciprocidade; 1.5 Nova lei: efeitos de ordem prática. 2. A patente de invenção: 2.1 As primeiras patentes; 2.2 Os primeiros dispositivos legais; 2.3 O direito do inventor: 2.3.1 O fundamento do direito; 2.3.2 Teorias sobre a natureza do direito; 2.3.3 Direito de propriedade resolúvel. 3. A atuação do Estado na propriedade industrial: 3.1 Reconhecimento pelo Estado do direito de inventor; 3.2 O INPI; 3.3 O ato administrativo: 3.3.1 Atributos do ato administrativo: a) Presunção de legitimidade; b) Imperatividade; c) Auto-executoriedade; d) Tipicidade; 3.3.2 Requisitos do ato administrativo: a) Sujeito; b) Objeto; c) Finalidade; d) Motivo; e) Forma; 3.3.3 A vinculação e a discricionariedade no ato administrativo; 3.3.4 A concessão da carta-patente. 4. Os critérios para a concessão de uma patente: 4.1 A suscetibilidade de aplicação industrial; 4.2 A novidade; 4.3 A atividade inventiva: 4.3.1 Definição de atividade inventiva; 4.3.2 Identificação da atividade inventiva: a) A obviedade ou evidência; b) Estado da técnica; c) O técnico no assunto; d) Critérios adicionais; e) A teoria da equivalência. 5. Conclusão. 6. Bibliografia — BARBOSA, Gustavo José Ferreira — **106/58**

Invenções de medicamentos: uma decisão da justiça italiana — PINHEIRO, Waldemar Álvaro — **29/125**

Investimentos anônimos, as empresas *offshore* e os parâmetros da legalidade. O fim das ações ao portador — ROCHA, João Luiz Coelho da — **123/77**

Irredentismo da "nova contabilidade" e as operações de *leasing* — 1. Contabilidade e direito: a vinculação necessária: a) A contabilidade: o que é e o que não deve ser; b) Validade jurídica dos chamados "princípios de contabilidade geralmente aceitos"; c) Análise jurídica do chamado princípio da prevalência da substância sobre a forma. 2. O registro contábil do arrendamento mercantil: a) estrutura e unção de arrendamento mercantil. Distinção das figuras afins; b) A propriedade do bem arrendado, durante a vigência do contrato; c) O registro contábil da operação — COMPARATO, Fábio Konder — **68/50**

Irregularidades — Irregularidades relacionadas com a divulgação de informações referentes ao desempenho esperado do COBRASMA S/A, com elaboração de projeções, bem como a verificação de suficiência e qualidade das informações divulgadas, em infringência ao disposto no art. 8º da Instrução CVM 32/1984 (substituído pelo art. 8º da Instrução CVM 60/1987, arts. 14, e § 1º, e 17, II, da Instrução CVM 13/1980) — BULGARELLI, Waldirio — **68/83**

Irresponsabilidade da sociedade anônima por decisões nulas ou abusivas da Assembléia Geral — WALD, Arnoldo — **12/11**

Isenção, por lei complementar, de imposto sobre serviços — ATALIBA, Geraldo — **32/11**

Isenção tributária — Concessão a contribuinte do antigo Imposto sobre Vendas e Consignações — Sua revogação, após a instituição do Imposto sobre Circulação de Mercadorias — Descabimento — Aplicação da Súmula 544 — Recurso extraordinário reconhecido e provido — CORRÊA, Walter Barbosa — **12/124**

ISO 14.000 e o Mercosul — CUNHA, Eldis Camargo Neves da & BERTUCCI, Rosana Siqueira — **105/241**

ISS na construção civil — MONTES FILHO, José Alcides — **129/108**

Itaipu binacional: novo tipo de empresa? — FRONTINI, Paulo Salvador — **15-16/251**

Jogo de xadrez da diplomacia brasileira — DEMASI, João Otávio Benevides — **128/194**

***Joint venture* — Uma perspectiva comparatista, A** — I — Origens e evolução da instituição. II — A *joint venture* como modelo jurídico — BAPTISTA, Luiz Olavo — **42/39**

***Joint ventures* e transferência de tecnologia — Lei de informática** — 1. *Joint ventures* e contratos de transferência de tecnologia. 2. *Joint ventures* e o conceito de empresa Nacional da Lei 7.232/1984. 3. Os contratos de transferência de tecnologia e a Lei 7.232/1984. 4. Observações finais — GRAU, Eros Roberto — **79/5**

Junta Comercial — Contrato social — Alteração — Saída de sócio e entrada de novo — Hipótese de mutuação patrimonial — Necessidade de apresentação do Certificado de Regularidade de Situação — Segurança denegada — Aplicação do art. 141 da Lei 3.807, de 1960 — OLIVEIRA, Gérson de — **11/71**

Junta Comercial: deliberação de assembléia geral e atentado — PENTEADO, Mauro Rodrigues — **72/83**

Jurisprudência da Corte de Arbitragem da Câmara de Comércio Internacional — NEHRING NETTO, Carlos — **85/72**

Juros no direito brasileiro, Os — A) O trato legislativo dos juros. B) As espécies de juros, como meio remuneratório do capital. C) Os juros compensatórios, negociais, legais e jurisprudenciais. D) Os juros moratórios. E) Conclusão — ROCHA, João Luiz Coelho da — **114/73**

L'endettement et les nouvelles perspectives de la conversion de la dette en investissements al'heure des privatisations et du plan brady: l'experience bresilienne — WALD, Arnoldo & MICALI, Isabella Soares — **98/15**

La circulations des modeles juridiques entre composantes non homogenes du droit: le modele allemand en France dans le secteur des suretes mobilieres — GAMBARO, Antonio — **92/52**

La Comisión de las Naciones Unidas para el Derecho Mercantil Internacional (CNUDMI) — 1. Origen, mandato y composición de la CNUDMI. 2. Grupos de trabajo de la CNUDMI. 3. Períodos de sesiones de la CNUDMI y sus Grupos de trabajo. 4. Labor llevada a cabo por la CNUDMI. 5. Sentencias y laudos sobre textos de la CNUDMI (CLOUT). 6. Asistencia a los países que consideran la posibilidad de aprobar los textos de la CNUDMI. 7. Capacitación en derecho mercantil internacional. 8. Publicaciones — **105/183**

La Ley 22.903 reformatoria del régimen de las sociedades comerciales: aspectos generales — 1. La Ley 22.903: introducción. 2. Trámite. 3. Analice en general: 3.1 La comisión técnica; 3.2 El método; 3.3 La prudencia de la revisión; 3.4 La sistemática de la ley; 3.5 La redacción. 4. Conclusión — CÁMARA, Héctor — **54/5**

La sindicatura como órgano intrasocietario de control. Nuevas técnicas de control — PIAGGI, Ana Isabel — **42/17**

La societa unipersonale a responsabilita limitada nel diritto tedesco — I. Introduzione. II. *Einmanngrundung*. III. Conflitto di interessi: a) Interesse sociale e interesse dei lavoratori; b) Contratto con se stesse — Il problema della appicazione del § 181 BGB alla società unipersonale a responsabilità limitata; c) Prestiti del socio alla società; Pubblicità e prevenzione: qualque spunto sulla doutrina tedesca. IV. Società unipersonale e diconoscimento della personalità giuridica: a) Introduzione; b) Disconoscimento e società unipersonale; c) *Zurechenungsdurdchgriff*; d) *Haftungsdurchgriff*; e) *Umbekehrter Durchgriff*; f) *Gesellschafterfreudlichen Durchgriff*. V. Considerazioni conclusive — SALOMÃO NETO, Calixto — **83/33**

Lacuna do art. 123 da Lei 6.404/1976 — OCHMAN, Renato — **72/91**

Lacuna no futuro texto constitucional, Uma — REZENDE, Lucas Ênio — **71/105**

Lançamento de ações resgatáveis como modalidade de captação de recursos — STUBER, Walter Douglas — **65/82**

Las funciones de la legislación cooperativa en América Latina — CRACOGNA, Dante — **65/88**

Lavagem de dinheiro no direito comparado: a experiência americana — 1. Antecedentes históricos. 2. Os diplomas legais. 3. As entidades e instituições. 4. Conclusão — SADDI, Jairo — **117/117**

***Lavagem* ou ocultação de dinheiro e de outros bens e a atividade empresarial, A** — 1. Introdução. 2. Os crimes de *lavagem* ou ocultação de bens, direitos ou valores: 2.1 A culpabilidade nos crimes de *lavagem* de dinheiro; 2.2 Conversão de ativos ilícitos em ativos lícitos (art. 1º, § 1º, I); 2.3 Aquisição, recebimento, troca negociação, entrega ou recebimento em garantia, guarda, recebimento em depósito, movimentação ou transferência de bens, produtos de algum dos crimes antecedentes (art. 1º, § 1º, II); 2.4 O preço *verdadeiro* (art. 1º, § 1º, III); 2.5 Participação, com o devido conhecimento, de grupo, associação ou escritório que tem há como atividade principal ou secundária a prática de crimes de lavagem de dinheiro (art. 1º, § 2º, III). O acréscimo da pena quando o crime é praticado de forma habitual ou por intermédio de organização criminosa (art. 1º, § 4º); 2.6 A punição da tentativa (art. 1º, § 3º); 2.7 Agravamento da pena (art. 1º, § 4º); 2.8 A redução da pena (art. 1º, § 5º); 2.9 Obrigações estabelecidas pela lei dos crimes de lavagem de dinheiro e as pessoas por elas responsáveis (arts. 10 e 11). 3. A responsabilidade administrativa. 4. O Conselho de Atividades Financeiras — COAF: 4.1 Natureza e finalidade; 4.2 Organização e mandatos; 4.3 Proibições; 4.4 Competência, funcionamento e atribuições; 4.5 A competência da Secretaria Executiva; 4.6 As atribuições do Presidente do COAF (art. 9º); 4.7 As atribuições dos conselheiros (art. 10); 4.8 Do intercâmbio de informações (Decreto 2.799/1998, art. 11). 5. Notas sobre o direito comparado. 6. Conclusão — VERÇOSA, Haroldo Malheiros Duclerc — **113/78**

Le società con un solo socio — COSTA, Philomeno J. da Costa — **7/161**

Leasing — 1. Conceito. 2. Modalidades. 3. Vantagens financeiras; vantagens administrativas e desvantagens. 4. Imposto sobre a renda (IR); imposto sobre produtos industrializados (IPI); imposto sobre a circulação de mercadorias (ICM) e imposto municipal sobre serviços de qualquer natureza (ISS). 5. Necessidade de regulamentação — MÉLEGA, Luiz — **5/29**

***Leasing* — Arrendamento mercantil** — CHAGAS, José Ernesto de Lemos — **14/145**

***Leasing* é uma operação financeira?** — LEÃES, Luiz Gastão Paes de Barros — **35/11**

***Leasing* financeiro** — 1. Atipicidade. 2. Semelhança com locação de coisas. 3. Afinidade com a venda com reserva de domínio. 4 Assimilação ao mútuo — FARIA, Werter R. — **59/13**

***Leasing* internacional** — FELSBERG, Thomas Benes — **40/51**

Legalidade da emissão de ações preferenciais para distribuição pública, por sociedade controlada por capitais estrangeiros, DA — WALD, Arnoldo & MORAES, Luiza Rangel de — **105/19**

Legislação comercial e a integração latino-americana — I — A instituição da ALALC e o futuro Mercado Comum Latino-Americano. II — Vantagens do Mercado Comum: sua amplitude. III — O comércio e a troca. IV — Necessidade de harmonização e coordenação das legislações nacionais. V — Função primordial do direito comparado. VI — O direito comparado: sua evolução. VII — Facilidade da integração através da existência de um direito comunitário. VIII — A coordenação a harmonização e a aproximação das legislações nacionais para a estruturação do direito comunitário. IX — A missão dos juristas. X — Realizações da ALALC no que concerne à aproximação e coordenação do direito interno dos Estados-membros. XI — O direito comercial e a integração econômica. XII — Legislação comercial: princípios gerais; o registro de comércio; concorrência desleal. XIII — Legislação comercial: contratos. XIV — O direito marítimo e o direito aeronáutico. XV — Os títulos de crédito. XVI — O direito falimentar. XVII — Sociedades comerciais: sociedades multinacionais. XVIII — A justiça comunitária. XIX — Conclusão — LACERDA, J. C. Sampaio de — **1/29**

Legitimação do sócio da sociedade controladora para pleitear a anulação de assembléia da controlada subsidiária integral — FRANÇA, Erasmo Valladão A. e N. — **129/229**

Legitimação em juízo das associações de classe — FERRAZ, Sérgio — **46/64**

Legitimidade do *trust* no Brasil — STUBER, Walter Douglas — **76/103**

Lei 11 de agosto de 1827 — Crêa dos Curso de Sciencias Jurídicas e Sociaes, um na cidade de São Paulo e outro na de Olinda — **23/177**

Lei 7.913, de 7.12.1989 — Tutela judicial do mercado de valores imobiliários — TOLEDO, Paulo Fernando Campos Salles de — **80/138**

Lei 7.958, de 20.12.1989, e o direito de retirada dos acionistas dissidentes — CARVALHOSA, Modesto — **96/21**

Lei 7.958/1989 e a pretensa modificação do direito de retirada dos acionistas: uma discussão inócua — 1. Introdução: 1.1 Reações no meio empresarial à Lei 7.958/1989; 1.2 Idem, nos meios jurídicos; 1.3 Casuísmo?; 1.4 Aplausos às modificações supostamente concretizadas pela Lei 7.958/1989; 1.5 A artificiosa explicação do autor do projeto convertida na Lei 7.958/1989. 2. Processo legislativo de aprovação da Lei 7.958/1989. 3. Direito de recesso dos sócios e acionistas de sociedades mercantis: 3.1 Sociedades de pessoas; 3.2 Sociedades anônimas;

3.3 Companhias abertas e fechadas; 3.4 Noção e características do direito de recesso. 4. O direito de recesso na incorporação, fusão e cisão de sociedades. 5. O direito de retirada na constituição de grupos societários. 6. Conclusão: a Lei 7.958/1989 não modificou a disciplina do direito de recesso contida na Lei 6.404/1976 — PENTEADO, Mauro Rodrigues — **77/29**

Lei 7.958, de 20 de dezembro de 1989 (Lei Lobão) — CINTRA, Maria Lucia de Araújo — **98/79**

Lei 8.137 e a prisão por débito tributário — ROCHA, João Luiz Coelho da — **87/67**

Lei 10.303, de 2001, e a inclusão dos derivativos no rol dos valores mobiliários — GOLDBERG, Daniel Krepel — **129/73**

Lei complementar tributária — 1. Fixação do tema. 2. O sistema jurídico: a) Concepção; b) Finalidade; c) Interpretação. 3. Lei Complementar: a) Histórico; b) Conceito; c) Natureza jurídica; d) Hierarquia; e) Processo legislativo; f) O art. 146 da Constituição Federal. 4. As diversas manifestações da doutrina — DIAS, Sérgio Novais — **81/36**

Lei de falências — Alienação de estabelecimento da concordatária — TOLEDO, Paulo Fernando Campos Salles de — **128/275**

Lei de informática — Economia concentrada: liberação de bens para importação — 1. Posição da questão. 2. A Lei 7.232/1984. 3. A relação estabelecida entre a SEI e empresa nacional com projeto de fabricação de bens de informática aprovado pela SEI e entre empresa nacional beneficiária de incentivos e a SEI. 4. A liberação de importações pelo Poder Executivo — GRAU, Eros Roberto — **80/24**

Lei de propriedade industrial do Brasil em discussão na OMC — BELTRAME, Priscila Akemi — **123/143**

Lei de sociedades anônimas sob a ótica dos princípios constitucionais — PARENTE, Norma Jonssen — **134/72**

Lei e a vontade do Estado, A — SIMIONATO, Frederico — **120/238**

— Sociedade anônima. Cisão. Direito de recesso. Subsistência desse direito mesmo após a vigência da Lei 7.958/1989 que, modificando o disposto no art. 137 da Lei 6.404/1976, absteve-se, entretanto, de alterar o contido no art. 230, *caput*, da mesma lei que também regulava o direito de retirada — SIMIONATO, Frederico — **116/180**

Lei-modelo de arbitragem comercial internacional — LEÃES, Luiz Gastão Paes de Barros — **60/66**

Lei-modelo sobre arbitragem comercial internacional da UNCITRAL em face da lei brasileira de arbitragem — Aspectos gerais da lei-modelo sobre arbitragem comercial internacional. A solução da nova lei brasileira de arbitragem. Paralelo entre os principais dispositivos da LMACI e da LA. Conclusão — GREBLER, Eduardo — **116/101**

Les groupements dans la vie économique — WALD, Arnoldo — **99/5**

Letra de câmbio, a nota promissória e a duplicata no sistema cambial brasileiro — ARAÚJO, Rodolfo — **19/21**

Letra de câmbio e nota promissória — COSTA, Philomeno J. da Costa — **11/121**

***Lex Mercatoria* (tem 1 da Introdução da obra *Lex Mercatoria*)** — GALGANO, Francesco — **129/224**

Liberalismo econômico e a criação das disciplinas de direito comercial e economia política — 1ª Parte: Notas introdutórias — Algumas observações sobre as relações entre economia, direito positivo e ensino jurídico. 2ª Parte: Os pronunciantes parlamentares e a criação das disciplinas de direito mercantil e economia política. 3ª Parte: Os pronunciamentos e seu significado econômico e jurídico — EIZIRIK, Nelson Laks — **35/29**

Liberdade de escrever e a imunidade objetiva — O caso proposto. Estudo do caso e conclusões. A sentença. O vigente texto da Constituição. O erro e o excesso do Fisco paulista. Direito comparado. O livro de figurinhas do Fisco paulista para ensinar "o que é o ICM" e auxiliar a fiscalização. Porque a Constituição vigente afastou o próprio poder de instituir imposto, de forma objetiva e incondicional — NOGUEIRA, Ruy Barbosa — **54/26**

Liberdade de imprensa e responsabilidade civil dos meios de comunicação — 1. Introdução. 2. A liberdade de informação jornalística e a política democrática. 3. Liberdade de imprensa e responsabilidade civil: a responsabilidade civil e a lei de imprensa; as conseqüências da imposição de responsabilidade civil. 4. Direito norte-americano: *libel law*. Apontamentos finais e conclusões — PINTO, Marcos Barbosa — **111/171**

Licença de exploração de patentes com cláusula acessória de assistência técnica-*royalties* contratados em fraude à lei — SILVEIRA, Newton — **63/88**

Licitações e contratos públicos: algumas anotações à Lei 8.666 — ROCHA, João Luiz Coelho da — **93/95**

Licitude da participação de sociedade de capitais em sociedade de pessoas — I — Direito estrangeiro: a) Legislações argentina e suíça; b) Direito italiano; c) Direito alemão; d) Legislações que admitem, implícita ou explicitamente, a participação de sociedades de capitais em sociedades de pessoas. II — Direito brasileiro — COMPARATO, Fábio Konder — **28/63**

Licitude do pagamento de dividendo complementar em ações de outra companhia — WALD, Arnoldo — **51/17**

Limitação da responsabilidade na prática contratual brasileira — Permite-se no Brasil a racionalização dos riscos do negócio empresarial? — I — Introdução. II — Responsabilidade civil e a lei brasileira. III — Extensão da responsabilidade: a indenização. IV — Responsabilidade contratual e risco para o negócio empresarial. V — Cláusulas limitadoras ou excludentes de responsabilidade? VI — Eficácia e validade das cláusulas limitadoras no Brasil. VII — Disposições de direito internacional aplicáveis à limitação contratual de responsabilidade no Brasil. VIII — Cláusulas limitadoras, relações de consumo e normas de ordem pública. IX — Cláusula penal como limitação de responsabilidade. X — Considerações finais, proposta de reforma legislativa — LAUTENSCHLEGER JÚNIOR, Nilson — **125/7**

Limitações a direitos de propriedade industrial, produtos farmacêuticos, licença compulsória e caducidade — I — Introdução. II — A questão da não-privilegiabilidade, no Brasil, das invenções que tenham por objeto substâncias, matérias, misturas ou produtos químico-farmacêuticos e medicamentos, bem como os respectivos processos de obtenção ou modificação. III — O sistema da Convenção de Paris para a proteção da propriedade industrial e a concessão de licenças obrigatórias. IV — O abuso perpetrado por meio das patentes de invenção e a conseqüente limitação a certos direitos de propriedade industrial — SILVEIRA, Newton — **27/73**

Limitações constitucionais para majoração de tributos (Projeto de Lei 77/1976, da Câmara dos Deputados) — MATTOS, Francisco de Souza — **30/111**

Limitada — Dissolução parcial da sociedade com dois sócios — Sociedade unipessoal transitória — GONÇALVES, Priscila Brólio — **111/190**

— Dissolução parcial por quebra da *affectio societatis* — Inclusão do valor do fundo do comércio nos haveres do sócio retirante — FERREIRA, Renato Luis Bueloni — **111/197**

Limites à atuação do conselho fiscal — EIZIRIK, Nelson — **84/13**

Limites convencionais à concorrência — I — De direito público. II — De direito privado: a) Concorrência desleal: 1. Formação do estabelecimento; 2. Elementos imateriais do estabelecimento; 3. Concorrência ilícita e concorrência desleal; b) Convenções: 1. Limitações convencionais; 2. Cláusula de não restabelecimento; 3. Convenções diretas para excluir a concorrência — SILVEIRA, Newton — **43/47**

Limites de atuação do conselho fiscal — ARAÚJO FILHO, Raul de & CUNHA, Rodrigo Ferraz P. — **129/96**

Limites de efetividade do direito societário na repressão ao uso disfuncional do poder de controle nas sociedades anônimas — 1. Introdução. Dissociação entre propriedade e poder de controle empresarial e suas conseqüências no plano econômico-comportamental: o problema das refrações decisórias intra e extrasocietárias. 2. Refrações decisórias no plano intrasocietrário e sua gradação nas diversas formas de configuração do poder de controle empresarial. 3. Refrações decisórias no plano extraocietário. O princípio da função social da propriedade e sua aplicabilidade no plano empresarial. 4. Conclusões. Da necessidade de construção de um direito empresarial público — MACEDO, Ricardo Ferreira de — **118/167**

— MACEDO, Ricardo Ferreira de — **120/195**

Limites do campo de incidência da Lei 8.078, de 11.9.1990 — O Código de Defesa do Consumidor e os investidores ou poupadores — 1. A existência de ramos de direito que regulam determinadas atividades, concedendo proteção a certas categorias de pessoas que delas participam. 2. O problema da qualificação das relações jurídicas sujeitas a regras específicas de proteção de tutela. 3. O campo de incidência da Lei 8.078, de 11.9.1990 (Código de Defesa do Consumidor). 4. O investidor ou poupador no direito positivo brasileiro. 5. A proteção aos consumidores e aos investidores ou poupadores. 6. Conclusões — CRISTOFARO, Pedro Paulo — **92/83**

Limites legais ao fundo de exaustão — LEÃES, Luiz Gastão Paes de Barros — **4/23**

Lineamentos da reforma do direito societário italiano em matéria de invalidade das deliberações assembleares — FRANÇA, Erasmo Valladão Azevedo e Novaes França — **134/12**

Liquidação de sentença por cálculo — Matéria de prova — Compra de controle acionário em sociedade dependente de autorização — Acordo de herdeiros sócios — Ilegitimidade de inventariante em transações contra o espólio — Inteligência do art. 57 do CC — Exegese do art. 255 da Lei 6.404/1976 — SALOMÃO FILHO, Calixto — **95/91**

Liquidação extrajudicial de companhia seguradora. Direito de o acionista recorrer ao Poder Judiciário para defesa de seus direitos — SIMIONATO, Frederico — **115/184**

Liquidação extrajudicial de instituição — Arresto de bens dos administradores — Decisão da Segunda Câmara Civil do Tribunal de Justiça — FONSECA, Priscila M. P. Corrêa da — **68/63**

Liquidação extrajudicial e correção monetária — 1. Introdução. 2. Correção monetária. 3. A intervenção do Estado na ordem econômica. 4. Submissão dos credores à via administrativa. 5. Conclusões — ZAVASCKI, Teori Albino — **57/30**

Liquidação extrajudicial e instituições financeiras: alguns aspectos polêmicos — 1. Introdução. 2. Considerações gerais: 2.1 Aspectos positivos; 2.2 Aspectos negativos; 2.3 Alguns problemas decorrentes da aplicação da Lei 6.024. 3. A disciplina do inquérito administrativo: 3.1 Aperfeiçoamentos possíveis; 3.2 Atenção maior aos crimes detectados; 3.3 Outros. 4. A questão da responsabilidade civil: 4.1 A indisponibilidade dos bens: 4.1.1 Indisponibilidade formal e efetiva; 4.1.2 Pessoas atingidas pela indisponibilidade; 4.1.3 Os bens do controlador; 4.2 A medida cautelar de arresto: 4.2.1 O equívoco do *nomem juris*; 4.2.2 Os bens a serem arrestados; 4.2.3 A prevenção do juízo; 4.3 A responsabilidade civil: 4.3.1 O art. 39 e o art. 40 da Lei 6.024; 4.3.2 A posição de Mauro Brandão Lopes; 4.3.3 A posição de Wilson de Egito Coelho sobre a responsabilidade solidária; 4.3.4 Outros pronunciamentos a respeito da responsabilidade solidária; 4.3.5 A posição do autor; 4.3.6 A prescrição vintenária e os fatos ocorridos há mais de cinco anos; 4.4 A ação ordinária de responsabilidade civil: 4.4.1 Prazo para a propositura; 4.4.2 A hipóteses do art. 49, § 2º; 4.4.3 O encerramento da intervenção ou da liquidação extrajudicial e a legitimação do Ministério Público. 5. Conclusões — TOLEDO, Paulo Fernando Campos Salles de — **60/24**

Liquidação ordinária de instituição financeira — Legalidade e responsabilidade decorrente de fraude — HAYASHI, Alexandre Yoshio — **120/228**

Liquidez suficiente para requerer falência — MESQUITA, José Ignacio Botelho de — **7/47**

Livre concorrência e conglomerados ou controle de preços — 1. Introdução. 2. Definição, uso e mérito do direito comparado. 3. As leis de repressão (antitruste), objetivos e origens — FREIRE, J. Renato Corrêa — **21-22/47**

Livre manifestação de voto de acionista em assembléias gerais — CORRÊA, Raphael Nehin — **105/190**

Locação — Ação negatória — Propositura antes do prazo — Irrelevância — Citação, ademais, verificada no prazo legal — FRANCO, J. Nascimento — **13/106**

— Ação revisional de aluguel — Contrato sujeito à lei de luvas — Coexistência admissível de seu art. 31 e do art. 1º do Decreto-lei 4, de 1966 — FRANCO, J. Nascimento — **2/59**

— Contrato sobre regime de lei de luvas ajustado por usufrutuário — Obediência à avença, pelo nu-proprietário, em que se consolidou a propriedade, e se aquele não se excedeu em seu direito de contratar — FRANCO, J. Nascimento — **7/95**

— Matéria regulada pela lei de luvas — Retomada pelo sublocador, para uso próprio — Admissibilidade — Ação procedente — Sentença confirmada — FRANCO, J. Nascimento — **9/92**

— Prédio comercial — Contrato prevendo reajuste de aluguel — Cláusula que não impede a revisional do art. 31 da lei de luvas — Apelação provida para o prosseguimento do feito — FRANCO, J. Nascimento — **8/96**

— Reajustamento de dois em dois anos — FRANCO, J. Nascimento — **2/61**

— Renovatória — Autor julgado carecedor de ação — Prazo de desocupação — Aluguel arbitrado para esse prazo em escala progressiva — FRANCO, J. Nascimento — **8/98**

— Renovatória — Carência — Contrato celebrado com usufrutuário, sem intervenção do nu-proprietário — Extinção do usufruto — Cessão *ipso jure* — Continuação do arrendamento por tempo indeterminado, sem sujeição à lei de luvas — FRANCO, J. Nascimento — **5/113**

— Renovatória — Carência — Estabelecimento de ensino superior — Inexistência de atividade comercial e industrial — FRANCO, J. Nascimento — **15-16/123**

— Renovatória — Consultório médico — Processo extinto pelo juiz — Apelação provida — FRONTINI, Paulo Salvador — **35/116**

— Renovatória — Contratos sucessivos — Interrupção por dois meses — Cláusula determinando o regime do Decreto-lei 4, de 1996 — Carência do pedido — Voto vencido — FRANCO, J. Nascimento — **4/49**

— Renovatória — Desistência do pedido em fase de instrução — Admissibilidade — Homologação apesar da oposição do réu locador — FRANCO, J. Nascimento — **9/94**

— Renovatória — Loja de *shopping center* — Contrato em que se fixou o aluguel em porcentagem sobre os resultados do negócio nela instalado — Renda mínima estabelecida e corrigida anualmente conforme índices oficiais — Validade do ajuste — Ação procedente — Inteligência do art. 115 do Código Civil — FRANCO, J. Nascimento — **15-16/117**

— Renovatória — Propositura após decurso do primeiro semestre do último ano do contrato — Carência *ex officio* decretada — Embargos infringentes rejeitados — FRANCO, J. Nascimento — **23/111**

— Renovatória — Retomada pedida para sociedade anônima da qual o locador é acionista — Ação improcedente — Recurso provido — Voto vencido — FRANCO, J. Nascimento — **7/98**

— Renovatória — Retomada pelo uso de sociedade que ainda vai ser constituída pelo locador — Presunção de sinceridade — Possibilidade de ser elidida por outros meios de prova — Insinceridade evidenciada — Ação procedente — FRANCO, J. Nascimento — **13/109**

Locação — Concessionária sem fundo de comércio — MALUF, Carlos Alberto Dabus — **77/79**

Locação comercial — Lei de luvas — Despejo por falta de pagamento — Purgação da mora — Admissibilidade — VIEIRA, Osório Faria — **8/103**

— Lei de luvas — Despejo por falta de pagamento — Purgação da mora — Cabimento — FRANCO, J. Nascimento — **4/52**

— Renovação pactuada para o primeiro período — Efeitos — FRANCO, J. Nascimento — **1/88**

— Simultaneidade de renovatória e de ação de revisão de aluguéis — Subordinação desta ao resultado daquela — FRANCO, J. Nascimento — **5/111**

Los crímenes de gestión fraudulenta en las sociedades comerciales — SPONLANSKY, Noberto Eduardo — **55/135**

Lucratividad y función social de las empresas bajo control de Estado — I — ¿Una contradicción? II — Lucro. III — La cuestión esencial. IV — La cuestión axiológica. V — Función social — COSSIO, Esteban Ramón Ymaz — **55/60**

Lucratividade e função social nas empresas sob controle do Estado — 1. Introdução. 2. As "empresas sob controle do Estado". 3. Conceito de sociedade de economia mista. 4. Conceito de empresa pública. 5. Primeiras conclusões. 6. Classificação das empresas sob controle do Estado. 7. A posição da doutrina. 8. A função social das empresas sob controle do Estado. 9. A lucratividade nas empresas sob controle do Estado — GRAU, Eros Roberto — **55/35**

Lucro inflacionário e a correção monetária integral das demonstrações financeiras — TSUKAMOTO, Yuichi & BIANCO, João Francisco — **72/57**

Mandado de segurança — Ato judicial — Impetração por terceiro atingido pelo ato atacado — Propriedade industrial — Medida cautelar concedida em ação anulatória de patente — Descabimento, no caso — SILVEIRA, Newton — **58/103**

— Autoridade coatora — Junta Comercial do Estado — Julgamento afeto à justiça comum estadual — Preliminar de incompetência rejeitada — Sociedade anônima — Reserva de capital — Descaracterização — Correção monetária do capital realizado — Aplicação de parte à compensação de prejuízos e parte para elevação do capital — Inadmissibilidade — Arts. 182, § 2º, 189, parágrafo único e 200 da Lei 6.404, de 1976 — Segurança denegada — GUERREIRO, José Alexandre Tavares — **45/69**

Mandato assecuratório. Invalidade — 1. Objeto deste estudo. 2. Evolução da jurisprudência brasileira, nessa matéria. 3. Mandato: natureza. Causa. 4. O art. 1.317 do Código Civil brasileiro. 5. Mandato impróprio (ou irregular). 6. Conclusão. Invalidade do mandato assecuratório — CUNHA, Sérgio Sérvulo da — **98/31**

Manual das sociedades por ações — LACERDA, J. C. Sampaio de — **1/173**

Marca — Contratação — Concorrência desleal — PINHEIRO, Waldemar Álvaro — **51/119**

Marca comercial — Forma usada nos dizeres — Semelhança — Ação cominatória procedente — SILVEIRA, Newton — **2/86**

— Marcas semelhantes — Depósitos no Departamento Nacional da Propriedade Industrial — Registros pendentes — Carência de ação — Recurso provido — SILVEIRA, Newton — **39/190**

— Uso — Ação para impedi-lo — Prescrição — Preliminar acolhida — Apelação não provida — CARVALHO, Joaquim Antônio D'Ângelo de — **25/91**

Marca de comércio — Uso em impressos e anúncios — Incorrência de violação — Produtos importados e adquiridos do fabricante — Ação improcedente — CARVALHO, Joaquim Antônio D'Ângelo de — **6/88**

Marca de fábrica — "Martinha" — Denominação dada a uma boneca — Abstenção de fabricação pretendida por atriz que usa igual nome artístico — Ação improcedente — Recurso provido — CARVALHO, Joaquim Antônio D'Ângelo de — **6/90**

Marca de indústria e comércio — Formação em nome civil — Admissibilidade — Consentimento de seu titular ou sucessores de direitos — Indispensabilidade — Requisito adicional de apresentação do nome, pretendido inicialmente, de forma própria peculiar — Inadmissibilidade — A questão da marca *Dale Carnegie* — **52/87**

Marca de indústria e comércio — Formação em nome civil — Inadmissibilidade — Existência já de outra com esse nome — Necessidade então de forma distintiva suficiente, de modo a evitar confusão — Inteligência do disposto pelo art. 65, XII do Código da Propriedade Industrial (Lei 5.772, de 21.12.1971) — **52/87**

Marca de indústria e comércio — Marca nominativa (ou verbal) — Patronímico e nome comercial de alheios — Reprodução em nome comercial de outra empresa — Inadmissibilidade — **52/75**

Marca e a transferência de tecnologia — 1. O uso autorizado de marcas de indústria e comércio envolve transferência de tecnologia? 2. Legislação pertinente a marcas e seu licenciamento. 3. Filosofia do governo quanto ao uso de marcas de titulares estrangeiros por empresas nacionais. 4. Paralelo entre a política de uso combinado de marcas licenciadas diante das legislações do Brasil, Argentina e México — DANIEL, Denis Allan — **28/27**

Marca notória — Registro especial no INPI para as marcas conceituadas no país — SOARES, José Carlos Tinoco — **10/157**

Marca registrada de má-fé e a prescrição da ação de nulidade — I — Introdução. II — A invalidade do ato jurídico e a prescrição da ação. III — A má-fé: vício do ato jurídico ou estado psicológico? IV — A doutrina brasileira. V — A jurisprudência e o problema. VI — O direito comparado. VI — Os princípios fundamentais do direito marcário e a colidência entre marcas. VIII — Conclusões — FIGUEIREDO, Paulo Roberto Costa — **75/49**

Marcas: falsas e verdadeiras indicações de procedência — 1. Generalidades. 2. Histórico. 3. Direito comparado. 4. Doutrina nacional e estrangeira. 5. Jurisprudência. 6. Interpretação hodierna do INPI. 7. Conclusão — ROCHA FILHO, Valdir de Oliveira — **65/30**

Marcas de serviço — 1. Introdução. 2. Os conceitos doutrinários. 3. O crescimento do número de registros. 4. Conflitos marcários. 5. Comprovação de uso. 6. A jurisprudência. 7. Crimes contra a propriedade industrial. 8. Conclusão — ROCHA FILHO, Valdir de Oliveira — **74/30**

Marcas e patentes no exterior — Marcas. Patentes. Exportação. A União de Paris. Outros tratados e convenções. A América Latina. Oriente Médio. Declaração. África. Europa Oriental — SILVEIRA, Wilson — **37/82**

Marcas formadas por nomes civis — LEONARDOS, Luiz — **46/59**

Medida cautelar — Sustação de protesto — Caução bancária — Duplicatas dadas em garantia de contrato de abertura de crédito — Liminar concedida uma vez reconhecida a liquidez e a incerteza do título — Duplicatas não cobradas, contudo, por retidas pelo banco — Apelos de ambas as partes — Liquidez e certeza comprovados uma vez insuficiente as duplicatas para o pagamento integral do débito — Possibilidade de protesto — Improcedimento, portanto, da ação — Apelação da ré provida — Cassação da liminar — VERÇOSA, Haroldo Malheiros Duclerc — **47/55**

Medidas judiciais da companhia contra os administradores — BARRETO FILHO, Oscar — **40/9**

Meio ambiente — A vida da empresa entre os direitos difusos e os direitos de vizinhança — PONTES, Evandro Fernandes de — **120/136**

Meio ambiente: uma aplicação do conceito de interesse difuso — 1. A complexidade da moderna sociedade. 2. Aspectos jurídicos da crescente preocupação com a qualidade de vida. 3. Os sistemas econômicos ante a problemática vital: o campo dos efeitos econômicos externos. 4. O conceito de interesses difusos e seu alcance econômico. 5. Administração participada e o papel dos grupos de pressão. 6. A tutela do meio ambiente no direito brasileiro e no direito comparado. 7. Observações finais — FONSECA, José Júlio Borges da — **79/84**

Menor — Venda de ação — BING, Plínio Paulo — **39/91**

Mercado acionário e o governo — WALD, Arnoldo — **85/5**

Mercado de balcão — Outras normas aplicáveis — Instrução CVM 8, de 8.10.1979 — 109/207

Mercado de balcão — Registro para negociação — Instrução CVM 202, de 6.12.1993 — 109/200

Mercado de balcão organizado — Funcionamento — Instrução CVM 243, de 1.3.1996 — 109/195

Mercado de capitais — Legislação — Mercado de balcão — Informações — Instrução CVM 42, de 28.2.1985 — 109/190

Mercado de capitais — Letras de câmbio de aceite de financeiro em liquidação extrajudicial — Títulos sem força executiva de natureza cambiária — Pedido de falência denegado — ALONSO, Félix Ruiz — **2/55**

Mercado de capitais como imperativo desenvolvimentista — CASTRO, Raphael Velly de — **126/42**

Mercado de capitais no Brasil — WALD, Arnoldo — **71/47**

Mercado futuro de índices e os valores mobiliários — 1. Colocação do tema. 2. Significado jurídico da expressão "valores mobiliários": a) Os valores mobiliários no direito comparado; b) O conceito de valor mobiliário no direito brasileiro. 3. O mercado futuro de índice. 4. Conclusão — WALD, Arnoldo — **57/5**

Mercados futuros — LOBO, Carlos Augusto da Silveira — **124/148**

Mercosul — Circulação de capitais em perspectiva brasileira — Entrada e saída de divisas e moeda nacional — CASELLA, Paulo Borba — **103/79**

Mercosul — Normas de implantação — Força vinculante — 1. Introdução. 2. Tratado internacional — Disciplina jurídica. 3. Regime constitucional brasileiro. 4. Discriminação constitucional de rendas — Fundamentos. 5. Tratado internacional — Âmbito de validade. 6. Mercosul — Normas de implantação — Força vinculante. 7. Bibliografia — BORGES, José Alfredo — **106/185**

Microempresa — Isenção de imposto sobre serviços — Município da capital — Segurança concedida — Apelação parcialmente provida para excluir condenação da impetrada na verba honorária (Súmula 512-STF) — SILVEIRA, Newton — **67/87**

Microempresas como propulsoras do desenvolvimento econômico e social — Contribuição para o incremento das atividades econômicas no âmbito do Mercosul — PALERMO, Fernanda Kellner de Oliveira — **124/183**

Miguel Reale e o direito tributário — 1. Universalidade e predomínio da filosofia. 2. As contribuições de Miguel Reale à dogmática, à ciência, à filosofia do direito tributário — NOGUEIRA, Ruy Barbosa — **80/5**

Minoria social. Relatividade e alcance dos efeitos de seus direitos — ROCHA, João Luiz Coelho da — **102/38**

Minority withdrawal rights and illiquidity problem; a comparative study between New York and Brazilian law on close operations — BETTEGA, Flávio R. — **97/5**

Mito do "controle gerencial". Alguns dados empíricos — EIZIRIK, Nelson — **66/103**

Moderno direito concursal — I — O direito comparado. II — As dificuldades das empresas em crise e a solução legal no Brasil. III — Finalidade do moderno direito concursal. IV — A empresa privada de interesse público. V — A reorganização da empresa privada de interesse particular, econômica e financeiramente viável, da empresa privada de interesse público, da empresa de economia mista e da empresa pública. VI — Meios para reorganizar as empresas em crise. VII — Procedimento de reorganização das empresas em crise. VIII — Conclusão — LOBO, Jorge — **99/87**

Modificação do contrato da sociedade limitada por maioria de capital — COSTA, Philomeno J. da — **25/77**

***Monopolization, attempt to monopolize* e a interpretação do inciso II do art. 20 da Lei 8.884, de 1994** — SCHUARTZ, Luis Fernando — **119/128**

Mora e a Resolução 1.129 do Banco Central — BULGARELLI, Waldirio — **67/70**

Mora no cumprimento de obrigações contratuais pecuniárias e suas conseqüências — COMPARATO, Fábio Konder — **74/78**

Mudança do objeto da companhia e o direito de recesso — MORAES, Mauro Delphim de — **85/57**

Mudança institucional, a perspectiva da nova economia institucional — AGUIRRE, Basília — **127/179**

Mudanças na lei acionária, Algumas — ROCHA, João Luiz Coelho da — **130/94**

Multinacional "limitada": uma ilimitada distorção — GARCIA, Roni Genicolo — **56/147**

Mútuo — Débitos garantidos com alienação fiduciária — Atraso do devedor no pagamento de prestações — Saque pela financeira credora de letras de câmbio contra a mutuaria, com acréscimo variando entre 6,43 e 15.88% e todas com vencimento à vista — Comissão de permanência — Falta de indispensável precisão — Cláusula potestativa — Declaração de nulidade das cambiais, ressalvada a emissão de outras, nos termos dos contratos e atendidas as limitações ali previstas — Cambial — Letra de câmbio — Saque à vista — Cláusula contratual autorizando-o em caso de atraso no pagamento de prestações de contrato de mútuo garantido com alienação fiduciária — Desnecessidade de registro — Alienação fiduciária — Lei de usura — Diploma legal inaplicável às instituições financeiras — MORAES, Mauro Delphim de — **45/63**

— Multa contratual — Legitimação e exigência somente na hipótese de cobrança judicial da obrigação — TEIXEIRA, Egberto Lacerda — **5/82**

Nacionalidade das sociedades por ações — MÉLEGA, Luiz — **33/127**

Não subordinação das sociedades de economia mista e das empresas públicas (sociedade de Estado) ao regime falimentar — LACERDA, J. C. Sampaio — **20/97**

Natureza contratual da relação sócio/sociedade — 1. Introdução. 2. Teoria contratual e seus *leading cases*: 2.1 *Memorandum* e estatuto; 2.2 Efeitos do *memorandum* e de estatuto; 2.3 Obrigações contratuais de uma sociedade para com os seus sócios; 2.4 Obrigações contratuais dos sócios para com a sociedade; 2.5 A síntese em *Hickman vs. Kent*; 2.6 A regra em *Foss vs. Harbottle* como um limite à aplicação da teoria contratual. 3. A defesa de direitos de terceiros estranhos à sociedade: 3.1 Sócios agindo fora de sua qualidade de sócios, terceiros, e a regra de *Hickman vs. Kent*; 3.2 Teorias alternativas: 3.2.1 Considerações gerais; 3.2.2 Direito dos sócios de exigir o cumprimento de todas as obrigações dos estatutos; 3.2.3 Direito dos sócios a que os negócios da sociedade sejam conduzidos pelo órgão específico indicado quando da constituição; 3.2.4 Direito dos sócios a que a sociedade funcione de acordo com o estipulado quando de sua constituição; 3.2.5 Abordagem pela relação; 3.3 Análise das diferenças; 4.1.1 Alteração unilateral de cláusulas; 4.1.2 Estrita regulamentação legal; 4.1.3 Impossibilidade de retificação; 4.1.4 Impossibilidade de ressarcimento por violação; 4.2 Importância das diferenças entre o contrato de constituição de uma sociedade e um contrato padrão 5. O *memorandum* e os estatutos como contrato firmado pela sociedade antes de sua constituição. 6. Conclusão — SALOMÃO NETO, Eduardo — **73/39**

Natureza da sociedade anônima e a questão da derrogabilidade das regras legais de *quorum* nas assembléias gerais e reuniões do conselho de administração — I — Companhias abertas e fechadas. II — Interpretação das regras legais sobre quórum deliberativo — COMPARATO, Fábio Konder — **27/89**

Natureza do prazo extintivo da ação de nulidade do registro de marcas — 1. A distinção essencial entre prescrição e decadência. 2. A distinção entre prescrição e decadência no direito positivo. 3. Natureza do prazo extintivo da ação de nulidade do registro de marca — COMPARATO, Fábio Konder — **77/57**

Natureza jurídica das Bolsas de Valores e delimitação do seu projeto — COMPARATO, Fábio Konder — **60/45**

Natureza jurídica do certificado de registro de investimento estrangeiro — Alienação parcial de participações societárias e redução do capital social — 1. O certificado de registro como elemento formal do conceito de investimento estrangeiro. 2. Significado das referências do certificado em moeda estrangeira e em moeda nacional. 3. O certificado de registro como título representativo de direitos cambiais e não de direitos societários. 4. Operações de desinvestimento e redução do certificado de registro: a) Perda de substância econômica; b) Desinvestimento parcial; c) Critério da proporção e critério da diferença na alienação parcial de participações societárias (i) Critério da proporção; d) Crítica do critério da proporção. 5. Efeitos da redução do capital social no certificado de registro — XAVIER, Alberto — **69/39**

Natureza jurídica do contrato bancário — 1. Introdução. 2. Contrato bancário. 3. Missão do juiz. 4. Saldo devedor. 5. Comissão de permanência. 6. Multa contratual. 7. Aval. 8. Verba advocatícia. 9. Conclusão — JUNQUEIRA, Luiz Zenum — **70/39**

Natureza jurídica do Fundo Garantidor de Créditos — FGC, A — LEÃES, Luiz Gastão Paes de Barros — **121/7**

Natureza jurídica do fundo imobiliário — WALD, Arnoldo — **80/15**

Natureza jurídica do *leasing* — LOPES, Mauro Brandão — **14/35**

Necessidade de afronta a interesse de sócio para o exercício do direito de recesso, Da — Sociedade anônima — Criação de nova classe de ações preferenciais — Direito de recesso do sócio — Exercício condicionado à demonstração de prejuízo em seu desfavor — FREITAS, Ricardo de Santos — **105/213**

Necessidade de se repensar a praxe da duplicata mercantil — RABELLO, Bruno Resende — **128/75**

Negócio indireto e operação de câmbio — LEÃES, Luiz Gastão Paes de Barros — **131/251**

Negócio jurídico de *hedging* — 1. Introdução. 2. Noção econômica do *hedging*. 3. Negócio jurídico de *hedging*. 4. A liquidação por diferença. 5. O contrato de *hedging* e o negócio indireto. 6. Contrato de *hedging* e seguro. 7. Conclusões — EIZIRIK, Nelson — **90/13**

Negócio jurídico denominado *factoring* — A possibilidade de cessão onerosa de crédito, com garantia de pagamento pelo cedente por inadimplemento do sacado — IOF — Não-incidência — COELHO, Sacha C. Navarro & COELHO, Marco Aurélio Caldeira — **120/257**

Negócios com opções — A opção flexível — 1. Natureza jurídica, estrutura, espécies e efeitos dos negócios com opções. 2. O importante papel da boa-fé nos negócios com derivativos. 3. Conclusões — VERÇOSA, Haroldo Malheiros Duclerc — **114/63**

Noção e objecto da economia política — 1. Enunciado da problemática: 1.1 Economia política (*political economy*) ou economia (*economics*)?; 1.2 Há uma definição para a ciência econômica?; 1.3 A ciência econômica surgiu com o capitalismo; 1.4 A ciência econômica surgiu como "ciência da burguesia". 2. As duas perspectivas fundamentais de ciência econômica: 2.1 A perspectiva clássica-marxista (fisiocratas — Smith/Ricardo/Marx); 2.2 A perspectiva subjetivista-marginalista. 3. Reflexão crítica: 3.1 O âmbito da ciência econômica; 3.2 Mais relevantes são as limitações de uma ciência econômica que faz a análise do comportamento do *homo oeconomicus* o seu núcleo essencial; 3.3 A economia marginalista é incapaz de compreender o capitalismo; 3.4 É possível uma pura "ciência dos meios"?; 3.5 A economia é uma ciência? 4. Referências bibliográficas — NUNES, Antônio José Avelãs — **104/7**

Nocividade de rigor excessivo na cobrança dos créditos — PINTO, Jayme Bastian — **56/75**

Nome civil — Nome de família — Adoção em denominação de sociedade limitada — Autorização necessária do titular daquele — Voto vencido — **52/89**

Nome comercial — Algarismo ou número — Inexistência de criação de fantasia — Ação improcedente — Embargos infringentes rejeitados — SILVEIRA, Sebastião — **48/72**

— Elementos diferenciais entre duas denominações — Ramos de negócio diversos — Domicílios em cidades diferentes — Ação improcedente — Apelação provida — Voto vencido — SILVEIRA, Newton — **32/95**

— Empresa estrangeira — Registro no país como marca do seu nome para proteção dos artigos da sua produção — Inexistência do registro próprio do nome comercial — Extinção deste — Proteção automática por força do disposto pelo atual art. 8º, da Convenção da Propriedade Industrial de Paris, de 1883 — Caráter de "legislação própria", mencionada pelo art. 119 do Código da Propriedade Industrial (Lei 5.772, de 21.12.1971) — **52/75**

— Empresas com o mesmo ramo — "Fabrini" e "Fabrina" — Confusão — Ação procedente — Alteração obrigatória — Recurso provido em parte — SILVEIRA, Newton — **41/118**

— Firma e denominação social — Art. 3º, § 1º, do Decreto 3.708/1919 — LATORRACA, Sérgio Murilo Zalona — **62/49**

— "Loja dos enfeites" e "Palácio dos Enfeites Ltda." — Vocábulo de uso comum — Apropriação inadmissível — Ação improcedente — SILVEIRA, Newton — **3/79**

— Marca — Apelação não provida — SILVEIRA, Sebastião — **47/65**

— Patronímico de sócio registrado como marca — Impossibilidade do seu rumo por outra sociedade do mesmo ramo — Recurso extraordinário não conhecido, à míngua de seus pressuposto de admissibilidade — SILVEIRA, Newton — **30/86**

— Pessoa jurídica de direito privado — Exclusividade de denominação — Necessidade de registro federal — Aplicação da Lei 5.772, de 1971 — Apelação não provida — SILVEIRA, Newton — **29/89**

— Proteção acolhida — Reprodução de denominação de empresa estrangeira — Titularidade por esta no País, da marca dos seus produtos, contendo o seu nome — Ação cominatória procedente para obrigar o concorrente a modificar a sua denominação (de fantasia) — A questão do nome "Lacoste" — **52/75**

— Registro como marca — Inexistência — Proteção, não obstante — Aplicação dos arts. 153, § 24, da Constituição da República Federativa do Brasil, 38, IX e 49 da Lei 4.726, de 1965 — Ação cominatória procedente — Apelação não provida — SILVEIRA, Newton — **31/94**

— Registro por Junta Comercial de denominação social, contendo patronímico de terceiro — Dúvida não suscitada por esse órgão perante o Instituto Nacional de Propriedade Industrial a fim de apurar a existência de nome comercial ou de marca de indústria ou de comércio semelhantes — Revogação parcial do disposto, a esse respeito, pelo art. 49 da Lei 4.726, de 13.7.65, que dispôs sobre os serviços de Registros de Comércio — **52/75**

— Semelhança — Mesmo gênero de comércio — Possibilidade de confusão — contrato social arquivado na Junta Comercial — Ação de nulidade procedente — Preliminar de prescrição repelida — SILVEIRA, Newton — **4/56**

— Semelhança que possibilita confusão — Direito à exclusividade da denominação registrada em primeiro lugar — SILVEIRA, Sebastião — **43/101**

Nome comercial: autorização para o uso de expressão de fantasia comum a duas sociedades — SILVEIRA, Sebastião — **47/87**

Nome comercial e o título de estabelecimento — Anteprojeto de lei — SOUZA, George Marcondes Coelho de — **6/115**

Nome comercial objetivo e subjetivo — SILVEIRA, Newton — **45/93**

Nome empresarial no novo Código Civil — SILVEIRA, João Marcos — **128/122**

Norma inscrita no § 1º do art. 102 da CF e sua interpretação, A — TOLEDO, Gastão Alves de — **112/148**

Nota promissória — BOAVENTURA, Daniel César — **130/142**

— Prescrição da ação cambial — Ação de enriquecimento ilícito — Simples exibição de título — Inexistência de prova de ônus e de locupletamento do devedor — Ação improcedente — BARRETTO, Lauro Muniz — **3/82**

— Requisitos essenciais — Correção monetária — Unidades padrão de capital — Decreto 2.044/1908, arts. 51 e 54 — LUCCA, Newton de — **42/103**

Nota promissória a certo tempo da vista — MARTINS, Fran — **6/11**

Nota promissória em ORTN — 1. Justificação. 2. A inflação, a correção monetária e a promissória em ORTN. 3. As decisões do TARJ. 4. Decisões de outros Tribunais. 5. Conseqüências práticas da orientação dominante. 6. A orientação dominante: suas causas últimas. 7. A natureza antinômica da idéia de direito. 8. A lei cambial brasileira. 9. A lei uniforme de Genebra. 10. A soma cambial: a lição da doutrina. 11. O princípio da literalidade. 12. Os fundamentos das decisões do TARJ. 13. As instituições financeiras. 14. O art. 27 da lei de mercado de capitais. 15. A interpretação extensiva. 17. O respeito da legalidade. 18. A idéia de justiça e a idéia de segurança. 19. O contrato e o princípio da autonomia da vontade. 20. Resumo. 21. Conclusão. Bibliografia — LOBO, Jorge — **61/33**

Nota promissória em valores correspondentes às ORTNS — FONSECA, Priscila M. P. Corrêa da — **65/73**

Nota promissória rural — Título representativo de crédito com privilégio especial — Direito do seu titular de promover a cobrança executiva, não obstante em concordata preventiva o respectivo devedor — BARRETTO, Lauro Muniz — **1/122**

Nota promissória rural e duplicata rural — Títulos de créditos civis. Destinação específica: representar vendas a prazo de bens de natureza agrícola, extrativa ou pastoril — 1. Introdução: 1.1 Exemplos de diferentes campanhas; 1.2 Reclamos de maior produção rural. 2. O papel fundamental do crédito na economia: 2.1 As casas bancárias; 2.2 A economia moderna é creditória; 2.3 Crédito — Elemento criador de cultura; 2.4 A duplicata comercial; 2.5 A carteira de crédito agrícola e industrial do Banco do Brasil; 2.6 A Lei 492/1937. 3. Institucionalização de crédito rural. 4. A lei é uma diretriz? 5. Os novos títulos de crédito: 5.1 Índole cambial dos títulos de crédito; 5.2 Diferenças entre o crédito comercial e o civil; 5.3 Títulos de crédito civis; 5.4 Privilégio especial; 5.5 Efetividade da operação. 6. Conclusões — PIRES, Sady Dornelles — **66/53**

Nota sobre a eficácia da cláusula compromissória estatutária — PELA, Juliana Krueger — **126/129**

Nota sobre a execução específica da obrigação de contratar — COMPARATO, Fábio Konder — **97/104**

Nota sobre a independência dos bancos centrais — NUNES, António José Avelãs — **103/59**

Notas de análise econômica: contratos e responsabilidade civil — SZTAJN, Rachel — **111/9**

Notas em matéria de *leasing* cambial — SZTAJN, Rachel — **120/66**

Notas retificadoras sobre seguro de crédito e fiança — COMPARATO, Fábio Konder — **51/95**

Notas sobre a desconsideração da personalidade jurídica: a experiência portuguesa — HENTZ, Luiz Antonio Soares — **101/109**

Notas sobre a resolução de contratos — I — A impossibilidade superveniente da prestação devida, como causa de resolução contratual. II — A resolução contratual pela supressão da causa *contractus.* III — Efeitos da resolução contratual — COMPARATO, Fábio Konder — **43/79**

Notas sobre a responsabilidade civil dos administradores e do controlador de instituições financeiras sob o Regime de Administração Especial Temporária (RAET) — VERÇOSA, Haroldo Malheiros Duclerc — **104/95**

Notas sobre as sociedades fictícias, ou de favor — PRADO FILHO, José Inacio Ferraz de A. — **134/85**

Notas sobre o direito de recesso na incorporação, fusão e cisão de companhias — 1. Introdução. 2. Os objetivos da reforma. 3. Eliminação do direito de recessão na cisão. 4. O direito de recesso na fusão e na incorporação. 5. Incorporação, fusão e cisão de companhia aberta — EIZIRIK, Nelson — **113/124**

Notas sobre o regime jurídico das ofertas ao público de produtos, serviços e valores mobiliários no direito brasileiro — Uma questão de complementação da proteção de consumidores e de investidores — Introdução. 1. O direito do consumidor. 2. Os valores mobiliários. Conclusão — VERÇOSA, Haroldo Malheiros Duclerc — **105/74**

Notas sobre o sistema de controle de câmbio no Brasil — Introdução. 1. Conceito, espécies e natureza do contrato de câmbio. 2. O controle do câmbio no Brasil: 2.1 Aspectos gerais; 2.2 A filosofia da legislação cambial no Brasil; 2.3 Surgimento e evolução das normas sobre controle cambial no direito brasileiro. Normas regulamentares; 2.4 Conclusões sobre o regime legal de câmbio no Brasil. 3. Exame de alguns problemas mais comuns: 3.1 A regularidade das operações cambiais; 3.2 A saída e entrada de moeda e títulos no regime brasileiro; 3.3 Parâmetros da utilização da conta de "não-residentes" e sua relação com a proibição da compensação privada de créditos: a) Contas em moeda nacional — Cap. 15; b) Contas em moeda estrangeira — Cap. 17; 3.4 Significado da expressão "cobrar ágio superior à taxa oficial de câmbio sobre quantia permutada em moeda estrangeira" para os fins do art. 4º, *a*, da Lei 1.521/1951; 3.5 Sentido da expressão "falsa identidade para a realização de operação de câmbio", quanto ao crime previsto no art. 21, *caput*, da Lei 7.492/1986; 3.6 Sonegação de informação obrigatória ou prestação de informação falsa, para os efeitos do parágrafo único do art. 21, da Lei 7.492/1986; 3.7 Efetuação de operação de câmbio não autorizada, com o fim de promover evasão de dividas do país, tendo em vista o art. 22, *caput*, da Lei 7.492/1986; 3.8 Entendimento do parágrafo único do art. 22, da Lei 7.492/1986, respeitante à saída de moeda ou divisa para o exterior. 4. Regras gerais de interpretação das operações apresentadas. 5. Conclusão — VERÇOSA, Haroldo Malheiros Duclerc — **78/24**

Notas sobre privatização — SZTAJN, Rachel — **117/98**

Noticiário do Instituto Brasileiro de Direito Comercial Comparado e Biblioteca Tullio Ascarelli — **54/149**

— **57/108**

Nótulas sobre o novo estatuto da microempresa — SZTAJN, Rachel — **116/97**

Nova lei antitruste brasileira: críticas e sugestões — I — Apresentação. II — Apreciação: 1. Aspectos constitucionais; 2. Visão global; 3. Órgãos de repressão ao abuso do poder econômico; 4. Composição do CADE; 5. Procuradoria do CADE; 6. Apuração das ocorrências; 7. Infração à ordem econômica; 8. Julgamento do processo administrativo; 9. Cessação de compromissos; Consulta. III — Conclusão — SOUTO, Marcos Jurena Villela — **84/75**

Nova lei argentina sobre procedimentos concursais — ABRÃO, Nelson — **9/143**

Nova lei argentina sobre sociedades comerciais — BULGARELLI, Waldirio — **8/125**

Nova lei brasileira sobre propriedade industrial — Introdução. A nova lei de propriedade industrial. Patentes. Desenho industrial. Marcas. Indicações geográficas. Concorrência desleal. Transferência de tecnologia e franquia. Trâmites, procedimentos e recursos. Decisões transitórias. Conclusão — GREBLER, Eduardo — **111/100**

Nova lei das duplicatas — COSTA, Philomeno J. da Costa — **5/157**

Nova lei de locações diante da empresa — TOURINHO, Ruy — **87/48**

Nova lei do inquilinato e a extinção da denúncia vazia — BARROS, Francisco Carlos Rocha de — **34/115**

Nova lei japonesa das sociedades anônimas — MIYAJIMA, Tsukasa — **82/80**

Nova ordem econômica internacional (uma reflexão sobre as origens e reflexos na ordem jurídica) — BAPTISTA, Luiz Olavo — **55/91**

Nova regulamentação do mercado de balcão organizado — Introdução e características gerais. Títulos negociáveis. Impossibilidade de negociação em bolsa. Formadores de mercado. Outros participantes do mercado. Responsabilidade contratual. Tributação. Regulamentação aplicável. Conclusão — SALOMÃO NETO, Eduardo — **109/102**

Nova visão do direito falimentar, Uma — A obrigatoriedade de adequação e interpretação à luz da Constituição Federal — Introdução. 1. Considerações sobre o Decreto-lei 7.661/1945. 2. O Projeto de Lei 4.376/1993. 3. O Decreto-lei 7.661/1945 em face da Constituição de 1988. 4. Interpretação sistemática do direito falimentar. Considerações finais. Bibliografia — CASTRO, Carlos Alberto Farracha de — **118/106**

Novas alternativas e derivações jurídicas para a agregação empresarial — A) As criações econômicas e seu reboque jurídico. B) Comunhões empresariais despersonalizadas. C) *Project finance*. D) Financiamento de projeto pela venda futura de mercadorias. E) Securitização ou titularização. F) Associações heterodoxas em aportes e em resultados. G) Conclusões — ROCHA, João Luiz Coelho da — **118/94**

Novas formas jurídicas de concentração empresarial — COMPARATO, Fábio Konder — **5/133**

Novas normas do programa brasileiro de conversão da dívida externa em investimento — STUBER, Walter Douglas & STREET, Eric — **80/152**

Novas vantagens para o Fisco em matéria falimentar — FRONTINI, Paulo Salvador — **44/123**

Novo Código Civil e a evolução do regime jurídico dos contratos — WALD, Arnoldo — **130/39**

Novo Código Civil e a retirada de sócios nas limitadas — ROCHA, João Luiz Coelho da — **131/185**

Novo Código da Propriedade Industrial — ALMEIDA, Carlos Guimarães de — **6/23**

Novo direito brasileiro do cheque — Tentativas de consolidação. O Projeto 118/1977. Características da lei — SIDOU, J. M. Othon — **60/5**

Novo direito de retirada do acionista nos casos de fusão e incorporação, O — COMPARATO, Fábio Konder — **116/11**

Novo mercado da Bovespa e o compromisso da sociedade de economia mista com práticas de boa governança corporativa — PINTO JÚNIOR, Mário Engler — **128/54**

Novo mercado e as práticas diferenciadas de governança corporativa: exame de legalidade frente aos poderes das bolsas de valores — I — Introdução: O novo mercado e as práticas diferenciadas de governança corporativa. II — História e natureza jurídica das Bolsas de Valores. III — regulação do Mercado de Capitais. IV — Poder regulamentar e poder disciplinar das Bolsas de Valores: a) Poder regulamentar e poder disciplinar; b) Princípio da legalidade; c) O poder regulamentar das Bolsas de Valores. V — Fundamento contratual dos poderes da BOVESPA. VI — Legalidade da imposição de sanções e da alteração aos regulamentos. VII — Resumo conclusivo — BOULOS, Eduardo Alfred Taleb & SZTERLING, Fernando — **125/96**

Novo perfil da dívida externa brasileira — ROCHA, Bolívar Moura — **96/46**

Novo projeto de recuperação da empresa, O — 1. Introdução. 2. A evolução histórica das leis falimentares. 3. A obsolescência do atual modelo falimentar. 4. O conceito de empresa recuperável. 5. A reforma deve ser ampla. 6. Outras falhas graves do Projeto de Lei 4.376/1993. 7. Conclusão — SANTOS, Paulo Penalva — **117/126**

Novos aspectos da harmonização do direito bancário comunitário decorrentes da introdução do Euro — 1. Introdução. 2. Noção de harmonização bancária. 3. Legislação de harmonização. 4. A transposição das Directivas. 5. E agora? Os instrumentos da instituição da União Monetária e criação da moeda única. 6. As Resoluções de 23 de abril de 1998 vieram dar o "tom" de como se processará a futura harmonização, após a entrada em funcionamento do BCE. 7. E depois? 8. Conclusão — MATIAS, Armindo Saraiva — **113/45**

Novos aspectos do contrato de seguro — 1. Introdução — O mercado segurado. 2. A evolução do contrato de seguro. 3. O equilíbrio econômico-financeiro. 4. Da internacionalização. 5. A desburocratização e privatização do contrato de seguro. 6. O seguro-garantia. 7. Conclusões — WALD, Arnoldo — **113/53**

Novos enfoques da função social da empresa numa economia globalizada — 1. Considerações gerais. 2. Objetivos do trabalho. 3. Globalização, política econômica e megaempresas. 4. A função social a ser desempenhada pela nova concepção de empresa numa economia global. 5. A atuação das micro e pequenas empresas. 6. A atribuição de funções sociais às empresas numa sociedade capitalista. 7. Conclusão — ARNOLDI, Paulo Roberto Colombo & MICHELAN, Taís Cristina de Camargo — **117/157**

Novos rumos do direito comercial e falimentar no Brasil — INACARATO, Márcio Antonio — **78/52**

Objeto da caução de depósito na concordata preventiva — BULGARELLI, Waldirio — **10/69**

— 1. A posição da jurisprudência. 2. Argumento fornecido pela interpretação literal da expressão *quantia* e pelo significado com que ela é empregada em outros dispositivos da lei de falências. 3. Argumento fornecido pela *ratio legis* da exigência legal da caução. 4. Argumento de ordem histórica. 5. Argumento oferecido pela existência de atividade legislativa sobre a matéria. 6. Argumento oferecido pela insolvência, que a impossibilidade de caucionar em pecúnia revela. 7. Argumento fornecido pela natureza jurídica da execução na concordata. 8. Conclusão — ALVARENGA, Cláudio Ferraz de — **10/63**

***Obligaciones* — *Régimen jurídico* — Marcelo Urbano Salerno** — Resenha de WALD, Arnoldo — **102/116**

Obra de encomenda nos direitos português e brasileiro, A — 1. O problema. 2. A situação em Portugal. 3. A situação no Brasil — ASCENSÃO, José de Oliveira — **23/23**

Obrigação de melhores esforços (*best efforts*) — LEÃES, Luiz Gastão Paes de Barros — **134/7**

Obrigação do contrafator de marca famosa em ressarcir o legítimo titular do registro por prejuízo à imagem e conseqüente dano moral — OLIVEIRA, Maurício Lopes de — **118/101**

Obrigatoriedade por parte do adquirente do controle de sociedade por ações de capital aberto de fazer simultânea oferta pública, em iguais condições, aos acionistas minoritários, Da — Art. 254 da Lei 6.404/1976 e Resolução CMN 401/1976 — É efetivo mecanismo de proteção aos minoritários? — 1. Introdução. 2. Surgimento do art. 254 da Lei 6.404/1976. 3. A Resolução 401/1976 do Conselho Monetário Nacional. 4. Da efetiva proteção aos acionistas minoritários: 4.1 Da não extensão aos preferencialistas sem direito de voto e da dúvida quanto aos possuidores de voto restrito; 4.2 Da não extensão às companhias fechadas; 4.3 Transferência indireta de controle; 4.4 Acordo de acionistas. 5. Alguns julgados da Comissão de Valores Mobiliários envolvendo alienação de controle de companhias abertas. 6. Direito comparado: 6.1 Direito americano; 6.2 Direito francês. 7. Conclusão. 8. Bibliografia — PRADO, Roberta Nioac — **106/83**

Observações sobre estatuto atípico de sociedade anônima — TEIXEIRA, Egberto Lacerda — **71/101**

Observações sobre o anteprojeto de Código Civil, quanto à matéria "dos títulos de crédito", constante da Parte Especial, Livro I, Título VIII — MERCADO JÚNIOR, Antônio — **9/113**

Oferta de caução, em lugar de depósito em dinheiro, na concordata preventiva — ABRÃO, Nelson — **39/37**

Oferta pública, a igualdade dos acionistas e o direito comparado — WALD, Arnoldo — **43/15**

Oferta pública de aquisição de ações na alienação de controle de companhias abertas — Apontamentos sobre o art. 254-A da lei das sociedades anônimas — CLEMENTE JÚNIOR, José Alberto — **129/206**

Oferta pública de compra de ações — CINTRA, Maria Lúcia Borges — **13/141**

Opção entre a forma Ltda. ou S/A — 1. Introdução. 2. O consenso entre os sócios. 3. Cálculo do valor do reembolso. 4. Falecimento de sócio. 5. Transferência de quotas e ações. 6. Administração. 7. Aspectos diversos — PINTO JÚNIOR, Mário Engler — **79/26**

Operação de *factoring* como operação mercantil — LEÃES, Luiz Gastão Paes de Barros — **115/239**

Operação fiscal inaceitável — ISS — Município de São Paulo — Cooperativa de médicos — Associação sem finalidade lucrativa, que não se confunde com "empresa" — Inteligência do art. 8º do Decreto-lei 406/1968 — Atividade que nem mesmo figura na lista de serviços — Tributação indevida — Decisão mantida — BULGARELLI, Waldirio — **95/89**

Operações a termo sobre mercadorias (*hedging*) — BARRETO FILHO, Oscar — **29/11**

Operações com correção monetária realizadas por sociedades de arrendamento mercantil — Sociedades de arrendamento mercantil — Variação cambial — Legalidade do art. 8º, letra *e*, da Resolução 351/1975 — Aplicabilidade das exceções previstas no Decreto-lei 857/1969 — Inaplicabilidade da Lei 6.423/1977 — Remissão aos Pareceres DEJUR-274/77, 254/78 E 218/83 — ALVES, Daniel Rodrigues — **57/35**

Operações de crédito documentário, as cartas de crédito e as *comfort letters* — SALOMÃO NETO, Eduardo — **123/23**

Operações de *hedging* e o seu regime fiscal — MÉLEGA, Luiz — **24/129**

Operações de *hedging* praticadas por firmas nacionais no comércio exterior — Estrutura jurídica do *hedge* — 1. Generalidades. 2. A não incidência e a isenção. 3. Empresas beneficiárias do favor fiscal. 4. O conceito de *hedge* ou *hedging*. 5. As Bolsas de Mercadorias e sua atuação nas operações de *hedging*. 6. O *hedging* não é operação eventual nem aplicação financeira. 7. as várias espécies de *hedging*: a) *Selling* ou *short-hedge*; b) *Buying* ou *long-hedge*; c) *Trade acocount*; d) *Straddle*; e) *Switch*; f) *Day trade*. 8. A estrutura jurídica do *hedge*. 9. A importância do *hedge*. 10. O regime fiscal brasileiro do *hedge* no comércio exterior: 10.1 O dispositivo legal que criou a isenção e o Comunicado Gecam 229/1973; 10.2 Os pressupostos constitucionais do Decreto-lei; 10.3 O princípio da reserva legal; 10.4 As normas de eficácia contida e de eficácia plena; 10.5 A função do regulamento. Sua subordinação à lei regulamentada; 10.6 O regulamento e a delegação de poderes. 11. A Portaria MF 18/1979: 11.1 O conceito de resultados líquidos; 11.2 Efeitos da Portaria MF 18/1979 no tempo: *ex nunc* ou *ex tunc*; 11.3 Os resultados líquidos negativos; 11.4 A extensão do benefício fiscal segunda a Portaria MF 18/1979; 11.5 Natureza interpretativa desse Ato do Ministro da Fazenda; 11.6 O aparente motivo da edição da Portaria MF 18/1979; 11.7 A interpretação literal. 12. O Parecer Normativo CST 10/1979: 12.1 O conceito de lucro de exploração; 12.2 A vinculação dos dois incentivos: exportação de manufaturados e operações de *hedge* no mercado exterior; 12.3 A ilegalidade da junção dos dois benefícios; 12.4 Novamente o princípio da estrita legalidade. 13. Outros tributos: imposto sobre produtos industrializados, imposto sobre a circulação de mercadorias, imposto sobre a exportação e a importação e imposto sobre operações financeiras. 14. Incentivo fiscal à exportação de manufaturados. 15. Legislação citada: a) Art. 5º do Decreto-lei 1.418/1975; b) Portaria MF 18/1979; c) Parecer normativo CST 10/1979; d) Resolução BCB 272/1973; e) Comunicado Gecam 229/1973 — MÉLEGA, Luiz — **35/49**

Operações de seguros e sua qualificação jurídica — 1. A operação de seguros-gênese e evolução. 2. A operação de seguros. 3. Qualificação jurídica das operações de seguros — FRANCO, Vera Helena de Mello — **67/39**

Oponibilidade dos direitos de patente a terceiros — Natureza jurídica da carta-patente — GUIMARÃES, Renato Lôbo — **130/158**

Ordem de preferência na nova lei de falências — 1. Introdução. 2. Igualdade de credores. 3. A noção de igualdade na falência. 4. Credores da massa falida e credores da falida. A classificação dos créditos no Decreto-lei 7.661/1945. 5. A ordem de preferência na nova lei de falência. 6. Créditos extraconcursais. Contrato de adiantamento de câmbio para exportação. 7. Conclusão — CASTRO, Carlos A. Farracha de — **135/127**

Ordem econômica constitucional no Brasil — 1. As constituições brasileiras: breve escorço histórico. 2. O constitucionalismo e a ordem econômica. 3. A ordem econômica na futura Constituição brasileira — NUSDEO, Fábio — **65/12**

Ordem econômica na Constituição de 1969 — ATALIBA, Geraldo — **8/159**

Ordem econômica na Constituinte — EIZIRIK, Nelson — **60/12**

Ordem pública nos contratos internacionais — SOARES, Guido F. S. — **55/122**

Órgãos de administração das sociedades limitadas — A administração social. A gerência. Responsabilidade do gerente. O abuso da razão social. Restrições contratuais aos poderes de gerência. Órgão de fiscalização e deliberativo. As deliberações sociais — BARRETO FILHO, Oscar — **25/67**

"Origem do Direito Comercial" (capítulo 1º do *Corso di Diritto Commerciale — Introduzione e Teoria dell'Imprensa*, 3ª ed., Milão, A. Giuffrè, 1962, de Tullio Ascarelli) — COMPARATO, Fábio Konder — **103/87**

Pagamento de dividendos pelas companhias e o plano de estabilização econômica — CANTIDIANO, Luiz Leonardo — **64/31**

Pagamento de título após protesto — ABRÃO, Nelson — **17/109**

Papel da lei na perspectiva balzaquiana — BULGARELLI, Waldirio — **68/113**

Papel do governo na proteção dos investidores — LOSS, Louis — **58/71**

Papel pioneiro do direito bancário — I — A importância dos bancos. II — A autonomia do direito bancário. III — Direito bancário e direito comercial. IV — A formação democrática do direito bancário e o modelo brasileiro. V — Confiança e responsabilidade no direito bancário — WALD, Arnoldo — **27/13**

Parcerias público/privadas — ROCHA, João Luiz Coelho da — **134/130**

Parecer CVM de 16.4.2002: critérios para a eleição de membros do conselho de administração de S/A aberta, após a Lei 10.303/2001 — AFONSO, Daniela Gomes — **126/193**

— Provimento 10, de 1970, do Corregedor-Geral da Justiça do Estado de São Paulo — **1/164**

— Provimento 2/71, do Corregedor-Geral da Justiça do Estado de São Paulo — **1/165**

Parecer do juiz Álvaro Lazzarini — **1/166-169**

Participação acionária e funcionamento da sociedade estrangeira no Brasil — 1. Capital estrangeiro: hermenêutica e ideologia. 2. A sociedade estrangeira como acionista da sociedade brasileira. 3. Poder de controle e acionista estrangeiro. 4. Conclusão — BUITONI, Ademir — **62/25**

Participação de sociedades estrangeiras em sociedades por cotas de responsabilidade limitada — LOBO, Carlos Augusto da Silveira — **64/23**

Participação dos administradores nos lucros e dividendos obrigatórios — I — Introdução. II — Falsa antinomia entre os parágrafos do art. 152. III — O real alcance do 1º do art. 152. IV — O falso sentido do 2º do art. 152. V — O real sentido do 2º do art. 152. VI — Conclusão — REZENDE, César Vieira de — **27/27**

Participação nos lucros e cogestão dos trabalhadores nos grupos societários do direito alemão — MÜLLER, Otto — **57/89**

Participações recíprocas de sociedades comerciais no direito brasileiro — 1. Posição do direito brasileiro com referência à participação recíproca de sociedades comerciais. 2. A lição do direito comparado. 3. Conclusões. 4. Do justo preço e da distribuição disfarçada de lucros — WALD, Arnoldo — **4/11**

Particularidades da *affectio societatis* no grupo econômico — A) O grupo econômico — Realidade e qualificação jurídica. B) A união de empresas perante o direito societário. c) A disciplina extra-societária da união entre empresas. D) Conclusões no tópico. E) A confiança é elemento que integra as bases do negócio societário. F) A sanção para a violação do dever de lealdade.

G) Dissolução parcial e exclusão. H) A ação cabível: legitimidade ativa — FRANCO, Vera Helena de Mello — **89/47**

Particularidades do conselho de administração das sociedades anônimas — ROCHA, João Luiz Coelho da — **128/61**

Patente de invenção — Derrogação e não ab-rogação, do antigo Código de Propriedade Industrial — SILVEIRA, Newton — **3/87**

— Fabricação de escovas — Processo — Direitos — Ação anulatória e ação de indenização — Conexão inexistente — Exceção de incompatibilidade rejeitada — SILVEIRA, Sebastião — **36/92**

— Interdito proibitório — Propositura contra autor de notificação — Meio processual inidôneo — SILVEIRA, Newton — **2/89**

— Sua nulidade não pode ser argüida em defesa do réu, em ação cominatória, mas deve ser pedida em ação própria — PINHEIRO, Waldemar Álvaro — **17/71**

Patente e biotecnologia: questões sobre a patenteabilidade dos seres vivos — Introdução. I. Breves considerações sobre o direito da patente; 2 O direito internacional; O conceito de "invenção". 4. Requisitos materiais da patente. II. A patenteabilidade dos seres vivos: 1. As matérias da biotecnologia; 2. A patente de planta; 3. Patente de animais; 4. Patente de seres humanos; 5. A patente de microorganismos. III. O direito de patente e as invenções biotecnológicas: 1. Os titulares da patente; 2. Os requisitos de formas para obtenção de patente sobre microorganismos; 3. O alcance da proteção conferida pela patente e o problema da descendência do material biotecnológico; 4. A licença biotecnológica. IV. A solução de controvérsias em caso de infração de patente biotecnológica: 1. Ações judiciais; 2. Arbitragem; 3. Mecanismo de solução de litígios da OMC. V. Conclusão. Bibliografia — LOUREIRO, Luiz Guilherme de Andrade Vieira — **116/17**

Patentes e problemas — Cinco questões de direito patentário — 1. Patentes de misturas. 2. Quando o aluno dá de inventar coisas. 3. A novidade e como perdê-la. 4. Condomínio de patentes. 5. O Tratado de Cooperação e o Brasil — BARBOSA, Denis Borges — **76/27**

Pedido de falência indeferido *in limine* — LOPES, Mauro Brandão — **18/109**

Penhor mercantil — Tradição da coisa — REQUIÃO, Rubens — **1/87**

Penhora — Bens de diretores de sociedade anônima — Pretendida responsabilidade secundária — Incorrência — Embargos recebidos — Inteligência dos arts. 121 e 122 do Decreto-lei 2.627, de 1940 — Apelação provida — OLIVEIRA, Gérson de — **6/92**

Penhora das cotas de sociedade de responsabilidade limitada — A execução forçada de bens. Sua finalidade e objeto. A oposição do Código de Processo de 1939 e a jurisprudência elaborada em torno das disposições do n. XII do art. 942. A posição do problema na doutrina; a legislação estrangeira sobre a matéria. A nossa posição: a) A natureza jurídica da cota social; b) As várias possibilidades de transferência da cota; c) A penhora da cota social; d) A reforma da penhora. Conclusão — VILAR, Willard de Castro — **25/31**

Penhora de dinheiro em banco — VERÇOSA, Haroldo Malheiros Duclerc — **114/170**

Penhorabilidade de cotas sociais — COELHO, Fábio Ulhoa — **82/95**

Penhorabilidade de cotas sociais nas sociedades por cotas de responsabilidade limitada — CAMINHA, Uinie — **112/104**

Pensamento de Tullio Ascarelli sobre aspectos das sociedades por ações — COSTA, Philomeno J. da — **38/99**

Perfil analítico-comparativo do estabelecimento — 1. Preliminares. 2. Empresa e estabelecimento. 3. Sociedade, empresa e estabelecimento. 4. Patrimônio social e aziendal. 5. Regime jurídico-patrimonial. 6. Pluralidade de estabelecimentos. 7. Nascimento e extinção do estabelecimento. 8. Transformações do estabelecimento — VIANNA, Bomfim — **30/69**

"Perfis da empresa" — Alberto Asquini, "Profili dell'impresa", in *Revista del Diritto Commerciale*, 1943, v. 41, I — 1. Premissa. 2. A empresa no sentido econômico. 3. A empresa na legislação anterior ao novo Código Civil (Código de 1865, Código Comercial, legislação da infortunística) segundo o ordenamento corporativo e o novo Código Civil. 4. Diversos perfis jurídicos. 5. Perfil subjetivo: A empresa como empresário. 6. Noções de empresário. 7. Perfil funcional: A empresa como atividade empresarial. 8. Noções da atividade do empresário. 9. Perfil patrimonial e objetivo: a empresa como patrimônio aziendal e como estabelecimento. 10. E como estabelecimento. 11. Posição do Código. 12. Perfil corporativo: a empresa como constituição. 13. Noções de instituição. 14. Os elementos institucionais da empresa. 15. Conclusões — COMPARATO, Fábio Konder — **104/109**

Personificação da massa falida — 1. Pessoa e sujeito de direito. 2. Elementos conceituais da personalidade jurídica. 3. Começo da existência da pessoa jurídica. 4. Personalidade jurídica e sociedade irregular. 5. Personalidade jurídica e massa falida. 6. Tentativa de equacionamento — TOLEDO, Paulo Fernando Campos Salles de — **78/46**

Perspectivas da arbitragem comercial no Brasil — MAGALHÃES, José Carlos de — **69/24**

Perspectivas da empresa perante o direito comercial — I — 1. Introdução. 2. Conceito de empresa. 3. Características da Empresa. 4. A empresa perante o direito e o direito da empresas. 5. O direito comercial distinto do direito das empresas. 6. Aceitação do conceito econômico de empresa no direito positivo. 8. Características das sociedades grandes ou abertas. 9. Características das sociedades pequenas ou fechadas. 10. A caracterização da empresa na lei. 11. A empresa no regime capitalista socialista. 12. A empresa rural — BULGARELLI, Waldirio — **5/49**

— **II (conclusão: a empresa cooperativa)** — 13. A empresa cooperativa: evolução histórica. 14. Características da empresa cooperativa: o aspecto associativo e o aspecto empresarial. 15. Originalidade das empresas cooperativas. 16. O capital nas empresas cooperativas. A ausência de fins lucrativos. 17. Atividades e peculiaridades da empresa cooperativa. 18. As regras éticas e os imperativos de eficácia. 19. Problemática atual da empresa cooperativa — BULGARELLI, Waldirio — **6/43**

Pessoas jurídicas domiciliadas no exterior — Obrigatoriedade de inscrição no CNPJ — BARROS, Zanon de Paula — **127/175**

Pode a sociedade limitada ter capital autorizado? — BARBI, Otávio Vieira — **129/83**

Poder de controle como bem imaterial do estabelecimento comercial — MAGALHÃES, José Carlos de — **42/61**

Poder de controle na sociedade anônima — COMPARATO, Fábio Konder — **9/67**

Poder de controle na sociedade anônima — Alguns aspectos — 1. Introdução. 2. Teoria da separação entre a propriedade e o controle da sociedade anônima. 3. O controle externo. 4. Abuso do poder de controle — Responsabilidade civil do controlador. 5. Alienação do poder de controle. 6. O poder de controle e o acordo de acionistas. 7. *Golden share* — O art. 18 da Lei 6.404/1976. 8. Conclusão — BERTOLDI, Marcelo M. — **118/62**

Poder de polícia nos negócios, O (a frustrada venda da "Cônsul" ao grupo "Philips") — FRONTINI, Paulo Salvador — **17/181**

Poder econômico e a obsolescência programada de produtos — VIO, Daniel de Ávila — **133/193**

Poder econômico e abuso do poder econômico no direito de defesa da concorrência brasileiro — SCHUARTZ, Luis Fernando — **94/13**

Poder Judiciário e os cheques especiais — GONZÁLES JÚNIOR, Astyr — **72/94**

Poder normativo de órgão da administração — Caso da Comissão de Valores Mobiliários — 1. Delegação de funções legislativas à administração: 1.1 Separação e indelegabilidade de poderes; 1.2 Refutação de uma interpretação rígida; 1.3 Justificação e conveniência da delegação: 1.3.1 Justificativas; 1.3.2 Da conveniência; 1.4 O poder normativo da administração e a jurisprudência; 1.5 Limites e parâmetros das delegações; 1.6 As salvaguardas. 2. O poder normativo de órgão da administração indireta: 2.1 Órgãos da administração e função normativa. Tratamento constitucional; 2.2 As *independent regulatory commissions*; 2.3 As autarquias do direito brasileiro. 3. A Comissão de Valores Mobiliários: 3.1 O modelo da *security and exchange commission*; 3.2 Objetivos e limites da atuação da CVM. 4. Conclusão. Apêndice: A definição de ilícitos pela CVM — ROCHA, Bolívar B. M. — **64/47**

Poder regulamentar da Comissão de Valores Mobiliários em face dos princípios da legalidade e separação de poderes — MOREIRA, Ricardo Guimarães — **131/122**

Política econômica, legislação societária e aplicação do direito da concorrência no Brasil — 1. Introdução. 2. Considerações preliminares sobre o antitruste nos Estados Unidos. 3. A evolução da legislação concorrencial no Brasil e a Lei 4.137/1962. 4. A perspectiva do Estado implementador de políticas públicas. 5. Política econômica. 6. A política econômica na década de 1970 — Os PNDs. 7. As bases da Lei 6.404/1976. 8. A legislação acionária brasileira e o chamado "preço da concentração". 9. O renascer do direito da concorrência. 10. Por um direito do desenvolvimento. 11. Referências bibliográficas — YAZBEK, Otavio — **117/136**

Política econômica dos conglomerados e as restrições legais à liberdade de contratar — 1. Introdução. 2. Da interpretação do art. 34 da Lei 4.595 — WALD, Arnoldo — **11/23**

Política fiscal e a reformulação do imposto sobre produtos industrializados — Introdução — A problemática das infra-estruturas — Taxa, contribuição de melhoria e imposto — Natureza do imposto e sua instrumentalidade — As atividades produtoras nacionais — NOGUEIRA, Ruy Barbosa — **40/19**

Posição do promitente-comprador, no negócio jurídico complexo regido pela lei de incorporação imobiliária, na hipótese de falência do incorporador — SILVA, Luiz Antonio Guerra da — **114/82**

Possibilidade jurídica da declaração de falência das sociedades civis com a adoção da teoria da empresa no direito positivo brasileiro, A — 1. Considerações introdutórias. 2. A figura do comerciante e a falência. 3. Da distinção entre as sociedades comerciais e as civis. 4. A teoria da empresa e sua importância. 5. A adoção da teoria da empresa no Brasil e seus efeitos. 6. Conclusão. Bibliografia — OLIVEIRA, Jorge Rubem Folena de — **113/136**

Preço de emissão das ações em aumento de capital — 1. Direito comparado: 1.1 Estados Unidos; 1.2 Itália; 1.3 França; 1.4 Comentário. 2. Emissão de ações no mercado. 3. Valor do direito de subscrição. 4. Valor da ação: 4.1 Valor contábil; 4.2 Valor da liquidação; 4.3 Valor de renda; 4.4 Valor de mercado. 5. Princípio do justo preço: 5.1 Ações cotadas; 5.2 Ações não cotadas; 5.3 Considerações gerais. 6. Conclusão. 7. Bibliografia — BIMBATO, José Mario — **93/81**

Preço de emissão das ações no aumento de capital da companhia — Art. 170 da lei das sociedades por ações (alterações introduzidas pela Lei 9.457/1997) — 1. Introdução. 23. Considerações gerais sobre o aumento de capital por subscrição de ações. 3. Preço de emissão das ações no direito brasileiro. 4. Diluição da participação dos já acionistas e abuso do poder de controle, 5. Critérios para a fixação do preço de emissão das ações. 6. Possibilidade de preços diferentes de emissão. 7. A CVM e a fixação do preço de emissão das ações no aumento de capital. 8. Casos práticos. 9. Conclusão. 10. Bibliografia — NERY, Sandra de Medeiros — **115/221**

Preço secreto no julgamento das licitações — MELLO, Celso Antônio Bandeira de — **63/40**

Preços — Congelamento — Taxas de manutenção devidas a associações — GRAU, Eros Roberto — **64/13**

Prêmio Tullio Ascarelli — 1986 — COSTA, Philomeno J. da — **64/89**

Prepostos das sociedades no novo Código Civil — ROCHA, João Luiz Coelho da — **135/89**

Prescrição administrativa — 1. Introdução. 2. O direito administrativo em evolução. 3. A prescrição como princípio informador do sistema jurídico brasileiro. 4. A prescrição civil ordinária. 5. A analogia como regra de integração. 6. A prescrição e o devido processo legal. 7. O princípio da igualdade. 8. Identificação da regra analógica. 9. Conclusão. 10. Bibliografia — CORDEIRO, Renato Sobrosa — **104/58**

Prescrição administrativa no âmbito do Banco Central do Brasil, A — 1. A analogia da doutrina jurídica. 2. O recurso à eqüidade. 3. O regramento legal da prescrição administrativa. A utilização da analogia e da eqüidade. Conclusão — VERÇOSA, Haroldo Malheiros Duclerc — **111/125**

Pressuposto corporativo da venda de ativos de uma sociedade comercial por quotas de responsabilidade limitada — LAUTENSCHLEGER, Nilson & SCHWARTZMANN, Lara — **123/111**

Pressupostos da quebra — 1. Estado de falência ou quebra. 2. Pressuposto subjetivo da falência. 3. Pressuposto objetivo da falência. 4. Pressuposto formal — LOBO, Jorge — **116/110**

Prestação de serviços na lei do consumidor — SZTAJN, Rachel — **83/117**

Prévia deliberação assemblear como condição de *legitimatio ad causam* na ação social — LEÃES, Luiz Gastão Paes de Barros — **100/98**

Princípio da legalidade tributária — 1. Apresentação. 2. Introdução: 2.1 O poder de tributar; 2.2 Limitações ao poder de tributar concorrentes do princípio do estado de direito: 2.2.1 Conceito de estado de direito; 2.2.2 O estado de direito na Constituição Federal; 2.2.3 O princípio do estado de direito no direito tributário. 3. Origem histórica e conceito do princípio da legalidade tributária: 3.1 Origem histórica da legalidade tributária; 3.2 Conceito da legalidade tributária. 4. As feições do princípio da legalidade tributária: 4.1 Legalidade da administração; 4.2 Reserva da lei; 4.3 Estrita legalidade tributária; 4.4 Conformidade da tributação com o fato gerador. 5. O conceito da lei para efeitos do princípio da estrita legalidade tributária — Legalidade material e formal. 6. O princípio da legalidade tributária e a aplicação e interpretação das leis tributárias: 6.1 Aplicação das leis tributárias; 6.2 Interpretação das leis tributárias; 6.3 Integração das leis tributárias — Analogia e equidade; 6.4 Consideração econômica: 6.4.1 Natureza econômica das leis tributárias; 6.4.2 Aspectos da consideração econômica — Teoria dos tipos e *Durchgriffslehre*; retroatividade das leis tributárias. 7. Conclusões — ROTHMANN, Gerd W. — **8/65**

Princípio da proporcionalidade no direito econômico — ARAGÃO, Alexandre Santos de — **121/56**

Princípio de irretroatividade das leis em matéria tributária — 1. Princípios constitucionais condicionais da interpretação das leis de direito tributário: a) Considerações gerais; b) Caráter basilar do princípio republicano; c) Representatividade; d) Consentimento dos governados; e) Segurança do direito; f) Exclusão do árbitro; g) Legalidade; h) Relação de administração; i) Previsibilidade da ação estatal; j) Lealdade informadora da ação pública; l) Anterioridade e livre empresa. 2. Princípio constitucional da anterioridade da lei tributária — ATALIBA, Geraldo — **56/5**

Princípios constitucionais e da limitação do Poder regulamentar na área bancária — WALD, Arnoldo — **88/5**

Prisão civil — Decretação contra o devedor por não haver devolvido as duplicatas que lhe fora enviadas para aceite — Admissibilidade — Medida não inconstitucional ou ilegal — *Habeas* *corpus* denegado — Inteligência dos arts. 153, § 17, da CF e 885 do CPC — Prisão civil — Decretação contra o sonegador e duplicatas que fora enviadas para aceite — Revogação pretendida por não proposta a ação principal nos 30 dias subseqüentes — Inadmissibilidade — Medida cautelar ainda não executada — *Habeas corpus* denegado — Inteligência dos arts. 806, 808, II e 885 do CPC — SILVEIRA, Sebastião — **37/129**

Prisão civil do depositário havido por infiel — VERÇOSA, Haroldo Malheiros Duclerc — **121/183**

Privacidade e os sigilos telefônico, profissional e bancário — I — Introdução. II — O sigilo telefônico. III — O sigilo profissional. IV — O sigilo bancário. V — Reserva legal impeditiva do controle do cidadão. VI — Quebra de sigilo bancário e telefônico através de CAPES. VII — Recurso apropriado para opor-se à quebra de sigilo bancário. VIII Conclusões — ADIERS, Leandro Bittencourt — **125/62**

Privatização e parcerias: considerações de ordem constitucional, legal e de política econômica — 1. Estatização: breve histórico. 2. Reação: o controle das estatais e as três fases da privatização. 3. O atual Programa Nacional de Desestatização. 4. Observações de ordem político-econômica. 5. As parcerias. 6. Parcerias e legislação da desestatização. 7. Modalidade de parcerias. 8. o consórcio — PENTEADO, Mauro Rodrigues — **119/9**

Privatização no Brasil, A — SIMIONATO, Frederico — **112/93**

Privatização parcial da CEMIG — Acordo de acionistas — Impossibilidade de o controle societário ser compartilhado entre o Estado de Minas Gerais e o acionista estrangeiro minoritário — FIGUEIREDO, Lúcia Valle — **118/219**

Privatizações, minoritários e moralidade administrativa — WALD, Arnoldo & NÓBREGA, Maílson da — **110/146**

Privatizações e relação entre interesses públicos primários e secundários — Alterações na legislação societária brasileira — YAZBEK, Otavio — **120/100**

Problema da cobrança de juros e correção monetária nos débitos governamentais face à lei da usura — MÉLEGA, Luiz — **20/61**

Problemas atuais das debêntures — GUERREIRO, José Alexandre Tavares — **52/128**

Problemas atuais no direito cambiário — A) A cambial indexada. B) A cambial financeira. C) A investigação da *causa debendi* — GUERREIRO, José Alexandre Tavares — **52/64**

Problemas de direito mercantil — COSTA, Philomeno J. da Costa — **2/129**

Problemas jurídicos das filiais de sociedade estrangeira no Brasil e de sociedades brasileiras no exterior — A) Colocação e âmbito do problema. B) Reconhecimento e funcionamento de sociedades estrangeiras. C) As filiais como estabelecimentos comerciais. D) Inexistência de personalidade jurídica. E) Aspectos tributários. F) Relações externas das filiais. G) Relações internas entre filial e matriz — XAVIER, Alberto — **39/76**

Problemática do direito empresarial — BULGARELLI, Waldirio — **82/62**

Problemática dos saldos devedores nas operações de *leasing* — BULGARELLI, Waldirio — **95/81**

Problemática legal do capital estrangeiro — ARAGÃO, Paulo Cezar — **71/62**

Procedimento de protesto de títulos — **13/153**

— Provimento 1/1973, do Corregedor Permanente dos cartórios de Registro de Imóveis e Protesto de Campinas — **9/151**

Procedimento no protesto de títulos cambiais — MERCADO JÚNIOR, Antônio — **1/157**

Procuração — Manuscrito Veneziano, de 14 de junho de 1442 — PENTEADO, Mauro Rodrigues & PRADO, Anna Lia A. de A. — **113/265**

Produção publicitária. Proteção pelo direito de autor — 1. A mensagem publicitária criativa é amparada pelo direito de autor. 2. Propaganda é arte, publicidade, mera divulgação. 3. A agências de publicidade. Origem, vida e paixão. 4. Direito à imagem e direito à intimidade. 5. Uniformes e equipamentos esportivos usados para fins de propaganda. 6. Inserções publicitárias em filmes de televisão. 7. A preconizada regulamentação do tempo de publicidade pela TV. 8. A inserção publicitária nos programas de televisão por assinatura. 9. A paródia na obra publicitária — CHAVES, Antônio — **72/27**

Produto do trabalho da mulher casada — Especialização do patrimônio separado — CUNHA, Sérgio Sérvulo da — **34/69**

Programa brasileiro de privatização de empresas estatais — 1. Introdução. 2. Visão global do tema. 3. Noção histórica do intervencionismo estatal. 4. Tratamento constitucional do intervencionismo. 5. A intervenção estatal na Constituição de 1988. 6. As primeiras empresas estatais brasileiras. 7. Razões da privatização. 8. Experiências de privatização em outros países. 9. Fundamentos do programa brasileiro de privatização. 10. Comentários à Lei 8.031, de 12.4.1990. 10. Conclusão — SOUTO, Marcos Jurena Villela — **80/54**

Programa de computador e direito autoral — I — Noções básicas: 1. A influência da evolução técnica; 2. Problemática suscitada pelo computador; 3. Programa de computador: caracterização; 4. Algoritmo e programa; 5. Linguagem de computador. II — O programa e os ramos do direito intelectual abstratamente aplicáveis; 8. Propriedade das idéias; 9. Patente de invenção; 10. Concorrência desleal; 11. Novo tipo de direito Intelectual; 12. Direito do autor. III — A obra tutelada pelo direito de autor; 13. O sentido da enumeração legal; 14. A liberdade das idéias; 15. A criatividade; 16. A exclusão dos modos de expressão obrigatórios de uma idéia; 17. Modalidades de obras; 18. Classificação segundo a forma ou modo de expressão; 19 O caráter estético; 20. A exclusão dos programas para a ação; 21. Obra e realização; 22. A proteção de projetos e esboços, quando relativos a obras plásticas; 23. Possibilidade de proteção do projeto ou esboço, não obstante a desproteção da realização definitiva; 24. Confronto com a Convenção de Berna; 25. Esquemas de expressão lingüística para a ação. IV — O programa de computador como obra intelectual: 26. o limite do óbvio; 27. O programa como obra de expressão lingüística; 28. o programa é obra tutelada; 29. A convenção de linguagem diferente; 30. A irrelevância da tutela por outro ramo do direito intelectual; 31. A tributação do direito ao programa; 32. Posição da doutrina brasileira; 33. Execução da obra e realização do programa; 34. O direito de reprodução; 35. Em particular a reprodução da memória interna de um computador; 36. Conclusões sobre regime legal — ASCENSÃO, José de Oliveira — **58/27**

Programas e compêndios de direito — NOGUEIRA, Ruy Barbosa — **60/83**

Proibição da suspensão de serviços essenciais à população por falta de pagamento — BARROS, Zanon de Paula & MONTES FILHO, José Alcides — **121/234**

Proibidos de comerciar (sobre o art. 2º do Código Comercial e sua atualização) — FRONTINI, Paulo Salvador — **28/39**

Projeto de Código Civil — COMPARATO, Fábio Konder — **17/133**

Projeto de Código Civil e as normas sobre atividade negocial — BARRETO FILHO, Oscar — **9/99**

Projeto de Lei 1.564, de 1996 — 105/159

Projeto de lei de falências e a realidade brasileira — SILVA, José Anchieta da — **135/110**

Projeto de lei que institui a Comissão de Valores Mobiliários (CVM) — BAPTISTA NETO, José — **20/111**

Projeto holandês sôbre a contabilidade das emprêsas — 2/117

Projeto Lei do Senado 57/1977 — HILÁRIO, Benedito Garcia — **24/123**

Projetos de alteração da Lei 6.404/1976, Os — SZTAJN, Rachel — **107/183**

Propósito da polêmica em torno do art. 38 da Lei 8.880/1994 — STURZENEGGER, Luiz Carlos — **96/28**

Propósito da securitização de recebíveis: cessão de crédito ou cessão do contrato, A — PENTEADO JÚNIOR, Cássio M. C. — **115/124**

Propriedade de industrial e transferência de tecnologia no direito tributário brasileiro — TÔRRES, Heleno Taveira — **134/107**

Propriedade e controle na companhia aberta — Uma análise teórica — 1. Introdução. 2. A teoria da separação entre propriedade e controle na grande empresa. 3. Repercussões da teoria da separação entre propriedade e controle no Brasil. 4. Observações finais — EIZIRIK, Nelson — **54/90**

Propriedade fiduciária no anteprojeto de Código Civil — RESTIFFE NETO, Paulo — **9/147**

Propriedade industrial — SILVEIRA, Sebastião — **56/130**

— Nome comercial — Proteção — Denominações semelhantes ou idênticas — Direito da firma registrada, anteriormente, na Junta Comercial, de pedir a modificação, ainda que diversos o gênero de comércio ou de indústria — Embargos rejeitados — Voto vencido — AMADEO, Nelson Fatte Real — **41/134**

— Nome da empresa cabível ação cominatória para constranger a modificação do nome colidente — O prazo de prescrição da ação é o da lei comum — Procedência da ação — SILVEIRA, Newton— **52/103**

— Nome de empresa — Distinção entre nome-firma e nome-marca — Ação para modificar o nome-firma, por semelhante ou idêntico a outro, causador de erro ou confusão — Prescrição — Não prescreve em seis meses — SILVEIRA, Newton — **52/104**

— Proteção à marca — Decisão da Oitava Câmara Civil do Tribunal de Justiça — PINHEIRO, Waldemar Álvaro — **68/66**

— Registro da marca "Comind". Se a anterioridade alegada pelo INPI refere-se a marca pertencente ao mesmo grupo econômico, não incide a proibição contida no item 17 do art. 65 do CPI. Segurança concedida. Sentença confirmada. Apelo improvido — SILVEIRA, Newton — **50/119**

— Registro da marca "JW" e "Caoekubga" para distinguirem, na classe 37, a prestação de serviços de assistência técnica (art. 61, 3, do Código de Propriedade Industrial), indeferido pelo INPI, com base no parágrafo único do art. 62 da Lei 5.772/1971 — SILVEIRA, Lilian de Melo — **42/101**

Propriedade industrial — Legitimidade passiva e competência na ação de nulidade de privilégio — AGUILAR, Fernando Herren Fernandes — **62/74**

Propriedade industrial na falência, A — Alienação de direito de marca — A) A falência e a gestão dos bens do falido. B) Os direitos de propriedade industrial pertencentes à massa — ROCHA, João Luiz Coelho da — **111/82**

Propriedade intelectual e a proteção da biodiversidade e dos conhecimentos tradicionais — ADIERS, Cláudia Marins — **124/116**

Propriedade intelectual na internet e a questão dos nomes de domínio — SILVEIRA, Newton — **119/26**

Propriedade privada entre o direito civil e a Constituição — TOMASETTI JÚNIOR, Alcides — **126/123**

Prospectives en droit français contemporain des sociétés civiles et commerciales — 1. Les réformes concernant le droit *stricto sensu* des sociétés. 2. Les modifications de la Loi du 24.7.66 sur les sociétés commerciales: a) Traduction en droit français des sociétés commerciales, des directives européennes — GUYENOT, Jean — **58/5**

Proteção à minoria acionária — 1. Direitos da minoria e direitos individuais dos acionistas. 2. Os grupos minoritários de poder e as maiorias dispersas. 3. Conceito de minoria. 4. Os focos dos conflitos no âmbito das anônimas. 5. Direitos da minoria qualificada. 6. Direitos individuais dos acionistas: a) Direito individual de participar dos lucros sociais; b) Participar do acervo da companhia, em caso de liquidação; c) Fiscalizar a gestão dos negócios sociais; d) Preferência para subscrição de ações, partes beneficiárias conversíveis em ações, debêntures conversíveis em ações e bônus de subscrição; e) Retirar-se da sociedade nos casos previstos em lei. 7. O desrespeito aos direitos dos minoritários — LOBO, Jorge — **105/25**

Proteção ao consumidor — Relatório final do grupo de trabalho criado para estudar e propor normas legais de proteção ao consumidor — **21-22/139**

— Responsabilidade do fabricante — Competência — Danos a lavoura — Inseticida com substância nociva — Ação de indenização — Foro competente — Aplicação do art. 100, V, *a*, do CPC — Agravo improvido — PENTEADO, Mauro Rodrigues — **41/121**

Proteção ao consumidor na Constituição Brasileira de 1988 — 1. Origem e sentido histórico do direito do consumidor. 2. A natureza jurídica das normas de proteção ao consumidor na Constituição brasileira. 3. As garantias de respeito ao princípio constitucional de defesa do consumidor — COMPARATO, Fábio Konder — **80/66**

Proteção ao *design* — SILVEIRA, Newton — **23/151**

Proteção contratual no Código de Defesa do Consumidor — LUCCA, Newton de — **87**

Proteção da marca notória no Brasil — Aplicação do art. 6º *bis* Convenção de Paris e da lei interna — 1. Definição de marca notória: 1. Noção, fundamento e natureza jurídica de marca notoriamente conhecida segundo o art. 6º-*bis* da Convenção de Paris; 2. Noção de marca notória segundo a legislação brasileira. 2. Condições de aplicação do art. 6º-*bis* no Brasil: 1. Beneficiários do dispositivo convencional; 2. A notoriedade da marca; 3. Território e data da notoriedade; 4. Produtos idênticos ou similares; 5. A proteção acordada: recusa ou invalidação de um registro; 6. Dos prazos para se reclamar a proteção convencional — GUSMÃO, José Roberto — **70/65**

Proteção de nome civil e de nome comercial — 1. Conceito genérico de nome e de nome civil. 2. Conceito restritivo de nome comercial; alusão ao conceito amplo. 3. Confronto entre nome civil e nome comercial. 4. A livre concorrência como fator de distinção de nome civil e nome comercial. 6. A "legislação própria" protetora atualmente do nome comercial; inconveniência da subsistência do art. 8º da proteção ao nome comercial da Convenção de Paris de 1883. 7. Proteção ao nome comercial, sem qualquer acréscimo, ao primeiro empresário que adotar o seu para si. 8. Proteção ao nome comercial dos homônimos civis posteriores com a obrigatoriedade do acréscimo de forma distintiva. 9. Da proteção apenas de uma parte do nome. 10. Conclusões — COSTA, Philomeno J. da — **52/93**

Proteção do consumidor — Aspectos de direito comparado e internacional — I — Aspectos de direito comparado: a) Padrões legislativos: 1. Proteção derivada das obrigações contratuais; 2. Responsabilidade extracontratual; 3. A problemática da alocação dos riscos: 1) Infrações e sanções; 2) Alcance dos padrões legislativos; b) Harmonização do direito europeu. II — Aspectos de direito internacional: a) Conflito de leis; b) A Convenção de Haia sobre a responsabilidade pelo produto; c) Efeitos internacionais da legislação brasileira — BAPTISTA, Luiz Olavo — **83/18**

Proteção do consumidor: importante capítulo do direito econômico — 1. As formas jurídicas de proteção do consumidor: a) A evolução das antigas formas de proteção do consumidor; b) As novas formas jurídicas de proteção do consumidor. 2. As responsabilidades e os remédios: a) A responsabilidade civil; b) A responsabilidade penal; c) As sanções administrativas. 3. Os órgãos de proteção do consumidor. 4. À guiza de conclusão — COMPARATO, Fábio Konder — **15-16/89**

Proteção do consumidor (notas sobre doutrina e jurisprudência no direito comparado — Disposições do novo direito constitucional — Breve análise de um projeto de lei) — 1. Introdução. 2. Problemas jurídicos ligados à proteção do consumidor: 2.1 A responsabilidade contratual; 2.2 A responsabilidade extracontratual; 2.3 Conclusões sobre o direito comparado; 2.4 Notas específicas sobre o direito brasileiro. 3. Outras formas jurídicas de proteção do consumidor. 4. O direito constitucional de proteção do consumidor. 5. O projeto de Lei 898/1988, da Dep. Márcia Kubitschek. 6. Conclusão — VERÇOSA, Haroldo Malheiros Duclerc — **76/54**

Proteção do consumidor no contrato de compra e venda — BULGARELLI, Waldirio — **91/87**

Proteção do nome comercial — COSTA, Philomeno J. da — **81/96**

Proteção dos programas de computador em direito comparado e internacional — I — Regime jurídico do *software* e dos programas, no direito comparado. II — Os tratados internacionais e a proteção dos programas. III — Conclusão — BAPTISTA, Luiz Olavo — **50/26**

Proteção dos programas de computadores — 1. Parte histórica. 2. Direitos autorais. 3. Privilégio de invenção. 4. Modelo de utilidade. 5. Conclusão — SOARES, José Carlos Tinoco — **17/39**

Proteção internacional da propriedade industrial — DANIEL, Denis Allan — **30/101**

— SILVEIRA, Newton — **73/120**

Proteção jurídica ao nome comercial, ao título de estabelecimento e à insígnia no Brasil — Regime jurídico e novos desenvolvimentos na jurisprudência — 1. Introdução: 1.1 Considerações preliminares; 1.2 Conceitos de nome comercial, título de estabelecimento e insígnia, e demais conceitos aplicáveis ao tema. 2. Desenvolvimento histórico da legislação; 2.1 Código Comercial brasileiro (Lei 556, de 25.6.1850); 2.2 Convenção da União de Paris — CUP: 2.2.1 Aplicação da CUP no Brasil; 2.2.2 O princípio do tratamento nacional; 2.2.3 Conteúdo da proteção ao nome comercial na CUP; 2.2.4 Requisito de proteção no país de origem; 2.3 Decreto — com força de Lei 916, de 24.10.1890; 2.4 Decreto — com força de Lei 3.708, de 10.1.1919; 2.5 Decreto — com força de Lei 24.507, de 29.6.1934; 2.6 Primeira lei das sociedades por ações; 2.7 Código Penal (Decreto-lei 7.903, de 27.8.1945 cf. alt., pelo Decreto-lei 8.481, de 27.12.1945); 2.9 Lei do registro do comércio (Lei 4.726, de 13.7.1965); 2.10 Código de Propriedade Industrial de 1967; 2.11 Código de Propriedade Industrial de 1969; 2.12 Código de Propriedade Industrial vigente, de 1971 (Lei 5.772, de 21.12.1971); 2.13 Lei de sociedades por ações vigente, de 1976 (LSA — Lei 6.404, de 15.12.1976); 2.14 Código de Proteção e Defesa do Consumidor (CDC, Lei 8.078, de 11.9.1990). 3. Conteúdo do direito ao nome comercial, ao título de estabelecimento e à insígnia. 4. Questões especiais; 4.1 Alienabilidade do nome comercial, do título de estabelecimento e da insígnia; 4.2 A proteção do nome das sociedades civis; 4.3 A prescrição da ação de violação e da ação de indenização; 4.4 A proteção do nome comercial vis-à-vis uma marca registrada e o âmbito de proteção do nome comercial. 5. Conclusão — LEONARDOS, Gabriel F. — **95/26**

Proteção jurídica do logiciário — MANSO, Eduardo Vieira — **67/122**

Proteção jurídica dos segredos industriais e de negócio — SILVEIRA, João Marcos — **121/150**

Proteção nacional do inventor — BARRETO FILHO, Oscar — **40/147**

Protesto cambiário — Provimento 155/1971 da Corregedoria-Geral da Justiça do Estado da Guanabara — **6/131**

Protesto de boletos bancários — FERNANDES, Jean Carlos — **128/66**

Protesto de duplicata simulada e procedimentos judiciais do sacado — 1. Introdução. 2. O protesto cambiário. 3. O protesto cambiário e a duplicata simulada ou "fria". 4. Os procedimentos do sacado. 5. A legitimação passiva no procedimento judicial do sacado. 6. Procedimentos no exercício do direito de regresso do endossatário. 7. Indenização por danos ao sacado. 8. Breve conclusão — BARBI FILHO, Celso — **110/172**

Protesto de título de crédito em que concordatário figura como devedor direto — GONTIJO, Vinícius José Marques — **132/64**

Protesto de títulos cambiários — **59/109**

Protesto e direito de regresso — ABRÃO, Nelson — **18/113**

Proto-história das empresas multinacionais, Na — O Banco Médici de Florença — COMPARATO, Fábio Konder — **54/105**

Prova — Testemunha — Impedimento — Dispensa do juiz — Sociedade comercial — Anônima — Assembléia geral — Contas da administração — Aprovação fraudulenta — Nulidade — GUERREIRO, José Alexandre Tavares — **47/61**

Provimento 2/1971, do Corregedor-Geral da Justiça do Estado de São Paulo — Parecer do Juiz Álvaro Lazzarini - **1/165**

Provimento 10, de 1970, do Corregedor-Geral da Justiça do Estado de São Paulo — Parecer do Juiz Álvaro Lazzarini - **1/164**

Publicidade, propaganda e impôsto sôbre serviços — I — Introdução. II — Modo de operar das emprêsas de propaganda. III — Considerações propedêuticas. IV — Receitas das emprêsas de publicidade. V — Serviços tributáveis e receitas das agências de propaganda. VI — Base imponível no imposto sôbre serviços. VII — As faturas dos serviços de publicidade — ATALIBA, Geraldo — **2/11**

Publicidade e a propriedade industrial no Brasil — 1. Marcas. 2. Expressões ou sinais de propaganda — LULAI, Esther — **76/75**

Publicidade enganosa — Aspectos da regulamentação legal — BULGARELLI, Waldirio — **58/89**

Quatrocentas reuniões de estudos da mesa semanal de debates do IBDT/USP — NOGUEIRA, Ruy Barbosa — **51/153**

Que é a "ordem escrita do alienante" na venda de ações escriturais e conseqüências do seu descumprimento — 1. Introdução. 2. O tratamento legal das ações escriturais. 3. Atribuições e responsabilidades das corretoras intervenientes. 4. O papel das Bolsas de Valores na negociação das ações escriturais. 5. Atribuições e responsabilidades das instituições financeiras administradoras das ações escriturais. 6. Conclusões parciais estabelecidas pelo exame das responsabilidades até aqui examinadas! 7. Atribuições e responsabilidades do Fundo de Garantia das Bolsas de Valores — VERÇOSA, Haroldo Malheiros Duclerc — **80/39**

Questão da responsabilidade, por sucessão *inter-vivos*, no contrato de trespasse — BRITO, Alexandre Aguiar de — **120/128**

Questão referente a livros societários e documentos relativos à presença e às deliberações das assembléias-gerais — Irregularidades de menor monta que não se confundem com falsidade nem justificam a sua anulação — BULGARELLI, Waldirio — **114/253**

Questões controvertidas no processo de execução — GUIMARÃES, Leonardo — **122/64**

Questões jurídicas relacionadas à internet — STUBER, Walter Douglas, MONTEIRO, Manoel Ignácio T. & NOBRE, Lionel Pimentel — **120/146**

Questões jurídicas sobre a inadimplência no pagamento do cheque — 1. O cheque — Noção introdutória. 2. Disciplina, conceito e preceitos legais. 3. Utilização prática e inadimplência do cheque. 4. O cheque sem fundos. 5. A revogação e a "sustação" do cheque. 6. O cheque "pré-datado". 7. O cheque dado em garantia. 8. Conclusões — BARBI FILHO, Celso — **115/104**

Questões relativas ao cheque "cruzado" e "para ser creditado em conta", na prática, na doutrina e na jurisprudência, Algumas — MIRANDA JÚNIOR, Darcy Arruda — **61/22**

Questões sobre a empresa pública no Brasil — 1. A natureza das empresas públicas. 2. Intervencionismo estatal. 3. a empresa pública e suas funções no direito positivo atual. 4. Atividade econômica. 5. O regime jurídico: a) A forma societária; b) Obrigações da empresa pública. 6. Controle das atividades da empresa pública — LOPES, José Reinaldo de Lima — **57/51**

Questões sôbre a forma do protesto de títulos cambiários, Algumas — MERCADO JÚNIOR, Antônio — **1/157**

Quotas de fundos imobiliários — Novo valor mobiliário — SZTAJN, Rachel — **93/104**

***Rating* e risco-país** — 1. Introdução. 2. Agências de classificação (*rating agencies*). 3. Risco-país (*country risk*). 4. Valor de um *rating*. 5. Importância do *rating* para as partes envolvidas em um investimento: a) Mitigação do risco através da estrutura do investimento; b) Monitoramento dos riscos. 6. Conclusão. Bibliografia — BRÍGIDO, Renato Sampaio — **134/164**

Razões do direito da concorrência — SCHUARTZ, Luis Fernando — **118/77**

Reavaliação dos ativos das sociedades anônimas e seu tratamento como lucro, A — A) Sobre a reavaliação do ativo das companhias. B) A valorização econômica enquanto lucro, resultado da companhia. C) O tratamento concedido pela Lei 6.404. D) A realização da reserva de reavaliação. E) Lucro do exercício ou acumulado? F) Conclusão — ROCHA, João Luiz Coelho da — **113/118**

Reavaliação dos bens do ativo — Companhias aberta — Deliberação CVM 13 — 15.10.1981 — MÉLEGA, Luiz — **43/106**

Reavaliação dos bens do ativo permanente. Constituição da reserva de reavaliação. Sua incorporação ao capital social. Seu aproveitamento para compensação de prejuízos. Hipóteses que dispensam a sua constituição — MÉLEGA, Luiz — **44/115**

Recentes mutações do sistema bancário francês — THIBAUD, Jean — WALD, Arnoldo — **93/123**

Recepção do *drop down* no direito brasileiro — I — Descrição da operação. II — Identificação da operação como *drop down*, atípica. III — Conceito e natureza do *drop down* e seu tratamento no direito comparado e sua recepção pelo ordenamento jurídico brasileiro. IV — Confrontação do *drop down* com a cisão, a incorporação, a subsidiária integral, a atipicidade das sociedades, o negócio indireto, e outros institutos similares. V — Validade e alcance do *drop down* como exercício da liberdade constitucional de contratar. VI — efeitos jurídicos do *drop down*, *in abstrato*. VII — Conclusão geral e perspectivas — VERÇOSA, Haroldo Malheiros Duclerc & BARROS, Zanon de Paula — **125/41**

Recuperação da empresa em crise — FONSECA, José Júlio Borges da — **87/70**

Recuperação da empresa em crise diante do Decreto-lei 7.661/1945 — TEPEDINO, Ricardo — **128/165**

Recuperação da empresa em crise no direito francês, A — 1. Introdução. 2. A prevenção das dificuldades. 3. O regulamento amigável. 4. Procedimento judicial: 1) A abertura do processo;

2) O período de observação; 3) A fase definitiva. 5. Conclusões — LOBO, Jorge & PIMENTEL, Sérgio — **113/148**

Recurso — Agravo de instrumento — Matéria falimentar — Interposição por credor contra a sentença que decreta a quebra — Prazo — Contagem da publicação do aviso que convoca os credores e fixa prazo para a habilitação — Preliminar de intempestividade repelida — ABRÃO, Nelson — **11/84**

Redução do compulsório e aplicação em ações e debêntures — SANTOS, Theóphilo de Azevedo — **2/95**

Redução dos custos de capitação no mercado de valores mobiliários — 1. Observações preliminares. 2. Custos da regulação. 3. Custos de intermediação — EIZIRIK, Nelson — **91/37**

Reflexão sobre a atividade inventiva — 1. A atividade inventiva. 2. O estado da técnica. 3. O técnico no assunto. 4. *La non-évidence.* 5. Conclusão — OLIVEIRA, Maurício Lopes de — **114/134**

Reflexão sobre as estruturas jurídicas no direito internacional económico, Uma — 1. Introdução. 2. Princípios base do direito internacional económico. 3. Os enquadramentos e meios de actuação internacional. 4. As multinacionais e transacionais. 5. Conclusões — GUIMARÃES, Vasco Branco — **111/30**

Reflexiones sobre los grupos de sociedades y su regulación jurídica, Algunas — 1. Introducción. 2. El grupo de sociedades: delimitación de sus características: a) Aspectos generales; b) La dirección unitaria. Su relación con la estructura del grupo; c) Dirección unitaria sin relación de dependencia económica: la posibilidad de los llamados grupos por coordinación. 3. La regulación jurídica del grupo de sociedades: finalidades y modelos legislativos: a) finalidades de la regulación jurídica de los grupos; b) Modelos de regulación de los grupos: a) Modelo contractual; b) Modelo orgánico; c) Insuficiencia de los modelos de regulación. Hacia una concepción "dinámica" del grupo de sociedades. 4. Los grupos de sociedades en derecho español; a) Ausencia de regulación en nuestro ordenamiento societario vigente; b) La regulación de los grupos de sociedades en el anteproyecto de ley de sociedades anónimas de 1979; c) Observaciones sobre la regulación de los grupos en el anteproyecto. 5. Consideraciones finales. 6. Bibliografía fundamental — IRUJO, José Miguel Embid — **53/18**

Reflexões sobre a dissolução judicial de sociedade anônima por impossibilidade de preenchimento do fim social — COMPARATO, Fábio Konder — **96/67**

Reflexões sobre a governança corporativa no Brasil — SANTOS, Aline de Menezes — **130/180**

Reflexões sobre a reforma da lei de falências — 1. Introdução. 2. Ressalva necessária. 3. Quatro pontos críticos. 4. Inviabilidade da atual lei de falências face aos objetivos a que se propôs. 5. Limitações da fórmula processual. 6. Vulnerabilidade da lei de falências ante práticas que a deturpam. 7. Necessidade de a falência alcançar empresários hoje a elas não sujeitos. 8. Encerramento — FRONTINI, Paulo Salvador — **31/43**

Reflexões sobre as promessas de cessão de controle societário — COMPARATO, Fábio Konder — **32/77**

Reflexões sobre os contratos cativos de longa duração — XAVIER, José Tadeu Neves — **135/26**

Reforma da empresa — COMPARATO, Fábio Konder — **50/57**

Reforma da legislação do crédito rural e dos títulos de crédito rural, A — BULGARELLI, Waldirio — **110/212**

Reforma da legislação falimentar — ***Principles and Guidelines for Effective Insolvency and Creditor Rights Systems*** — **122/75**

Reforma da legislação relativa às sociedades por ações — VALVERDE, Trajano de Miranda — **1/153**

Reforma da lei das sociedades anônimas (seminário) — LAMY FILHO, Alfredo — **7/123**

Reforma da lei de falência frente à reorganização econômica da empresa, A — Introdução. 1. A origem e evolução histórica do instituto da falência: 1.1 O direito romano na antiguidade: 1.1.1 O período clássico do direito romano; 1.2 A falência no período medieval: 1.2.1 Amplitude da execução coletiva na Idade Média; 1.3 Falência a partir do século XVIII ao fim do século XIX no direito internacional: 1.3.1 Abrangência da falência nesse período da história; 1.4 O direito falimentar no Brasil: 1.4.1 O Brasil colônia; 1.4.2 O período republicano no Brasil; 1.4.3 O Decreto 917/1890; 1.4.4 A Lei 859, de 16.8.1902; 1.4.5 A Lei 2.014, de 17.12.1908; 1.4.6 A Lei 5.746, de 9.12.1929; 1.5 O período correspondente à Segunda Guerra Mundial. 2. A natureza jurídica do instituto falimentar: 2.1 A natureza processual da falência; 2.2 A natureza substancial da falência; 2.3 Considerações críticas a respeito da natureza jurídica do instituto falimentar. 3. Aspectos estruturais referentes ao princípio da preservação da empresa: 3.1 Comentários gerais sobre o novo direito falimentar; 3.2 Correlação entre o direito e a economia; 3.3 Questões de ordem sócio-política sobre o princípio da preservação da empresa no processo de reorganização econômica; 3.4 Dissociação entre a sorte da empresa para a do empresário; 3.5 A participação dos órgãos governamentais no plano de reorganização econômica da empresa: 3.5.1 A intervenção do Estado no processo de reorganização; 3.5.2 Desnecessidade da participação estatal no plano; 3.6 A participação dos bancos privados e dos demais credores no plano de reerguimento financeiro da empresa. 4. Aspectos objetivos do plano de reorganização econômica da empresa: 4.1 Conceito e característica do plano de reerguimento econômico; 4.2 A nova classificação creditória no procedimento reorganizatório; 4.3 A sistemática recursal no âmbito do procedimento concursal; 4.4 A instituição do cargo de administrador judicial; 4.5 A participação dos empregados na direção da empresa; 4.6 Reformulação da atividade jurisdicional em um novo direito concursal. Considerações finais. Bibliografia — SIMIONATO, Frederico Augusto Monte — **108/16**

Reforma da lei de falências — BULGARELLI, Waldirio — **83/122**

Reforma da lei de falências e concordatas — BULGARELLI, Waldirio — **85/49**

Reforma da lei falimentar — Noticiário — **59/111**

Reforma da responsabilidade civil em nível estadual: auxiliando o sistema ou criando mais caos? — A era inicial, 1875-1975: reforma da responsabilidade delitual. A era 1965-1975: o total desenvolvimento do princípio da culpa. A era de 1975 até o presente: a erosão da responsabilidade civil delitual tradicional. A imposição de "responsabilidade objetiva" estrita. Responsabilidade por dano puramente emocional. Responsabilidade solidária e culpa comparativa. Esforços a nível de reforma da responsabilidade delitual. Reforma através de ação legislativa estadual. Resultados da reforma. Reformas introduzidas pelos tribunais. Reforma legislativa estadual — O futuro. Reformas introduzidas na responsabilidade delitual em 1986 e 1987. Responsabilidade do produtor. Responsabilidade solidária. Responsabilidade comparativa. Regra da fonte colateral. Limites à indenização. Prestações periódicas. Juros incorridos anteriormente à sentença condenatória — SCHWARTZ, Victor E. — **72/5**

Reforma das S/A e conselho fiscal — EIZIRIK, Nelson — **119/121**

Reforma das S/A e direito de recesso — A) Objetivos da reforma. B) Recesso nas hipóteses de fusão, incorporação e participação em grupo de sociedades. C) Supressão do direito de recesso nos casos de dissolução da companhia, cessão do estado de liquidação e cisão. D) Incorporação, fusão e cisão de companhia aberta. E) Recesso para acionistas prejudicados. F) Valor do reembolso. G) Eliminação da "indústria do recesso" — EIZIRIK, Nelson — **111/74**

Reforma de sociedades por quotas de responsabilidade limitada no direito alemão — FRANCO, Vera Helena de Mello — **71/87**

Reforma do Código da Propriedade Industrial — BARRETO FILHO, Oscar — **4/75**

Reforma regulatória e Sistema Financeiro Nacional — VALÉRIO, Marco Aurélio Gumieri — **129/174**

Reforma tributária — Imposto sobre a renda da pessoa jurídica — Proposta de sua eliminação — Críticas e sugestões — MÉLEGA, Luiz — **50/123**

Reformulação da Lei 6.024, de 13.3/1974 — 1. Introdução. 2. As regras vigentes. 3. A responsabilidade. 4. A indisponibilidade dos bens. 5. O inquérito. 6. Considerações finais — VERÇOSA, Haroldo Malheiros Duclerc — **41/29**

Reformulação do instituto da alienação fiduciária em garantia — MÉLEGA, Luiz — **29/111**

Regime das participações societárias recíprocas e as sociedades por quotas de responsabilidade limitada, O — 1. Objeto. 2. Metodologia. 3. Problemática dos grupos de sociedades. 4. As participações societárias recíprocas. 5. Aplicabilidade da Lei 6.404/1976 às sociedades por quotas de responsabilidade limitada. 6. Os objetivos da vedação às participações societárias recíprocas. 7. Os riscos de caráter patrimonial provenientes das participações recíprocas. 8. Os riscos de caráter organizativo provenientes das participações recíprocas. 9. Conclusões — YAZBEK, Otavio — **109/54**

Regime de Administração Especial Temporária — RAET — BRITO, Cristiano Gomes — **133/157**

Regime dissolutório do Código Comercial. Dissolução total e dissolução parcial. Dissolução judicial e extrajudicial — 1. Introdução. 2. Causas de dissolução total: 2.1 Sociedade com prazo certo; 2.2 A morte de um dos sócios; 2.3 Distrato; 2.4 Impossibilidade de execução do fim e intuito social; 2.5 Causas contratuais; 2.6 Sociedade unipessoal; 2.7 A falência da sociedade. 3. Causas de dissolução parcial: 3.1 A convenção; 3.2 A falência de um dos sócios; 3.3 Direito de retirada; 3.4 Exclusão de sócio. 4. Regime dissolutório da lei das sociedades por ações. 5. Liquidação. Apuração de haveres: 5.1 Liquidação. Sociedade de pessoas e sociedades por ações; 5.2 Apuração de haveres. 6. Partilha. Reembolso: 6.1 Partilha. Sociedades de pessoas e sociedades anônimas; 6.2 Reembolso. 7. Conclusões — PEREIRA, Marco Antonio Marcondes — **100/63**

Regime jurídico aplicável aos *shoppings centers* — 1. O perfil e a estrutura dos *shoppings centers*. 2. Os regimes jurídicos aplicáveis aos *shoppings centers*: 1) Condomínio especial; 2) Condomínio *pro indiviso*; 3) Sociedades. 3. A adoção do regime jurídico das sociedades anônimas — FONSECA, Priscila M. P. Corrêa da — **65/21**

Regime jurídico da comunhão de debenturistas e as condições de validade e oponibilidade das deliberações assembleares — I — Dos poderes da Assembléia no tocante aos direitos dos debenturistas: 1. Considerações gerais; 2. Direitos essenciais dos debenturistas; 3. Do abuso de direito e má-fé; 4. A sistemática do revogado Decreto-lei 781/1938; 5. As experiências estrangeiras — WALD, Arnoldo — **94/5**

Regime jurídico da responsabilidade dos administradores de instituições financeiras — Introdução. I — Conceituação de instituição financeira. II — Teoria de fundamentação da responsabilidade civil. Evolução legal da responsabilidade dos administradores de instituições financeiras. Conclusões — SIMONI, Liane Maia — **44/28**

Regime jurídico da sociedade de economia mista concessionária de serviço público e direitos dos contratantes particulares e acionistas — ADIERS, Leandro Bittencourt — **122/224**

Regime jurídico das ações escriturais — WALD, Arnoldo — **67/17**

Regime jurídico das Bolsas de Valores e sua autonomia frente ao Estado — 1. Introdução. 2. Âmbito de atuação das bolsas de valores e sua caracterização no direito comparado. 3. As bolsas de valores no regime jurídico brasileiro. 4. A natureza jurídica das bolsas de valores. 5. A autonomia das bolsas de valores. 6. Conclusões — EIZIRIK, Nelson — **61/5**

Regime jurídico do cheque na Lei Uniforme de Genebra — 1. A provisão do cheque no sistema da lei uniforme. 2. Outros pontos salientes da regulamentação genebrina — COMPARATO, Fábio Konder — **7/65**

Regime jurídico do usufruto de cotas de sociedade de responsabilidade limitada e de ações de sociedades anônimas — 1. Da evolução do usufruto. 2. Da posição do nu-proprietário e do usufrutuário na vida societária. 3. Usufruto e controle — WALD, Arnoldo — **77/5**

Regime jurídico dos depósitos bancários e o "Plano Collor" — 1. Considerações gerais. 2. A lição do direito estrangeiro. 3. A posição do direito brasileiro. 4. Dos efeitos da caracterização do contrato de depósito bancário sobre os pleitos de diferença de correção monetária decorrentes do "Plano Collor". 5. Da infungibilidade dos depósitos bancários em virtude da aplicação do "Plano Collor". 6. Da existência de *ato de príncipe* — WALD, Arnoldo — **90/5**

Regime jurídico dos encargos moratórios no sistema financeiro após a reforma monetária — 1. Introdução. 2. Evolução legislativa: a) O Código Civil; b) A lei de usura (Decreto 22.626/1933); c) A lei a reforma bancária (Lei 4.595, de 31.12.1964); d) A jurisprudência referente à Lei 4.595/1964; e) As normas do Código de Processo Civil referentes à sucumbência e a Súmula 616; f) Da sistemática legal e regulamentar vigente antes da reforma monetária. 3. A reforma monetária e a legislação vigente: a) Resolução 1.129, de 16.5.1986; b) A compensação do credor: a comissão de permanência e os juros moratórios (item I da Resolução); c) A penalidade do devedor: pagamento do valor previsto como cláusula penal moratória (item II da Resolução); d) Considerações complementares e conclusões quanto aos critérios das instituições financeiras — WALD, Arnoldo — **63/5**

Regime legal da venda das ações de sociedade de economia mista pertencentes à União Federal — I — Introdução. II — Do regime legal de venda das ações da União de acordo com as Leis 4.595/1964 e 4.728/1965. III — Da plena vigência dos arts. 60 e 61 da Lei 4.728. IV — Da falta de poder regulamentar da CVM na matéria. V — Da ineficácia da Carta Circular 303. VI — Da constitucionalidade da regulamentação que consta nos arts. 60 e 61 da Lei 4.728/1965 — WALD, Arnoldo — **39/23**

Regime legal das operações realizadas no mercado de câmbio — 1. Introdução. 2. Evolução histórica e direito comparado: 2.1 Considerações gerais; 2.2 A evolução de 1957 a 1988; 2.3 A Resolução 1.552 e a regulamentação posterior; 2.4 O direito comparado. 3. Do regime legal vigente. 4. Dos direitos e deveres dos participantes do mercado e da competência das autoridades. 5. Conclusões — WALD, Arnoldo — **93/5**

Regime legal dos concessionários de venda de automóveis no caso de fusão ou incorporação das empresas concedentes, Do — WALD, Arnoldo — **117/279**

Regime sancionatório em direito bancário — MATIAS, Armindo Saraiva — **127/21**

Registro de imóveis — Sociedade anônima — Incorporação por outra — Bem imóvel — Transcrição e não simples averbação — Apelação não provida — BULGARELLI, Waldirio — **25/106**

Registro do comércio e os limites de suas exigências — ROCHA, João Luiz Coelho da — **129/69**

Registro do formato, do envoltório e da embalagem como marcas de indústria e comércio — LEONARDOS, Flávio — **64/19**

Registro naval no tribunal marítimo — SEIXAS FILHO, Aurélio Pitanga — **56/42**

Registro público de empresas mercantis e atividades afins — Lei 8.934, de 18.11.1994 — MORELLO NETTO, João Baptista — **96/73**

Registro sumário no registro de comércio — **45/97**

Regra do sigilo nas ofertas públicas de aquisição de ações — 1. Introdução. 2. Ordem expositiva. I — O princípio da informação completa no mercado de capitais. II — O *insider trading* e a manipulação, como violações do princípio de informação completa no mercado de capitais. III — Sigilo e informação completa nas ofertas públicas de aquisição de ações, em direito comparado. IV — Sentido e alcance da norma de sigilo, no art. 260 da Lei 6.404. V — Conclusão — COMPARATO, Fábio Konder — **49/56**

Regulação de infra-estrutura e defesa da concorrência: proposta de articulação — Introdução. Regulação e defesa da concorrência. Experiências estrangeiras. O caso brasileiro. Proposta de articulação — ROCHA, Bolívar Moura — **112/85**

Regulação dos contratos mercantis — BULGARELLI, Waldirio — **72/96**

Regulação e auto-regulação do mercado de valores mobiliários — 1. Introdução. 2. A regulação do mercado de capitais e seus objetivos. 3. Implementação dos objetivos da regulação do mercado de capitais. 4. Auto-regulação e o papel das Bolsas de Valores. 5. Responsabilidade das Bolsas de Valores. 6. A Comissão de Valores Mobiliários e as Bolsas de Valores — EIZIRIK, Nelson Laks — **48/48**

Regulação e concorrência no sistema financeiro — SZTAJN, Rachel & SALLES, Marcos Paulo de Almeida — **123/41**

Regulação e o mercado de valores mobiliários — SZTAJN, Raquel — **135/136**

Regulamentação da atividade de secretário — Projeto de Lei Federal 5.099/1978 — MÉLEGA, Luiz — **31/115**

Regulamentação do art. 192 da Constituição Federal — 1. Introdução. 2. Funções clássicas: 2.1 Introdução; 2.2 O poder monetário dos BCs — Execução da política monetária. 3. Os problemas da autonomia e da organização: 3.1 A autonomia dos bancos centrais; 3.2 Independência e regime democrático; 3.3 Independência dos bancos centrais e desenvolvimento econômico; 3.4 Conceito e extensão da autonomia técnica; 3.5 A escolha dos administradores dos bancos centrais; 3.6 Quadro de pessoal profissionalizado e estável. 4. Um novo SFN. 5. Condições para a execução de uma eficaz política monetária: 5.1 A participação da sociedade nos planos de estabilidade da moeda; 5.2 O problema orçamentário; 5.3 A questão da limitação constitucional dos juros; 5.4 A crucial questão dos bancos públicos; 5.5 A necessidade de redução e simplificação da legislação financeira; 5.6 A regionalização do sistema bancário; 5.7 A separação de contas e a transparência do banco central perante a sociedade. 6. Um novo BCB: o sistema brasileiro de reserva (SBR): 6.1 O destino do CMN; 6.2 Alguns modelos de BCB em estudo: 6.2.1 Os Projetos Francisco Dornelles e César Maia; 6.3 As idéias do *currency board* e da privatização da moeda; 6.4 Noções gerais sobre o modelo do novo BCB na proposta do autor. 7. Conclusão — VERÇOSA, Haroldo Malheiros Duclerc — **94/35**

Regulamentação do Sistema Financeiro Nacional: o art. 192 e o mito da lei complementar única — SILVA, Luís Virgílio Afonso da & ROCHA, Jean Paul Cabral Veiga da — **127/79**

Regulamentação dos cartões de crédito — BULGARELLI, Waldirio — **19/47**

Regulamentação judiciário-administrativa do protesto cambial — COMPARATO, Fábio Konder — **83/79**

Regulamentação jurídica do acordo de acionistas, no Brasil — BULGARELLI, Waldirio — **40/79**

Relação entre o novo SPB e os títulos de crédito. Conseqüências jurídicas, políticas e sociais — SILVEIRA, André Bueno da, MARINHO, Arthur, MOREIRA, Edson Fábio Garutti & BARBOSA, Iberê Uchoa de Azevedo — **127/215**

Relações de consumo e o crédito ao consumidor — 1. As relações de consumo. 2. O conceito jurídico de consumidor. 3. O objeto da relação de consumo. 4. O crédito ao consumidor. 5. Conclusões — LEÃES, Luiz Gastão Paes de Barros — **82/13**

Relatório apresentado ao Instituto Brasileiro de Direito Comercial Comparado e Biblioteca Tullio Ascarelli anexo ao Departamento de Direito Comercial, da Faculdade de Direito da Universidade de São Paulo, sobre o tema: "O projeto de lei do Senado Federal, que dispõe sobre o cheque e dá outras providências" — MERCADO JÚNIOR, Antônio — **53/134**

Relevância para transformação das instituições no Brasil contemporâneo — ZYLBERSZTAJN, Décio, SZTAJN, Rachel, GORGA, Érica Cristina Rocha & SCARE, Roberto Fava — **126/101**

Remuneração dos promotores no direito societário brasileiro — I — Aspectos gerais: 1. O promotor ou fundador; 2. Natureza dos serviços; 3. Época de prestação dos serviços; 4. Plano do trabalho. II — Sistemas de remuneração: 1. Preliminares; 2. Remuneração em dinheiro; 3. Títulos não representativos do capital; 4. Títulos representativos do capital — 5. Vantagens patrimoniais. III — Aspectos jurídico-legais: 1. Preliminares; 2. Previsão contratual ou estatutária; 3. Época da emissão; 4. Qualificações jurídicas; 5. Limitações legais. IV — Direito brasileiro: 1. Preliminares; 2. Previsão contratual ou estatutária; 3. Época da emissão; 4. Qualificações jurídicas; 5. Limitações legais. V — Conclusões — VIANA, Bomfim — **26/51**

Renegociação da dívida externa e o respeito à soberania nacional — A) A evolução internacional do conceito de soberania. B) A posição do direito norte-americano. C) Conclusões — WALD, Arnoldo — **56/35**

Renovatória — Aluguel provisório — "O deferimento do aluguel provisório não está condicionado a que o senhorio se abstenha de fazer o pedido alternativo de retomada do imóvel" — ASSIS, Carlos Augusto de — **102/113**

Repasse bancário de recursos externos — COMPARATO, Fábio Konder — **76/49**

Repercussão, no regime da patente *pipeline*, da declaração de nulidade do privilégio originário — CLÈVE, Clèmerson Merlin & RECK, Melina Breckenfeld — **131/44**

Repercussão da nova lei de sociedades anônimas na vida das sociedades limitadas no Brasil — TEIXEIRA, Egberto Lacerda — **23/151**

Repetição e a reprodução cambiárias — Seção I — Repetição cambiária (I). Seção II — Repetição cambiária (II). Seção III — Reprodução cambiária; subseção I — Reprodução novatória; subseção II — Reprodução renovatória — VIANA, Bomfim — **36/16**

Representação comercial — Representante autônomo — Prazo indeterminado da avença — Cláusula de exclusividade de zona — Denúncia ou restrição pelo decurso de tempo razoável de sua vigência — Admissibilidade — Inteligência e aplicação do art. 27, *e* da Lei 4.886, de 1965 — REQUIÃO, Rubens — **10/120**

Representação comercial e distribuição comercial — Importância dos traços distintos — ROCHA, João Luiz Coelho da — **101/114**

Representação de sociedade por falido — 1. Introdução 2. Quem pode falir 3. Falência da sociedade 4. Extensão das responsabilidades sociais 5. Da incapacidade de direito especial relativa 6. Direito positivo 7. Conclusões — ROSMAM, Suzel Whitaker de Assumpção Mattos & MATTOS, Walmyr — **46/29**

Representação na conclusão dos contratos mercantis — I — O tema. II — Formas que pode assumir o fundamento do poder de representar e figuras próximas: 1. Mandato; 2. Gestão de negócios; 3. Representação comercial; 4. Contratos de cooperação comercial; 5. Representação orgânica; 6. Empregados de alto nível; 7. Preposição comercial; 8. Colaboradores e auxiliares dos comerciantes; 9. Intervenientes sem poderes de representação. III — A capacidade para praticar atos do comércio com representante. IV — A repercussão da teoria da aparência de representação no plano comercial. V — A extensão dos poderes conferidos pelo mandato *ad negotia* mercantil. VI — Questões relativas às conseqüências jurídicas dos atos praticados mediante representação: 1. O excesso de gestão representativa e seus efeitos com relação a terceiros; 2. Configuração do abuso de representação; 3. Continuação da representação a despeito da revogação dos poderes; 4. Falsa procuração; 5. Conflito de interesses e contrato consigo mesmo; 6. Prática de ato ilícito mediante representante; 7. Responsabilidade do representado pelos atos do representante. VII — Conclusão — FEKETE, Elisabeth Kasznar — **86/16**

Res speratae* e o *shopping center — I — Introdução. II — Aspectos básicos: b) *res sperata* — FONSECA, Antônio Cezar Lima da — **88/61**

Rescisão contratual — Contrato de adesão e o Código de Defesa do Consumidor — VERÇOSA, Haroldo Malheiros Duclerc — **88/95**

Rescisão imotivada de acordo de acionistas por prazo indeterminado — COSTA, Carlos Celso Orcesi da — **60/39**

Reservas, reserva de lucro e provisões — 1. Sumário. 2. Introdução. 3. Abordagem do tema. 4. Conclusão. 5. Bibliografia — HILÁRIO, Benedito Garcia — **39/96**

Reservas formuladas sobre a lei uniforme relativa às letras de câmbio e notas promissórias — 1. A vigência da lei uniforme como direito interno. 2. As reservas. 3. As fontes primárias do direito cambiário. 4. O suprimento da falta de assinatura. 5. O preenchimento abusivo. 6. A apresentação para pagamento. 7. As câmaras de compensação. 8. A cláusula de pagamento efetivo numa moeda estrangeira; a especificação da moeda estrangeira. 9. O prazo do protesto por falta de pagamento das letras com vencimento fixo. 10. A determinação precisa das situações que condicionam o regresso antecipado. 11. A substituição da taxa dos juros pela taxa legal interna. 12. A ação cambiária de locupletamento. 13. A provisão e sua atribuição ao portador; as questões pertinentes às relações jurídicas que serviram de base ao saque. 14. As causas de suspensão e interrupção da prescrição. 15. A denominação da nota promissória. 16. As reservas aplicáveis à nota promissória — FARIA, Werter R. — **8/21**

Resgate de ações — CHIARA, José Tadeu de — **48/60**

Resgate de ações de sociedade anônima — 1. Resgate de ações. Lei atual e lei anterior. 2. O caso Adhemar de Barros: 2.1 Posição de Adhemar de Barros; 2.2 Posição da companhia; 2.3 Decisões das instâncias ordinárias; 2.4 Decisões do STF. 3. As lições da justiça brasileira. 4. Críticas das lições acima: 4.1 Resgate e amortização; 4.2 Resgate e reembolso; 4.3 Valor do resgate; 4.4 Resgate e redução do capital; 4.5 Resgate não previsto no estatuto; 4.6 Afinal, para que serve o resgate? — LIMA, Osmar Brina Corrêa — **68/7**

Resolução USP 4.708, de 22.9.1999 — Institui e baixa o regulamento do "Prêmio Universidade de São Paulo de Direitos Humanos" — **116/9**

Respeito à marca sob a perspectiva do consumidor — BENJÓ, Roberto — **118/118**

Responsabilidade administrativa — A legislação de "lavagem de dinheiro" — 1. Introdução. 2. Pessoas jurídicas e físicas que podem ser responsabilizadas. 3. Obrigações cujo descumprimento desencadeia a responsabilização administrativa. 4. Sanções administrativas. 5. O Conselho de Controle de Atividades Financeiras (COAF). 6. O processo administrativo previsto no Decreto 2.799, de 1998 — MEDAUAR, Odete & AMARAL, Marcos — **119/86**

Responsabilidade civil — Cartão de crédito — Extravio ou furto — Uso por terceiro — Riscos assumidos no contrato — Obrigação de pagar o débito — Apelação não provida — BULGARELLI, Waldirio — **21-22/77**

— Código Brasileiro do Ar — Culpa objetiva — Inaplicação ao caso *sub judice* — COSTA, Philomeno J. da Costa — **8/107**

— Garantia dos acionários minoritários — Oferta pública de aquisição de ações — Aprovação indevida pela CVM — Indenização — PENTEADO, Mauro Rodrigues — **71/73**

— Vacinação de reses contra febre aftosa — Morte — Nexo causal — Comerciante e fabricante responsáveis solidariamente — Ação procedente — LOPES, José Reinaldo de Lima — **61/61**

Responsabilidade civil do banqueiro — WALD, Arnoldo — **17/11**

Responsabilidade civil do Estado — Banco Central do Brasil — Falta de cumprimento do serviço de fiscalização em instituição financeira — Incorrência da responsabilidade — VERÇOSA, Haroldo Malheiros Duclerc — **103/101**

— VERÇOSA, Haroldo Malheiros Duclerc — **90/75**

Responsabilidade civil do médico, A. Visão bioética — SZTAJN, Rachel — **108/7**

Responsabilidade civil dos administradores das companhias abertas — I — Insuficiência da responsabilidade civil. II — Exacerbação das responsabilidades administrativas e penais. III — Responsabilidade individual dos diretores. IV — Responsabilidade coletiva dos membros do conselho de administração. V — Diferente natureza dessas responsabilidades. VI — Limite de responsabilidade dos membros do conselho de administração. VII — Administração ordinária — Diretoria e conselho de administração. VIII — Administração extraordinária — Diretoria e conselho de administração. IX — Responsabilidade subjetiva (n. I do art. 158). X — Responsabilidade objetiva (n. II do art. 158). XI — Atos referentes ao funcionamento normal da companhia — Responsabilidade objetiva. XII — Responsabilidade objetiva dos administradores de instituições financeiras e intermediários do sistema de distribuição do mercado de capitais. XIII — Anulação e responsabilidade — CARVALHOSA, Modesto — **49/14**

Responsabilidade civil dos administradores das instituições financeiras — LUCCA, Newton de — **67/32**

Responsabilidade civil e administrativa do diretor de companhia aberta — 1. Introdução. 2. Aspectos de responsabilidade civil do administrador de companhia aberta: 2.1 Noções gerais; 2.2 As funções dos órgãos e os níveis distintos de responsabilidade; 2.3 Natureza e alcance da responsabilidade civil; 2.4 Responsabilidade da companhia pelos atos de seus administradores; 2.5 A ação da responsabilidade civil. 3. A responsabilidade administrativa: 3.1 Noções gerais; 3.2 O procedimento administrativo; 3.3 Aspectos da responsabilidade administrativa; 3.4 O poder disciplinar das Bolsas de Valores — EIZIRIK, Nelson — **56/47**

Responsabilidade civil em matéria de fotografias — CHAVES, Antônio — **75/16**

Responsabilidade civil especial — Nas instituições financeiras e nos consórcios em liquidação extrajudicial — BULGARELLI, Waldirio — **92/133**

Responsabilidade da sociedade por dívida de seus sócios integrantes — Desconsideração da personalidade jurídica — RECART, Rodrigo — **104/146**

Responsabilidade do administrador de instituição financeira, em face da lei bancária — PAULIN, Luiz Alfredo — **97/39**

Responsabilidade do controlador, dos sócios e dos administradores de empresas de consórcios. Sua apreciação à luz do direito do consumidor — Introdução — A estrutura do sistema de consórcio — O regime legal das empresas de consórcio — As empresas de consórcio e o direito do consumidor — VERÇOSA, Haroldo Malheiros Duclerc — **106/48**

Responsabilidade do controlador por obrigações da sociedade de economia mista e da empresa pública — I — Sociedades de economia mista e empresas públicas. II — Inexistência de responsabilidade solidária. III — Responsabilidade subsidiária: 1. Sociedades de economia mista; 2. Empresas públicas — SALLES, Ricardo — **32/13**

Responsabilidade do Estado e dos organismos públicos em razão da direção do crédito e da supervisão dos estabelecimentos de crédito — TÁCITO, Caio — **70/94**

Responsabilidade do fabricante no direito brasileiro futuro (confronto com o direito comparado) — FRANCO, Vera Helena de Mello — **73/80**

Responsabilidade do fabricante pelo fato do produto e do serviço — FONSECA, José Júlio Borges da — **98/63**

Responsabilidade do produtor em recente anteprojeto de lei no Brasil — Comparação com o direito alemão — COMPARATO, Fábio Konder — **63/112**

Responsabilidade dos administradores das sociedades anônimas no direito brasileiro e no comparado — 1. A sociedade anônima, definição e sua característica quanto à responsabilidade dos acionistas. 2. O Decreto-lei 2.267, de 1940, e a responsabilidade dos diretores. 3. A responsabilidade solidária e individual dos administradores e a causa dos prejuízos e os atos de que decorrem. 4. A responsabilidade dos diretores de instituições financeiras. A Lei 1.808, de 7.1.1953, e a Lei 4.595, de 31.12.1964. 5. Os diretores de instituições financeiras. Penalidades, pelo não cumprimento de suas obrigações e deveres. Tipo de responsabilidade. 6. A distinção dos atos praticados pelo diretor, dentro de suas atribuições, com culpa ou dolo, e os com violação da lei ou dos estatutos. 7. O nexo de causalidade entre o ato e o prejuízo de ordem material. 8. A responsabilidade civil e penal dos diretores de sociedades anônimas. 9. A ação de responsabilidade civil. Legitimação ativa. 10. A responsabilidade subsidiária dos diretores com a de seus predecessores. Requisitos para que ocorra. 11. O anteprojeto do Código Civil e a regulamentação da responsabilidade dos administradores. 12. O direito comparado e a responsabilidade dos diretores de sociedades anônimas: a) na Alemanha; b) na França; c) na Espanha; d) no México; e) na Suíça, Bélgica e Irã; f) em Portugal; e g) na Itália — LEITE FILHO, Fernando Rudge — **11/35**

Responsabilidade dos administradores das sociedades por ações em face da nova lei e da Lei 6.024/1974 — Da responsabilidade dos administradores de instituições financeiras — Conclusão — COELHO, Wilson do Egito — **40/37**

Responsabilidade dos administradores das sociedades por cotas de responsabilidade limitada — LEÃES, Luiz Gastão Paes de Barros — **25/49**

Responsabilidade dos administradores de instituições financeiras — 1. A natureza jurídica da responsabilidade. 2. A responsabilidade na legislação civil. 3. A responsabilidade na lei de sociedades anônimas. 4. A responsabilidade na legislação especial — SIQUEIRA, Francisco José de — **68/31**

Responsabilidade dos administradores de sociedades anônimas — 1. Introdução. 2. Evolução do problema. 3. Alcance da responsabilidade. 4. Responsabilidade por culpa ou dolo. 5. Responsabilidade civil. 6. Ação social. 7. Ação individual. 8. Responsabilidade individual e responsabilidade solidária — GUERREIRO, José Alexandre Tavares — **42/69**

Responsabilidade dos administradores de sociedades por ações — 1. Considerações preliminares. 2. Necessidade de ordenar a responsabilidade dos diretores. 3. Opções do legislador. 4. Natureza do vínculo de administração. 5. Ordens de responsabilidade. 6. Responsabilidade para com a sociedade. 7. Natureza da responsabilidade. 8. Elementos da responsabilidade. 9. Exoneração de responsabilidade. 10. Critérios para definição da responsabilidade. 11. Critério analítico. 12. O regime em vigor. 13. Conclusão — GOMES, Orlando — **8/11**

Responsabilidade dos administradores e as alterações promovidas no âmbito da responsabilidade civil no novo Código Civil, de uma forma geral — DIAS, Rui Belford — **128/150**

Responsabilidade dos administradores e outros membros dos órgãos sociais por dívidas tributárias — 1. A responsabilidade civil dos membros dos órgãos sociais até a entrada em vigor do Código das Sociedades Comerciais. 2. Princípios gerais sobre a responsabilidade civil dos membros dos órgãos sociais, no âmbito do Código das Sociedades Comerciais. 3. A responsabilidade por dívidas de impostos no Código de Processo de Contribuições e Impostos de 1963. 4. A responsabilidade dos membros dos órgãos sociais e revisores oficiais de contas, no Código do Processo Tributário de 1991. 5. O regime de responsabilidade por dívidas tributárias consagrado na lei geral tributária. 6. A responsabilidade dos gestores no âmbito do regime das infracções fiscais não aduaneiras. 7. As infracções fiscais criminais. 8. As infracções fiscais contraordenacionais. 9. Concurso de infracções fiscais criminais e contraordenacionais. 10. Responsabilidade civil dos gestores pelo pagamento de multas e coimas. 11. Conclusão — MATIAS, Armindo Saraiva — **115/42**

Responsabilidade dos administradores em face da nova lei das sociedades por ações — I — Os quatro planos da responsabilidade na sociedade por ações. II — Responsabilidade da sociedade por atos de seus administradores. III — Responsabilidade de terceiros perante a sociedade:

o acionista controlador. IV — Responsabilidade de órgãos societários: administradores e membros de conselhos estatutários. V — Responsabilidade civil de diretores e membros do conselho de administração: desvio de poder. VI — Proibições que alcançam os administradores. VII — Deveres e atribuições. VIII — O art. 158 da lei da sociedade por ações. IX — Casos destacados de responsabilidade. X — Uma nota sobre a responsabilidade no grupo societário. XI — Observações finais — FRONTINI, Paulo Salvador — **26/35**

Responsabilidade dos bancos pelo pagamento indevido de cheques — 1. Breves notas sobre a responsabilidade civil. 2. A conta corrente bancária movimentável por meio de cheques: 2.1 O depósito bancário; 2.2 O cheque. 3. A responsabilidade por negligência. 4. Culpa corrente e culpa exclusiva. 5. Responsabilidade objetiva dos bancos. 6. Conclusão — VERÇOSA, Haroldo Malheiros Duclerc — **70/32**

Responsabilidade dos bancos pelo roubo de bens depositados em seus cofres — CAHALI, Yussef Said — **56/25**

Responsabilidade dos membros do conselho de administração no regime da lei. 6.024/74 — 1. Introdução. 2. O conselho de administração da sociedade anônima. 3. Conceito de administrador na Lei 6.024/1974. 4. Da inaplicabilidade do conceito de administrador da Lei 6.404/1976. 5. Conclusão — WALD, Arnoldo — **70/5**

Responsabilidade dos signatários de acordo de voto no regime da Lei 10.303/2001 — I — Introdução. II — Do conflito de interesses. III — Do conflito entre o interesse social e o acordo de voto sob a vigência da Lei 6.404/1976. IV — Do conflito entre o interesse social e o acordo de voto sob o prisma da Lei 10.303/2001. V — Da responsabilidade civil do acionista pelo seu exercício de voto. Da presunção de culpa do acionista na atual lei das sociedades anônimas. VII — Conclusão — RAMOS, Felipe de Freitas — **125/114**

Responsabilidade dos sócios pelas dívidas da sociedade — 1. Direito tributário. 2. Direito civil e comercial. 3. Direito do trabalho. 4. Forma e processo. 5. Síntese dos argumentos principais — COSTA, Carlos Celso Orcesi da — **56/63**

Responsabilidade dos sócios por dívidas da sociedade: sociedade anônima e por cotas de responsabilidade limitada — I — Introdução. II — A personalidade jurídica das sociedades no direito brasileiro. III — O princípio geral da separação entre sociedade e o sócio. IV — Da responsabilidade "legal" do sócio por dívidas da sociedade: a) por dívidas fiscais; b) por dívidas trabalhistas; c) por dívidas civis e mercantis. V — Da responsabilidade *supralegal* do sócio: desconsideração da pessoa jurídica. VI — Conclusões — CARVALHO, Raimundo M. B. — **73/22**

Responsabilidade especial dos empreiteiros prescrita no art. 1245 do Código Civil — ROCHA, João Luiz Coelho da — **91/64**

Responsabilidade ordinária do avalista com base em título de crédito prescrito — VERÇOSA, Haroldo Malheiros Duclerc — **135/236**

Responsabilidade patrimonial dos administradores de instituições financeiras. A indisponibilidade de bens — I — A Lei 6.024, de 1974. II — "Indisponibilidade" e inalienabilidade. III — Indisponibilidade e direito de propriedade. IV — Indisponibilidade e sucessão hereditária. V — Indisponibilidade e direito de família. VI — Indisponibilidade e responsabilidade patrimonial. VII — Indisponibilidade de bens e arresto. VIII — Alternativa *de lege ferenda*. IX — Indisponibilidade e reincidência — MOTTA, Nelson Cândido — **27/35**

Responsabilidade social das companhias, A — SZTAJN, Rachel — **114/34**

Responsabilidade social do advogado de empresa — TEIXEIRA, Egberto Lacerda — **42/147**

Responsabilidade solidária na cisão e da notificação às empresas devedoras, Da — 1. Introdução. 2. O sentido e a finalidade do parágrafo único do art. 233 da lei societária. 3. Da interpretação sistemática. 4. Da interpretação lógica. 5. Conclusões — WALD, Arnoldo — **111/52**

Responsabilidade tributária na sucessão de empresas — ARAÚJO, Luiz Antonio Mattos Pimenta — **76/93**

Restituição falimentar do adiantamento sobre o contrato de câmbio — 1. Colocações preliminares. 2. A análise do problema. 3. O adiantamento sobre contratos de câmbio. 4. A restituição na lei falimentar. 5. Igualdade e isonomia. 6. Conclusões — VERÇOSA, Haroldo Malheiros Duclerc — **36/27**

Restrição à concorrência, autorização legal e seus limites — Lei 8.884, de 1994 e Lei 6.729, de 1979 ("Lei Ferrari") — GRAU, Eros Roberto & FORGIONI, Paula A. — **114/258**

Restrições à circulação de ações em companhias fechada: *nova et vetera* — 1. Importância da *affectio societatis* no direito acionário. As "sociedades anônimas de pessoas". 2. A questão da alusão maliciosa de um direito de preferência à aquisição de ações de companhia. 3. Conclusões — COMPARATO, Fábio Konder — **36/65**

Retirada judicial dos sócios cotistas e a justa preservação de seus direitos no curso da ação — ROCHA, João Luiz Coelho da — **126/37**

Retirada judicial dos sócios-cotistas e a justa preservação de seus direitos no curso da ação — ROCHA, João Luiz Coelho da — **124/85**

Revitalização da arbitragem no Brasil sob um enfoque realista e um espírito diferente — 1. Acesso à justiça e arbitragem: 1.1 O direito à justiça; 1.2 Principais obstáculos; 1.3 O reconhecimento oficial da crise do judiciário; 1.4 Propostas de solução: a arbitragem como alternativa. 2. A arbitragem sob um enfoque realista e um espírito diferente: 2.1 A arbitragem na legislação e jurisprudência brasileiras: 2.1.1 Diferenças entre cláusula arbitral e compromisso; 2.2 Arbitragem *ad hoc* e arbitragem institucionalizada; 2.3 Cláusula arbitral nos contratos internacionais. 3. Bibliografia — BASSO, Maristela — **103/15**

Revocatória no direito cambiário — 1. Aspectos preliminares. 2. Declaração de ineficácia. 3. Decretação de ineficácia — VIANA, Bomfim — **37/18**

Riscos da atividade empresarial no âmbito penal — 1. Introdução. 2. Responsabilidade pelos atos criminosos praticados em nome da pessoa jurídica. 3. Obtenção de recursos junto ao público investidor e instituições financeiras — BARBOSA, Joaquim Simões — **91/42**

Riscos operacionais nos mercados de futuros, opções e de *swaps* na Bolsa de Mercadorias e Futuros — BM&F — SQUASSONI, Christian Max F. — **120/242**

S/A: a delicada fase de transição do Decreto-lei 2.627, de 1940, para a Lei 6.404, de 1976 — AMARAL, Paulo Afonso de Sampaio — **21-22/121**

Saneamento e liquidação de instituições de crédito — Novas perspectivas do direito comunitário — MATIAS, Armindo Saraiva — **124/7**

Securitização de recebíveis de créditos gerados em operações dos bancos, A — A Resolução 2.493 em sua perspectiva jurídica — Os princípios básicos da securitização. Os tópicos essenciais da Resolução 2.493: da natureza dos créditos cedidos — Das características da securitizadora — Das condições dos créditos cedidos — Pagamento de rendimentos e amortização das debêntures — PENTEADO JR., Cássio Martins C. — **111/120**

Seguro — Ação do segurador sub-rogado contra o causador do dano — Prescrição — Valor da causa — Ação julgada improcedente em primeira instância — Acolhimento de prejudicial de prescrição somente argüida na segunda — Recurso extraordinário que se não conhece por falta de seus pressupostos constitucionais — FRANCO, Vera Helena de Mello — **27/134**

— Automóvel — Colisão — Culpa grave de motorista — Apólice prevendo essa hipótese — Ação de cobrança improcedente — Apelação improvida — Voto vencido — FRANCO, Vera Helena de Mello — **35/121**

— Cláusula de rateio proporcional — Juridicidade — COMPARATO, Fábio Konder — **7/102**

— Correção monetária — Cabimento a despeito de não regulamentada a Lei 5.488, de 27.8.1968 — Termo inicial — FRANCO, Vera Helena de Mello — **39/127**

— Posição do Instituto de Resseguros do Brasil nas ações de seguro — Enunciação de vontade autorizadora do pagamento — Incidência do art. 1.006 do CPC — FRANCO, Vera Helena de Mello — **28/108**

— Prêmio — Pagamento após sinistro — Segurado não constituído em mora — Direito à indenização — Ação procedente — FRANCO, Vera Helena de Mello — **24/77**

— Responsabilidade civil — Procedimento direto da vítima contra a empresa seguradora — Ilegitimidade da parte — Carência decretada — Decisão confirmada — CAMPOS, Antônio José Franco de — **13/112**

Seguro aeronáutico — Apólice a crédito — Acidente antes do pagamento — PIMENTEL, Ayrton — **14/123**

Seguro de acidentes — Compreensão do de vida — Suicídio não premeditado — Indenização de vida — Correção monetária — Apelação improvida — Voto vencido — FRANCO, Vera Helena de Mello — **34/98**

Seguro de dano moral resultante de acidente com veículo automotor — Responsabilidade civil — Seguro de responsabilidade civil — Dano moral — Seguro de dano moral — Compensação por dano moral — SZTAJN, Rachel — **106/25**

Seguro de garantia — MÉLEGA, Luiz — **21-22/159**

Seguro de responsabilidade civil — Ação direta da vítima do dano contra o segurador — Inadmissibilidade — COMPARATO, Fábio Konder — **1/113**

Seguro de responsabilidade do produtor — 1. Transformação da responsabilidade civil. 2. I substrato técnico do contrato de seguro e sua qualificação. 3. O seguro de responsabilidade do produtor. 4. Observações finais — FONSECA, José Júlio Borges da — **90/52**

Seguro de vida — Grupo — Ação de seguradora — Cobrança de saldo das faturas de apólice — Preliminar de prescrição repelida — Ação procedente — FRANCO, Vera Helena de Mello — **27/130**

— Grupo — Contrato de adesão — Interpretação a favor do segurado — Recusa da seguradora em pagar — Ação de cobrança procedente — FRANCO, Vera Helena de Mello — **26/112**

— Indenização — Beneficiária que ocasiona a morte do segurado ao tentar frustradamente o suicídio — Verba devida, pois ausente a intenção de matar — VERÇOSA, Haroldo Malheiros Duclerc — **123/161**

Seguro de vida em grupo — Morte do segurado — Recusa do pagamento pela Seguradora — Desistência atribuída ao morto segurado — Inexistência de documento escrito — Ação de cobrança procedente — COMPARATO, Fábio Konder — **10/123**

— Segurado, vítima de tumor maligno, falecido poucos meses após o contrato — Boa-fé — Falta — Alegação pela seguradora — Inadmissibilidade — Exame médico não exigido, nem outros esclarecimentos sobre as declarações prestadas — Ação executiva procedente — COMPARATO, Fábio Konder — **10/124**

Seguro e o *franchising*. A verdade sobre a relação — 1. O *disclosure*, o *franchising* e o seguro. 2. O seguro e o *franchising* — O panorama existente. 3. A falta de uma cultura específica — As necessidades mais sentidas pelo sistema de *franchising*. 4. A cobertura de danos físicos a bens e outros. 5. O grande mercado inexplorado. 6. O *performance bond*. 7. Condições para análise visando à fixação do prêmio. 8. A multiplicação dos pontos comerciais. Seu financiamento, sua locação e certeza do recebimento dos alugueres. 9. O seguro fiança locatícia suas coberturas. 10. A contratação do seguro fiança locatícia. 11. O seguro locatício. 12. Conclusão — BARROSO, Luiz Felizardo — **90/65**

Seguro obrigatório — Passageiro de automóvel — Acidente — Culpa de motorista — Reparação de dano — Embargos rejeitados — MARTINS, Vera Helena de Mello Franco — **30/90**

Semelhança de nome comercial: parecer do DNRC-MIC — SILVEIRA, Sebastião — **49/79**

Seminário sobre a reforma das sociedades anônimas, promovido pelo Instituto dos Advogados Brasileiros — BARRETO FILHO, Oscar — **7/119**

Sentença — Documento junto ao processo em tempo irregular — Falta de audiência da parte contrária — Matéria irrelevante — Inexistência de nulidade — Contrato de publicidade — Agência de propaganda — *Jingles* e filmes correspondentes — Utilização pelo cliente, anos depois, dos trabalhos criados por aquela — Exploração dita indevida através do veículo de divulgação — Ação de indenização julgada improcedente — Voto vencido — PINHEIRO, Waldemar Álvaro — **49/75**

Sentencias primeras en aplicación de las reglas de Hamburgo — BOVIO, David Morán — **105/220**

Será possível uma convergência regulatória e fiscalizadora das instituições financeiras no Mercosul? — KRAFT, Dan M. — **122/183**

Serviços comerciais e industriais do Estado — 1. Serviços típicos do Estado. 2. Serviços típicos do particular. 3. Comércio e indústria. 4. Serviço público formal e material. 5. Serviços comerciais e industriais. 6. Exploração dos serviços. 7. O Estado comerciante. 8. Paradoxo administrativo. 9. Regime jurídico dos serviços prestados. 10. Regime brasileiro — CRETELLA JÚNIOR, J. — **28/13**

Serviços públicos essenciais (água) fornecida por empresa concessionária — Direito ao corte por falta de pagamento — VERÇOSA, Haroldo Malheiros Duclerc — **132/177**

Sexto poder *interna corporis* da sociedade anônima — MELO, Claudineu de — **62/69**

***Shopping center*: características do contrato de direito de reserva da localização (*res sperata*)** — NOGUEIRA, Antonio de Pádua Ferraz — **77/82**

Sigilo bancário — Informações bancárias requisitadas pelo Ministério Público — VERÇOSA, Haroldo Malheiros Duclerc — **97/119**

Sigilo bancário: novas questões — 1. Introdução. 2. O sigilo bancário e as garantias constitucionais. 3. O sigilo bancário como instrumento de proteção ao sistema financeiro. 4. O sigilo bancário e o Ministério Público. 5. O sigilo bancário e a administração tributária. 6. Evolução legislativa (normas vigentes e proposições em tramitação) — HAGSTROM, Carlos Alberto — **105/43**

Sigilo bancário e o poder público — 1. Introdução. 2. Considerações gerais. 3. Direito comparado. 4. Disciplina do segredo bancário no Brasil. 5. O Banco Central do Brasil e o dever de sigilo. 6. O Banco Central como órgão estatal. Informações a ele solicitadas por outros órgãos estatais. 7. A fiscalização do poder público e a apuração de fatos ilícitos. 8. O sigilo bancário e o Fisco. Posição do Banco Central. 9. Prestação de informações ao Poder Legislativo — HAGSTROM, Carlos Alberto — **79/34**

Significado da expressão "operar instituição financeira" constante do art. 16 da lei "dos crimes do colarinho branco" (Lei 7.492/1986), O — VERÇOSA, Haroldo Malheiros Duclerc — **115/142**

Simpósio sôbre a legislação relativa às sociedades por ações — 1/139

Simpósio sôbre a reforma da legislação das sociedades por cotas de responsabilidade limitada — 2/99

Simulação. Ininvocabilidade por qualquer dos participantes — Terceiro. Quem é no ato simulado — CHAVES, Antônio — **68/117**

Síntese da evolução histórica do direito comercial brasileiro — BARRETO FILHO, Oscar — **24/23**

Sistema acionário — Uma análise negocial — RATHENAU, Walter — **128/199**

Sistema brasileiro de patentes: mito e a realidade — Parte I — O mito: 1. O mito: em que consiste; 2. Como surgiu o mito; 3. Desdobramento do mito. Parte II — A realidade: 1. Ideologia constitucionalmente adotada em matéria de patentes; 2. A política econômica em matéria de patentes; 3. O Código da Propriedade Industrial e a instrumentalização de patente como elemento de política econômica. Parte III — Observações finais — CARVALHO, Nuno Tomaz Pires de — **52/34**

Sistema cambial brasileiro e a implantação de programas de *stock option* — GONÇALVES, Almir Rogério — **119/142**

Sistema de defesa composto no pedido de falência — Compreensão da oposição falimentar — GONTIJO, Vinícius José Marques — **128/91**

Sistema de Pagamentos Brasileiro (SPB) — GONÇALVES, Almir Rogério — **127/107**

Sistema de patentes: um instrumento para o progresso dos países em vias de desenvolvimento — 1. Introdução: 1.1 Conceitos preliminares; 1.2 O papel do sistema de patentes no desenvolvimento; 1.3 As principais funções da patente. 2. Algumas soluções legislativas visando ao aperfeiçoamento das funções da patente. 3. O sistema internacional de patentes e os paises em vias de desenvolvimento. 4.Observações finais. 5. Bibliografia — CARVALHO, Nuno Tomaz Pires de — **51/51**

Sistema financeiro imobiliário — I — Contratos de financiamento imobiliário: 1. Condições contratuais; 2. Garantias. II — Securitização de recebíveis imobiliários. Anexo: Lei 9.514, de 20.11.1997 — SALOMÃO NETO, Eduardo — **110/155**

Sistema judiciário japonês — BARROSO, Luiz Felizardo & MORAES, Aloysio — **94/103**

Sistemas de administração das S/A no direito comparado e no direito pátrio — I. Introdução. II. Direito norte-americano: 1. *Board of directors*; 2. *Officers*. III. Direito alemão: 1. Introdução; 2. Sistema dual cogente: conselho de administração (*Aufsichtsrat*) e conselho de direção (*Vorstand*). IV. Direito pátrio. V. Conclusão — FERREIRA, Renato Luis Bueloni — **108/125**

Sobre a competência punitiva da superintendência de seguros privados — GRINBERG, Mauro — **8/131**

Sobre a conferência de bens — I — A conferência de bens como modalidade de alienação. II — O valor dos imóveis conferidos. III — Tributação de ganhos de capital não realizados. IV — Capacidade contributiva. V — Isonomia — GUERREIRO, José Alexandre Tavares — **48/16**

Sobre a interpretação do objeto social — 1. Sobre o conceito de objeto social. 2. Mudança e desvio do objeto social. Atos estranhos ao objeto social. 3. Conclusões — GUERREIRO, José Alexandre Tavares — **54/67**

Sobre a natureza jurídica das opções negociadas em bolsas — 1. Introdução e função econômica. 2. Origem. 3. Parte-se da noção de contrato que está no art. 1.321 do Código Civil italiano. 4. No direito italiano. 5. No direito norte-americano. 6. Na doutrina dos direitos de base romano-germânica. 7. Direito alemão. 8. Conclusão — SZTAJN, Rachel — **105/53**

Sobre a opção de compra de ações — GUERREIRO, José Alexandre Tavares — **39/226**

Sobre o poder disciplinar da CVM — I — Fundamentos do poder disciplinar da CVM. II — Atuação administrativa do poder disciplinar da CVM — GUERREIRO, José Alexandre Tavares — **43/64**

Sobre recuperação e falência de empresas no Brasil — MANGE, Renato Luiz de Macedo — **127/56**

Sobretarifa — Instituição pela Lei 4.117/1982, para vigorar pelo prazo de 10 anos, transformou-se em imposto — MILANI, Mário Sérgio — **64/75**

Sociedade — Sócio — Exclusão — Formação de outra empresa com finalidade social semelhante — Concorrência comprovada — Ação procedente — A sentença confirmada. SOCIEDADE POR QUOTAS — Responsabilidade limitada — Empresa constituída por dois sócios — Dissolução parcial — Cabimento — Impossibilidade, no entanto, de operar definitivamente com um só sócio. Art. 206, I, *d*, da Lei Federal 6.404 de 1976, c/c art. 18 do Decreto Federal 3.708, de 1919 — Fixação do prazo de seis meses para a regularização da situação societária — Recurso parcialmente provido. SOCIEDADE POR QUOTAS — Responsabilidade limitada — Empresa constituída por apenas dois sócios — Dissolução parcial — Apuração de haveres de sócio excluído — Critério — Inaplicabilidade do art. 657, § 2º, do Código de Processo Civil de 1939 — Apuração que deve ser feita com base em um balanço real, levantado no momento do arbitramento — Art. 15 do Decreto Federal 3.708, de 1919 — Recurso provido para esse fim — FILÓCOMO, André — **105/203**

Sociedade anônima — FONSECA, Priscila M. P. Corrêa da — **77/68**

— MILANI, Mario Sergio — **76/81**

— Ação possessória contra administradores destituídos — Medida exercitável pela sociedade em lugar da imissão de posse por parte dos novos diretores — Problemas — ESTRELLA, Hernani — **13/11**

— Ação visando à declaração de nulidade de assembléias que elegeram o conselho fiscal (25.4.1977) e a nova diretoria (2.5.1978) e aprovou o novo estatuto social (31.10.1977) — Medida cautelar deferida — Demandas acolhidas em ambas as instâncias — BULGARELLI, Waldirio — **45/72**

— Alienação de bem por diretor, sem assembléia-geral — Aplicação do Decreto-lei 2.627/1940, art. 119 — Ação anulatória improcedente — GUERREIRO, José Alexandre Tavares — **19/89**

— Anulação de deliberação tomada em assembléia geral extraordinária — Estatuto da companhia fechada pode estabelecer *quorum* maior para certas deliberações, desde que especifique as matérias — BULGARELLI, Waldirio — **57/73**

— Assembléia geral extraordinária de debêntures — Emissão — Conversão em ações preferenciais com e sem direito de voto — Direito de recesso dos acionistas minoritários — GUERREIRO, José Alexandre Tavares — **93/114**

— Companhia fechada — Eleição de diretoria — Derrogação das normas contidas em acordo de acionistas para preenchimento de cargos de administração — VERÇOSA, Haroldo Malheiros Duclerc — **96/97**

— Controle acionário exercido pelo diretor — Alienação no curso do exercício social — Pretensão do alienante de haver uma parte da remuneração percentual sobre os lucros líquidos, prevista no art. 134 do Decreto-lei 2.627, de 1940, e correspondente ao tempo de exercício do mandato, no exercício — COMPARATO, Fábio Konder — **11/67**

— Direito de recesso — Não exige a Lei 6.404/1976, art. 136, V, que a alteração estatutária importe mudança de objeto essencial da empresa — Basta que prejudiquem interesses de acionistas minoritários, para dar ensejo ao recesso — PINTO JÚNIOR, Mário Engler — **66/77**

— Direito de retirada — Recesso de dissidente — Lei Lobão: um precedente judicial — FRONTINI, Paulo Salvador — **86/71**

— Empresa de radiodifusão e telecomunicação — Exigência do órgão público fiscalizador — Comprovação da nacionalidade dos acionistas — Deliberação assemblear de venda das ações que não atenderam à convocação — Ilegalidade — FREITAS, Ricardo de Santos — **104/127**

— Fraude à lei — Alteração dos estatutos com o intuito de evitar que os acionistas preferencialistas adquiram o direito de voto às vésperas de completar o terceiro exercício social sem o pagamento de dividendos — Abuso de poder de controle — FRANÇA, Erasmo Valladão Azevedo e Novaes França & PEREIRA NETO, Edmur A. N. — **133/259**

— Sócio dissidente — Apuração de haveres — PENTEADO, Mauro Rodrigues — **82/69**

Sociedade anônima — Acionista controlador — PENTEADO, Mauro Rodrigues — **83/99**

Sociedade anônima — Correção do capital social — MORAES, Mauro Delphim de — **79/101**

Sociedade anônima — Decurso do prazo prescricional ao exercício do direito à percepção das vantagens em favor do debenturista — SANTOS, J. A Penalva — **124/81**

Sociedade anônima. Atos *ultra vires* (validade ou não das prestações de garantias) — 1. Os fatos e o problema. 2. Atos jurídicos e sua validade. 3. Agente pessoa jurídica. 4. Dualismo dos órgãos. 5. Critério de discriminação. 6. Sociedade anônima. 7. Terceiros de boa-fé. 8. Desrespeito do estatuto. 9. Análise da exceção. 10. Possibilidade de erro. 11. Inexistência de boa-fé. 12. Síntese e conclusão — CRISTIANO, Romano — **68/17**

Sociedade anônima: a questão do voto múltiplo — 1. O tema na lei societária de 1976. 2. Justificativa para a inovação. 3. O conselho de deliberação e seu modo de deliberar. 4. Minoria societária e participação no conselho: 4.1 a 4.3 Situações casuísticas, exemplos e dificuldades na aplicação do preceito do voto múltiplo; ponto crítico da questão. 5. Fórmulas matemáticas elaboradas por especialistas. Dificuldades ante peculiaridades que o conselho de administração pode exibir em face dos estatutos sociais. 6. Conclusões. 7. Ponderações a considerar. Bibliografia — FRONTINI, Paulo Salvador — **113/68**

Sociedade anônima: interesse público e privado — I — O interesse social na história das idéias: 1. Noção de interesse público e privado; 2. Interesse social: antecedentes históricos; 3. Mercantilismo e Revolução Industrial; 4. O contraponto institucionalista; 5. Conclusão parcial. II — Relações internas: 1. Institucionalismo *vs.* contratualismo: a) Institucionalismo; b) Contratualismo; 2. A situação no Brasil; 3. A teoria organizativa: a) Interesses interiorizáveis; b) Disciplina aplicável; 4. Conclusão parcial. III — Relações externas: 1. Momento de reconhecimento de relevância externa da sociedade; 2. Função social da empresa; 3. Conclusão parcial. IV — Conclusão — SALOMÃO FILHO, Calixto — **127/7**

Sociedade anônima: poder e dominação — 1. Delineamentos gerais. 2. Poder de controle e dominação burocrática — GUERREIRO, José Alexandre Tavares — **53/72**

Sociedade anônima brasileira — Critério determinador de sua nacionalidade — Nacionalidade de pessoas jurídicas. A nova lei brasileira de sociedades anônimas — DOLINGER, Jacob — **23/65**

Sociedade anônima como *instituição* — REQUIÃO, Rubens — **18/25**

Sociedade anônima européia — Projeto de lei do Conselho das Comunidades Européias para a regulamentação da S/A Européia — **3/97**

— (continuação da publicação) — **4/101**

Sociedade comercial — Administração social — Abuso de poder de gerência — AMARAL, Paulo Afonso de Sampaio — **6/97**

— Anônima — Assembléia geral — Representação de acionista — Mandatário legalmente impedido de votar a matéria em debate — Impossibilidade — Inteligência do art. 126, § 1º, da Lei 6.404/1976 — Recurso extraordinário não conhecido — CINTRA, Maria Lucia de Araújo — **43/86**

— Anônima — Assembléia geral ordinária — Aprovação das contas da empresa mediante simulação de venda de ações — Anulação — BULGARELLI, Waldirio — **59/95**

— Anônima — Aumento de capital — Subscrição particular — Preferência de acionista — Prazo — Indenização — Ação improcedente — Recurso provido — AMARAL, Paulo Afonso de Sampaio — **28/85**

— Anônima — Diretor — Poderes da administração — Limitações nos estatutos e nas resoluções das assembléias gerais — Voto vencido — Inteligência e aplicação do art. 119 do Decreto-lei 2.627, de 1940 — *Sociedade Comercial* — Anônima — Diretores — Concentração da maioria das ações do capital social — Cláusulas estatutárias relativas a poderes do administrador — Interpretação extensiva — Voto vencido — *Promessa de contratar* — Execução coativa — Quando se admite — Voto vencido — Inteligência e aplicação do art. 639 do CPC de 1973 — *Cláusula "rebus sic stantibus"* — Fato superveniente com efeito de desobrigar o devedor — Conceito — Inocorrência na espécie — Voto vencido — AMARAL, Paulo Afonso de Sampaio — **21-22/97**

— Anônima — Lucros — Aplicação em nova fábrica — Aprovação pela assembléia geral — Oposição de acionista preferencial — Acolhimento desta — Apelação não provida — BULGARELLI, Waldirio — **21-22/112**

— Apuração de haveres — Saldo positivo — Execução da sentença com trânsito em julgado — Apelação não provida — ABRÃO, Nelson — **32/93**

— Conta de participação — Dissolução — Possibilidade de recurso ao Judiciário — GUERREIRO, José Alexandre Tavares — **54/126**

— Cotas de responsabilidade limitada — Falta de averbação da cessão — Concentração em nome de um casal — Falência da sociedade — Apreensão dos bens, por tratar-se de sociedade irregular — Sociedade comercial — Cotas de responsabilidade limitada — Natureza mista em relação a responsabilidade pessoal de cada sócio — Inteligência — Sociedade comercial — Cotas de responsabilidade cessão de cotas — Figura da cessão de posição contratual — Efeitos — Análise — COSTA, Philomeno J. da — **50/106**

— Dissolução — Necessidade de ser decretada judicialmente, embora haja ocorrido de pleno direito — Recurso provido em parte — BULGARELLI, Waldirio — **4/60**

— Dois sócios — Falecimento de um há vários anos — Apuração de haveres do falecido — Ação proposta em nome da sociedade extinta — Nulidade — FRONTINI, Paulo Salvador — **23/118**

— Fusão — LATORRACA, Cláudio Zalona — **62/65**

— Limitada — Dissolução de fato — Inexistência de bens sociais — Sócio detentor da quase totalidade das cotas — Penhora de seus bens particulares — Admissibilidade — Hipótese de "desconsideração da personalidade jurídica" — Embargos improcedentes — Decisão confirmada — Sociedade comercial — Pessoa distinta da do sócio — Princípio não absoluto — FRANCO, Vera Helena de Mello — **51/105**

— Limitada — Menor — Participação do contrato social em que o capital foi totalmente integralizado — Admissibilidade — Segurança concedida — TEIXEIRA, Egberto Lacerda — **18/77**

— Marido e mulher — Dívida assumida pelo varão — Aparência de legitimidade perante terceiros de boa-fé — Contrato social que, entretanto, exige a assinatura dos dois sócios — Nulidade dos títulos alegada em embargos à execução — Inadmissibilidade — Má-fé caracterizada — MILANI, Virgínia de Medeiros Claudino — **60/62**

— Marido e mulher — Nulidade — Embargos de terceiro — Improcedência — Recurso provido — COMPARATO, Fábio Konder — **3/90**

— Nome coletivo — Aquisição de imóvel em nome da firma, mas com menção e participação de todos os sócios e das mulheres dos casados em virtude de pacto adjeto de hipoteca — Alterações da sociedade e posterior fusão com outra sem referência à aquisição — Circunstância evidenciando que o imóvel ficará excluído da transferência do fundo de comércio — Averbações deferidas que importariam na incorporação e transferência da propriedade à sociedade sucessora — Procedência da ação de sócios nomeados na escritura de aquisição para o cancelamento dessas averbações — AMARAL, Paulo Afonso de Sampaio — **28/79**

— Paralisação — Falta de bens — Inexistência de distrato — Penhora de bens de sócio — Cabimento — Embargos de terceiro rejeitados — BULGARELLI, Waldirio — **30/94**

— Penhora — Incidência sobre bens de sociedade comercial entre marido e mulher, por dívida particular de um dos sócios — Admissibilidade — Sentença confirmada — CAMPOS FILHO, José Machado de — **17/79**

— Prazo indeterminado — Dissolução — Ação proposta por um sócio — Procedência — Aplicação do art. 335, V, do Código Comercial — ABRÃO, Nelson — **4/67**

— Prazo indeterminado — Dissolução pleiteada por sócios minoritários — Oposição da maioria — Apuração de haveres convencionada — Prevalência deste ajuste — Recurso extraordinário não conhecido — LATORRACA, Cláudio Zalona — **57/83**

— Responsabilidade dos sócios — Aplicação do art. 10 da Lei 3.708 — FRONTINI, Paulo Salvador — **15-16/132**

— Responsabilidade limitada — Conceituação como sociedade mista — *Fiança* — Garantia prestada a sociedade por cotas de responsabilidade limitada — Consideração do fiador à pessoa dos sócios — Responsabilidade destes pelos encargos que o garante enfrentou — Embargos de terceiro rejeitados — **30/93**

— Responsabilidade limitada — Contrato de venda do estabelecimento celebrado por sócio-gerente — Falta de podêres — Excesso de mandato — Obrigação perante terceiros — Ação de indenização procedente — Recurso provido em parte — Embargos infringentes rejeitados — REQUIÃO, Rubens — **4/63**

— Responsabilidade limitada — Cotas integralizadas — Falência da sociedade — Execução contra sócios fiadores — Prosseguimento — Agravo provido — BULGARELLI, Waldirio — **32/98**

— Responsabilidade limitada — Dissolução — Pedido por sócio minoritário, em face de desentendimento com os demais — Inadmissibilidade, via de regra, especialmente quando os estatutos sociais prevêem a apuração de haveres para a hipótese da falta ou retirada de um dos sócios — Recurso provido — Inteligência do art. 335, V, do Código Comercial — ABRÃO, Nelson — **15-16/127**

— Responsabilidade limitada — Dissolução por vontade do sócio minoritário — Admissibilidade apenas da dissolução parcial — Retirada do cotista com seus haveres e continuidade da sociedade com os remanescentes — ABRÃO, Nelson — **4/66**

— Responsabilidade limitada — Dissolução sem liquidação regular — Responsabilidade de sócio-gerente — NACAREI, Augusto do Carmo — **19/82**

— Responsabilidade limitada — Falecimento de sócio — Divergência entre os demais — Dissolução — Pedido não acolhido — Prevalência do contrato — Sociedade comercial — Responsabilidade limitada — Dissolução — Proteção à empresa — Sociedade unipessoal transitória — Admissibilidade — *Empresário individual de responsabilidade limitada* — Auspício da sua introdução no direito positivo — Perspectivas de sua acolhida: a subsidiária integral da sociedade brasileira — A acolhida da "Anstalt" do Liechtenstein na Itália — A sociedade limitada como vetora da introdução da limitação da responsabilidade do empresário singular — COSTA, Philomeno J. da — **53/88**

— Responsabilidade limitada — Falta de integralização do capital — Responsabilidade solidária — Aplicação do art. 9, da Lei 3.708, de 1919 — Embargos rejeitados — FRONTINI, Paulo Salvador — **21-22/82**

— Responsabilidade limitada — Indeferimento, pela Junta Comercial, do arquivamento de alteração contratual, sob o fundamento de não conter assinatura de todos os sócios — Inteligência e aplicação do art. 15 do Decreto 3.708, de 1919. E do art. 71, V, do Decreto 57.651, de 1966 — Segurança concedida — Decisão confirmada — Recurso extraordinário denegado — TEIXEIRA, Egberto Lacerda — **12/87**

— Responsabilidade limitada — Marido e esposa — Execução contra a sociedade — Penhora de bens dos sócios — Embargos de terceiro procedentes — Apelação provida — Voto vencido — BULGARELLI, Waldirio — **37/151**

— Responsabilidade limitada — Natureza — Cotas — Cessão — Falta de registro na Junta Comercial — Transformação em irregular — Solidariedade dos sócios cedentes — Ação de indenização procedente — Apelação provida — Voto vencido — SENATORE, Carlos Alberto — **39/183**

— Responsabilidade limitada — Objetivo de representações — Natureza jurídica — Registro no Cartório das Pessoas Jurídicas — Eficácia — Penhora de bem de sócio — Embargos de terceiro procedentes — Recurso provido — BULGARELLI, Waldirio — **33/118**

— Responsabilidade limitada — Retirada de sócio por cessão de cota — Dívidas sociais — Responsabilidade solidária — Penhora — Validade — Embargos de terceiro rejeitados — Aplicação do art. 15 do Decreto 3.708, de 1919 — REQUIÃO, Rubens — **7/112**

— Responsabilidade limitada — Sócio-gerente titular de 99,2% do capital, pertencendo os restantes 0,08% a sua mãe e a um cunhado — Sociedade fictícia — Execução fiscal — Penhora de bens particulares do sócio majoritário — Admissibilidade — Embargos de terceiro rejeitados — Apelação provida — VERÇOSA, Haroldo Malheiros Duclerc — **63/83**

— Sociedade anônima — Empresa *holding* — Ações de subsidiária — Alienação — Faculdade — Embargos rejeitados — FRANCO, Vera Helena de Mello — **23/122**

Sociedade comercial ou civil entre cônjuges: inexistência, validade, nulidade, anulabilidade ou desconsideração desse negócio jurídico? — 1. Introdução. 2. Crise do sistema da personalidade jurídica. 3. Posições doutrinárias e evolução jurisprudencial. 4. Recentes posições jurisprudenciais: a ressalva de anulabilidade. 5. Opções e indagações. 6. Inexistência ou existência da sociedade entre cônjuges. 7. A tese da nulidade. 8. Seria essa sociedade anulável? 9. Conclusões: 1ª) Validade da sociedade entre cônjuges; 2ª) Desconsideração de sua personalidade jurídica, pelo juiz, em caso de fraude ou abuso — FRONTINI, Paulo Salvador — **43/37**

Sociedade cooperativa e disciplina da concorrência — 1. Cooperativismo e interesse público: uma relação em crise? 2. A grande cooperativa: natureza econômico-jurídica. 3. A concorrência sob o aspecto externo. 4. A concorrência interna. 5. O papel do direito societário no equilíbrio cooperativa/cooperado. 6. A questão constitucional — SALOMÃO FILHO, Calixto — **90/27**

Sociedade de advogados e título de estabelecimento — CRUZ, Sérgio Marques da — **10/73**

Sociedade de economia mista — Fazenda do Estado com quase total das ações — Criação por lei — Desnecessidade — Competência da Vara da Fazenda Pública — FRANCO, Vera Helena de Mello — **40/140**

Sociedade de fato — Ação declaratória de existência de uma sociedade de fato integrada por duas sociedades anônimas (regularmente constituídas), uma delas posteriormente falida, e para efeito de reconhecimento de solidariedade de ambas nas dívidas de uma outra (inclusive a da em quebra) perante o autor — Acórdão recorrido que extinguiu o processo, sem exame do mérito, por falta de possibilidade jurídica do pedido — LATORRACA, Sérgio Murilo Zalona — **68/71**

Sociedade de responsabilidade limitada — Dívida particular do sócio — Penhorabilidade das respectivas cotas de capital — Decisão tomada à vista do Código de Processo Civil de 1973 (art. 655, X). Embargos de divergência não conhecidos, por inexistência do dissídio nos termos dos arts. 331 e 332 do Regimento Interno do Supremo Tribunal Federal — LATORRACA, Sérgio Murilo Zalona — **56/137**

— Dívida particular do sócio — Penhorabilidade das respectivas cotas de capital — Recurso extraordinário conhecido e provido — TEIXEIRA, Egberto Lacerda — **40/103**

Sociedade de responsabilidade limitada — Projeto de Lei do Senado 46/1993 — SILVEIRA, João Marcos — **92/111**

Sociedade de responsabilidade limitada no direito brasileiro e no direito italiano — REBELLO, E. de Castro — **47/5**

Sociedade em comum: inovação do anteprojeto do Código Civil — LOPES, Mauro Brandão — **15-16/37**

Sociedade em conta de participação como subespécie do gênero *joint venture* — GALIZZI, Gustavo Oliva — **135/206**

Sociedade em conta de participação e os contratos de investimento coletivo: paralelismo e assimetria — PICCHI, Flavio Augusto — **134/193**

Sociedade Européia: comentários e reprodução do Regulamento 2.157/2001 — VERGUEIRO, Carlos Eduardo — **132/129**

Sociedade *holding* — Bens excluídos do giro dos seus negócios — I — Âmbito da questão. II — Uma característica das *holdings companies*. III — Função do órgão diretivo da *holding*. IV — Inibição que lhe é composta. V — Conclusão — CARVALHOSA, Modesto — **2/37**

Sociedade limitada e seu apelo às normas da sociedade anônima — 1. Colocação do tema. 2. A prática societária. 3. A questão emergente: qual o alcance da expressão "na parte aplicável" (art. 18)? 4. Preceitos imperativos. 5. Liberdade de contratar dos sócios. 6. Proposta de critério: sociedade anônima fechada e outras sociedades anônimas. 7. Conclusão. Bibliografia — FRONTINI, Paulo Salvador — **79/23**

Sociedade limitada no novo Código Civil — VITA NETO, José Virgílio — **130/207**

Sociedade limitada ou anônima fechada? O novo dilema dos empreendedores nacionais — MOREIRA, Ricardo Guimarães — **133/32**

Sociedade por ações — Atos praticados por seus diretores, em razão de administração — Responsabilidade daquela e dêstes, solidariamente, se agiram com culpa ou contrariamente aos estatutos sociais — LEÃES, Luiz Gastão Paes de Barros — **2/74**

— Capital autorizado — Acordo de acionistas — Direito de subscrever ações preferenciais formativas do capital social em cada deliberação para aumentar o capital inicialmente autorizado e atingido — COSTA, Philomeno J. da — **70/82**

— Estudo elaborado pelo Instituto Jurídico da Associação Comercial de São Paulo — COSTA, Philomeno J. da Costa — **6/103**

— Exibição de livros — Prova cabal de prejuízo — Necessidade de apenas se justificar o receio — Inteligência e aplicação do art. 50 do Decreto-lei 2.627 de 1940 — LEÃES, Luiz Gastão Paes de Barros — **2/70**

Sociedade por ações — Incorporação, fusão e cisão — Direito de retirada — 1. Exposição do tema. 2. Análise do tema. 3. Conclusões — MACHADO, Rubens Aprobato — **82/46**

Sociedade por cotas — Penhorabilidade — LEÃES, Luiz Gastão Paes de Barros — **5/116**

Sociedade por quota — Morte de um dos sócios — Herdeiros pretendendo a dissolução parcial — Dissolução total requerida pela maioria social — Continuidade da empresa — FRONTINI, Paulo Salvador — **116/171**

Sociedade por quotas — FRONTINI, Paulo Salvador — **114/161**

— Marido e mulher, sócios exclusivos — Legitimidade — MILANI, Virgínia de Medeiros Claudino — **61/76**

Sociedade por quotas — Quotas preferenciais — GUERREIRO, José Alexandre Tavares — **94/28**

Sociedade por quotas de responsabilidade limitada — CARVALHO, Cássio da Costa — **23/83**

— Compromisso assumido por um dos sócios-gerentes em nome da sociedade ou nos limites dos poderes de sua gerência — Responsabilidade da sociedade — SUEN, Alberto Sanyuan — **105/209**

— Sociedade civil — Prestação suplementar — Déficit da empresa — Responsabilidade subsidiária do sócio pelas obrigações sociais — Adoção, em face do art. 1.396 do CC, de forma estabelecida nas leis comerciais, ressalvada a obediência a textos da lei civil, entre os quais se inclui o art. 19, IV — Recurso extraordinário não reconhecido — GUERREIRO, José Alexandre Tavares — **39/192**

Sociedade por quotas e o art. 298, da Lei 6.404/1976 (decisão da Junta Comercial do Rio de Janeiro) — **41/150**

Sociedade simulada — 1. Introdução — Plano da exposição. 2. A simulação na teoria dos negócios jurídicos: a) Características básicas; b) Distinção do negócio jurídico indireto. 3. A simulação no campo societário: a) Casuística — Constituição unipessoal indireta; b) Crítica à aplicação do raciocínio civilístico às sociedades. 4. Conclusão — SALOMÃO FILHO, Calixto — **105/70**

Sociedade unipessoal — BULGARELLI, Waldirio — **99/142**

Sociedade unipessoal por cotas de responsabilidade limitada — I — Contrato — Sociedade limitada. II — Sociedade de um único sócio. III — Sociedade e seu único sócio. IV — Sociedade e responsabilidade — CARMO, Eduardo de Sousa — **75/41**

Sociedades anônimas e as sociedades por cotas de responsabilidade limitada. Confronto de eventuais vantagens e desvantagens — MÉLEGA, Luiz — **25/119**

Sociedades anônimas e o *interim management* — CASTRO, Rodrigo R. Monteiro de & KNOPFELMACHER, Marcelo — **134/77**

Sociedades coligadas e consórcios — LEÃES, Luiz Gastão Paes de Barros — **12/137**

Sociedades controladoras (*holdings*) — FRANKE, Walmor — **21-22/65**

Sociedades de capital autorizado na nova lei das sociedades anônimas — MARTINS, Fran — **26/13**

Sociedades de economia mista e as empresas estatais perante a Constituição de 1988 — I — Introdução. II — Breve escorço histórico. III — Sociedades de economia mista e subsidiárias ou empresas controladas por outras sociedades de economia mista: exigência de autorização legal para sua criação. IV — Subsidiárias ou controladas de sociedades de economia mista, criadas à míngua de autorização legal específica. Regime Jurídico: IV.1 A inexistente categoria das chamadas sociedades de economia mista "de segundo grau"; IV.2 Colocação isolada da doutrina, adotada, episodicamente, pela Consultoria-Geral da República. V — Diretriz atualmente dominante no âmbito da Administração Federal, Tribunal de Contas da União, doutrina e jurisprudência: V.1 Posição da Administração Federal. Orientação da Consultoria-Geral da Fazenda Nacional; V.2 Idem. Posição da Procuradoria-Geral da Fazenda Nacional; V.3 Tribunal de Contas da União; V.4 Doutrina; V.5 Jurisprudência; VI.6 Conclusão: o controle e a gestão de empresas com a participação majoritária do Estado, que não são sociedades de economia mista — PENTEADO, Mauro Rodrigues — **73/5**

Sociedades de economia mista e sociedades de Estado — 1. Sociedades anônimas de economia mista. 2. Sociedades de Estado (empresas públicas) — LACERDA, J. C. Sampaio de — **12/19**

Sociedades de pessoas — Gerência e firma — SILVEIRA, Newton — **123/86**

Sociedades em comandita: simples e por ações — I — Introdução. II — As sociedades em comandita simples: 1. Histórico; 2. Características no direito comparado; 3. Características no direito brasileiro: no Código Comercial de 1850 e no Projeto de Código Civil. III — As sociedades em comandita por ações: 1. No direito comparado; 2. No direito brasileiro: no Projeto do Código Civil e na lei das sociedades por ações — BULGARELLI, Waldirio — **33/69**

Sociedades limitadas e o projeto do Código Civil — TEIXEIRA, Egberto Lacerda — **99/67**

Sociedades limitadas e o projeto do novo Código Civil brasileiro — TEIXEIRA, Egberto Lacerda — **55/162**

Sociedades limitadas face ao regime do anonimato no Brasil — I — Relacionamento com as anônimas. II — Natureza comercial ou civil. III — Limitação da responsabilidade dos sócios. IV — Responsabilidade dos sócios gerentes. V — Constituição e realização do capital social. VI — Espécies de quotas e de ações. VII — Administração e fiscalização das sociedades limitadas. VIII — Conselho de administração. IX — Conselho fiscal. X — Reuniões ou assembléias de quotistas. XI — Aumento de capital — Direito de preferência. XII — Alterações do contrato social e o direito de "retirada" — Recesso. XIII — O regime das quotas sociais. XIV — Aquisição de quotas pela própria sociedade. XV — Exercício social e demonstrações financeiras. XVI — Transformação. XVII — Incorporação. XVIII — Fusão. XIX — Cisão. XX — Subsidiária integral. XXI — Grupo de sociedades. XXII — Consórcios. XXIII — Constituição de direitos reais e outros ônus. XXIV — Dissolução e liquidação-Extensão do conceito de recesso. XXV — Ação anulatória de decisões sociais — Prescrição da ação para haver dividendos. XXVI — Conclusões finais — TEIXEIRA, Egberto Lacerda — **39/40**

Sociedades limitadas no novo Código Civil — A limitação do direito de contratar — VIEIRA, Paulo Albert Weyland & REIS, Ana Paula de Carvalho — **127/30**

Sociedades limitadas no projeto do Código Civil — CARVALHO, Dora Martins de — **60/90**

Sociedades mercantis entre cônjuges — Indicação 57/1980 do IAB — BARROSO, Luiz Felizardo — **41/145**

Sociedades por ações e coligações societárias — Ações, propriedade e circulação — Comentários ao art. 28 da Lei 6.404, de 15.12.1976 (Seção VI do seu Capítulo III) — A indivisibilidade — 1. Elaboração legislativa. 2. Anotações — Fundamentos da indivisibilidade da ação. 3. Conseqüência da indivisibilidade da ação. 4. Exercício dos direitos da ação em condomínio. 5. Matérias relacionadas com a indivisibilidade da ação. 6. Indivisibilidade de pacote acionário — COSTA, Philomeno J. da — **78/5**

Sociedades por cotas de responsabilidade limitada no direito português e no direito brasileiro — GIL, Otto — **5/15**

Sociedades por quotas como sociedades de capitais — ROCHA, João Luiz Coelho da — **122/48**

Società commerciali e strumenti autoregolazione: il caso del codice di autodisciplina delle società quotate — CORRADO, Diego — **130/56**

***Societas* com relevância externa e personalidade jurídica** — 1. Introdução. 2. O problema da relevância externa do vínculo societário no direito romano; a) *Societas* como forma organizativa da empresa coletiva em Roma; b) Exegese das fontes. 3. Aspectos comparatísticos — SALOMÃO FILHO, Calixto — **81/66**

Sociologia do poder na sociedade anônima — GUERREIRO, José Alexandre Tavares — **77/50**

Solicitação de interrupção do curso do prazo de antecedência de convocação de assembléia geral extraordinária — Cataguases-Leopoldina — CFLCL — Proc. RJ2003/12.767, da CVM — SZTAJN, Raquel — **133/221**

Solidariedade e fiança — 1. Introdução. 2. Da interpretação dos contratos bancários. 3. Da distinção entre fiança e obrigação solidária. 4. Da fiança comercial e civil. 5. Conclusões — WALD, Arnoldo — **76/5**

SPE — Sociedade de Propósito Específico — I — Introdução. II — O instituto da *joint venture*: 2.1 O que é a *joint venture*; 2.2 Formas legais; 2.3 Duração; 2.4 Controle acionário e administração do empreendimento; 2.5 Número e natureza dos participantes. III — A quais propósitos se presta a *joint venture*: 3.1 Expansão em novos mercados não-domésticos; 3.2 Desenvolvimento e exploração de um novo produto; 3.3 Execução de contrato de propósito específico. IV — SPE — Sociedade de Propósito Específico: 4.1 O que é SPE — Sociedade de Propósito Específico; 4.2 Referências legislativas à SPE — Sociedade de Propósito Específico na legislação brasileira; 4.3 Exemplos atuais de utilização de SPEs. V — Conclusões: 5.1 Conclusões de ordem jurídica fundamental; 5.2 Conclusões pragmáticas acerca da SPE — Sociedade de Propósito Específico — GUIMARÃES, Leonardo — **125/127**

Strengthening Brazil's securities markets — BLACK, Bernard S. — **120/41**

Substitutivo ao capítulo referente ao contrato de seguro no anteprojeto do Código Civil — COMPARATO, Fábio Konder — **5/143**

Sucessão nas obrigações aziendais no direito brasileiro — I — Introdução. II — Sucessão. III — A sucessão e o estabelecimento comercial: 1. O estabelecimento comercial; 2. A sucessão e o estabelecimento comercial: a) *Causa mortis*; b) *Inter vivos*; 3. Trespasse do estabelecimento comercial, sucessão nos créditos, débitos, obrigações e contratos: a) sucessão nos créditos; b) sucessão nos débitos, obrigações; c) cessão dos contratos; d) sistematização sobre a transmissão de créditos, débitos e contratos; e) aplicação de regras, oriundas da sistematização de alguns casos concretos: a) A responsabilidade pelos tributos; b) Contrato de fornecimento; c) Contrato de seguro; d) Contrato de trabalho; e) Contrato de locação de imóvel; f) Contratos administrativos; g) O mandato. IV — A cessão de crédito, débito e contrato sua eficácia em relação a terceiros: a) Crédito sua cessão; b) Débito sua cessão; c) Contrato sua cessão; d) Generalidade. V — O estabelecimento comercial bancário. VI — Conclusão — MORAES, Mauro Delphim de — **32/17**

Sugestões para uma nova lei concursal, Algumas — ABRÃO, Nelson — **31/31**

Sugestões sobre o anteprojeto do Código Civil — INACARATTO, Marco Antonio — **12/149**

Supremo decide: consórcios podem usar alienação fiduciária — FRONTINI, Paulo Salvador — **37/163**

Supremo Tribunal Federal — Na transferência da propriedade de imóveis, resultante de cisão parcial, incide imposto de transmissão *inter vivos*, segundo decidiu o aresto recorrido — Recurso extraordinário não conhecido — MORAES, Mauro Delphim de — **71/81**

Suspensão das ações e execuções em virtude da decretação da liquidação extrajudicial — WALD, Arnoldo — **41/7**

Taxa de melhoramento dos portos — Direito tributário internacional — Associação Latino-Americana de Livre Comércio — ALALC — Redução de alíquota da taxa de melhoramento dos portos — Isenção do imposto de importação por resolução do conselho de política aduaneira — Cláusula de nação mais favorecida — SEIXAS FILHO, Aurélio Pitanga — **34/104**

Taxatividade da lista de serviços e aplicação de seus itens — A lista é taxativa. A técnica das listas, tabelas ou elenco de tributações e a sua interpretação — NOGUEIRA, Ruy Barbosa — **19/15**

Técnicas de privatização. A experiência brasileira — 1. Quadro institucional. 2. Breve análise das Constituições brasileiras. 3. A organização do Estado. A descentralização administrativa e os serviços públicos. 4. Classificação dos bens. 5. As entidades da administração indireta. 6. A dimensão do Estado: os serviços públicos e o interesse público. 7. A legislação relativa aos processos de privatização no Brasil. 8. Análise de editais de privatização. 9. Privatização no direito comparado. 10. Privatização e concorrência. 11. Conclusão. 12. Bibliografia — SARFERT, Thereza Maria — **117/182**

Tecnologia estrangeira no Brasil — Regime jurídico-fiscal — A intervenção do Instituto Nacional de Propriedade Industrial — 1. Generalidades. 2. Restrições fiscais — Lei 3.470, de 1958. 3. Restrições e cambiais — Lei 4.131, de 1962. 4. Novas restrições fiscais. Lei 4.506 de 1964. 5. Distinção de regime cambial entre assistência técnica e *royalties* pelo uso de marcas e patentes. 6. Análise crítica ao sistema atual. 7. Registro e duração dos contratos de assistência técnica e de licenças, no regime da Lei 4.131, de 1962. 8. Registro e duração dos contratos de assistência técnica e de licença de marcas e patentes no regime da Lei 5.772, de 1971. 9. Contratos de licença sujeitos a averbação no INPI. 10. Transferência de tecnologia. 11. Comunicado FIRCE 19. 12. Contratos de licença e de assistência técnica. 13. Conclusão. 14. Imposto de renda brasileiro e os contratos de *royaties* e de assistência técnica. 15. Incidência do imposto de renda e as decisões administrativas e judiciárias. Conclusão — TEIXEIRA, Egberto Lacerda — **13/55**

Telecomunicações no Brasil: balanço e perspectivas — CELLI JÚNIOR, Umberto & SANTANA, Cláudia Silva de — **134/175**

Temas polêmicos da sociedade por quotas — Posição da jurisprudência. Cessão de quotas, responsabilidade e exclusão de sócios — MARSHALL, Carla Izolda Fiuza Costa — **102/94**

Teoria da aparência e o direito bancário, A — 1. Introdução. 2. O direito bancário. 3. A teoria da aparência no direito estrangeiro: a) A posição do direito comparado; b) O direito francês; c) O direito italiano; d) O direito alemão; e) O direito anglo-americano; f) O direito espanhol; g) Conclusões quanto ao direito estrangeiro. 4. A teoria da aparência como princípio geral do direito na legislação brasileira. 5. A teoria da aparência na jurisprudência brasileira: a) Jurisprudência do Supremo Tribunal Federal; b) Jurisprudência do Superior Tribunal de Justiça; c) Jurisprudência do Tribunal de Justiça do Estado do Rio de Janeiro, do antigo Tribunal de Justiça do Estado da Guanabara e do Tribunal de Alçada; d) Jurisprudências dos Tribunais paulistas; e) Jurisprudência dos Tribunais dos demais Estados. 6. A posição da doutrina nacional. 7. Conclusões — WALD, Arnoldo — **106/7**

Teoria da desconsideração da pessoa jurídica no novo Código Civil — XAVIER, José Tadeu Neves — **128/138**

Teoria da empresa no novo Código Civil — O fim da distinção entre sociedades civis e comerciais — SPERCEL, Thiago — **130/125**

Teoria da imprevisão — Cláusula *rebus sic stantibus* aplicável à ação revisional de aluguel da lei de luvas (art. 31) — Decisão da 4ª Câmara Cível do TARS — FRANCO, J. Nascimento — **69/63**

Teoria da interpretação segundo Tullio Ascarelli — REALE, Miguel — **38/75**

Teoria da moeda de Tullio Ascarelli e suas repercussões no direito brasileiro — WALD, Arnoldo — **38/47**

Teoria dos grupos de sociedades e a competência do juízo arbitral — WALD, Arnoldo — **101/21**

Teoria dos jogos: por uma propedêutica à elaboração racional da decisão — PENTEADO, Luciano de Camargo — **132/160**

Teoria dos jogos aplicada à responsabilidade civil dos administradores de instituições financeiras — SPERCEL, Thiago — **135/219**

Teoria *ultra vires societatis* perante a lei das sociedades por ações — 1. Importância. 2. Noção geral. 3. As origens da teoria e a situação atual na Inglaterra. 4. A concepção de Gervasio Colombres, na Argentina. 5. As confusões sobre a teoria nos Estados Unidos. 6. A situação atual da teoria nos Estados Unidos. 7. A sanção dos atos *ultra vires*. 8. A teoria e o objeto social. 9. A disciplina legal do objeto social no Brasil. 10. O objeto social na vigência do Decreto 434/1891. 11. O objeto social na vigência do Decreto 2.627/1940. 12. A teoria *ultra vires* e o objeto social no direito brasileiro. 13. Aspectos de a teoria ultra vires e o objeto social no direito brasileiro. 14. Análise dos dispositivos da Lei 6.404/1976. 15. A ratificação pela Assembléia Geral dos atos *ultra vires*. 16. A irresponsabilidade da sociedade por deliberação nula ou abusiva da Assembléia Geral. 17. Conclusão. 18. Obras citadas — BULGARELLI, Waldirio — **39/111**

Término de concessão e direito de recesso — WALD, Arnoldo — **40/29**

Territorialidade e ICM — A) Considerações gerais. B) A materialidade do ICM e o âmbito espacial de validade da legislação tributária estadual. C) Desdobramento propedêutico. D) A imputação espacial do fato imponível. E) O aspecto espacial da hipótese de incidência do ICM. F) O "local da operação" — GIARDINO, Cleber — **43/19**

***The Clayton Act* — Controle de concentração de empresas — 106/197**

The new Brazilian Checks Act of 1985 and the Geneva Uniform Law on Cheques — HEINRICH, Gregor — **64/83**

The Sarbanes Oxley act and the rules applicable to foreign companies: the possible impacts on the capital markets — ANDREZO, Andrea Fernandes — **132/25**

Titular de cheques pós-datados, dados em garantia real, não participa da concordata da devedora — 1. Natureza jurídica do cheque. 2. O cheque pós-datado conserva a natureza de título de crédito. 3. Penhor dos títulos de crédito. 4. Endosso pignoratício do título de crédito. 5. Endosso pignoratício do cheque. 6. Penhor do cheque pelo direito comum. 7. Efeitos do penhor de cheques pós-datados — LOBO, Jorge — **102/21**

Titularização — Um novo instrumento financeiro — 1. Introdução. 2. Breve noção de titularização. 3. Breve estudo comparativo. 4. Experiência de titularização em Portugal. 5. O actual quadro legal português. 6. Conclusões — MATIAS, Armindo Saraiva — **112/48**

Título de crédito — Nota promissória — Execução apoiada por título extrajudicial — Falta de causa ou ilicitude da mesma — LUCCA, Newton de — **28/97**

— *Teoria Geral e Títulos Atípicos em face do novo Código Civil (análise dos arts. 887 e 903): Títulos de Crédito Eletrônicos (alcance e efeitos do art. 889, 3º e legislação complementar)*, de Mauro Rodrigues Penteado (coord.) — SALLES, Marcos Paulo de Almeida — **134/237**

Título de crédito recente: a cédula de produto rural, Um — A) Os títulos de crédito e seus princípios básicos. B) A taxatividade legal dos títulos de crédito. C) A cédula de produto rural como título de crédito. D) As particularidades da CPR — ROCHA, João Luiz Coelho da — **117/112**

Título extrajudicial — Notas promissórias — Execução contra avalista que pretende chamamento ao processo do emitente dos títulos — Indeferimento — Aplicabilidade do princípio da solidariedade cambial — Agravo conhecido e não provido — GUERREIRO, José Alexandre Tavares — **37/155**

Títulos de crédito — COSTA, Philomeno J. da Costa — **3/216**

Títulos de crédito: uma análise das principais disposições do novo Código Civil — FERNANDES, Jean Carlos — **133/150**

Títulos de crédito e o Código Civil — FARIA, Werter R. — **135/69**

Títulos de crédito e o Código Civil vigente — ROCHA, João Luiz Coelho da — **132/55**

Títulos de crédito no Projeto de Código Civil — MARTINS, Fran — **17/127**

Títulos de crédito no Projeto de Código Civil — 1. Introdução: relevância da matéria. 2. Sentido de uma codificação de direito privado no limiar do século XXI. Origens próximas do projeto. 3. Necessidade de uma disciplina geral para os títulos de crédito, codificada ou não. Legislação extravagante. 4. Premissas estruturais do projeto: criação de títulos inominados ou atípicos. Observações críticas: por uma mudança de ênfase. 5. Análise tópica do projeto. Propostas de modificações: títulos impróprios. 6. Segue: As disposições gerais. A "descartularização" dos títulos de crédito. 7. Segue: títulos representativos de mercadorias. 8. Segue: títulos ao portador, à ordem e nominativos. 9. Aspectos processuais: ação monitória e ação executiva. 10. Conclusões. Projeto modificado e teste de funcionalidade da nova regulamentação — PENTEADO, Mauro Rodrigues — **100/24**

Títulos de crédito no Projeto de Código Civil brasileiro — BUECHELE, Paulo Armínio Tavares — **78/61**

Títulos de fascículos e marcas de indústria ou de comércio — MANSO, Eduardo Vieira — **73/93**

Trading Companies — SANTOS, J. A. Penalva — **17/99**

Tradução da lei uniforme sobre letras de câmbio e notas promissórias — MARTINS, Fran — **5/11**

Transferência de tecnologia. Indústria automobilística — SILVEIRA, Newton — **25/133**

Transferência de tecnologia e de recursos para o exterior por exploração ou uso de marcas e patentes — MATTOS, Francisco de Souza — **24/119**

Transferência empresarial de tecnologia para países subdesenvolvidos: um caso típico de inadequação dos meios aos fins — I — O fundamento teórico dos privilégios industriais. II — Proposta de aperfeiçoamento do regime jurídico de transferência empresarial de tecnologia: a) inventos industriais; b) contratos de *know-how*. III — Conclusão geral: Ultrapassar as fronteiras do direito industrial, na transferência de tecnologia — COMPARATO, Fábio Konder — **47/41**

Transformação das sociedades anônimas em sociedades por cotas de responsabilidade limitada — ABRÃO, Nelson — **25/13**

Transformações do direito dos mercados financeiros, As — 1. Sobre a renovação dos atores presentes: 1.1 A interrogação sobre o ator estatal; 1.2 Sobre a emergência do critério de eficiência quando da substituição dos atores. 2. Traços paradigmáticos das formas contemporâneas de regulação dos mercados financeiros: 2.1 Sobre o pragmatismo requerido na regulação dos mercados financeiros; 2.2 Pluralidade de atores, pluralidade de lógicas; 2.3 Sobre a complexidade inacabada dos mercados financeiros — ARNAUD, André-Jean — **117/32**

Transport maritime — Conteneur remis fermé et plombé au transporteur — Application des règles de Hambourg — Responsabilité (NON) — **105/231**

Transporte aéreo — Abalroamento de aeronaves em vôo — Indenização devida pelo causador do acidente — Responsabilidade a ser apurada de conformidade com o art. 159 do Código Civil — Circunstância irrelevante de haver sido paga indenização tarifada — MOURA, Geraldo Bezerra de — **13/120**

Transporte aéreo internacional — Acidente — Aplicabilidade, quanto á indenização, dos princípios proclamados pela Convenção de Varsóvia — MOURA, Geraldo Bezerra de — **14/128**

Tratado de cooperação em matéria de patentes (PCT) — Decreto 81.742, de 31.5.1978 — **28/119**

Tratado de Direito Comercial (Cesare Vivante, v. 1, *Os Comerciantes*, 5ª ed. rev. e ampl., Milão, Francesco Vallardi, 1934) — VERÇOSA, Haroldo Malheiros Duclerc — **102/134**

Tratados de bitributação brasileiros e suas características fundamentais — SALOMÃO NETO, Eduardo — **95/64**

Tribunal Federal de Recursos — Súmulas relativas à propriedade industrial — Súmula 7 e Súmula 10 — SILVEIRA, Newton — **43/100**

Tributário — Imposto de renda — Dissolução e liquidação de sociedade comercial — Distribuição do acervo social líquido entre os sócios — Alienação — GUERREIRO, José Alexandre Tavares — **43/94**

— IPMF — Empresa de arrendamento mercantil incidência da alíquota zero por equiparação às instituições financeiras — LUCCA, Newton de — **108/205**

Triste fim das sociedades limitadas no novo Código Civil — FRANCO, Vera Helena de Mello — **123/81**

Tutela do consumidor na jurisprudência brasileira e *de lege ferenda* — BULGARELLI, Waldirio — **49/41**

Tutela jurisdicional dos interesses difusos — GRINOVER, Ada Pellegrini — **46/67**

TV — Brincadeiras de mau gosto — Responsabilidade — CHAVES, Antônio — **69/70**

Unificação dos registros de sociedades — CARVALHO, Dora Martins de — **40/173**

Urgente reforma da Lei 6.385/1976 — EIZIRIK, Nelson — **98/58**

Uso da cláusula arbitral nos contratos societários, O — BUCCIOLI, Fábio — **108/125**

Uso das cartas de crédito comerciais como instrumento de garantia — 1. Preliminares. 2. O crédito documentado: funcionamento, modalidades, natureza jurídica e estrutura. 3. A disciplina legal do crédito documentado. 4. O uso da carta de crédito comercial como instrumento de garantia. 5. Exame das cartas de crédito e outras considerações. 6. Conclusões — LEÃES, Luiz Gastão Paes de Barros — **15-16/51**

Uso de duplicatas para a cobrança dos serviços prestados pelos concessionários de serviço público — SHIGUEMATSU, Plínio José Lopes — **119/155**

Usufruto de ações ao portador e a posição da companhia emissora — GUERREIRO, José Alexandre Tavares — **39/84**

Usura — Lei reguladora — Revogação possível com referência aos crimes e penas criminais — Subsistência no âmbito do direito privado — TEIXEIRA, Egberto Lacerda — **5/82**

Utilização de nomes brasileiros nos produtos da indústria nacional — MATTOS, Francisco de Souza — **19/101**

Utilização desleal de informações privilegiadas — *Insider trading*, no Brasil e nos Estados Unidos — Introdução. I — O problema da separação entre o controle e a gestão e o dever dos administradores nas empresas modernas. II — Descrição e comentário dos mecanismos existentes nos Estados Unidos para evitar a utilização desleal de informações privilegiadas pelos administradores, de acordo com o *Securities and Exchange Act of 1934, Section 16 (b)* e *Rule 10b-5* e os casos relevantes sobre a matéria. III — Descrição e comentário dos mecanismos existentes no Brasil para evitar a utilização desleal de informações privilegiadas pelos administradores, de acordo com os arts. 155 e 157 da Lei 6.404/1976 e 4º e 9º da Lei 6.385/1976 e os dois casos relevantes sobre a matéria. IV — Comparação de alguns aspectos dos dois sistemas jurídicos com sugestões de três alternativas para o aperfeiçoamento das normas que regem a utilização desleal de informações privilegiadas — MUSSNICH, Francisco Antunes Maciel — **34/31**

Validade da cessão de crédito externo a residente no Brasil — LEONARDOS, Gabriel F. — **85/101**

Validade da cláusula de correção cambial nas obrigações pecuniárias internas — 1. Colocação do problema. 2. As cláusulas de indexação e o curso legal forçado da moeda. 3. A evolução da legislação relativa à correção monetária nas obrigações contratuais. 4. A validade das cláusulas de correção cambial em nosso direito — LEÃES, Luiz Gastão Paes de Barros — **88/10**

Validade de disposições de acordo de acionistas de votarem em bloco, assegurando a política gerencial única e necessária — BULGARELLI, Waldirio — **123/185**

Validade ou ineficácia de notas promissórias emitidas com valor expresso em unidade outra que não em moeda corrente — 1. Considerações preliminares. 2. Legislação cambiária. 3. Legislação especial. 4. Posição doutrinária. 5. Orientação jurisprudencial. 6. Hipóteses de previsão em contrato com cláusula de atualização monetária. 7. A matéria em exame à luz da Lei 6.899/1981. 8. Conclusão — PIRES, José Paulo Leal Ferreira — **62/41**

Valor patrimonial das quotas da sociedade limitada — COELHO, Fábio Ulhoa — **123/69**

Valor residual garantido em contratos de arrendamento mercantil financeiro — ABDALLA, Guilherme de A. C. — **133/143**

Valores mobiliários, especulação e conseqüências jurídicas — ADIERS, Leandro Bittencourt — **121/160**

Valores mobiliários brasileiros como títulos de crédito — 1. Introdução. 2. A menção aos valores mobiliários pelas leis brasileiras. 3. A mobilização dos créditos. 4. A teoria geral dos títulos de crédito. 5. A terminologia brasileira dos papéis de crédito. 6. Noção de valores mobiliários. 7. Os efeitos do comércio e os valores mobiliários. 8. Os valores mobiliários na Itália. 9. Os valores mobiliários nos EUA. 10. Os valores mobiliários na Inglaterra. 11. Os valores mobiliários na Alemanha. 12. Os valores mobiliários na Holanda. 13. Os valores mobiliários na Bélgica. 14. Os valores mobiliários na Suíça. 15. Títulos de valores mobiliários. 16. Os valores mobiliários como títulos de crédito. 17. Conclusão — BULGARELLI, Waldirio — **37/94**

Valores mobiliários como título de crédito — ROCHA, João Luiz Coelho da & LIMA, Marcelle Fonseca — **119/137**

Valores mobiliários na Lei das S/A, Os — SALLES, Marcos Paulo de Almeida — **107/123**

Valores mobiliários na nova Lei das S/A — EIZIRIK, Nelson — **124/72**

Variação cambial como indexador de contratos — 1. Colocação do problema. 2. A legislação brasileira até 1969. 3. Nominalismo *x* correção monetária. 4. A Lei 6.423/1975. 5. A variação cambial na jurisprudência. 6. Os planos de estabilização. 7. Resumo e conclusões — AMARO, Luciano — **91/16**

Variação cambial de moeda nacional — BULGARELLI, Waldirio — **91/72**

Venda com reserva de domínio — Falência do comprador — Embargos de terceiro oferecidos pelo vendedor para reaver a coisa — Meio processual inidôneo — Rejeição liminar — ABRÃO, Nelson — **8/116**

Venda de ascendente para descendente — 1. Generalidades. A origem histórica do preceito. 2. O significado do art. 1.132: 2.1 A posição do descendente; 2.2 O consentimento e sua manifestação. Suprimento; 2.3 A venda de descendente a ascendente; 2.4 Aspectos de direito comercial. 3. A violação do art. 1.132 (à luz das Súmulas 152 e 494): 3.1 Ato nulo ou anulável?; 3.2 Prescrição: o prazo e seu início. 4. O Superior Tribunal de Justiça e a venda a descendente. 5. Legislação comparada: Códigos português, argentino e chileno. 6. Projeto de Código Civil 634-B. 7. Temas afins: doação e troca: 7.1 A doação de ascendente para descendente (art. 1.171); 7.2 A troca entre ascendente e descendente (art. 1.164). 8. A posição do terceiro de boa-fé. 9. Conclusão — ASSIS, Carlos Augusto de — **109/39**

Venda de praça e venda marítima — 1. Explicação prévia. 2. Colocação do problema. 3. Origens das vendas de praça a praça. 4. Modalidades diversas. 5. Pretensas vendas marítimas. 6. Impropriedade terminológica. 7. Compra e venda à distância. 8. Possível unificação das várias espécies. 9. Verdadeira e única venda marítima. 10. Conclusão — ESTRELLA, Hernani — **3/11**

Venda de veículos novos através da internet: reflexos no campo da exclusividade inerente à concessão de veículos automotores — LINHARES, Marcel Queiroz — **121/95**

Verdadeira projeção da arbitragem — Convenção de New York de 1958 — STRENGER, Irineu — **129/40**

Vicissitudes da administração dos bancos de desenvolvimento — 1. Introdução: A crise política, moral e institucional e a gestão das empresas. 2. Atividades bancárias. Os bancos de desenvolvimento. 3. Deveres e responsabilidades dos administradores, na lei que rege as sociedades por ações. 4. Responsabilidade dos administradores de instituições financeiras, na legislação especial. 5. Os bancos de desenvolvimento como integrantes da administração pública indireta. Limites e vedações constitucionais. 6. Subsunção dos bancos de desenvolvimento aos sistemas de controle externo, interno e da cidadania. 7. Os bancos de desenvolvimento e as competências da União e dos Estados, em matéria bancária, finanças públicas e desenvolvimento. Considerações finais. O projeto de lei complementar que dispõe sobre o Sistema Financeiro Nacional — PENTEADO, Mauro Rodrigues — **87/25**

Vicissitudes da duplicata no Brasil — BULGARELLI, Waldirio — **21-22/19**

Vinte anos da promulgação da Lei das S/A: anteprojetos e projeto visando sua reforma — Anteprojeto de lei federal que modifica a Lei 6.404/1976 — PENTEADO, Mauro Rodrigues — **105/84**

Virtuosidade da sociedade em conta de participação — As transformações da sociedade mercantis ao longo do tempo. A ancianidade da sociedade em conta de participação. Seu característico principal e as respectivas conseqüências. Sua condição de sociedade mercantil. O que a distingue dos contratos afins. A extensão do seu projeto. A possibilidade, ou não, de emitir títulos representativos do capital dos sócios participantes e a singularidade, sob esse aspecto, da legislação brasileira. Formas de contribuição dos seus sócios. As conseqüências da falência do sócio ostensivo. Direitos dos sócios participantes e extensão da sua responsabilidade. A sociedade em conta de participação e o imposto de renda. A versatilidade e a virtuosidade que a caracterizam — ALMEIDA, Carlos Guimarães de — **8/45**

Visão jurídica da empresa na realidade brasileira atual — SALLES, Marcos Paulo de Almeida — **119/94**

Voto minoritário e quórum na assembléia geral da sociedade anônima — BOITEAUX, Fernando Netto — **75/100**

ÍNDICE REMISSIVO POR AUTOR

ABDALLA, Guilherme de A. C. — O valor residual garantido em contratos de arrendamento mercantil financeiro — **133/143**

ABRÃO, Nelson — A nova lei argentina sobre procedimentos concursais — **9/143**

— A transformação das sociedades anônimas em sociedades por cotas de responsabilidade limitada — **25/13**

— Algumas sugestões para uma nova lei concursal — **31/31**

— Alienação fiduciária — Falência do devedor — Busca e apreensão — Carência — Direito de pedir a restituição — Aplicação do art. 76 da lei falimentar — **6/69**

— Cambial — Concordata preventiva do emitente — Irrelevância em relação ao avalista — Prazo prescricional — Quando flui — Recurso provido em parte — **20/81**

— Características essenciais da nova lei das sociedades anônimas — **21-22/155**

— Cibernética e títulos de crédito — **19/97**

— Companhias abertas e fechadas no sistema da Lei 6.404, de 1976 — 1. A companhia aberta. 2. O controle estatal da companhia aberta. 3. Característica das companhias abertas. 4. A companhia fechada — **24/45**

— Compra e venda — Preço — Parte representada por notas promissórias — Falta de seu pagamento — Rescisão do contrato reclamada pelos vendedores — Carência decretada — Decisão confirmada — **13/94**

— Compra e venda mercantil — Venda a contento — Falta de prazo para o comprador se manifestar sobre a aceitação do negócio — Necessidade de ser interpelado a respeito — Cobrança do preço antes da providência — Inadmissibilidade — Ação improcedente — Inteligência e aplicação do art. 1.147 do Código Civil — **10/104**

— Concordata — Compensação de dívida passiva do concordatário, vencida em virtude do deferimento da concordata, com dívida ativa vencida posteriormente — **14/94**

— Concordata preventiva — Créditos — Classificação — Privilégio especial — Aluguel do prédio onde está instalado o concordatário — Inexistência de sujeição aos efeitos da concordata — Hipótese de penhora sobre bens móveis — Aplicação do art. 102, § 2º, II, do Decreto-lei 7.661, de 1945 — **31/91**

— Concordata preventiva — Depósito e dinheiro para a garantia de pagamento aos credores — Penhora pretendida por reivindicante de mercadoria já consumida — Inadmissibilidade — **9/87**

— Concordata preventiva — Exercício regular do comércio há mais de 2 anos — Prova pelos meios regulares admitidos em direito — **1/110**

— Concordata preventiva — Pedido de mercadoria no mesmo dia do requerimento da concordata — Recebimento no dia imediato — Má-fé configurada — Restituição pleiteada pelo vendedor — Procedência — Recurso provido — **8/88**

— Concordata preventiva — Pedido de restituição — Mercadoria inexistente — Contestação da concordatária — Protesto por provas — Audiência omitida e julgamento — Admissibilidade — Revista improcedente — **10/109**

— Declaração judicial de falência — 1. Por que declaração judicial? 2. Juízo competente. 3. Unidade e universalidade do juízo falimentar. 4. Natureza jurídica da sentença. 5. Conteúdo da sentença. 6. Os inconvenientes do processualismo. 7. Conclusão — **35/25**

— Duplicata — Juros da mora — Fluência — Embargos rejeitados — Apelação não provida — **27/103**

— Exposição apresentada ao Instituto Brasileiro de Direito Comercial Comparado e Biblioteca Tullio Ascarelli anexo ao Departamento de Direito Comercial, da Faculdade de Direito da Universidade de São Paulo, sobre o tema: "A reorganização financeira do negócio no direito norte-americano" — **53/161**

— Falência — Avalista de cambial — Deve ser pessoalmente notificado do protesto do título — **15-16/113**

— Falência — Cessação de comércio não registrada — Prescrição de duplicata — Irrelevância na hipótese — Depósito levantado pelo credor — Honorários advocatícios devidos — **27/101**

— Falência — Concordata preventiva — Aplicação do art. 143 da lei de falências — Litigante de má-fé incurso no art. 17, IV, do CPC — **28/95**

— Falência — Corretora de câmbio; Ações custodiadas; Pedido de restituição; Procedência; Apelação provida em parte — **20/91**

— Falência — Depósito elisivo — Quebra, não obstante, decretada pelo Juiz — Agravo de instrumento — Efeito suspensivo — Sentença concedida para esse fim — **24/82**

— Falência — Depósito para obstar a decretação — Defesa do devedor — Incerteza sobre o crédito do requerente — Remessa das partes para as vias ordinárias — **12/128**

— Falência — Duplicata em pagamento de máquina — Defeitos desta — Defesa do devedor — Acolhimento — Pedido improcedente — Embargos recebidos — **33/95**

— Falência — Pedido com base no art. 2º, I, III, IV e V da lei falimentar — Indeferimento — Honorários advocatícios devidos — **30/81**

— Falência — Pedido de restituição — **2/82**

— Oferta de caução, em lugar de depósito em dinheiro, na concordata preventiva — **39/37**

— Pagamento de título após protesto — **17/109**

— Protesto e direito de regresso — **18/113**

— Recurso — Agravo de instrumento — Matéria falimentar — Interposição por credor contra a sentença que decreta a quebra — Prazo — Contagem da publicação do aviso que convoca os credores e fixa prazo para a habilitação — Preliminar de intempestividade repelida — **11/84**

— Sociedade comercial — Apuração de haveres — Saldo positivo — Execução da sentença com trânsito em julgado — Apelação não provida — **32/93**

— Sociedade comercial — Prazo indeterminado — Dissolução — Ação proposta por um sócio — Procedência — Aplicação do art. 335, V, do Código Comercial — **4/67**

— Sociedade comercial — Responsabilidade limitada — Dissolução — Pedido por sócio minoritário, em face de desentendimento com os demais — Inadmissibilidade, via de regra, especialmente quando os estatutos sociais prevêem a apuração de haveres para a hipótese da falta ou retirada de um dos sócios — Recurso provido — Inteligência do art. 335, V, do Código Comercial — **15-16/127**

— Sociedade comercial — Responsabilidade limitada — Dissolução por vontade do sócio minoritário — Admissibilidade apenas da dissolução parcial — Retirada do cotista com seus haveres e continuidade da sociedade com os remanescentes — **4/66**

— Venda com reserva de domínio — Falência do comprador — Embargos de terceiro oferecidos pelo vendedor para reaver a coisa — Meio processual inidôneo — Rejeição liminar — **8/116**

ADIERS, Cláudia Marins — A propriedade intelectual e a proteção da biodiversidade e dos conhecimentos tradicionais — **124/116**

— As importações paralelas à luz do princípio de exaustão do direito de marca e seus reflexos nos direitos contratual e concorrencial — **127/127**

ADIERS, Leandro Bittencourt — A privacidade e os sigilos telefônico, profissional e bancário — I — Introdução. II — O sigilo telefônico. III — O sigilo profissional. IV — O sigilo bancário. V — Reserva legal impeditiva do controle do cidadão. VI — Quebra de sigilo bancário e telefônico através de CAPES. VII — Recurso apropriado para opor-se à quebra de sigilo bancário. VIII — Conclusões — **125/62**

— Demanda reparatória ajuizada por acionista em virtude de adimplemento imperfeito. Função e natureza jurídica das demonstrações financeiras. Caráter constitutivo das decisões assembleares tomadas por órgãos das sociedades anônimas. A ação reguladora e princípios essenciais vinculadores de companhias abertas com valores mobiliários no mercado de capitais. Imposição da ordem constitucional econômica. Prazos de prescrição na Lei das Sociedades Anônimas — **129/234**

— Impossibilidade da revisão de contrato de câmbio em virtude da alteração da política de "bandas cambiais" — **123/167**

— Regime jurídico da sociedade de economia mista concessionária de serviço público e direitos dos contratantes particulares e acionistas — **122/224**

— Valores mobiliários, especulação e conseqüências jurídicas — **121/160**

AFONSO, Daniela Gomes — Parecer CVM de 16.4.2002: critérios para a eleição de membros do conselho de administração de S/A aberta, após a Lei 10.303/2001 — **126/193**

AGUILAR, Fernando Herren Fernandes — Propriedade industrial — Legitimidade passiva e competência na ação de nulidade de privilégio — **62/74**

AGUIRRE, Basília — Mudança institucional, a perspectiva da nova economia institucional — **127/179**

ALMEIDA, Aline Paola C. B. C. de, GARCIA, Flávio Amaral, JURUENA, Marcos V. Souto, & COSTA, Paulo Henrique Spilotors — Gestão privada do Funcafé — **102/80**

ALMEIDA, Betyna Ribeiro de — Aspectos da teoria jurídica da empresa — **119/236**

ALMEIDA, Carlos Guimarães de — A virtuosidade da sociedade em conta de participação — As transformações da sociedade mercantis ao longo do tempo; A ancianidade da sociedade em conta de participação; Seu característico principal e as respectivas conseqüências; Sua condição de sociedade mercantil; O que a distingue dos contratos afins; A extensão do seu projeto; A possibilidade, ou não, de emitir títulos representativos do capital dos sócios participantes e a singularidade, sob esse aspecto, da legislação brasileira; Formas de contribuição dos seus sócios; As conseqüências da falência do sócio ostensivo; Direitos dos sócios participantes e extensão da sua responsabilidade; A sociedade em conta de participação e o imposto de renda; A versatilidade e a virtuosidade que a caracterizam — **8/45**

— Aspectos da execução do Código da Propriedade Industrial — **13/41**

— O novo Código da Propriedade Industrial — **6/23**

ALONSO, Félix Ruiz — Alienação fiduciária — Venda do mesmo objeto pela segunda vez a garantia também é celebrada pela segunda vez com outra financiadora — Prevalência da primeira — Embargos de terceiro procedente — **3/67**

— Cambial — Nota promissória — Falta protesto, em tempo hábil, contra o emitente — Fato que não acarreta perda de direito de acionar o respectivo avalista — Inteligência do art. 53 da Lei Uniforme de Genebra — **12/112**

— Concordata preventiva — Habilitação de crédito — Cambial ligada a contrato de financiamento — Irrelevância — Pedido deferido — **2/51**

— Concordata preventiva — Habilitação de crédito — Cambial sacada de acôrdo com a Lei 4.718/1965 — Sacador obrigado principal — Inclusão como quirografário — **2/51**

— Concordata preventiva — Habilitação de crédito — Letra de câmbio emitida de acordo com a lei que disciplina o mercado de capitais — Dispensa de protesto para a sua habilitação na concordata do sacador — **4/43**

— Dividendo obrigatório e participação de diretoria — **23/167**

— *Holding* no Brasil — 1. A sociedade *holding*. 2. Espécies de sociedades *holding*. 3. A *holding*, na legislação luxemburguesa. 4. Ausência de atividade comercial. 5. Atividade negocial empresarial. 6. Ausência de atividade financeira. 7. Participação financeira e atividade financeira. 8. As sociedades ligadas. 9. A sociedade ligada controlante ou *holding* real. 10. A sociedade filiada e a de simples participação. 11. O problema da percentagem majoritária. 12. A *holding* mononegocial e a *holding* ativa. 13. O volume de reservas livres. 14. A prática de um só negócio determinado. 15. Primeiras conclusões: noção e classes de *holding*, a *holding* no Anteprojeto do CC. 16. A *holding* no Brasil atual. 17. A *holding* fictícia, sem patrimônio não está prevista em lei. 18. *Holding* como negócio indireto. 19. *Holding* na Itália; e, 20. Última conclusões — **10/77**

— Mercado de capitais — Letras de câmbio de aceite de financeiro em liquidação extrajudicial — Títulos sem força executiva de natureza cambiária — Pedido de falência denegado — **2/55**

— Os fundos de investimentos — I — Os fundos de investimentos: 1. O fato mercantil; 2. Noção histórica; 3. Aparecimento no Brasil; 4. Sociedades de investimentos, de capital fixo e de capital autorizado. II — O condomínio: 5. Noção de condomínio; 6. O condomínio e a voluntariedade; 7. O condomínio necessário ou civil; 8. O condomínio voluntário imobiliário; 9. O condomínio voluntário mobiliário; 10. Multiplicidade de propriedades parciais; 11. Precedentes doutrinários do condomínio; 12. O mandato. III — Forma jurídica societária: 13. Os fundos e a sociedade; 14. As sociedades comerciais; 15. *Affectio societatis*. 16. Condomínio e sociedade; 17. Propriedade e abstração matemática; 18. As sociedades em conta de participação; 19. Fundação e fundos — **1/61**

ALVARENGA, Cláudio Ferraz de — O objeto da caução de depósito na concordata preventiva — 1. A posição da jurisprudência; 2. Argumento fornecido pela interpretação literal da expressão *quantia* e pelo significado com que ela é empregada em outros dispositivos da lei de falências; 3. Argumento fornecido pela *ratio legis* da exigência legal da caução; 4. Argumento de ordem histórica; 5. Argumento oferecido pela existência de atividade legislativa sobre a matéria; 6. Argumento oferecido pela insolvência, que a impossibilidade de caucionar em pecúnia revela; 7. Argumento fornecido pela natureza jurídica da execução na concordata; e, 8. Conclusão — **10/63**

ALVARENGA, Maria Isabel de Almeida — Adequação das funções legais da comissão de valores mobiliários à realidade brasileira — 1. Introdução. 2. Antecedentes históricos da criação da Comissão de Valores Mobiliários. 3. Conteúdo da Lei 6.385, de 7.12.1976. 4. Críticas à Lei 6.385, de 7.12.1976. 5. O Projeto de Lei 1.564/1996, do Ministro Antonio Kandir. 6. Conclusão. 7. Bibliografia — **105/144**

— Impossibilidade de resilição unilateral de acordo de acionistas por prazo indeterminado — **108/186**

ALVES, Daniel Rodrigues — Operações com correção monetária realizadas por sociedades de arrendamento mercantil — Sociedades de arrendamento mercantil — Variação cambial — Legalidade do art. 8º, letra *e*, da Resolução 351/1975 — Aplicabilidade das exceções previstas no Decreto-lei 857/1969 — Inaplicabilidade da Lei 6.423/1977 — Remissão aos pareceres DEJUR 274/77, 254/78 E 218/83 — **57/35**

AMADEO, Nelson Fatte Real — Comodato — Contrato simultâneo com promessa de compra e venda mercantil — **36/85**

— Contratos coligados — Promessa de compra e venda mercantil e comodato — Rescisão do contrato de fornecimento de combustível, por inadimplência da empresa revendedora — Legitimidade da aplicação de multa contratual — Dissídio jurisprudencial não comprovado — Julgados do STF — Recurso extraordinário não conhecido — **33/108**

— Desapropriação — Fundo de comércio — Hipótese de contrato não regido pela lei de luvas — Discussão que a esta não se deve cingir unicamente — Criação do fundo de comércio pelo locatário — Indenização concedida — **41/138**

— Propriedade industrial — Nome comercial — Proteção — Denominações semelhantes ou idênticas — Direito da firma registrada, anteriormente, na junta comercial, de pedir a modificação, ainda que diversos o gênero de comércio ou de indústria — Embargos rejeitados — Voto vencido — **41/134**

AMARAL, Afonso de Sampaio — Exibição judicial de livros — Transferência de ações nominativas — Negado provimento — **36/79**

AMARAL, Marcos, & MEDAUAR, Odete — Responsabilidade administrativa — A legislação de "lavagem de dinheiro" — 1. Introdução. 2. Pessoas jurídicas e físicas que podem ser responsabilizadas. 3. Obrigações cujo descumprimento desencadeia a responsabilização administrativa. 4. sanções administrativas. 5. O Conselho de Controle de Atividades Financeiras (COAF). 6. O processo administrativo previsto no Decreto 2.799, de 1998 — **119/86**

AMARAL, Paulo Afonso de Sampaio — A compra do controle de uma sociedade mercantil por uma companhia aberta — **33/41**

— Alguns aspectos jurídicos do protesto cambiário — 1. Ônus, e não direito. 2. Direito, e não ônus. 3. O protesto dirigido. 4. O abuso do protesto. 5. A sustação do protesto. 6. Regras para orientar a sustação — **21-22/57**

— Aspectos do lucro e sua distribuição na Lei 6.404/1976 — 1. Pluralidade de conceitos de lucro na Lei 6.404/1976. 2. Distribuição do lucro. O Decreto-lei 2.627/1960 e a Lei 6.404/1976. Proposta dos órgãos de administração. Participações estatutárias. Dividendos e reservas. Reserva legal. Dividendo fixo ou mínimo. Reserva de lucros e realizar. Reserva de contingência. Dividendo obrigatório. Reservas estatutárias e retenção de lucros. Lucros acumulados. 3. Escala hierárquica da distribuição do lucro na Lei 6.404/1976 — **31/65**

— Cambial — Nota promissória — Aval — Assinatura apenas no verso do pacto adjeto — Validade — Voto vencido — **15-16/109**

— Compra e venda mercantil — Contrato — Rescisão — Necessidade de ser interpelado o devedor — Inteligência e aplicação do art. 205 do CCom. — **14/109**

— Condição jurídica da possibilidade de existência das sociedades de participação — **30/55**

— Falência — Endossante de duplicata — Aplicabilidade do art. 10 da lei falimentar — **18/81**

— S/A: a delicada fase de transição do Decreto-lei 2.627, de 1940, para a Lei 6.404, de 1976 — **21-22/121**

— Sociedade comercial — Administração social — Abuso de poder de gerência — **6/97**

— Sociedade comercial — Anônima — Aumento de capital — Subscrição particular — Preferência de acionista — Prazo — Indenização — Ação improcedente — Recurso provido — **28/85**

— Sociedade comercial — Anônima — Diretor — Poderes da administração — Limitações nos estatutos e nas resoluções das assembléias gerais — Voto vencido — Inteligência e aplicação do art. 119 do Decreto-lei 2.627, de 1940 — *Sociedade Comercial* — Anônima — Diretores — Concentração da maioria das ações do capital social — Cláusulas estatutárias relativas a poderes do administrador — Interpretação extensiva — Voto vencido — *Promessa de contratar* — Execução coativa — quando se admite — Voto vencido — Inteligência e aplicação do art. 639 do CPC de 1973 — Cláusula *rebus sic stantibus* — Fato superveniente com efeito de desobrigar o devedor — Conceito — Inocorrência na espécie — Voto vencido — **21-22/97**

— Sociedade comercial — Nome coletivo — Aquisição de imóvel em nome da firma, mas com menção e participação de todos os sócios e das mulheres dos casados em virtude de pacto adjeto de hipoteca — Alterações da sociedade e posterior fusão com outra sem referência à aquisição — Circunstância evidenciando que o imóvel ficará excluído da transferência do fundo de comércio — Averbações deferidas que importariam na incorporação e transferência da propriedade à sociedade sucessora — Procedência da ação de sócios nomeados na escritura de aquisição para o cancelamento dessas averbações — **28/79**

AMARO, Luciano — Desconsideração da pessoa jurídica no Código de Defesa do Consumidor — I — O desvio de função da pessoa jurídica. II — Mecanismos legais de correção dos desvios de função da pessoa jurídica. III — Desconsideração da pessoa jurídica. IV — Desconsideração da personalidade jurídica no CDC — **88/70**

— Variação cambial como indexador de contratos — 1. Colocação do problema. 2. A legislação brasileira até 1969. 3. Nominalismo *x* correção monetária. 4. A Lei 6.423/1975. 5. A variação cambial na jurisprudência. 6. Os planos de estabilização. 7. Resumo e conclusões — **91/16**

AMENDOLARA, César — Dissolução parcial S/A liquidação irregular. Responsabilidade dos administradores — **114/183**

ANDREZO, Andréa Fernandes — A alienação de controle de companhia aberta e a recente reforma da legislação societária — Efetivo avanço? — **130/160**

— *The Sarbanes-Oxley Act and the rules applicable to foreing companies: the possible impacts on the capital markets* — **132/25**

ANTUNES, Eduardo Muylaert — Busca e apreensão — Crime contra a propriedade industrial — Privilégio de invenção — Indeferimento, fase a conclusão da perícia — Desnecessidade da manifestação do requerente sobre o laudo antes da decisão — Mera faculdade — Apelação não provida — Inteligência dos arts. 525 e 527, parágrafo único, do CPP — **35/114**

— Crimes contra a propriedade industrial — Concorrência desleal e contrafação de patente — Decadência pretendida — Inocorrência — Hipótese em que houve necessidade de prova pericial — Prazo de trinta dias, que se conta da homologação do respectivo laudo — *Habeas corpus* denegado, sob esse fundamento — Inteligência dos arts. 38 e 529 do CPP. Crimes contra a propriedade industrial — Concorrência desleal e contrafação de patente — Queixa-crime que não especifica a conduta punível de cada querelado — Inépcia decretada — Concessão de *habeas corpus* — Inteligência do art. 41 do CPP — **27/138**

APRIGLIANO, Ricardo de Carvalho — *Insider trading* — **109/173**

ARAGÃO, Alexandre Santos de — O conceito jurídico de regulação da economia — **122/38**

— O princípio da proporcionalidade no direito econômico — **121/56**

ARAGÃO, Paulo Cezar — Problemática legal do capital estrangeiro — **71/62**

ARAGÃO, Paulo Cezar, & SCHUARTZ, Luis Fernando — Algumas implicações institucionais da recepção do "paradigma do bem-estar social" no âmbito da regulação econômica e da defesa da concorrência — **135/148**

ARAÚJO, Antonio Mattos Pimenta — O ICMS e a transferência interestadual de bens do ativo fixo — **93/109**

— A responsabilidade tributária na sucessão de empresas — **76/93**

ARAÚJO, Rodolfo — A letra de câmbio, a nota promissória e a duplicata no sistema cambial brasileiro — **19/21**

ARAÚJO FILHO, Raul de, & CUNHA, Rodrigo Ferraz P. — Limites de atuação do conselho fiscal — **129/96**

ARNAUD, André-Jean — As transformações do direito dos mercados financeiros — **117/32**

ARNOLDI, Paulo Roberto Colombo — A declaração da falência e seus efeitos jurídicos no âmbito do Mercosul — 1. Introdução. 2. Problemas a serem enfrentados pelas empresas com a declaração judicial da falência no âmbito do Mercosul. 3. Conclusão — **109/7**

— Duplicata e facturas de crédito — Confronto e comparações — 1. Generalidades. 2. Histórico. 3. A duplicata mercantil e similares no direito estrangeiro. 4. Factura de crédito — Lei 24.760, de 13.1.1997. 5. Quadro comparativo entre a factura de crédito e a duplicata brasileira. 6. Conclusão — **108/63**

ARNOLDI, Paulo Roberto Colombo, & MICHELAN, Taís Cristina de Camargo — Novos enfoques da função social da empresa numa economia globalizada — **117/157**

ARRUDA, Maria Clara da Silveira Villasbôas — Companhia aberta *x* companhia fechada — 1. Introdução. 2. Conceituação da sociedade anônima. 3. Formas de constituição de sociedade anônima. Sociedades anônimas abertas e fechadas. 4. As sociedades abertas. Objetivo da reforma da Lei das S/A. 5. As origens da sociedade anônima. 6. As sociedades contemporâneas. 7. O papel das sociedades anônimas no Brasil. A estrutura jurídica da grande empresa privada. 8. O mercado de capitais. Lei da grande empresa e do empresário empreendedor. 9. Responsabilidade social da grande empresa. 10. A reforma da disciplina legal das sociedades anônimas. A Lei 6.404/1976. As principais mudanças da legislação societária anterior. 11. A importância da nova lei das S/A. 12. A grande empresa e a Lei das S/A: seus reflexos na economia brasileira. 13. A nova Lei das S/A e as garantias dadas ao acionista minoritário. 14. As características das sociedades anônimas constituídas sobre a forma de sociedades abertas ou fechadas (art. 4º da Lei das S/A). 15. Negociabilidade das ações de sociedades abertas e de fechadas (art. 29 da Lei das S/A). 16. As demonstrações financeiras da sociedade anônima. 17. O controle do poder de decisão e seu papel na sociedade aberta. A abertura de capital trouxe a democratização da sociedade aberta? O controle nas sociedades e as restrições à circulação de ações. 18. A organização no controle interno na sociedade anônima. 19. O poder de controle na sociedade anônima e sua legitimidade. 20. Conclusão — **65/42**

ARRUDA, Mauro J. G. — Considerações sobre a proteção jurídica do nome comercial, em face do projeto do novo Código Civil — 1. Apresentação. 2. Breve histórico da proteção ao nome comercial. 3. A legislação vigente. 4. O projeto de lei do novo Código Civil. 5. Conclusão — **113/130**

ASCARELLI, Tullio — *A atividade do empresário* — Tradução de Erasmo Valladão A. e N. França — **132/203**

— *O desenvolvimento histórico do direito comercial e o significado da unificação do direito privado* — **114/237**

— *O empresário* — **109/183**

ASCENSÃO, José de Oliveira — A "obra de encomenda" no direito português e brasileiro — 1. O problema. 2. A situação em Portugal. 3. A situação no Brasil — **23/23**

— Programa de computador e direito autoral — I — Noções básicas: 1. A influência da evolução técnica; 2. Problemática suscitada pelo computador; 3. Programa de computador: caracterização; 4. Algoritmo e programa; 5. Linguagem de computador. II — O programa e os ramos do direito intelectual abstratamente aplicáveis; 8. Propriedade das idéias; 9. Patente de invenção; 10. Concorrência desleal; 11. Novo tipo de direito intelectual; 12. Direito do autor. III — A obra tutelada pelo direito de autor; 13. O sentido da enumeração legal; 14. A liberdade das idéias; 15. A criatividade; 16. A exclusão dos modos de expressão obrigatórios de uma idéia; 17. Modalidades de obras; 18. Classificação segundo a forma ou modo de expressão; 19. O caráter estético; 20. A exclusão dos programas para a ação; 21. Obra e realização; 22. A proteção de projetos e esboços, quando relativos a obras plásticas; 23. Possibilidade de proteção do projeto ou esboço, não obstante a desproteção da realização definitiva; 24. Confronto com a Convenção de Berna; 25. Esquemas de expressão lingüística para a ação. IV — O programa de computador como obra intelectual: 26. O limite do óbvio; 27. O programa como obra de expressão lingüística; 28. o programa é obra tutelada; 29. A convenção de linguagem diferente; 30. A irrelevância da tutela por outro ramo do direito intelectual; 31. A tributação do direito ao programa; 32. Posição da doutrina brasileira; 33. Execução da obra e realização do programa; 34. O direito de reprodução; 35. Em particular a reprodução da memória interna de um computador; 36. Conclusões sobre regime legal — **58/27**

ASSIS, Carlos Augusto de — Antecipação de tutela e dissolução parcial de sociedade — **119/188**

— Breves considerações sobre sentença que indefere a renovação de contrato de locação — **102/72**

— Renovatória — Aluguel provisório — "O deferimento do aluguel provisório não está condicionado a que o senhorio se abstenha de fazer o pedido alternativo de retomada do imóvel" — **102/113**

— Venda de ascendente para descendente — 1. Generalidades. A origem histórica do preceito. 2. O significado do art. 1.132: 2.1 A posição do descendente; 2.2 O consentimento e sua manifestação. Suprimento; 2.3 A venda de descendente a ascendente; 2.4 Aspectos de direito comercial. 3. A violação do art. 1.132 (à luz das Súmulas 152 e 494): 3.1 Ato nulo ou anulável?; 3.2 Prescrição: o prazo e seu início. 4. O Superior Tribunal de Justiça e a venda a descendente. 5. Legislação comparada: Códigos português, argentino e chileno. 6. Projeto de Código Civil 634-B. 7. Temas afins: doação e troca: 7.1 A doação de ascendente para descendente (art. 1.171); 7.2 A troca entre ascendente e descendente (art. 1.164). 8. A posição do terceiro de boa-fé. 9. Conclusão — **109/39**

ATALIBA, Geraldo — A ordem econômica na Constituição de 1969 — **8/159**

— Anterioridade da lei tributária, segurança do direito e iniciativa privada — I — Princípios constitucionais do estado de direito: a) Considerações gerais; b) Caráter basilar do princípio republicano; c) Representatividade; d) Consentimento dos governados; e) Segurança do direito; f) Exclusão do arbítrio; g) Legalidade; h) Relação de administração; i) Previsibilidade da ação estatal; j) Lealdade informadora da ação pública; l) Anterioridade e livre empresa. II — Princípio constitucional da anterioridade da lei tributária (o problema do imposto sobre a renda). III — Conclusão — **50/7**

— Convênios interestaduais — 1. Eficácia dos convênios para isenção do ICM: A) Considerações introdutórias; B) Isenções do Imposto sobre Circulação de Mercadorias; C) Convênios interestaduais. 2. Inconstitucionalidade dos convênios não aprovados pelo Legislativo: A) convênios entre Estados; B) Força legal dos decretos legislativos que aprovam os convênios. 3. Eficácia do convênio e lei complementar. 4. Ineficácia do convênio não ratificado pelo Legislativo. 5. Jurisprudência. 6. Regime das isenções. 7. Fonte da isenção. 8. Conclusões — **52/17**

— Convênios interestaduais — I — Eficácia dos convênios para isenção do ICM: 1. Considerações introdutórias. II — Isenções do Imposto sobre Circulação de Mercadorias: 2. Convênios interestaduais; 3. Inconstitucionalidade dos convênios não aprovados pelo Legislativo; 4. Convênios entre Estados; 5. Força legal dos decretos legislativos que aprovam os convênios; 6. Eficácia do convênio e lei complementar; 7. Ineficácia de convênio não ratificado pelo Legislativo. III — Jurisprudência. IV — Regime das isenções. V — Fonte da isenção. VI — Conclusões — **53/5**

— Espontaneidade no procedimento tributário — Conceito de espontaneidade e sua disciplina no direito positivo; Teoria da espontaneidade; Espontaneidade na legislação do imposto sobre produtos industrializados; A lei posterior revoga a anterior; Evolução do regime de recolhimento do imposto sobre produtos industrializados; Decreto-lei 400 não alterou o CTN; Exclusão da multa de mora; Conclusões — **13/31**

— Inconstitucionalidade de punições permanentes — 1. Punição permanente. 2. A lei e o ato administrativo. 3. Teoria da punição administrativa. 4. Diferença entre direito administrativo sancionatório e direito penal. 5. Limitações ao poder sancionatório da administração. 6. Proporcionalidade das punições. 7. Critério do legislador e do aplicador. 8. Proibição das penas perpétuas. 9. Interdição de direitos. 10. Desdobramento. 11. Conclusão — **95/15**

— Isenção, por lei complementar, de imposto sobre serviços — **32/11**

— O princípio de irretroatividade das leis em matéria tributária — 1. Princípios constitucionais condicionais da interpretação das leis de direito tributário: a) Considerações gerais; b) Caráter basilar do princípio republicano; c) Representatividade; d) Consentimento dos governados; e) Segurança do direito; f) Exclusão do árbitro; g) Legalidade; h) Relação de administração; i) Previsibilidade da ação estatal; j) Lealdade informadora da ação pública; l) Anterioridade e livre empresa. 2. Princípio constitucional da anterioridade da lei tributária — **56/5**

— Publicidade, propaganda e impôsto sôbre serviços — I — Introdução. II — Modo de operar das emprêsas de propaganda. III — Considerações propedêuticas. IV — Receitas das emprêsas de publicidade. V — Serviços tributáveis e receitas das agências de propaganda. VI — Base imponível no imposto sôbre serviços. VII — As faturas dos serviços de publicidade — **2/11**

BALESTRA, Ricardo R. — *El orden público en la contratación internacional* — I — El derecho aplicable y la jurisdicción competente. En la contratación financiera internacional. II — El frustrado contrato de refinanciación de la deuda con Aerolíneas Argentinas. III — Regla destinada a armonizar la contratación financiera con el orden público internacional — **55/130**

BAPTISTA, Luiz Olavo — A *joint venture* — Uma perspectiva comparatista — I — Origens e evolução da instituição. II — A *joint venture* como modelo jurídico — **42/39**

— A nova ordem econômica internacional (uma reflexão sobre as origens e reflexos na ordem jurídica) — **55/91**

— A proteção dos programas de computador em direito comparado e internacional — I — Regime jurídico do *software* e dos programas, no direito comparado. II — Os tratados internacionais e a proteção dos programas. III — Conclusão — **50/26**

— Aspectos gerais do intercâmbio compensado ou contra comércio — **69/31**

— Proteção do consumidor — Aspectos de direito comparado e internacional — I — Aspectos de direito comparado: A) Padrões legislativos: 1. Proteção derivada das obrigações contratuais; 2. Responsabilidade extracontratual; 3. A problemática da alocação dos riscos; 1. Infrações e sanções; 2. Alcance dos padrões legislativos; B) Harmonização do direito europeu. II — Aspectos de direito internacional: A) Conflito de leis; B) A Convenção de Haia sobre a responsabilidade pelo produto; C) Efeitos internacionais da legislação brasileira — **83/18**

BAPTISTA NETO, José — O projeto de lei que institui a Comissão de Valores Mobiliários (CVM) — **20/111**

BARBI, Otávio Vieira — Pode a sociedade limitada ter capital autorizado? — **129/83**

BARBI FILHO, Celso — Acordo de acionistas: panorama atual do instituto no direito brasileiro e propostas para a reforma de sua disciplina legal — **121/30**

— Comercial — Sociedade por quotas de responsabilidade limitada — Aquisição de quotas — Apuração de haveres — Direito do sócio — **100/123**

— Contratação entre a sociedade por cotas de responsabilidade limitada e seu próprio administrador — 1. A sociedade por cotas de responsabilidade limitada com modelo jurídico da empresa coletiva. 2. Desvirtuamento na utilização do modelo jurídico da sociedade por cotas de responsabilidade limitada. 3. Aplicação da Lei das S/A como instrumento regulamentar subsidiário das sociedades por cotas de responsabilidade limitada. 4. Disciplina da concorrência de interesses entre o administrador e a sociedade anônima. 5. Manifestações doutrinárias quanto à contratação ente as sociedades de pessoas e seus administradores. 6. A celebração do contrato. 7. Contratos firmados em situação de suspeição. 8. O dever de lealdade do administrador. 9. Conclusão — **96/5**

— Cumprimento judicial de cláusula compromissória na Lei 9.307/1996 e outras intervenções do judiciário na arbitragem privada — 1. Possível efetivação prática da arbitragem no Brasil com sua nova regulamentação legal. 2. A Convenção de arbitragem: cláusula compromissória e compromisso arbitral. 3. Noção de execução específica. 4. O rito especial para execução específica da cláusula compromissória. 5. O procedimento arbitral instituído: incidentes judiciais. 6. A decisão arbitral: natureza, requisitos, retificações e ações judiciais de nulidade. 7. As modificações no CPC. 8. A inconstitucionalidade do art. 7º da Lei 9.307/1996 no STF. 9. Conclusão — **108/73**

— Efeitos da reforma do Código de Processo Civil na execução específica do acordo de acionistas — 1. Introdução. 2. Teoria das obrigações e execução específica. 3. Tutela específica das obrigações de fazer juridicamente infungíveis na reforma do CPC. 4. Natureza cognitiva da ação para execução das obrigações de contratar e declara vontade. 5. O acordo de acionistas como título executivo e extrajudicial. 6. Tutela específica das obrigações de fazer e não fazer relativas a contratar e a emitir declaração de vontade no acordo de acionistas. 7. Tutela antecipada das obrigações de fazer e não fazer relativas a contratar e a emitir declaração de vontade no acordo de acionistas. 9. Aplicação da nova disciplina das tutelas específica e antecipada do acordo de acionistas perante a companhia. 10. Conclusões — **109/17**

— Execução específica de cláusula arbitral — **97/29**

— Execução judicial de duplicatas sem os originais dos títulos — **115/171**

— Ilegalidade da arrecadação dos bens da sociedade controlada na falência de sua controladora — **116/211**

— Protesto de duplicata simulada e procedimentos judiciais do sacado — **110/172**

— Questões jurídicas sobre a inadimplência no pagamento do cheque — 1. O cheque — Noção introdutória. 2. Disciplina, conceito e preceitos legais. 3. Utilização prática e inadimplência do cheque. 4. O cheque sem fundos. 5. A revogação e a "sustação" do cheque. 6. O cheque "pré-datado". 7. O cheque dado em garantia. 8. Conclusões — **115/104**

BARBOSA, Denis Borges — Da conferência de bens intangíveis ao capital das sociedades anônimas — 1. Um problema tangível. 2. O capital. 3. O bem corpóreo ou intangível. 4. A noção de propriedade de bens intangíveis. 5. A conferência de bens intangíveis: serviços. 6. Idem: energia. 7. Idem: direitos de crédito. 8. Idem: os direitos de clientela. 9. A propriedade intelectual. 10. Idem, idem: marcas, *apellations d'origine*. Nome. Insígnia. Título do estabelecimento. Indicações de proveniência. Título de periódicos. 11. Idem, idem: monopólios legais. 12. Idem, idem: *fonds de commerce*. 13. Idem: direitos não exclusivos de clientela. O segredo de empresa. Os inventos não patenteados. O *know-how*. *Software*. 14. Idem, idem: os contratos. A clientela, etc. 15. A conferência de bens intangíveis ao ativo como investimento de capital estrangeiro. 16. O poder de controle — **37/33**

— Patentes e problemas — Cinco questões de direito patentário — 1. Patentes de misturas. 2. Quando o aluno dá de inventar coisas. 3. A novidade e como perdê-la. 4. Condomínio de patentes. 5. O Tratado de Cooperação e o Brasil — **76/27**

BARBOSA, Gustavo José Ferreira — A introdução no nosso ordenamento jurídico do requisito da atividade inventiva como condição legal para a concessão de uma patente de invenção — 1.

A introdução: 1.1 Importância da propriedade industrial; 1.2 Nova lei: interesses envolvidos; 1.3 Direito transnacional; 1.4 O peso da reciprocidade; 1.5 Nova lei: efeitos de ordem prática. 2. A patente de invenção: 2.1 As primeiras patentes; 2.2 Os primeiros dispositivos legais; 2.3 O direito do inventor: 2.3.1 O fundamento do direito; 2.3.2 Teorias sobre a natureza do direito; 2.3.3 Direito de propriedade resolúvel. 3. A atuação do Estado na propriedade industrial: 3.1 Reconhecimento pelo Estado do direito de inventor; 3.2 O INPI; 3.3 O ato administrativo: 3.3.1 Atributos do ato administrativo: a) Presunção de legitimidade; b) Objeto; c) Finalidade; d) Motivo; e) Forma; 3.3.3 A vinculação e a discricionariedade no ato administrativo; 3.3.4 A concessão da carta-patente. 4. Os critérios para a concessão de uma patente: 4.1 A suscetibilidade de aplicação industrial; 4.2 A novidade; 4.3 A atividade inventiva: 4.3.1 Definição de atividade inventiva; 4.3.2 Identificação da atividade inventiva: a) A obviedade ou evidência; b) Estado da técnica; c) O técnico no assunto; d) Critérios adicionais; e) A teoria da equivalência. 5. Conclusão. 6. Bibliografia — **106/58**

BARBOSA, Iberê Uchoa de Azevedo, SILVEIRA, André Bueno da, MARINHO, Arthur, & MOREIRA, Edson Fábio Garutti — A relação entre o novo SPB e os títulos de crédito. Conseqüências jurídicas, políticas e sociais — **127/215**

BARBOSA, Joaquim Simões — Riscos da atividade empresarial no âmbito penal — 1. Introdução. 2. Responsabilidade pelos atos criminosos praticados em nome da pessoa jurídica. 3. Obtenção de recursos junto ao público investidor e instituições financeiras — **91/42**

BARBOSA, Josias Correia — Da intransmissibilidade do estado de sócio — **4/19**

BARIONI, Roberto Caldeira — Aspectos atuais da duplicata — **118/159**

BARRETO FILHO, Oscar — A contribuição de Tullio Ascarelli à teoria jurídica da concorrência empresarial — **38/19**

— A dignidade do direito mercantil — A crise do direito contemporâneo; Direito e economia; Os dados da experiência histórica; Os critérios clássicos definidores da comercialidade; Um novo conceito de direito mercantil; Direito Mercantil e capitalismo; Para um novo direito da empresa — **11/11**

— A reforma do Código da propriedade industrial — **4/75**

— Anteprojeto da nova lei do cheque — **29/105**

— As operações a termo sobre mercadorias (*hedging*) — **29/11**

— Aspectos atuais da letra de câmbio. A introdução das normas da Convenção de Genebra em nosso direito cambial — Requisitos do saque — A exigência do registro — Novidades da lei uniforme — endosso — Aceite — Aval — Vencimento e pagamento — Forma do protesto — Cancelamento do protesto — Intervenção por indicação — Multiplicação e alteração da letra — Prescrição — Nota promissória — A matéria objeto de reservas — Remate — **15-16/11**

— Cláusula ouro — Contrato feito em moeda estrangeira — Credor com sede em país estrangeiro — Admissibilidade — Recurso não conhecido — **5/87**

— Estrutura administrativa das sociedades anônimas — Assembléia geral; Conselho de administração e diretoria; Conselho fiscal — **24/65**

— Medidas judiciais da companhia contra os administradores — **40/9**

— O projeto de Código Civil e as normas sobre atividade negocial — **9/99**

— Órgãos de administração das sociedades limitadas — A administração social; A gerência; Responsabilidade do gerente; O abuso da razão social; Restrições contratuais aos poderes de gerência; Órgão de fiscalização e deliberativo; As deliberações sociais — **25/67**

— Proteção nacional do inventor — **40/147**

— Seminário sobre a reforma das sociedades anônimas, promovido pelo Instituto dos Advogados Brasileiros — **7/119**

— Síntese da evolução histórica do direito comercial brasileiro — **24/23**

BARRETTO, Lauro Muniz — Cambial — Posse do título — Presunção *juris tantum* de pagamento — **4/39**

— Cheque — Emissão por doente mental cuja interdição veio a ser posteriormente decretada — Inviabilidade da sua cobrança por ação executiva contra a emitente que não tinha fundos no banco sacado — Título de dívida desvestido do requisito de liquidez e certeza — **5/77**

— Cheque — Obtenção do título por malícia e dolo — Contra-ordem, pelo emitente, ao estabelecimento sacado, obstativa de seu pagamento — Ação pelo favorecido — Improcedência — Inteligência e aplicação do art. 51 da lei cambial — **3/75**

— Duplicata — Cobrança — Defesa com base na causa do título — **1/118**

— Duplicata — Direito de regresso — **1/128**

— Nota promissória — Prescrição da ação cambial — Ação de enriquecimento ilícito — Simples exibição de título — Inexistência de prova de ônus e de locupletamento do devedor — Ação improcedente — **3/82**

— Nota promissória rural — Título representativo de crédito com privilégio especial — Direito do seu titular de promover a cobrança executiva, não obstante em concordata preventiva o respectivo devedor — **1/122**

BARROS, Francisco Carlos Rocha de — A nova lei do inquilinato e a extinção da denúncia vazia — **34/115**

BARROS, Zanon de Paula — Decadência do crédito tributário — **125/173**

— Pessoas jurídicas domiciliadas no exterior — Obrigatoriedade de inscrição no CNPJ — **127/175**

BARROS, Zanon de Paula, & MONTES FILHO, José Alcides — Proibição da suspensão de serviços essenciais à população por falta de pagamento — **121/234**

BARROS, Zanon de Paula, & VERÇOSA, Haroldo Malheiros Duclerc — A recepção do *drop down* no direito brasileiro — I — Descrição da operação. II — Identificação da operação como *drop down*, atípica. III — Conceito e natureza do *drop down* e seu tratamento no direito comparado e sua recepção pelo ordenamento jurídico brasileiro. IV — Confrontação do *drop down* com a cisão, a incorporação, a subsidiária integral, a atipicidade das sociedades, o negócio indireto, e outros institutos similares. V — Validade e alcance do *drop down* como exercício da liberdade constitucional de contratar. VI — efeitos jurídicos do *drop down, in abstracto*. VII — Conclusão geral e perspectivas — **125/41**

— Breve estudo comparativo esquemático das sociedades limitadas no direito anterior e no novo Código Civil — **130/69**

BARROSO, Heller Redo — A alienação de controle acionário de companhia aberta e o dever de informação de 50% do capital social — **116/162**

BARROSO, Luiz Felizardo — Estudo apresentado na XXIV Conferência — Panamá (Rep. de Panamá) promovida pela Federação Interamericana de Advogados. Direito do Desenvolvimento e da Integração, desenvolvimento jurídico com respeito à integração econômica, sobre o tema: "Saques de duplicatas contra domiciliados no exterior" — **53/123**

— O crédito documentário e os usos e costumes internacionais: seu papel com fator de desenvolvimento econômico e de integração social — **91/78**

— O seguro e o *franchising*. A verdade sobre a relação — 1. O *disclosure*, o *franchising* e o seguro. 2. O seguro e o *franchising* — O panorama existente. 3. A falta de uma cultura específica — As necessidades mais sentidas pelo sistema de *franchising*. 4. A cobertura de danos físicos a bens e outros. 5. O grande mercado inexplorado; 6. O *performance bond*. 7. Condições para análise visando a fixação do prêmio. 8. A multiplicação dos pontos comerciais. Seu financiamento, sua locação e certeza do recebimento dos alugueres. 9. O seguro fiança locatícia suas coberturas. 10. A contratação do seguro fiança locatícia. 11. O seguro locatício. 12. Conclusão — **90/65**

— Os caminhos da ética no *franchising*. A importância de um Código de Ética — Prefácio. A livre concorrência. A auto-regulamentação. A importância da ética. A ética. A ética nos negócios. A ética na magistratura. A ética em serviços profissionais. A ética em finanças. A ética no turismo. A ética no *marketing* de rede. A ética na atividade publicitária. O Código de Auto-Regulamentação da Associação Brasileira de *Franchising* — ABF. Código de Deontologia da Federação Francesa de Franquia. Código Belga de Franquia Empresarial. Código de Deontologia Européia da Franquia — **116/118**

— Sociedades mercantis entre cônjuges — Indicação 57/1980 do IAB — **41/145**

BARROSO, Luiz Felizardo, & MORAES, Aloysio — O sistema judiciário japonês — **94/103**

BASEDOW, Jurgen — *Common Market Cartel Law* (Lei de Cartel no Mercado Comum Europeu) — **47/93**

BASSO, Maristela — A revitalização da arbitragem no Brasil sob um enfoque realista e um espírito diferente — 1. Acesso à justiça e arbitragem: 1.1 O direito à justiça; 1.2 Principais obstáculos; 1.3 O reconhecimento oficial da crise do judiciário; 1.4 Propostas de solução: a arbitragem como alternativa. 2. A arbitragem sob um enfoque realista e um espírito diferente: 2.1 A arbitragem na legislação e jurisprudência brasileiras: 2.1.1 Diferenças entre cláusula arbitral e compromisso; 2.2 Arbitragem *ad hoc* e arbitragem institucionalizada; 2.3 Cláusula arbitral nos contratos internacionais. 3. Bibliografia — **103/15**

BELTRAME, Priscila Akemi — Lei de propriedade industrial do Brasil em discussão na OMC — **123/143**

BENJÓ, Roberto — O respeito à marca sob a perspectiva do consumidor — **118/118**

BERGEL, Salvador, & PAOLANTONIO, Martin E. — *Anotaciones sobre la nueva ley de defensa del consumidor de la República Argentina* — **92/21**

BERTAN, Maria Paula — Dosimetria das sanções no direito antitruste: análise da nova jurisprudência brasileira sob a perspectiva da deterrência — **133/287**

BERTOLDI, Marcelo M. — Aspectos atuais do contrato de câmbio — 1. Introdução. 2. Espécies de contrato de câmbio. 3. O regime cambial brasileiro. 4. Conceito do contrato de câmbio e sua natureza jurídica em face da teoria geral dos contratos. 5. Aplicabilidade do Código de Defesa do Consumidor aos contratos de câmbio. 6. O adiantamento sobre o contrato de câmbio e sua natureza jurídica. 7. O inadimplemento do contrato de câmbio de exportação. 8. Assertivas de cunho conclusivo. Bibliografia — **115/88**

— O poder de controle na sociedade anônima — Alguns aspectos — 1. Introdução. 2. Teoria da separação entre a propriedade e o controle da sociedade anônima. 3. O controle externo. 4. Abuso do poder de controle — Responsabilidade civil do controlador. 5. Alienação do poder de controle. 6. O poder de controle e o acordo de acionistas. 7. *Golden share* — O art. 18 da Lei 6.404/1976. 8. Conclusão — **118/62**

BERTUCCI, Rosana Siqueira, & CUNHA, Eldis Camargo Neves da — A ISO 14.000 e o Mercosul — **105/241**

BETTEGA, Flávio R. — *Minority withdrawal rights and illiquidity problem; a comparative study between New York and Brazilian law on close operations* — **97/5**

BIANCO, João Francisco, & TSUKAMOTO, Yuichi — O lucro inflacionário e a correção monetária integral das demonstrações financeiras — **72/57**

BIMBATO, José Mario — O preço de emissão das ações em aumento de capital — 1. Direito comparado: 1.1 Estados Unidos; 1.2 Itália; 1.3 França; 1.4 Comentário. 2. Emissão de ações no mercado. 3. Valor do direito de subscrição. 4. Valor da ação: 4.1 Valor contábil; 4.2 Valor da liquidação; 4.3 Valor de renda; 4.4 Valor de mercado. 5. Princípio do justo preço: 5.1 Ações cotadas; 5.2 Ações não cotadas; 5.3 Considerações gerais. 6. Conclusão. 7. Bibliografia — **93/81**

BING, Plínio Paulo — Alteração de regras da concordata — **54/134**

— Menor — Venda de ação — **39/91**

BIOLCHINI, Monique Calmon de A. — Comentários ao § 2º do art. 178 da nova Constituição — **74/83**

BITTAR, Carlos Alberto — Os contratos no projeto do Código Civil — **104/48**

BITY, Mônica Castro de Mello, & PERNIDJI, Sérgio I. Eskenazi — Imputação de declaração falsa (§ 3º, art. 23 da Lei 4.131/1962) e da vedação à compensação privada de créditos (art. 10 do Decreto-lei 9.025/1946) — **125/185**

BLACK, Bernard S. — *Strengthening Brazil's securities markets* — **120/41**

BLOCH, Roberto — *El transporte de mercancias peligrosas en el Mercosur* — **111/132**

BOAVENTURA, Daniel César — Nota promissória — **130/142**

BOITEAUX, Fernando Netto — A função social da empresa e o novo Código — I — O significado da expressão "empresa". II — A responsabilidade empresarial vista pelos empresários. III — A responsabilidade empresarial vista pelos acionistas. IV — A responsabilidade empresarial vista pelos interesses externos ao capital. V — Função social da propriedade da empresa. VI — Conclusão — **125/48**

— Cédula rural pignoratícia — Depósito de bem fungível em armazém geral — Prisão de depositário infiel — **126/159**

— Cheque — Falsificação. Direito aplicável. Usos e costumes. Comportamento do emitente e do sacado. Dano moral — **131/264**

— Voto minoritário e *quorum* na assembléia geral da sociedade anônima — **75/100**

BORBA, José Edwaldo Tavares — *Acciones preferidas con pago de dividendo garantizado, independientemente de los resultados* — **118/112**

— Debêntures — **26/135**

BORGES, José Alfredo — Mercosul — Normas de implantação — Força vinculante — **106/185**

BOULOS, Eduardo Alfred Taleb, & SZTERLING, Fernando — O novo mercado e as práticas diferenciadas de governança corporativa: exame de legalidade frente aos poderes das Bolsas de Valores — I — Introdução: o novo mercado e as práticas diferenciadas de governança corporativa. II — História e natureza jurídica das Bolsas de Valores. III — Regulação do mercado de capitais. IV — Poder regulamentar e poder disciplinar das bolsas de valores: a) Poder regulamentar e poder disciplinar; b) Princípio da legalidade; c) O poder regulamentar das bolsas de valores. V — Fundamento contratual dos poderes da BOVESPA. VI — Legalidade da imposição de sanções e da alteração aos regulamentos. VII — Resumo conclusivo — **125/96**

BOVIO, David Morán — *Sentencias primeras en aplicación de las reglas de Hamburgo* — **105/220**

BRAGANÇA, Marcel — Efeitos da tributação sobre o direito concorrencial — **121/121**

BRÍGIDO, Renato Sampaio — *Rating* e risco-país — 1. Introdução. 2. Agências de classificação (*rating agencies*). 3. Risco-país (*country risk*). 4. Valor de um *rating*. 5. Importância do *rating* para as partes envolvidas em um investimento: a) Mitigação do risco através da estrutura do investimento; b) Monitoramento dos riscos. 6. Conclusão. Bibliografia — **134/164**

BRITO, Alexandre Aguiar de — A questão da responsabilidade, por sucessão "inter-vivos", no contrato de trespasse — **120/128**

BRITO, Cristiano Gomes de — Análise econômica do *factoring* no âmbito das pequenas e médias empresas — **124/174**

— Dissolução parcial de sociedade anônima — **123/147**

— O regime de administração especial temporária — RAET — **133/157**

BUCCIOLI, Fábio — O conselho fiscal das sociedades anônimas como órgão *sui generis* na Lei 6.404/1976 e no anteprojeto da CVM — 1. História. 2. Funções. 3. Função do conselho fiscal de proteção à minoria. 4. Atribuições dos conselheiros. 5. O conselho fiscal como órgão colegial. 6. Inovações do Anteprojeto de 16.3.1992. Bibliografia — **105/134**

— O uso da cláusula arbitral nos contratos societários — **108/125**

BUECHELE, Paulo Armínio Tavares — Os títulos de crédito no projeto de Código Civil Brasileiro — **78/61**

BUENO, Sérgio de Godoy — Contrato preliminar — 1. Considerações gerais. 2. A obrigação de contratar — O contrato preliminar. 3. Conceito e natureza jurídica. 4. Finalidade e utilidade. 5. Requisitos. 6. O contrato preliminar e figuras afins. 7. Efeitos do contrato preliminar. 8. Objeções e vantagens. 9. Alguns casos judiciários sobre contrato preliminar. 10. Direito comparado — **37/68**

BUITONI, Ademir — Participação acionária e funcionamento da sociedade estrangeira no Brasil — 1. Capital estrangeiro: hermenêutica e ideologia. 2. A sociedade estrangeira como acionista da sociedade brasileira. 3. Poder de controle e acionista estrangeiro. 4. Conclusão — **62/25**

BULGARELLI, Waldirio — A alteração do período estatutário do mandato da diretoria — **122/244**

— A atividade negocial no projeto de Código Civil brasileiro — **56/113**

— A cédula de produto rural — **97/114**

— A fusão, incorporação e cisão de sociedades anônimas, na nova lei das sociedades por ações — 1. O fenômeno da concentração de empresas. 2. A fusão, incorporação e cisão, no processo concentracionista. 3. A participação do Brasil, no processo concentracionista. 4. As características gerais da Lei 6.404, de 1976, em relação às fusões, incorporações e cisões. 5. O procedimento: 5.1 O protocolo e a justificação; 5.2 A justificação; 5.3 A disciplina da cisão; 5.4 A fusão e a incorporação. 6. A proteção aos acionistas, na fusão e incorporação. 7. A proteção aos credores. 8. Conclusões — **23/39**

— A mora e a Resolução 1.129 do Banco Central — **67/70**

— A nova lei argentina sobre sociedades comerciais — **8/125**

— A problemática dos saldos devedores nas operações de *leasing* — **95/81**

— A reforma da legislação do crédito rural e dos títulos de crédito rural — **110/212**

— A reforma da lei de falências e concordatas — **85/49**

— A regulação dos contratos mercantis — **72/96**

— A regulamentação dos cartões de crédito — **19/47**

— A regulamentação jurídica do acordo de acionistas, no Brasil — **40/79**

— A sociedade unipessoal — **99/142**

— A teoria *ultra vires societatis* perante a lei das sociedades por ações — 1. Importância. 2. Noção geral. 3. As origens da teoria e a situação atual na Inglaterra. 4. A concepção de Gervasio Colombres, na Argentina. 5. As confusões sobre a teoria nos Estados Unidos. 6. A situação atual da teoria nos Estados Unidos. 7. A sanção dos atos *ultra vires*. 8. A teoria e o objeto social. 9. A disciplina legal do objeto social no Brasil. 10. O objeto social na vigência do Decreto 434/1891. 11. O objeto social na vigência do Decreto 2.627/1940. 12. A teoria *ultra vires* e o objeto social no direito brasileiro. 13. Aspectos de a teoria ultra vires e o objeto social no direito brasileiro. 14. Análise dos dispositivos da Lei 6.404/1976. 15. A ratificação pela Assembléia Geral dos atos *ultra vires*. 16. A irresponsabilidade da sociedade por deliberação nula ou abusiva da assembléia geral. 17. Conclusão. 18. Obras citadas — **39/111**

— A tutela do consumidor na jurisprudência brasileira e *de lege ferenda* — **49/41**

— Ação declaratória — Declaração pretendida da nulidade ou insubsistência dos efeitos de cheque emitido pelo autor — Inviabilidade do pedido — Carência decretada — **13/89**

— Ações homologatórias de sentença estrangeira 2.476 e 2.521 — Embargos na carta rogatória 3.101 — Cartas rogatórias 3.166 e 3.237 — **41/95**

— Ainda a reforma de lei falimentar — **111/203**

— Alguns estranhos casos de sociedades por cotas de responsabilidade limitada no direito brasileiro — **25/23**

— Análise jurídica dos conhecimentos de depósito e *warrants* de emissão das cooperativas — I — Nota explicativa. II — A previsão legal de emissão de *warrants*. Conhecimento de depósito pelas cooperativas. III — Os armazéns gerais e sua sistemática: 1. Breve histórico; 2. A constituição; 3. Obrigações; 4. Restrições; 5. Do depósito; 6. Responsabilidades; 7. Da fiscalização; 8. Das penas; 9. Dos direitos. IV — Características do conhecimento de depósito e *warrants*: 1. Noção, importância e histórico; 2. Conceito e função; 3. Sistemática; 4. Requisitos e características. V — As cooperativas como armazéns gerais — **45/35**

— Anotações sobre o acordo de cotistas — **98/44**

— Apontamentos sobre a responsabilidade dos administradores das companhias — I — Os padrões de conduta do administrador perante a empresa e a sua função social. II — *Da vera* e própria responsabilidade — **50/75**

— As sociedades em comandita: simples e por ações — I — Introdução. II — As sociedades em comandita simples: 1. Histórico; 2. Características no direito comparado; 3. Características no direito brasileiro: no Código Comercial de 1850 e no Projeto de Código Civil. III — As sociedades em comandita por ações: 1. No direito comparado; 2. No direito brasileiro: no Projeto do Código Civil e na lei das sociedades por ações — **33/69**

— As vicissitudes da duplicata no Brasil — **21-22/19**

— Aspectos relevantes da reforma da Lei 6.404/1976, pela recente Lei 9.457/1997 — **108/69**

— Atualidade dos contratos empresariais — **84/63**

— Averbação de aumento de capital das sociedades anônimas na Junta Comercial — **32/113**

— Bolsa de valores — Operação com ações — Nulidade declarada pelo seu Conselho de Administração — Operação casada — Ação improcedente — **25/99**

— Bolsa de valores — Transação com um de seus associados — Compra de títulos — Falsidade destes — Responsabilidade solidária — Ação em parte — Recurso improvido — **24/93**

— Cambial — Nota promissória — *Causa debendi* — Perquirição — Quando se admite — **18/69**

— Cambial — Nota promissória — Emissão em branco — Preenchimento do título pelo portador, inclusive no pertinente à data da emissão — Registro, no prazo legal, a partir dessa data — Procedimento exato — Cobrança admissível — **18/74**

— Cambial — Nota promissória — Emissão por procurador com poderes expressos para o aceite de letra de câmbio — Validade — Alegação de ter o mandatário desrespeitado as instruções do mandante — Irrelevância, desde que sua atuação se enquadre nos termos do instrumento de mandato — Discussão sobre a causa do título — Ônus da prova a cargo do réu — Executivo procedente — **12/106**

— Cambial — Nota promissória — Procurador nomeado em contrato de adesão — Cartão de crédito — Avença legal — Eficácia — Uniformização de jurisprudência. Títulos de crédito — Cartão de crédito — **27/144**

— Cancelamento de protesto — Novo capítulo da acidentada história do protesto — **35/131**

— Cartão de crédito — Extravio — Comunicação à empresa emissora — Cláusula contratual prevendo a hipótese — Consignatória ajuizada pelo usuário — Improcedência — Apelação provida — **33/120**

— Cédula de crédito industrial — Abertura de crédito — Conta vinculada — Decreto-lei 413/1969 — **60/54**

— Cheque — Ação de cobrança contra o emitente — Defesa deste — Título desnaturado — Garantia de empréstimo — Recurso provido para o prosseguimento da ação — **31/112**

— Comercial — Dissolução de sociedade limitada — **49/88**

— Compra e venda de adubo — Responsabilidade dos compradores. Solidariedade reconhecida em desatenção ao disposto no art. 896, do CC, aplicável ao contrato mercantil — Opinião dos doutores — Recurso extraordinário, parcialmente conhecido e provido — **44/89**

— Contrato — Adesão — Publicidade — Pagamento de mensalidades — Ajuste sem interesse para sucessor — Cobrança de prestações, juros e multas — Ação improcedente — Apelação provida — **34/110**

— Cooperativa — Café — Entrega — Inexistência de ato de depósito — Ação imprópria — Carência — Apelação provida — **42/131**

— Cooperativa habitacional integrada por vários grupos seccionais. Soluções para os grupos em dificuldades. Invocação da lei, dos estatutos e dos princípios cooperativistas — **117/307**

— Correção monetária nas cooperativas — **34/73**

— De novo a duplicata sem aceite — **24/135**

— Dissolução e liquidação de sociedades — Notas de Mauro Rodrigues Penteado — **100/132**

— Dupla personalidade empresarial — **79/98**

— Embargos do devedor — Sentença — Prolação desde logo — Quando é possível — Aplicação do art. 740, parágrafo único, do Código de Processo Civil de 1973 — **18/69**

— Emissão de ações com base em contrato de participação financeira — **121/229**

— Execução de cheque sem fundo — 1. Introdução. 2. O dilema da teoria cambiária. 3. A ação executiva para cobrança de cheque. 4. A abolição do protesto. 5. A solidariedade cambial. 6. O local de execução. 7. A prova e o extravio do cheque. 8. Os valores exigíveis — A compensação pela perda do valor aquisitivo da moeda. 9. As defesas do executado. 10. A má-fé e a redação da nova lei — **61/55**

— Execução forçada — Cheque desnaturado — Emissão em 1974 para ser apresentado em 1975 — Carência — Apelação não provida — Voto vencido — **29/95**

— Execução forçada — Nota promissória — *Causa debendi* — Cartão de crédito — Comunicação oportuna — Embargos do devedor acolhidos — Apelação não provida — **36/95**

— Execução por quantia certa — Cartão de crédito — Promissória emitida em nome do devedor — Pagamento pela empresa avalista e mandatária — Ação de cobrança contra o emitente — Desnecessidade de registro do título — Recurso provido para o julgamento do mérito — **26/119**

— Execução por título extrajudicial — Cartão de crédito — Promissória — Financiamento — Inadimplemento do devedor — Cobrança pela empresa sub-rogada — Agravo provido — **26/121**

— Exibição judicial de livros das sociedades comerciais — 1. A exibição judicial dos livros em geral. 2. A exibição judicial como meio de prova. 3. A exibição judicial como meio excepcional. 4. Exibição parcial. 5. Exibição integral. 6. A exibição integral no direito comparado. 7. A exibição integral sobre questões de sociedade. 8. A fiscalização dos negócios sociais pelo acionista, na sociedade anônima. 9. A exibição do livro, por inteiro, na sociedade por quotas de responsabilidade limitada. 10. A exibição como medida preparatória ou na dependência da lide perante o novo Código de Processo Civil. 11 A exibição como ação própria. 12. A exibição dos livros, por inteiro, nas Sociedades Anônimas — **28/47**

— Garante solidário — Uma construção abstrusa? — **84/99**

— ICM — Cooperativas de consumo — Operação de vendas de mercadorias e seus associados — Incidência a partir da vigência do Decreto-lei 406/1968 — Recurso extraordinário provido — **63/80**

— II Simpósio sobre a Reforma da Legislação das Sociedades por Cotas de Responsabilidade Limitada, Rio Grande do Sul — **25/113**

— Indenização — Desapropriação — Fundo de comércio — Estabelecimento civil de prestação de serviço — Verba devida, tão-somente, pelo estabelecimento, no qual estão compreendidos os elementos imateriais, como o fundo, o local, a clientela, etc. — Recurso parcialmente provido — **58/97**

— Intervenção de terceiros — Chamamento ao processo — Comparecimento do emitente de promissória ao processo a pedido do avalista — Inadmissibilidade — Distinção entre solidariedade civil e cambial — Inteligência do art. 77, III, do CPC 1973 — **18/69**

— Intervenção de terceiros — Denunciação da lide e chamamento ao processo — Institutos que não se confundem — Inteligência e aplicação dos arts. 70 e 77 do CPC de 1973 — **18/69**

— Irregularidades — Irregularidades relacionadas com a divulgação de informações referentes ao desempenho esperado do COBRASMA S/A, com elaboração de projeções, bem como a verificação de suficiência e qualidade das informações divulgadas, em infringência ao disposto no art. 8º da Instrução CVM 32/1984 (substituído pelo art. 8º da Instrução CVM 60/1987, arts. 14, e § 1º, e 17, II, da Instrução CVM 13/1980) — **68/83**

— O anteprojeto da CVM para a reforma da lei de sociedades por ações brasileira — **86/58**

— O conselho fiscal das companhias brasileiras — **76/109**

— O crédito documentado irrevogável, um novo título de crédito? — 1. A importância da natureza jurídica da carta de crédito comercial. 2. A justificativa de um estudo divulgatório. 3. O crédito documentado e formas de solução das compras e vendas internacionais. 4. Vantagens do crédito documentado. 5. O instrumento do crédito documentado: a carta de crédito. 6. Modalidades do crédito documentado. 7. A disciplina normativa dos créditos documentados. 8. O ordenamento legal brasileiro. 9. A natureza jurídica do crédito documentado. 10. O crédito documentado como título de crédito. 11. Bibliografia, Nacional e estrangeira — **32/57**

— O direito de recesso nas hipóteses de incorporação, fusão, cisão e participação em grupos de sociedades. Exclusão acarretada pela Lei 7.958, de 20.12.1989 — **95/71**

— O direito do consumidor e os contratos financeiros — **94/126**

— O esfacelamento da sociedade por quotas no direito brasileiro — **21-22/131**

— O objeto da caução de depósito na concordata preventiva — **10/69**

— O papel da lei na perspectiva balzaquiana — **68/113**

— Operação fiscal inaceitável — ISS — Município de São Paulo — Cooperativa de médicos — Associação sem finalidade lucrativa, que não se confunde com "empresa" — Inteligência do art. 8º do Decreto-lei 406/1968 — Atividade que nem mesmo figura na lista de serviços — Tributação indevida — Decisão mantida — **95/89**

— Os interesses difusos e a proteção ao consumidor — **46/87**

— Os valores mobiliários brasileiros como títulos de crédito — 1. Introdução. 2. A menção aos valores mobiliários pelas leis brasileiras. 3. A mobilização dos créditos. 4. A teoria geral dos títulos de crédito. 5. A terminologia brasileira dos papéis de crédito. 6. Noção de valores mobiliários. 7. Os efeitos do comércio e os valores mobiliários. 8. Os valores mobiliários na Itália. 9. Os valores mobiliários nos EUA. 10. Os valores mobiliários na Inglaterra. 11. Os valores mobiliários na Alemanha. 12. Os valores mobiliários na Holanda. 13. Os valores mobiliários na Bélgica. 14. Os valores mobiliários na Suíça. 15. Títulos de valores mobiliários. 16. Os valores mobiliários como títulos de crédito. 17. Conclusão — **37/94**

— Perspectivas da empresa perante o direito comercial — I — 1. Introdução. 2. Conceito de empresa. 3. Características da empresa. 4. A empresa perante o direito e o direito da empresas. 5. O direito comercial distinto do direito das empresas. 6. Aceitação do conceito econômico de empresa no direito positivo. 8. Características das sociedades grandes ou abertas. 9. Características das sociedades pequenas ou fechadas. 10. A caracterização da empresa na lei. 11. A empresa no regime capitalista socialista. 12. A empresa rural — **5/49**

— Perspectivas da empresa perante o direito comercial — II (conclusão a empresa cooperativa) — 13. A empresa cooperativa: evolução histórica. 14. Características da empresa cooperativa: o aspecto associativo e o aspecto empresarial. 15. Originalidade das empresas cooperativas. 16. O Capital nas empresas cooperativas. A ausência de fins lucrativos. 17. Atividades e peculiaridades da empresa cooperativa. 18. As regras éticas e os imperativos de eficácia. 19. Problemática atual da empresa cooperativa — **6/43**

— Problemática do direito empresarial — **82/62**

— Proteção do consumidor no contrato de compra e venda — **91/87**

— Publicidade enganosa — Aspectos da regulamentação legal — **58/89**

— Questão referente a livros societários e documentos relativos à presença e às deliberações das assembléias gerais — Irregularidades de menos monta que não se confundem com falsidade nem justificam a sua anulação — **114/253**

— Reforma da lei de falências — **83/122**

— Registro de imóveis — Sociedade anônima — Incorporação por outra — Bem imóvel — Transcrição e não simples averbação — Apelação não provida — **25/106**

— Responsabilidade civil — Cartão de crédito — Extravio ou furto — Uso por terceiro — Riscos assumidos no contrato — Obrigação de pagar o débito — Apelação não provida — **21-22/77**

— Responsabilidade civil especial — Nas instituições financeiras e nos consórcios em liquidação extrajudicial — **92/133**

— Sociedade anônima — Anulação de deliberação tomada em assembléia geral extraordinária — Estatuto da companhia fechada pode estabelecer *quorum* maior para certas deliberações, desde que especifique as matérias — **57/73**

— Sociedade anônima — Ação visando à declaração de nulidade de assembléias que elegeram o conselho fiscal (25.4.1977) e a nova diretoria (2.5.1978) e aprovou o novo estatuto social (31.10.1977). Medida cautelar deferida. Demandas acolhidas em ambas as instâncias — **45/72**

— Sociedade comercial — Anônima — Assembléia geral ordinária — Aprovação das contas da empresa mediante simulação de venda de ações — Anulação — **59/95**

— Sociedade comercial — Anônima — Lucros — Aplicação em nova fábrica — Aprovação pela assembléia geral — Oposição de acionista preferencial — Acolhimento desta — Apelação não provida — **21-22/112**

— Sociedade comercial — Dissolução — Necessidade de ser decretada judicialmente, embora haja ocorrido de pleno direito — Recurso provido em parte — **4/60**

— Sociedade comercial — Paralisação — Falta de bens — Inexistência de distrato — Penhora de bens de sócio — Cabimento — Embargos de terceiro rejeitados — **30/94**

— Sociedade comercial — Responsabilidade limitada — Cotas integralizadas — Falência da sociedade — Execução contra sócios fiadores — Prosseguimento — Agravo provido — **32/98**

— Sociedade comercial — Responsabilidade limitada — Marido e esposa — Execução contra a sociedade — Penhora de bens dos sócios — Embargos de terceiro procedentes — Apelação provida — Voto vencido — **37/151**

— Sociedade comercial — Responsabilidade limitada — Objetivo de representações — Natureza jurídica — Registro no Cartório das Pessoas Jurídicas — Eficácia — Penhora de bem de sócio — Embargos de terceiro procedentes — Recurso provido — **33/118**

— Validade de disposições de acordo de acionistas de votarem em bloco, assegurando a política gerencial única e necessária — **123/185**

— Variação cambial de moeda nacional — **91/72**

CAHALI, Yussef Said — Responsabilidade dos bancos pelo roubo de bens depositados em seus cofres — **56/25**

CALDAS, Pedro Frederico — As instituições financeiras e a taxa de juros — 1. Introdução. 2. Conceito e classificação: 2.1 Conceito: 2.1.1 Classificação. 3. Liberdade e limitação da taxa: 3.1 Um problema histórico: 3.1.1 Liberdade de fixação dos juros; 3.1.2 O retorno das restrições — o advento da lei de usura; 3.1.3 O anatocismo; 3.1.4 A proibição da "cláusula ouro"; 3.1.5 O fenômeno inflacionário. 4. A limitação da taxa e as instituições financeiras: 4.1 A lei de usura e as instituições financeiras — O advento da Lei 4.595/1964: 4.1.1 A correção monetária; 4.1.2 A comissão de permanência; 4.1.3 Limitação constitucional à taxa de juros das instituições financeiras. 5. Conclusão — **101/76**

CALVO, Roberto V. — Imposto — Responsabilidade pelo tributo — Execução sobre bem de ex-sócio de sociedade por quotas de responsabilidade limitada, sem prova de ato fraudulento ou abusivo que lhe acarrete a responsabilidade pessoal — Ilegalidade — Recurso extraordinário não conhecido — **34/102**

CÁMARA, Héctor — *La Ley 22.903 reformatoria del régimen de las sociedades comerciales: aspectos generales* — 1. La Ley 22.903: introducción. 2. Trámite. 3. Analice en general: 3.1 La comisión técnica; 3.2 El método; 3.3 La prudencia de la revisión; 3.4 La sistemática de la ley; 3.5 La redacción. 4. Conclusión — **54/5**

CAMARGO, João Laudo — As concessões e o mercado de capitais — **104/82**

CÂMERA, Miriran C. R., & FELSBERG, Thomas Benes — Contabilização de operações de arrendamento mercantil — **68/105**

CAMINHA, Uinie — Dissolução parcial de S/A quebra da *affectio societatis.* Apuração de haveres — **114/174**

— Eficiência alocativa das normas de direito societário em relação ao acionista minoritário — **116/194**

— Penhorabilidade de cotas sociais nas sociedades por cotas de responsabilidade limitada — **112/104**

CAMPOS, Antônio José Franco de — Seguro — Responsabilidade civil — Procedimento direto da vítima contra a empresa seguradora — Ilegitimidade da parte — Carência decretada — Decisão confirmada — **13/112**

CAMPOS, Armando Redig de — Estudo de direito marítimo da abalroação — **29/29**

CAMPOS, João Vicente — Compra e venda de embarcação — Registro — Presunção de propriedade — **5/94**

— O conhecimento na navegação internacional — **2/33**

CAMPOS, Lélio Candiota de — A atividade econômica do Estado — O art. 170 e 1º da Constituição Federal — Formas jurídicas da atividade econômica estatal e os §§ 2º e 3º do art. 170 da Constituição — O Decreto-lei 200/1967 — A transformação do Estado moderno — A dificuldade do tema versado — **41/13**

CAMPOS, Virgílio — Contrato de trabalho do diretor de empresas — 1. Introdução. 2. O administrador profissional. 3. Natureza jurídica do cargo de administrador. 4. O administrador no Código Comercial de 1850. 5. O administrador na Lei das S/A de 1882. 6. O administrador na Consolidação de 1891. 7. O administrador na Lei das S/A de 1940. 8. O direito na nova Lei das S/A. 9. O diretor profissional perante a CLT. 10. Outros direitos trabalhistas do dirigente profissional. 11. O diretor da empresa pública. 12. O diretor de autarquia econômica. 13. Conclusão — **35/71**

CAMPOS FILHO, José Machado de — Sociedade comercial — Penhora — Incidência sobre bens de sociedade comercial entre marido e mulher, por dívida particular de um dos sócios — Admissibilidade — Sentença confirmada — **17/79**

CANTIDIANO, Luiz Leonardo — Alienação e aquisição de controle — **59/56**

— Pagamento de dividendos pelas companhias e o plano de estabilização econômica — **64/31**

CANTO, Carlos Alberto Alvahydo de Ulhôa — Desestatização do sistema Telebrás: direito de voto em separado na eleição de membros do conselho de administração — **119/268**

CARAVACA, Alfonso-Luís Calvo, & GONZÁLEZ, Javier Carrascosa — *Algunas cuestiones sobre la libre prestación de servicios en el mercado único europeo* — 1) Libertades comunitarias y libre prestación de servicios: 1. Aspectos generales; 2. La regulación de la libre prestación de servicios. 2) Libre acceso al ejercicio de la actividad económica en régimen de libre prestación de servicios: 1. Introducción; 2. El principio de no discriminación: a) Prohibición de discriminaciones por razón de la nacionalidad o de la residencia; b) Prohibición de las medidas "indistintamente aplicables" pero restrictivas de la libre prestación de servicios. 3) "El interés general" como límite a la libre prestación de servicios: 1. Condiciones para apreciar un interés general en la normativa restrictiva de la libre prestación de servicios; 2. Causas concretas que constituyen "razones imperativas de interés general" — **116/78**

CARMO, Eduardo de Sousa — Endosso sem garantia e *factoring* — 1. Aquisição de crédito e cessão de crédito. 2. As sociedades *factoring*. 3. O endosso como garantia cambial. 4. Efeitos da cláusula de endosso sem garantia. 5. Endosso sem garantia e *factoring*. 6. Forma do endosso sem garantia. 7. Conclusão — **71/55**

— Sociedade unipessoal por cotas de responsabilidade limitada — I — Contrato — Sociedade limitada. II — Sociedade de um único sócio. III — Sociedade e seu único sócio. IV — Sociedade e responsabilidade — **75/41**

CARVALHAL, André — A influência da estrutura de governança corporativo no valor, alavancagem e política de dividendos das empresas brasileiras de capital aberto — **133/81**

CARVALHO, Cássio da Costa — Sociedade por quotas de responsabilidade limitada — **23/83**

CARVALHO, Dora Martins de — A unificação dos registros de sociedades — **40/173**

— As sociedades limitadas no projeto do Código Civil — **60/90**

— O anteprojeto legislativo da lei de concordatas e falências — **88/88**

— O contrato de transporte marítimo e terrestre e os conhecimentos de embarque no Projeto de Convenção da Conferência Especializada Interamericana de Direito Internacional Privado do Panamá, 1975 — **36/123**

CARVALHO, Joaquim Antônio D'Ângelo de — Marca comercial — Uso — Ação para impedi-lo — Prescrição — Preliminar acolhida — Apelação não provida — **25/91**

— Marca de comércio — Uso em impressos e anúncios — Incorrência de violação — Produtos importados e adquiridos do fabricante — Ação improcedente — **6/88**

— Marca de fábrica — "Martinha" — Denominação dada a uma boneca — Abstenção de fabricação pretendida por atriz que usa igual nome artístico — Ação improcedente — Recurso provido — **6/90**

CARVALHO, Nuno Tomaz Pires de — O sistema brasileiro de patentes: o mito e a realidade — Parte I — O mito: 1) O mito: em que consiste; 2) Como surgiu o mito; 3) Desdobramento do mito. Parte II — A realidade: 1) Ideologia constitucionalmente adotada em matéria de patentes; 2) A política econômica em matéria de patentes; 3) O Código da Propriedade Industrial e a instrumentalização de patente como elemento de política econômica. Parte III — Observações finais — **52/34**

— O sistema de patentes: um instrumento para o progresso dos países em vias de desenvolvimento — 1. Introdução: 1.1 Conceitos preliminares; 1.2 O papel do sistema de patentes no desenvolvimento; 1.3 As principais funções da patente. 2. Algumas soluções legislativas visando ao aperfeiçoamento das funções da patente. 3. O sistema internacional de patentes e os paises em vias de desenvolvimento. 4. Observações finais. 5. Bibliografia — **51/51**

CARVALHO, Raimundo M. B. — Da responsabilidade dos sócios por dívidas da sociedade: sociedade anônima e por cotas de responsabilidade limitada — I — Introdução. II — A personalidade jurídica das sociedades no direito brasileiro. III — O princípio geral da separação entre sociedade e o sócio. IV — Da responsabilidade "legal" do sócio por dívidas da sociedade: a) por dívidas fiscais; b) por dívidas trabalhistas; c) por dívidas civis e mercantis. V — Da responsabilidade "supralegal" do sócio: desconsideração da pessoa jurídica. VI — Conclusões — **73/22**

CARVALHO FILHO, Paulo Martins de — O fundo garantidor de créditos contra instituições financeiras — **107/190**

CARVALHOSA, Modesto — A Lei 7.958, de 20.12.1989, e o direito de retirada dos acionistas dissidentes — **96/21**

— Acordo de acionistas — 1. Acordo por prazo indeterminado. 2. Acordos em cascata. 3. Acordos que alteram a proporcionalidade legal do direito de preferência. 4. Acordo dos que dispõem sobre eleição de diretores — **106/20**

— Responsabilidade civil dos administradores das companhias abertas — I — Insuficiência da responsabilidade civil. II — Exacerbação das responsabilidades administrativas e penais. III — Responsabilidade individual dos diretores. IV — Responsabilidade coletiva dos membros do Conselho de Administração. V — Diferente natureza dessas responsabilidades. VI — Limite de responsabilidade dos membros do Conselho de Administração. VII — Administração ordinária — Diretoria e Conselho de Administração. VIII — Administração extraordinária — Diretoria e Conselho de Administração. IX — Responsabilidade subjetiva (n. I do art. 158). X — Responsabilidade objetiva (n. II do art. 158). XI — Atos referentes ao funcionamento normal da companhia — Responsabilidade objetiva. XII — Responsabilidade objetiva dos administradores de instituições financeiras e intermediários do sistema de distribuição do mercado de capitais. XIII — Anulação e responsabilidade — **49/14**

— Sociedade *holding* — Bens excluídos do giro dos seus negócios — I — Âmbito da questão. II — Uma característica das *holdings companies*. III — Função do órgão diretivo da *holding*. IV — Inibição que lhe é composta. V — Conclusão — **2/37**

CASELLA, Paulo Borba — Mercosul — Circulação de capitais em perspectiva brasileira — Entrada e saída de divisas e moeda nacional — **103/79**

CASTRO, Carlos Alberto Farracha de — A ordem de preferência na nova lei de falências — 1. Introdução. 2. Igualdade de credores. 3. A noção de igualdade na falência. 4. Credores da massa falida e credores da falida. A classificação dos créditos no Decreto-lei 7.661/1945. 5. A ordem de preferência na nova lei de falência. 6. Créditos extraconcursais. Contrato de adiantamento de câmbio para exportação. 7. Conclusão — **135/127**

— O desvirtuamento da falência frustrada e a necessidade de adequação do rito sumário — **122/59**

— Uma nova visão do direito falimentar — A obrigatoriedade de adequação e interpretação à luz da Constituição Federal — **118/106**

CASTRO, Raphael Velly de — O mercado de capitais como imperativo desenvolvimentista — **126/42**

CASTRO, Rodrigo R. Monteiro de, & KNOPFELMACHER, Marcelo — As sociedades anônimas e o *interim management* — **134/77**

CAVALHEIRO, Sergio Pereira, & D'ELIA, Claudia Baccarelli — As deliberações sociais nas sociedades por quotas de responsabilidade limitada no novo Código Civil brasileiro — **130/135**

CAVALLI, Cássio Machado — O direito da empresa no novo Código Civil — **131/153**

CELLI JÚNIOR, Umberto, & SANTANA, Cláudia Silva de — Telecomunicações no Brasil: balanço e perspectivas — **134/175**

CERQUEIRA, Nélson de Figueiredo — O exame dos livros comerciais do concordatário — Poder regulamentar atribuído ao juiz pelo art. 172 da lei de falências com a nova redação que lhe foi dada pela Lei 4.983, de 1966 — **10/131**

CHADDE, Alexandre Saddy — Alcance e limite dos acordos de acionistas: a teoria da vontade frente à indisponibilidade e cogência da legislação organicista brasileira em matéria de sociedades anônimas — **109/108**

CHAGAS, José Ernesto de Lemos — Duplicata sem aceite — Título hábil para requerimento de falência — Projeto de lei nesse sentido — **15-16/243**

— Imposto sobre a renda — Extinção de sociedade e distribuição disfarçada de lucros — **15-16/239**

— *Leasing* — Arrendamento mercantil — **14/145**

CHAVES, Antônio — Computação de dados. Conceitos fundamentais — 1. Apanho histórico. Importância. 2. Conceitos fundamentais. 3. Cópia autorizada. *Shareware*. 4. Os sistemas expertos e outros sistemas de inteligência artificial. 5. O *software* é uma criação intelectual — **98/5**

— Contrato com pessoa a declarar — **98/85**

— Direito à intimidade nas fotografias e nos filmes cinematográficos — **52/7**

— Direitos autorais — Hotéis, motéis e similares. Pela música executada tantos nos ambientes coletivos como nos aposentos, são devidos — **66/13**

— Estabelecimentos comerciais — Lojas — Supermercados — Sintonização de aparelhos receptores de serviços de radiodifusão — Direitos autorais — **67/101**

— Produção publicitária. Proteção pelo direito de autor — 1. A mensagem publicitária criativa é amparada pelo direito de autor. 2. Propaganda é arte, publicidade, mera divulgação. 3. A agências de publicidade. Origem, vida e paixão. 4. Direito à imagem e direito à intimidade. 5. Uniformes e equipamentos esportivos usados para fins de propaganda. 6. Inserções publicitárias em filmes de televisão. 7. A preconizada regulamentação do tempo de publicidade pela TV. 8. A inserção publicitária nos programas de televisão por assinatura. 9. A paródia na obra publicitária — **72/27**

— Responsabilidade civil em matéria de fotografias — **75/16**

— Simulação. Ininvocabilidade por qualquer dos participantes — Terceiro. Quem é no ato simulado — **68/117**

— TV — Brincadeiras de mau gosto — Responsabilidade — **69/70**

CHIARA, José Tadeu — Capitais estrangeiros — I — Generalidades: 1. Introdução; 2. Conceito e regras gerais. II — Ingresso de capitais estrangeiros no Brasil: 3. Investimentos diretos em moeda e/ou bens importados sem cobertura cambial: a) Investimentos em moeda; b) Bens, máquinas e equipamentos; 3.1 Exigências necessárias para a efetivação do registro: 3.1.1 Do investidor estrangeiro; 3.1.2 Da empresa beneficiária do investimento: a) Sociedades anônimas; b) Sociedades limitadas; c) Empresas estrangeiras autorizadas a funcionar no país; 4. Cessão de investimentos; 5. Reinvestimentos; 6. Correção monetária; 7. Empréstimos do exterior: a) Empréstimos baseados na Lei 4.131; b) Operações 63: 7.1 Juros dos empréstimos externos; 8. Importação financiada: a) Importações com financiamento externo; b) Importações ao amparo das linhas de crédito; c) Importações financiadas ao amparo de recursos providos pelo EXIMBANK — *Export-Import Bank of United States*; 9. Contratos de assistência técnica, científica, administrativa ou semelhantes, e os relativos a exploração ou utilização de patentes de invenção, de marcas comerciais e industriais; 10. Transferência de patrimônio para o exterior e herança: 10.1 Patrimônio; 10.2 Herança. III — Transferências para o exterior: 11. Remessa de lucros e dividendos; 12. Pagamentos de royalties, de remuneração pela prestação de assistência técnica, científica e administrativa, e juros; 13. Retorno de capital; 14. Aspectos fiscais. IV — Sociedades de investimento: 15. Aspectos gerais; 16. Captação dos recursos. 17. Registro na FIRCE; 18. Remessa de rendimentos; 19. Direcionamento dos recursos; 20. Aspecto fiscal. V — A nova lei das sociedades anônimas: 21. Funcionamento de companhias estrangeiras no Brasil; 22. Emissão de debêntures no exterior — **26/67**

— Contrato de câmbio — Exportação — Posição do Banco Central do Brasil — Reconhecimento da ausência de *legitimatio ad causam* passiva — Conseqüente declaração de extinção do processo — Embargos de declaração recebidos — **23/143**

— Resgate de ações — **48/60**

CINTRA, Maria Lúcia Borges — Oferta pública de compra de ações — **13/141**

CINTRA, Maria Lúcia de Araújo — Citação — Sociedade mercantil sediada no estrangeiro — Representante no Brasil — Negócio efetuado pelo mesmo — Citação válida — Preliminar repelida — Legitimidade *ad causam* — Filial de firma estrangeira — Negócio no Brasil — Consórcio e não simples mediação — Solidariedade no pagamento de comissão — Ação procedente — Apelação provida — **27/115**

— Lei 7.958, de 20.12.1989 (Lei Lobão) — **98/79**

— Sociedade comercial — Anônima — Assembléia geral — Representação de acionista — Mandatário legalmente impedido de votar a matéria em debate — Impossibilidade — Inteligência do art. 126, § 1º, da Lei 6.404/1976 — Recurso extraordinário não conhecido — **43/86**

CLARK, Giovani — A intervenção do Município no domínio econômico — **124/107**

CLEMENTE JÚNIOR, José Alberto — Oferta pública de aquisição de ações na alienação de controle de companhias abertas — Apontamentos sobre o art. 254-A da lei das sociedades anônimas — **129/206**

CLÈVE, Clèmerson Merlin, & RECK, Melina Breckenfeld — A repercussão, no regime da patente *pipeline*, da declaração de nulidade do privilégio originário — **131/44**

COELHO, Fábio Ulhoa — O valor patrimonial das quotas da sociedade limitada — **123/69**

— Penhorabilidade de cotas sociais — **82/95**

COELHO, Marco Aurélio Caldeira, & COELHO, Sacha C. Navarro — O negócio jurídico denominado *factoring* — A possibilidade de cessão onerosa de crédito, com garantia de pagamento pelo cedente por inadimplemento do sacado — IOF — Não incidência — **120/257**

COELHO, Sacha C. Navarro, & COELHO, Marco Aurélio Caldeira — O negócio jurídico denominado *factoring* — A possibilidade de cessão onerosa de crédito, com garantia de pagamento pelo cedente por inadimplemento do sacado — IOF — Não incidência — **120/257**

COELHO, Túlio Freitas do Egito — O *factoring* e a Lei 4.595/1964 — **67/109**

COELHO, Wilson do Egito — As chamadas "cartas-patentes" dos bancos e outras instituições financeiras e seu verdadeiro significado — **51/91**

— Da responsabilidade dos administradores das sociedades por ações em face da nova lei e da Lei 6.024/1974 — Da responsabilidade dos administradores de instituições financeiras — Conclusão — **40/37**

— Empréstimo de dinheiro por particulares: quando se caracteriza operação privativa dos bancos — **41/69**

— O *factoring* e a legislação bancária brasileira — Circular 703, de 16.6.1982, do Banco Central — **54/73**

COLAUTTI, Carlos E. — *Derecho Constitucional — Las disposiciones constitucionales programáticas sobre el orden económico social* — 1. El problema en el constitucionalismo clásico. 2. Las cláusulas programáticas en la Constitución argentina de 1853/1960. 3. Las cláusulas programáticas en los documentos en los constitucionales posteriores. 4. La operatividad de las cláusulas constitucionales — **55/81**

COMPARATO, Fábio Konder — A atividade de resseguros à luz da Constituição — I — O método interpretativo adotado. II — Análise semântica. III — A exclusividade de funções do "órgão oficial ressegurador". IV — Natureza e forma jurídica do órgão oficial ressegurador — **86/63**

— A cessão de controle acionário é negócio mercantil? — 1. A definição da matéria de comércio no direito privado brasileiro: a) O sistema original do Código Comercial sobre a definição da matéria de comércio; b) O sistema atual de definição da matéria de comércio. 2. A inaplicação dos dispositivos do Código Comercial brasileiro à cessão de controle acionário — **37/113**

— A fixação do preço de emissão das ações no aumento de capital da sociedade anônima — 1. Análise do poder de fixar o preço de emissão de ações. 2. A infração à norma do art. 170, § 1º, da lei de sociedades por ações. 3. Conclusão — **81/79**

— A mora no cumprimento de obrigações contratuais pecuniárias e suas conseqüências — **74/78**

— A natureza da sociedade anônima e a questão da derrogabilidade das regras legais de *quorum* nas assembléias gerais e reuniões do Conselho de Administração — I — Companhias abertas e fechadas. II — Interpretação das regras legais sobre *quorum* deliberativo — **27/89**

— A proteção do consumidor: importante capítulo do direito econômico — 1. As formas jurídicas de proteção do consumidor: a) A evolução das antigas formas de proteção do consumidor; b) As novas formas jurídicas de proteção do consumidor. 2. As responsabilidades e os remédios: a) A responsabilidade civil; b) A responsabilidade penal; c) As sanções administrativas. 3. Os órgãos de proteção do consumidor. 4. À guiza de conclusão — **15-16/89**

— A proteção ao consumidor na Constituição brasileira de 1988 — 1. Origem e sentido histórico do direito do consumidor. 2. A natureza jurídica das normas de proteção ao consumidor na Constituição brasileira. 3. As garantias de respeito ao princípio constitucional de defesa do consumidor — **80/66**

— A reforma da empresa — **50/57**

— A regra do sigilo nas ofertas públicas de aquisição de ações — 1. Introdução. 2. Ordem expositiva. I — O princípio da informação completa no mercado de capitais. II — O *insider trading* e a manipulação, como violações do princípio de informação completa no mercado de capitais. III — Sigilo e informação completa nas ofertas públicas de aquisição de ações, em direito comparado. IV — Sentido e alcance da norma de sigilo, no art. 260 da Lei 6.404. V — Conclusão — **49/56**

— A regulamentação judiciário-administrativa do protesto cambial — **83/79**

— A responsabilidade do produtor em recente anteprojeto de lei no Brasil — Comparação com o direito alemão — **63/112**

— A transferência empresarial de tecnologia para países subdesenvolvidos: um caso típico de inadequação dos meios aos fins — I — O fundamento teórico dos privilégios industriais. II — Proposta de aperfeiçoamento do regime jurídico de transferência empresarial de tecnologia: a) inventos industriais; b) contratos de *know-how*. III — Conclusão geral: ultrapassar as fronteiras do direito industrial, na transferência de tecnologia — **47/41**

— Abertura de crédito — Nulidade de cláusula contratual — **3/59**

— Anteprojeto de lei de sociedades por ações — **17/111**

— Aparência de representação: a insustentabilidade de uma teoria — **111/39**

— As cláusulas de não concorrência nos *shopping centers* — **97/23**

— As empreitadas de construção imobiliária e o art. 138 do Código Comercial — **56/121**

— Cláusulas contratuais de indexação de preços — I — Conceitos e princípios. II — A legislação monetária brasileira neste século — **85/34**

— Concordata preventiva — Sociedade corretora de títulos e valores mobiliários — **12/91**

— Controle público e social dos meios de comunicação — **128/27**

— Da imprescritibilidade da ação direta de nulidade de norma estatutária de sociedade anônima — A norma do art. 286 da Lei 6.404 e seu âmbito de aplicação; Qualificação jurídica dos estatutos de companhias e o regime de validade de suas normas; Natureza da ação judicial de nulidade de norma estatutária e a questão da prescrição — **29/57**

— Da inextensão de privilégio constitucional aos avalistas dos privilegiados — I — A interpretação do direito excepcional na nova Constituição. II — O aval como garantia objetiva e autônoma — **75/79**

— Da licitude da participação de sociedade de capitais em sociedade de pessoas — I — Direito estrangeiro: a) Legislações argentina e suíça; b) Direito italiano; c) Direito alemão; d) Legislações que admitem, implícita ou explicitamente, a participação de sociedades de capitais em sociedades de pessoas. II — Direito brasileiro — **28/63**

— Exclusão de sócio nas sociedades por cotas de responsabilidade limitada — **25/39**

— Exegese legal do requisito da residência no Brasil dos administradores de sociedade anônima — I — Estada, residência e domicílio da pessoa natural nos sistemas jurídicos da família romano-germânica. II — Residência e domicílio civil da pessoa natural no direito brasileiro. III — O requisito da residência no Brasil para os administradores de sociedade anônima — **44/76**

— *Factoring* — **6/59**

— Falência — Interpretação analógica — **1/96**

— Franquia e concessão de venda no Brasil: da consagração ao repúdio? — 1. O contrato de franquia enseja uma transferência de tecnologia? 2. A franquia e a concessão de venda como manifestações do abuso de poder econômico. 3. Lição conclusiva — **18/53**

— Função social da propriedade dos bens de produção — 1. Explicação preliminar. 2. Bens de produção e bens de consumo. 3. Análise funcional. 4. O sentido antigo de propriedade. 5. Propriedade e poder de controle. 6. Função social da propriedade. 7. Destinação social dos bens produtivos. 8. Deveres sociais do controlador de empresas. 9. Resumo conclusivo — **63/71**

— Funções e disfunções do resgate acionário — **73/66**

— *Insider trading*: sugestões para uma moralização do nosso mercado de capitais — **2/41**

— Na proto-história das empresas multinacionais — O Banco Médici de Florença — **54/105**

— Natureza do prazo extintivo da ação de nulidade do registro de marcas — 1. A distinção essencial entre prescrição e decadência. 2. A distinção entre prescrição e decadência no direito positivo. 3. Natureza do prazo extintivo da ação de nulidade do registro de marca — **77/57**

— Natureza jurídica das bolsas de valores e delimitação do seu projeto — **60/45**

— Nota sobre a execução específica da obrigação de contratar — **97/104**

— Notas retificadoras sobre seguro de crédito e fiança — **51/95**

— Notas sobre a resolução de contratos — I — A impossibilidade superveniente da prestação devida, como causa de resolução contratual. II — A resolução contratual pela supressão da causa *contractus*. III — Efeitos da resolução contratual — **43/79**

— Novas formas jurídicas de concentração empresarial — **5/133**

— O direito brasileiro na visão de Tullio Ascarelli — **38/11**

— O direito de subscrição em aumento de capital, no fideicomisso acionário — I — Introdução. II — O direito de subscrição de ações em aumento de capital. III — O Fideicomisso. IV — Direito de preferência oriundo de ações em fideicomisso — **40/63**

— O irredentismo da "nova contabilidade" e as operações de *leasing* — 1. Contabilidade e direito: a vinculação necessária: a) A contabilidade: o que é e o que não deve ser; b) Validade jurídica dos chamados "princípios de contabilidade geralmente aceitos"; c) Análise jurídica do chamado princípio da prevalência da substância sobre a forma. 2. O registro contábil do arrendamento mercantil: a) Estrutura e unção de arrendamento mercantil. Distinção das figuras afins; b) A propriedade do bem arrendado, durante a vigência do contrato; c) O registro contábil da operação — **68/50**

— O novo direito de retirada do acionista nos casos de fusão e incorporação — **116/11**

— O regime jurídico do cheque na Lei Uniforme de Genebra — 1. A provisão do cheque no sistema da lei uniforme. 2. Outros pontos salientes da regulamentação genebrina — **7/65**

— O repasse bancário de recursos externos — **76/49**

— Origem do Direito Comercial (Capítulo 1º do *Corso di Diritto Commerciale — Introduzione e Teoria dell'Imprensa*, 3ª ed., Milão, A. Giuffrè, 1962, de Tullio Ascarelli) — **103/87**

— Os grupos societários na nova lei de sociedade por ações — 1. Sistemas da Lei 6.404 quanto aos grupos societários. 2. Disciplina dos grupos de fato. 3. Disciplina dos grupos de direito: a) Grupo de subordinação; b) Consórcio. 4. Regras ou institutos comuns: a) A subsidiária integral; b) Proibição de participações sociais recíprocas; c) Demonstrações financeiras; d) Compra por companhia aberta, do controle de qualquer sociedade mercantil; e) Incorporação e fusão de sociedades pertencentes ao mesmo grupo; f) Ausência de responsabilidade grupal perante terceiros credores — **23/91**

— "Perfis da empresa" — Alberto Asquini, "Profili dell'impresa", in *Revista del Diritto Commerciale*, 1943, v. 41, I — 1. Premissa. 2. A empresa no sentido econômico. 3. A empresa na legislação anterior ao novo Código Civil (Código de 1865, Código Comercial, legislação da infortunística) segundo o ordenamento corporativo e o novo Código Civil. 4. Diversos perfis jurídicos. 5. Perfil subjetivo: a empresa como empresário. 6. Noções de empresário. 7. Perfil funcional: a empresa como atividade empresarial. 8. Noções da atividade do empresário. 9. Perfil patrimonial e objetivo: a empresa como patrimônio aziendal e como estabelecimento. 10. E como estabelecimento. 11. Posição do Código. 12. Perfil corporativo: a empresa como constituição. 13. Noções de instituição. 14. Os elementos institucionais da empresa. 15. Conclusões — **104/109**

— Poder de controle na sociedade anônima — **9/67**

— Projeto de Código Civil — **17/133**

— Reflexões sobre a dissolução judicial de sociedade anônima por impossibilidade de preenchimento do fim social — **96/67**

— Reflexões sobre as promessas de cessão de controle societário — **32/77**

— Restrições à circulação de ações em companhias fechada: *nova et vetera* — 1. Importância da *affectio societatis* no direito acionário. As "sociedades anônimas de pessoas". 2. A questão da alusão maliciosa de um direito de preferência à aquisição de ações de companhia. 3. Conclusões — **36/65**

— Seguro — Cláusula de rateio proporcional — Juridicidade — **7/102**

— Seguro de responsabilidade civil — Ação direta da vítima do dano contra o segurador — Inadmissibilidade — **1/113**

— Seguro de vida em grupo — Morte do segurado — Recusa do pagamento pela seguradora — Desistência atribuída ao morto segurado — Inexistência de documento escrito — Ação de cobrança procedente — **10/123**

— Seguro de vida em grupo — Segurado, vítima de tumor maligno, falecido poucos meses após o contrato — Boa-fé — Falta — Alegação pela seguradora — Inadmissibilidade — Exame médico não exigido, nem outros esclarecimentos sobre as declarações prestadas — Ação executiva procedente — **10/124**

— Sociedade anônima — Controle acionário exercido pelo diretor — Alienação no curso do exercício social — Pretensão do alienante de haver uma parte da remuneração percentual sobre os lucros líquidos, prevista no art. 134 do Decreto-lei 2.627, de 1940, e correspondente ao tempo de exercício do mandato, no exercício — **11/67**

— Sociedade comercial — Marido e mulher — Nulidade — Embargos de terceiro — Improcedência — Recurso provido — **3/90**

— Substitutivo ao capítulo referente ao contrato de seguro no anteprojeto do Código Civil — **5/143**

COMPARATO, Fábio Konder, & REQUIÃO, Rubens — Anteprojeto de lei de sociedades por ações — **17/111**

CORDEIRO, Renato Sobrosa — Prescrição administrativa — 1. Introdução. 2. O Direito administrativo em evolução. 3. A prescrição como princípio informador do sistema jurídico brasileiro. 4. A prescrição civil ordinária. 5. A analogia como regra de integração. 6. A prescrição e o devido processo legal. 7. O princípio da igualdade. 8. Identificação da regra analógica. 9. Conclusão. 10. Bibliografia — **104/58**

CORDEIRO, Rosvany Terezinha — A cláusula de não indenizar e o Código de Defesa do Consumidor — **87/57**

— Cartão de crédito — **89/86**

— O dano moral, os seus fundamentos jurídicos e o Código de Defesa do Consumidor — Introdução. I — Breves considerações propedêuticas. II — Análise geral sobre o dano: 1. Explicações; 2. Reflexão sobre os conceitos de dano no sentido jurídico; 3. O dano patrimonial; 4. Distinção entre dano patrimonial e dano moral. III — Síntese histórica do dano moral: 1. A preparação do dano moral no direito romano; 2. Orientação do direito canônico e no direito hebraico; 3. Breve relato das teorias positivistas e negativistas. IV — O dano moral na legislação comparada: 1. Direito francês; 2. Direito italiano; 3. Direito espanhol; 4. Direito português; 5. Direito argentino; 6. Direito anglo-americano. V — As várias normas do dano moral no direito do consumidor: 1. A Resolução da Assembléia Geral da ONU; 2. A Resolução do Conselho da Europa; 3. Os direitos dos consumidores no plano internacional; 4. O dano moral neste contexto. VI — Considerações específicas sobre o dano moral: 1. Os lineamentos gerais sobre o conceito de dano moral; 2. Natureza jurídica da reparação do dano moral; 3. Dificuldades na avaliação da reparação do dano moral; 4. A intransmissibilidade do direito a indenização por dano moral; 5. O dano moral causado a pessoa incapaz; 6. O dano moral causado a pessoa jurídica; 7. O dano moral e o abalo de crédito; 8. O dano moral no nosso ordenamento jurídico: 1. Considerações preliminares; 2. Direito anterior; 3. A problemática satisfação do dano moral face aos trabalhos preparatórios do Código Civil; 4. Pequena explanação sobre os dispositivos do Código Civil; 5. O dano moral nos anteprojetos do Código Civil; 6. Algumas leis específicas que tratam sobre o dano moral; 7. O dano moral na Constituição Federal e na Jurisprudência; 8. O dano eminentemente moral no Código de Defesa do Consumidor. VII — Conclusões — **89/5**

CORRADO, Diego — *Il diritto delle società tra autonomia dei privati e intervento del legislatore* — **131/21**

— *Società commerciali e strumenti autoregolazione: il caso del codice di autodisciplina delle società quotate* — **130/56**

CORRÊA, Raphael Nehin — Execução específica de obrigações convencionadas em acordo de acionistas — **107/212**

— Livre manifestação de voto de acionista em assembléias gerais — **105/190**

CORRÊA, Rodrigo de Oliveira Botelho — Breves ponderações sobre o aparente conflito de normas que regem a substituição de acionistas dissidentes reembolsados — **131/144**

CORRÊA, Walter Barbosa — Dissolução de sociedade e impôsto de renda — 1. A questão. 2. Distribuição disfarçada: uma presunção. 3. Alienação na restituição de bens aos sócios resultante de dissolução da sociedade. 4. Distribuição disfarçada de lucro. 5. Economia de impôsto — **4/29**

— Dívida fiscal — Exigibilidade — Prazo de caducidade da segurança — **7/78**

— Imposto sobre circulação de mercadorias — Leilão — Não incidência — **6/85**

— Isenção tributária — Concessão a contribuinte do antigo imposto sobre vendas e consignações — Sua revogação, após a instituição do imposto sobre circulação de mercadorias — Descabimento — Aplicação da Súmula 544 — Recurso extraordinário reconhecido e provido — **12/124**

COSAC, Marcelo, & SOUZA, Luís Antonio Semeghini — O controle do Estado em setores estratégicos — **132/106**

COSSIO, Esteban Ramón Ymaz — *Lucratividad y función social de las empresas bajo control de Estado* — I — ¿Una contradicción? II — Lucro. III — La cuestión esencial. IV — La cuestión axiológica. V — Función social — **55/60**

COSTA, Carlos Celso Orcesi da — Cheques aparentemente prescritos — 1. Do fato. 2. Apresentação e prescrição. 3. Do problema jurídico: proibição de pagamento de cheques "realmente" prescritos. 4. Doutrina. 5. Do ressarcimento. 6. Premissas da análise jurídica do tema. 7. Da prescrição: uma contradição substantiva. 8. Erro de fato acidental cartularidade dos títulos de crédito. 11. Invocação da causa e função: segurança jurídica. 12. Interpretação teleológica e valor. 13. Dever e responsabilidade do banco. 14. Apuração prática da prescrição ou do erro. 15. Conclusão: distinção entre cheques prescritos e "aparentemente" prescritos — **61/49**

— Controle externo nas companhias — I — Conceituação. II — Função prática da noção de controle. III — Formas de controle externo e sistematização. IV — Conclusões — **44/70**

— Da rescisão imotivada de acordo de acionistas por prazo indeterminado — **60/39**

— Empresas unipessoais — I — Adequação lógica terminológica. II — Evolução das empresas unipessoais. III — A empresa unipessoal, a técnica de organização e a tipologia societária. IV — A empresa e os efeitos de sua existência na ordem jurídica positiva. V — Conclusões — **51/33**

— Responsabilidade dos sócios pelas dívidas da sociedade — 1. Direito tributário. 2. Direito civil e comercial. 3. Direito do trabalho. 4. Forma e processo. 5. Síntese dos argumentos principais — **56/63**

COSTA, José Augusto Fontoura, & NUSDEO, Ana Maria de Oliveira — As cláusulas de força maior e de *hardship* nos contratos internacionais — **97/76**

COSTA, Paulo Henrique Spilotors, ALMEIDA, Aline Paola C. B. C. de, GARCIA, Flávio Amaral, & JURUENA, Marcos V. Souto — Gestão privada do Funcafé — **102/80**

COSTA, Philomeno J. da — A nova lei das duplicatas — **5/157**

— A proteção do nome comercial — **81/96**

— Alienação fiduciária em garantia — **3/213**

— As atividades bancárias no anteprojeto do Código Civil — **10/11**

— Aspectos jurídicos da macroempresa — **4/207**

— Aumentos de capital das sociedades anônimas — **73/129**

— Cheque: emissão — Formas — **69/5**

— Comentários à lei das sociedades por ações (Lei 6.404/1976) — **73/123**

— Contrato consigo mesmo — Inexistência — Venda de imóvel por anônima a seu ex-diretor — Inaplicabilidade da proibição do inciso I do art. 1.133 do CC — Apreciação da matéria à luz do disposto pelo art. 120 do Decreto-lei 2.627, de 1945 — A posição do autocontrato no nosso atual direito positivo — **6/77**

— *Curso de Direito Comercial* — **11/111**

— *Curso de Direito Comercial* — **4/213**

— *Direito do Autor (Princípios Fundamentais)*, Antônio Chaves, RJ, Forense, 1987, XIII, 538 pp. — **77/90**

— Do crédito documentado — **2/131**

— Escorço histórico remoto do cheque. Sua transmissão e seu aval — **87/40**

— Fundações empresas públicas — **7/166**

— *Grupos de Sociedades y Accionistas Minoritarios (La tutela de la minoría en situaciones de dependencia societaria y grupo)*, Madri, Ed. Ministério da Justiça (Centro de Publicaciones), 1987, 280 pp., José Miguel Embid Irujo — **78/76**

— II Encontro Argentino-Brasileiro de Direito Comparado — Discurso inaugural — **55/5**

— *Le società con un solo socio* — **7/161**

— Letra de câmbio e nota promissória — **11/121**

— Modificação do contrato da sociedade limitada por maioria de capital — **25/77**

— O contrato de compra e venda mercantil face ao Código de Proteção ao Consumidor — **83/5**

— O direito novo da duplicata — **5/155**

— O pensamento de Tullio Ascarelli sobre aspectos das sociedades por ações — **38/99**

— "Prêmio Tullio Ascarelli" — 1986 — **64/89**

— Problemas de direito mercantil — **2/129**

— Proteção de nome civil e de nome comercial — 1. Conceito genérico de nome e de nome civil. 2. Conceito restritivo de nome comercial; alusão ao conceito amplo. 3. Confronto entre nome civil e nome comercial. 4. A livre concorrência como fator de distinção de nome civil e nome comercial. 6. A "legislação própria" protetora atualmente do nome comercial; inconveniência da subsistência do art. 8º da proteção ao nome comercial da Convenção de Paris de 1883. 7. Proteção ao nome comercial, sem qualquer acréscimo, ao primeiro empresário que adotar o seu para si. 8. Proteção ao nome comercial dos homônimos civis posteriores com a obrigatoriedade do acréscimo de forma distintiva. 9. Da proteção apenas de uma parte do nome. 10. Conclusões — **52/93**

— Responsabilidade civil — Código Brasileiro do Ar — Culpa objetiva — Inaplicação ao caso *sub judice* — **8/107**

— Sociedade comercial — Cotas de responsabilidade limitada — Falta de averbação da cessão — Concentração em nome de um casal — Falência da sociedade — Apreensão dos bens, por tratar-se de sociedade irregular. Sociedade comercial — Cotas de responsabilidade limitada — Natureza mista em relação a responsabilidade pessoal de cada sócio — Inteligência — Sociedade comercial — Cotas de responsabilidade cessão de cotas — Figura da cessão de posição contratual — Efeitos — Análise — **50/106**

— Sociedade comercial — Responsabilidade limitada — Falecimento de sócio — Divergência entre os demais — Dissolução — Pedido não acolhido — Prevalência do contrato. Sociedade comercial — Responsabilidade limitada — Dissolução — Proteção à empresa — Sociedade unipessoal transitória — Admissibilidade. *Empresário individual de responsabilidade limitada* — Auspício da sua introdução no direito positivo — Perspectivas de sua acolhida: a subsidiária integral da sociedade brasileira — A acolhida da "Anstalt" do Liechtenstein na Itália — A sociedade limitada como vetora da introdução da limitação da responsabilidade do empresário singular — **53/88**

— Sociedade por ações — Capital autorizado — Acordo de acionistas — Direito de subscrever ações preferenciais formativas do capital social em cada deliberação para aumentar o capital inicialmente autorizado e atingido — **70/82**

— Sociedade por ações — Estudo elaborado pelo Instituto Jurídico da Associação Comercial de São Paulo — **6/103**

— Sociedades por ações e coligações societárias — Ações, propriedade e circulação — Comentários ao art. 28 da Lei 6.404, de 15.12.1976 (Seção VI do seu capítulo III — A indivisibilidade) — 1. Elaboração legislativa. 2. Anotações — Fundamentos da indivisibilidade da ação. 3. Conseqüência da indivisibilidade da ação. 4. Exercício dos direitos da ação em condomínio. 5. Matérias relacionadas com a indivisibilidade da ação. 6. Indivisibilidade de pacote acionário — **78/5**

— Títulos de crédito — **3/216**

COUTO, Paulo Rogério Brandão — Indenizatória movida por filhos alegando morte da mãe por câncer de pulmão decorrente de tabagismo — **129/220**

CRACOGNA, Dante — *Ámbito de aplicación de la ley de defensa de la competencia* — **61/89**

— *Las funciones de la legislación cooperativa en América Latina* — **65/88**

CRETELLA JÚNIOR, J. — Serviços comerciais e industriais do Estado — 1. Serviços típicos do Estado. 2. Serviços típicos do particular. 3. Comércio e indústria. 4. Serviço público formal e material. 5. Serviços comerciais e industriais. 6. Exploração dos serviços. 7. O Estado comerciante. 8. Paradoxo administrativo. 9. Regime jurídico dos serviços prestados. 10. Regime brasileiro — **28/13**

CRISTIANO, Romano — Sociedade anônima. Atos *ultra vires* (validade ou não das prestações de garantias) — 1. Os fatos e o problema. 2. Atos jurídicos e sua validade. 3. Agente pessoa jurídica. 4. Dualismo dos órgãos. 5. Critério de discriminação. 6. Sociedade anônima. 7. Terceiros de boa-fé. 8. Desrespeito do estatuto. 9. Análise da exceção. 10. Possibilidade de erro. 11. Inexistência de boa-fé. 12. Síntese e conclusão — **68/17**

CRISTOFARO, Pedro Paulo — Comércio exterior brasileiro: *antidumping* Mercosul — 1. O *dumping* no comércio internacional. 2. As quatro diferentes fases do comércio exterior brasileiro: 2.1 Da Monarquia à República; 2.2 Da proclamação da República (1889) até o término da Segunda Guerra Mundial (1945); 2.3 De 1945 a 1980 (período de substituição de importações); 2.4 A partir de 1980 (gradual abertura do Brasil ao mercado externo). 3. Breve exame da legislação brasileira vigente sobre o *dumping* no comércio exterior. 4. O Mercosul e a legislação *antidumping* — **91/58**

— Consórcios de sociedades. Validade e eficácia dos atos jurídicos praticados por seus administradores, nessa qualidade. Titularidade dos direitos e das obrigações deles decorrentes — **44/15**

— Limites do campo de incidência da Lei 8.078, de 11.9.1990 — O Código de Defesa do Consumidor e os investidores ou poupadores — 1. A existência de ramos de direito que regulam determinadas atividades, concedendo proteção a certas categorias de pessoas que delas participam. 2. O problema da qualificação das relações jurídicas sujeitas a regras específicas de proteção de tutela. 3. O campo de incidência da Lei 8.078, de 11.9.1990 (Código de Defesa do Consumidor). 4. O investidor ou poupador no direito positivo brasileiro. 5. A proteção aos Consumidores e aos Investidores ou Poupadores. 6. Conclusões — **92/83**

CRUZ, Duarte Ivo — Enquadramento jurídico e econômico da exportação — 1. Introdução: economia e filosofia da exportação. 2. A ordem jurídica e a exportação. 3. Conclusão: o comércio exportador e as relações internacionais — **17/45**

CRUZ, Sérgio Marques da — Sociedade de advogados e título de estabelecimento — **10/73**

CUNHA, Eldis Camargo Neves da, & BERTUCCI, Rosana Siqueira — A ISO 14.000 e o Mercosul — **105/241**

CUNHA, Rodrigo Ferraz P., & ARAÚJO FILHO, Raul de — Limites de atuação do conselho fiscal — **129/96**

CUNHA, Sérgio Sérvulo da — Conceito de preposto — **106/169**

— Mandato assecuratório. Invalidade — 1. Objeto deste estudo. 2. Evolução da jurisprudência brasileira, nessa matéria. 3. Mandato: natureza. Causa. 4. O art. 1.317 do Código Civil Brasileiro. 5. Mandato impróprio (ou irregular). 6. Conclusão. Invalidade do mandato assecuratório — **98/31**

— Produto do trabalho da mulher casada — Especialização do patrimônio separado — **34/69**

DAHMEP, Leopoldo — Concordata — Da inaplicabilidade da correção monetária — **85/120**

DANIEL, Denis Allan — A marca e a transferência de tecnologia — 1. O uso autorizado de marcas de indústria e comércio envolve transferência de tecnologia? 2. Legislação pertinente a marcas e seu licenciamento. 3. Filosofia do governo quanto ao uso de marcas de titulares estrangeiros por empresas nacionais. 4. Paralelo entre a política de uso combinado de marcas licenciadas diante das legislações do Brasil, Argentina e México — **28/27**

— A proteção internacional da propriedade industrial — **30/101**

— INPI vitorioso nos dois primeiros litígios judiciais relativos a contratos de exploração de patente e de transferência de tecnologia — **37/173**

D'ELIA, Claudia Baccarelli, & CAVALHEIRO, Sergio Pereira — As deliberações sociais nas sociedades por quotas de responsabilidade limitada no novo Código Civil brasileiro — **130/135**

DEMASI, João Otávio Benevides — O jogo de xadrez da diplomacia brasileira — **128/194**

DIAS, Rui Belford — A responsabilidade dos administradores e as alterações promovidas no âmbito da responsabilidade civil no novo Código Civil, de uma forma geral — **128/150**

DIAS, Sérgio Novais — Empresa — Abuso de poder econômico — Proteção ao consumidor — I — Introdução. II — Empresa. III — Dominação dos Mercados; b) Eliminação da concorrência; c) Aumento arbitrário dos lucros; d) Repressão. IV — Proteção ao consumidor: a) Constituição Federal do Brasil; b) Código de Defesa do Consumidor; c) Ação Civil Pública. V — Conclusão. VI — Bibliografia — **84/19**

— Lei complementar tributária — 1. Fixação do tema. 2. O sistema jurídico: a) Concepção; b) Finalidade; c) Interpretação. 3. Lei Complementar; a) Histórico; b) Conceito; c) Natureza jurídica; d) Hierarquia; e) Processo legislativo; f) O art. 146 da Constituição Federal. 4. As diversas manifestações da doutrina — **81/36**

DOLINGER, Jacob — A sociedade anônima brasileira — Critério determinador de sua nacionalidade — Nacionalidade de pessoas jurídicas; A nova lei brasileira de sociedades anônimas — **23/65**

— O direito monetário internacional — 1. O objeto do direito monetário internacional. 2. A oposição do direito monetário — **12/27**

DOMEZI, José Pedro — Cheque — Títulos pós-datado — Cobrança a vista — Título não mencionado em contrato — Autonomia — Apresentação após o prazo de 30 dias — Perda de ação executiva — Recurso provido — **23/133**

EIZIRIK, Nelson — A Instrução CVM 31/1984 e a regulamentação do *insider trading* — **55/170**

— A ordem econômica na Constituinte — **60/12**

— A urgente reforma da Lei 6.385/1976 — **98/58**

— Acordo de acionistas — Arquivamento na sede social — Vinculação dos administradores de sociedade controlada — **129/45**

— Administração de cartão de crédito constitui atividade privativa de instituição financeira? — I — A intermediação financeira. II — O conceito de instituição financeira. III — O cartão de crédito. IV — Intermediação financeira e administração de cartão de crédito. V — Inexistência de autorização do Banco Central. VI — Conclusões — **88/25**

— Aspectos jurídicos do *underwriting* — 1. Noção e função econômica. 2. Modalidade de *underwriting*. 3. Quem pode ser *underwriting*. 4. Consórcio de *underwriters*. 5. Características do contrato de *underwriting*. 6. Responsabilidade do *underwriter* — **66/19**

— Aspectos jurídicos dos mercados futuros — 1. Introdução. 2. As funções econômicas dos mercados futuros. 3. Qualificação jurídica dos negócios a futuro. 4. As bolsas de mercadorias e de futuros. 5. As caixas de compensação e liquidação. 6. A liquidação de contratos nos mercados futuros. 7. As margens. 8. Observações finais — **81/22**

— Auditor independente — Sigilo profissional — **112/136**

— Bolsa de valores — Competência fiscalizadora das operações bolsistas — Lei 4.728/1965 — **34/85**

— Caracterização jurídica da emissão pública de valores mobiliários — **83/55**

— Cessão de crédito no mercado financeiro — **116/200**

— Crédito hipotecário habilitado em liquidação extrajudicial — Cabimento de juros e correção monetária — **51/111**

— Emissão de debêntures — 1. Introdução. 2. Finalidade econômica e natureza jurídica da debênture. 3. Emissão e subscrição de debêntures. 4. Competência para deliberar a emissão de debêntures. 5. Autonomia plena da companhia para emitir debêntures. 6. Subscrição a vista ou parcelada. 7. Registro na CVM da emissão pública de debêntures. 8. Poder vinculado da CVM para aprovar o registro. 9. Caracterização legal da emissão pública de debêntures. 10. Taxa de registro da emissão pública de debêntures. 11. Conseqüência da falta de registro na CVM; 12. Participação obrigatória de instituição financeira *underwriter* na emissão pública. 13. Distribuição secundária de debêntures. 14. Negociação das debêntures no mercado — **101/37**

— Incorporação de reservas de capital ao capital social seguida da redução do capital — Legitimidade da operação — **115/255**

— Inexistência de impedimento do administrador na ação social *ut singuli* — **80/32**

— Inexistência de "participação recíproca indireta" entre sociedades coligadas — **99/83**

— *Insider trading* e responsabilidade de administrador de companhia aberta — 1. Introdução. 2. O *insider trading* — Caracterização, razões e formas de combatê-lo. 3. Principais tendências no direito comparado. 4. A responsabilidade do *insider* no direito brasileiro. 5. Observações finais — **50/42**

— Limites à atuação do conselho fiscal — **84/13**

— Negócio jurídico de *hedging* — 1. Introdução. 2. Noção econômica do *hedging*. 3. Negócio jurídico de *hedging*. 4. A liquidação por diferença. 5. O contrato de *hedging* e o negócio indireto. 6. Contrato de *hedging* e seguro. 7. Conclusões — **90/13**

— Notas sobre direito de recesso na incorporação, fusão e cisão de companhias — 1. Introdução. 2. Os objetivos da reforma. 3. Eliminação do direito de recessão na cisão. 4. O direito de recesso na fusão e na incorporação. 5. Incorporação, fusão e cisão de companhia aberta — **113/124**

— O liberalismo econômico e a criação das disciplinas de direito comercial e economia política — 1ª Parte: Notas introdutórias — Algumas observações sobre as relações entre economia, direito positivo e ensino jurídico; 2ª Parte: Os pronunciantes parlamentares e a criação das disciplinas de direito mercantil e economia política; 3ª Parte: Os pronunciamentos e seu significado econômico e jurídico — **35/29**

— O mito do "controle gerencial". Alguns dados empíricos — **66/103**

— O regime jurídico das bolsas de valores e sua autonomia frente ao Estado — 1. Introdução. 2. Âmbito de atuação das Bolsas de Valores e sua caracterização no direito comparado. 3. As Bolsas de Valores no regime jurídico brasileiro. 4. A natureza jurídica das Bolsas de Valores. 5. A autonomia das Bolsas de Valores. 6. Conclusões — **61/5**

— Os valores mobiliários na nova Lei das S/A — **124/72**

— Propriedade e controle na companhia aberta — Uma análise teórica — 1. Introdução. 2. A teoria da separação entre propriedade e controle na grande empresa. 3. Repercussões da teoria da separação entre propriedade e controle no Brasil. 4. Observações finais — **54/90**

— Redução dos custos de capitação no mercado de valores mobiliários — 1. Observações preliminares. 2. Custos da regulação. 3. Custos de intermediação — **91/37**

— Reforma das S/A e conselho fiscal — **119/121**

— Reforma das S/A e direito de recesso — a) Objetivos da reforma; b) Recesso nas hipóteses de fusão, incorporação e participação em grupo de sociedades; c) Supressão do direito de recesso nos casos de dissolução da companhia, cessão do estado de liquidação e cisão; d) Incorporação, fusão e cisão de companhia aberta; e) Recesso para acionistas prejudicados; f) Valor do reembolso; g) Eliminação da "indústria do recesso" — **111/74**

— Regulação e auto-regulação do mercado de valores mobiliários — 1. Introdução. 2. A regulação do mercado de capitais e seus objetivos. 3. Implementação dos objetivos da regulação do mercado de capitais. 4. Auto-regulação e o papel das Bolsas de Valores. 5. Responsabilidade das Bolsas de Valores. 6. A Comissão de Valores Mobiliários e as Bolsas de Valores — **48/48**

— Responsabilidade civil e administrativa do diretor de companhia aberta — 1. Introdução. 2. Aspectos de responsabilidade civil do administrador de companhia aberta: 2.1 Noções gerais; 2.2 As funções dos órgãos e os níveis distintos de responsabilidade; 2.3 Natureza e alcance da responsabilidade civil; 2.4 Responsabilidade da companhia pelos atos de seus administradores; 2.5 A ação da responsabilidade civil. 3. A responsabilidade administrativa: 3.1 Noções gerais; 3.2 O procedimento administrativo; 3.3 Aspectos da responsabilidade administrativa; 3.4 O poder disciplinar das Bolsas de Valores — **56/47**

EIZIRIK, Nelson, & WALD, Arnoldo — A designação "grupo de sociedades" e a interpretação do art. 267 da Lei das S/A — 1. Colocação do problema. 2. Definições terminológicas e interpretação jurídica. 3. Grupos societários de fato e grupos de direito. 4. A norma do art. 267 da lei das sociedades anônimas: a) Finalidade da lei; b) A interpretação literal da lei e o seu sentido — **54/51**

— O regime jurídico das bolsas de valores e sua autonomia frente ao Estado — I — Introdução. II — Âmbito de atuação das bolsas de valores e sua caracterização no direito comparado. III — as bolsas de valores no jurídico brasileiro. IV — A natureza jurídica das bolsas de valores. V — A autonomia das bolsas de valores. VI — Conclusões — **61/6**

ENEI, José Virgílio Lopes — A arbitragem nas sociedades anônimas — **129/136**

— Contratos coligados — **132/111**

ESCUTI, Inacio A., & MOSQUEIRA, Beatriz Mansília de — *Derecho de información del accionista* — 1. Introducción. 2. Evolución histórica: 1) Generalidades; 2) Etapas; 3) La situación actual. 3. El derecho argentino vigente: a) Información genérica; b) La interpretación societaria — **70/15**

ESTRELLA, Hernani — Dualidade das obrigações no direito privado unificado — **30/11**

— Sociedade anônima — Ação possessória contra administradores destituídos — Medida exercitável pela sociedade em lugar da imissão de posse por parte dos novos diretores — Problemas — **13/11**

— Venda de praça e venda marítima — 1. Explicação prévia. 2. Colocação do problema. 3. Origens das vendas de praça a praça. 4. Modalidades diversas. 5. Pretensas vendas marítimas. 6. Impropriedade terminológica. 7. Compra e venda à distância. 8. Possível unificação das várias espécies. 9. Verdadeira e única venda marítima. 10. Conclusão — **3/11**

ETCHEVERRY, Raul Anibal — *Intereses societarios y extra-societarios en la administración de las sociedades anónimas* — 1. Introducción. 2. El interés social. 3. Intereses de los socios. 4. Interés de los órganos sociales. 5. Interés de los trabajadores. 6. Interés de los terceros. 7. El interés estatal. 8. Conclusión — **55/18**

FABRIS, Roner Guerra — Aplicação do art. 65, item 15 do Código de Propriedade Industrial aos títulos de obras literárias, artísticas e científicas — **79/130**

FAGUNDES, João Paulo F. A. — Os fundos de investimento em direitos creditórios à luz das alterações promovidas pela instrução CVM 393 — **132/96**

FARIA, José Ângelo Estrella — Integração econômica na América Latina: sairemos do discurso? — 1. O Mercado Comum Europeu. 2. A integração latino-americana — **79/63**

FARIA, Werter R. — A apólice de seguro — 1. Lacuna do Código Comercial relativa aos seguros terrestres e a divisão do direito privado. 2. A matéria no regulamento 737 e a classificação dos atos de comércio por Carvalho de Mendonça. Seguradores comerciantes e particulares. A qualificação dos seguros terrestres na jurisprudência. Promulgação do Código Civil. A dupla natureza das sociedades anônimas. 3. A mercantilização das companhias, a imposição da forma anônima às sociedades seguradoras. Reintegração dos seguros e das anônimas no direito comercial. 4. A questão das fontes da matéria dos seguros. Prelação. 5. A função da apólice. 6.

Os requisitos obrigatórios da apólice. 7. A apólice ao portador. 8. A função circulatória das apólices à ordem e ao portador. A cessão legal do seguro. A transmissão do seguro na alienação da coisa segurada. 9. A apólice avaliada, fechada. 10. As apólices de averbação e flutuante, aberta. 11. As normas especiais sobre a interpretação da apólice — **54/40**

— O aval, o Código Civil e os bancos — **134/48**

— O *leasing* financeiro — 1. Atipicidade. 2. Semelhança com locação de coisas. 3. Afinidade com a venda com reserva de domínio. 4. Assimilação ao mútuo — **59/13**

— Os títulos de crédito e o Código Civil — **135/69**

— Reservas formuladas sobre a lei uniforme relativa às letras de câmbio e notas promissórias — 1. A vigência da lei uniforme como direito interno. 2. As reservas. 3. As fontes primárias do direito cambiário. 4. O suprimento da falta de assinatura. 5. O preenchimento abusivo. 6. A apresentação para pagamento. 7. As câmaras de compensação. 8. A cláusula de pagamento efetivo numa moeda estrangeira; a especificação da moeda estrangeira. 9. O prazo do protesto por falta de pagamento das letras com vencimento fixo. 10. A determinação precisa das situações que condicionam o regresso antecipado. 11. a substituição da taxa dos juros pela taxa legal interna. 12. A ação cambiária de locupletamento; 13. A provisão e sua atribuição ao portador; as questões pertinentes às relações jurídicas que serviram de base ao saque. 14. As causas de suspensão e interrupção da prescrição. 15. A denominação da nota promissória. 16. As reservas aplicáveis à nota promissória — **8/21**

FEKETE, Elisabeth Kasznar — A representação na conclusão dos contratos mercantis — I — O tema. II — Formas que pode assumir o fundamento do poder de representar e figuras aproximadas: 1. Mandato; 2. Gestão de negócios; 3. Representação comercial; 4. Contratos de cooperação comercial; 5. Representação orgânica; 6. Empregados de alto nível; 7. Preposição comercial; 8. Colaboradores e auxiliares dos comerciantes; 9. Intervenientes sem poderes de representação. III — A capacidade para praticar atos do comércio com representante. IV — A repercussão da teoria da aparência de representação no plano comercial. V — A extensão dos poderes conferidos pelo mandato *ad negotia* mercantil. VI — Questões relativas às conseqüências jurídicas dos atos praticados mediante representação: 1. O excesso de gestão representativa e seus efeitos com relação a terceiros; 2. Configuração do abuso de representação; 3. Continuação da representação a despeito da revogação dos poderes; 4. Falsa procuração; 5. Conflito de interesses e contrato consigo mesmo; 6. Prática de ato ilícito mediante representante; 7. Responsabilidade do representado pelos atos do representante. VII — Conclusão — **86/16**

— Importações paralelas: a implementação do princípio da exaustão de direitos no Mercosul, diante do contexto da globalização — **113/154**

FELSBERG, Thomas Benes — Contrato — Arrendamento mercantil ou *leasing* — Vencimento — Opções da locatária — **36/81**

— *Leasing* internacional — **40/51**

FELSBERG, Thomas Benes, & CÂMERA, Miriran C. R. — Contabilização de operações de arrendamento mercantil — **68/105**

FERNANDES, Jean Carlos — O protesto de boletos bancários — **128/66**

— Títulos de crédito: uma análise das principais disposições do novo Código Civil — **133/150**

FERNANDES, Wanderley — Formação de contrato preliminar suscetível de adjudicação compulsória — **80/76**

FERNÁNDEZ, Teodomiro Méndez — Compra e venda — Máquina — Mau funcionamento — Inércia do comprador — Descumprimento dos arts. 211 do CCom e 1.105 do CC — Ação de cobrança procedente em parte — **23/137**

FERRAZ, Lauro Pacheco de Toledo — *El concepto de la tecnología en si como mercía*: notas críticas — 1. Introducción; 2. La compra-venta de tecnología; 3. La tecnología como forma específica de expresión del capital; 4. Los límites de la negociación tecnológica; 5. Conclusiones preliminares — **32/41**

FERRAZ, Sérgio — Legitimação em juízo das associações de classe — **46/64**

FERRAZ JÚNIOR, Tércio Sampaio — Da inexistência de fundo de comércio nas sociedades de profissionais de engenharia — **111/45**

FERRAZ JÚNIOR, Tércio Sampaio, ROSA, José del Chiaro Ferreira da, & GRINBERG, Mauro — Direitos *antidumping* e compensatórios: sua natureza jurídica e conseqüências de tal caracterização — **96/87**

FERREIRA, Carlos Renato de Azevedo — Contrato bancário de antecipação de receita orçamentária com garantia de ICM — Aspectos polêmicos — Proêmios: 1. Considerações gerais. 2. Dívida pública. 3. Do contrato de empréstimo por antecipação de receita orçamentária. 4. Da vinculação do ICM. 5. Legislação, regulamentação e jurisprudência aplicáveis a hipóteses. 6. Reflexos econômicos nas operações examinadas em face da queda na arrecadação do ICM. Das *quaestio juris*: a) A situação atual; b) Da pretensão do consulente. Dos caminhos alvitrados — **74/36**

— *Factoring* — 1. Introdução. 2. Aspectos conceituais e legais. 3. Aspectos constitucionais. 4. Aspectos fiscais. 5. Aspectos legais e contratuais. 6. Aspectos regulamentadores. 7. Aspectos registrários. 8. Tipos de *factoring*. 9. Desnecessidade de lei específica. 10. Sugestão — **59/68**

FERREIRA, Guilherme Rizzieri de Godoy — Debêntures subordinadas com garantia real e falência — **130/119**

FERREIRA, Luiz Eduardo Martins — As Bolsas de Valores no Brasil — I — Introdução. II — Bolsa de Valores: natureza, características e objeto social. III — Autorização e condições de funcionamento. IV — Patrimônio social e demonstrações financeiras. V — Assembléia Geral das Bolsas de Valores. VI — Administração da Bolsa de Valores. VII — Conselho de Administração. VIII — Superintendente Geral. IX — Sociedade corretora membro da Bolsa de Valores. X — Sociedades corretoras permissionárias. XI — Representante de sociedade corretora. XII — Títulos e valores mobiliários negociáveis em Bolsa de Valores. XIII — Tabela de corretagem. XIV — Responsabilidade da corretora nas operações que realiza. XV — Fundo de Garantia. XVI — Poder disciplinar da Bolsa de Valores. XVII — Bolsa de Valores *x* CVM — **86/45**

FERREIRA, Renato Luis Bueloni — Continuidade da empresa — Representação — Gerente — Legitimidade — **104/141**

— Limitada — Dissolução parcial por quebra da *affectio societatis* — Inclusão do valor do fundo do comércio nos haveres do sócio retirante — **111/197**

— Sistemas de administração das S/A no direito comparado e no direito pátrio — **108/125**

FIGUEIREDO, Lúcia Valle — Privatização parcial da CEMIG — Acordo de acionistas — Impossibilidade de o controle societário ser compartilhado entre o Estado de Minas Gerais e o acionista estrangeiro minoritário — **118/219**

FIGUEIREDO, Paulo Roberto Costa — A marca registrada de má-fé e a prescrição da ação de nulidade — I — Introdução. II — A invalidade do ato jurídico e a prescrição da ação. III — A má-fé: vício do ato jurídico ou estado psicológico? IV — A doutrina brasileira. V — A jurisprudência e o problema. VI — O direito comparado. VI — Os princípios fundamentais do direito marcário e a colidência entre marcas. VIII — Conclusões — **75/49**

FILÓCOMO, André — Sociedade — Sócio — Exclusão — Formação de outra empresa com finalidade social semelhante — Concorrência comprovada — Ação procedente — A sentença confirmada. SOCIEDADE POR QUOTAS — responsabilidade limitada — Empresa constituída por dois sócios — Dissolução parcial — Cabimento — Impossibilidade, no entanto, de operar definitivamente com um só sócio. Art. 206, I, *d*, da Lei Federal 6.404, de 1976, c/c o art. 18 do Decreto Federal 3.708, de 1919 — Fixação do prazo de seis meses para a regularização da situação societária — Recurso parcialmente provido. SOCIEDADE POR QUOTAS — Responsabilidade limitada — Empresa constituída por apenas dois sócios — Dissolução parcial — Apuração de haveres de sócio excluído — Critério — Inaplicabilidade do art. 657, § 2º, do Código de Processo Civil de 1939 — Apuração que deve ser feita com base em um balanço real, levando no momento do arbitramento — Art. 15 do Decreto Federal 3.708, de 1919 — Recurso provido para esse fim — **105/203**

FLAKS, Luis Loria — A arbitragem na reforma da Lei das S/A — **131/100**

— Aspectos societários do resgate de ações — **123/120**

FONSECA, Antônio Cezar Lima da — A *res speratae* e o *shopping center* — I — Introdução. II — Aspectos básicos; b) *res sperata* — **88/61**

FONSECA, Humberto Lucena P. da — Alienação da empresa na falência e sucessão tributária — **132/87**

FONSECA, J. R. Franco da — Crime falimentar — Delito caracterizado — Inexistência dos livros comerciais obrigatórios — Pretendida isenção de pena, por serem os acusados pessoas de pouca instrução — Inadmissibilidade — Operações vultosas por eles realizadas — Condenação mantida — Inteligência do art. 186, VI e VIII, e seu parágrafo único da lei de falências — **4/47**

FONSECA, José Júlio Borges da — Análise do regime jurídico do Conselho Administrativo de Defesa Econômica — CADE — 1. Evolução da disciplina jurídica do CADE. 2. Órgãos encarregados da aplicação do direito antitruste, do ângulo do direito comparado. 3. Processo administrativo na aplicação do direito antitruste. 4. Últimas considerações — **103/25**

— Da recuperação da empresa em crise — **87/70**

— Disciplina da concorrência nas operações de concentração empresarial — 1. Noção de concentração empresarial. 2. Técnicas de controle nas operações de concentração: 2.1 Notificação; 2.2 Critérios quantitativos. 3. Fundamentos da proibição das concentrações empresariais. 4. Autorização de condutas anticoncorrenciais. 5. Últimas considerações — **102/26**

— Estudo comparativo dos direitos brasileiro e alemão na disciplina das condições gerais dos negócios — 1. Considerações sobre a evolução do tratamento da matéria. 2. Noção de condições gerais dos negócios. 3. Conseqüências jurídicas do regime das condições gerais dos negócios. 4. Círculo de proteção do regime especial. 5. Forma de controle das cláusulas contratuais. 6. Cláusulas abusivas nos contratos bancários. 7. Conclusão — **100/54**

— Meio ambiente: uma aplicação do conceito de interesse difuso — 1. A complexidade da moderna sociedade. 2. Aspectos jurídicos da crescente preocupação com a qualidade de vida. 3. Os sistemas econômicos ante a problemática vital: o campo dos efeitos econômicos externos. 4. O conceito de interesses difusos e seu alcance econômico. 5. Administração participada e o papel dos grupos de pressão. 6. A tutela do meio ambiente no direito brasileiro e no direito comparado. 7. Observações finais — **79/84**

— O seguro de responsabilidade do produtor — 1. Transformação da responsabilidade civil. 2. I substrato técnico do contrato de seguro e sua qualificação. 3. O seguro de responsabilidade do produtor. 4. Observações finais — **90/52**

— Responsabilidade do fabricante pelo fato do produto e do serviço — **98/63**

FONSECA, Patrícia Bezerra de M. Galindo da — Formação do contrato de compra e venda internacional de mercadorias — 1. Apresentação. 2. Preceitos gerais. 3. Formação do contrato: 3.1 Oferta; 3.2 Aceitação; 3.3 Contraproposta. 4. Controvérsia. 5. Conclusão — **114/146**

FONSECA, Priscila M. P. Corrêa da — Arresto cautelar de ex-administradores de instituição financeira — Decisão da 8ª Câmara Civil do Tribunal de Justiça de São Paulo — **67/82**

— Execução de nota promissória ligada a contrato — **78/58**

— Liquidação extrajudicial de instituição — Arresto de bens dos administradores — Decisão da 2ª Câmara Civil do Tribunal de Justiça — **68/63**

— Nota promissória em valores correspondentes às ORTNs — **65/73**

— O regime jurídico aplicável aos *shopping centers* — 1. O perfil e a estrutura dos *shopping centers*. 2. Os regimes jurídicos aplicáveis aos *shopping centers*: 1) Condomínio especial; 2) Condomínio pro indiviso; 3) Sociedades. 3. A adoção do regime jurídico das sociedades anônimas — **65/21**

— Sociedade anônima — **77/68**

FONTANA, Sagunto F. Perez — *Fusión de sociedades* — **1/174**

FORGIONI, Paula A. — A interpretação dos negócios empresariais no novo Código Civil brasileiro — **130/7**

— Apontamentos sobre aspectos jurídicos do *e-commerce* — 1. Uma breve nota introdutória. 2. Os limites deste trabalho. 3. A celebração do contrato. 4. A forma do contrato. 5. O valor probante do instrumento eletrônico. 6. A senha e o comércio eletrônico. 7. A assinatura eletrônica. 8. A comprovação de ordens e do recebimento do produto ou do serviço pelo adquirente — **119/68**

— Breves notas sobre a posição dominante e seu abuso — Considerações iniciais sobre posição dominante: Poder econômico, posição dominante e *potestas* — A óbvia e inegável identidade; Vantagem competitiva e posição dominante: uso e abuso do poder econômico: inc. I do art. 20 da Lei 8.884, de 1994: Tutela da livre concorrência e da livre iniciativa; Incs. II e IV: Domínio de mercado e abuso de posição dominante — Ainda a tutela da livre concorrência e da livre iniciativa — **107/45**

FORGIONI, Paula A., & GRAU, Eros Roberto — CADE *vs.* BACEN — Conflitos de competência entre autarquias e a função da Advocacia-Geral da União — **135/7**

— Restrição à concorrência, autorização legal e seus limites — Lei 8.884, de 1994 e Lei 6.729, de 1979 ("Lei Ferrari") — **114/258**

FORGIONI, Paula A., & OCHMAN, Renato — Direito de retirada do acionista no "fechamento de capital" de companhia — 1. Do "fechamento de capital" da companhia. 2. Do procedimento necessário ao cancelamento do registro para negociação de valores mobiliários em bolsa dou no mercado de balcão: 2.1 Procedimento para cancelamento de registro de companhias que possuam em circulação no mercado ações representativas de mais de 10% de seu capital social; 2.2 Procedimento para cancelamento de registro de companhias que possuam em circulação no mercado ações representativas de menos de 10% de seu capital social; 2.3 Procedimento para cancelamento do registro de sociedades anônimas beneficiárias de recursos oriundos de incentivos fiscais. 3. Do direito de recesso: 3.1 Considerações gerais sobre o direito de recesso; 3.2 O direito de recesso na legislação brasileira. 4. O direito de retirada na legislação vigente: 4.1 O suposto direito de retirada que seria assegurado pelas instruções da CVM 156 e 185. 5. Do grupo de sociedades na legislação brasileira. 6. Do direito de retirada na criação dos grupos de sociedade. 7. Conclusões — **90/38**

FRACAROLLI, Luiz Machado — Fundo Monetário Internacional (FMI) — Aspectos jurídicos de suas operações de suporte econômico aos países-membro — Aspecto não contratual — **119/109**

FRANÇA, Erasmo Valladão Azevedo e Novaes — Acionista controlador — Impedimento ao direito de voto — **125/139**

— Anulação de assembléia de transformação de sociedade anônima — **119/255**

— Apontamentos sobre a invalidade das deliberações conexas das companhias — 1. O problema. 2. O regime de invalidade das assembléias e das suas deliberações na Lei 6.404/1976: 2.1 Vícios da assembléia; 2.2 Vícios das deliberações; 2.3 Vícios do voto. 3. A invalidade das deliberações conexas: 3.1 A anulação da deliberação e sua influência no procedimento de formação das deliberações posteriores; 3.2 A anulação das deliberações e sua influência no conteúdo das deliberações posteriores; 3.3 A anulação da deliberação e sua influência nas deliberações posteriores por força de conexão voluntária — **112/19**

— Conflito de interesses: formal ou substancial? Nova decisão da CVM sobre a questão — **128/225**

— Legitimação do sócio da sociedade controladora para pleitear a anulação de assembléia da controlada subsidiária integral — **129/229**

— *Lex Mercatoria* — Francesco Galgano, item 1 da Introdução da obra *Lex Mercatoria* — **129/224**

— Lineamentos da reforma do direito societário italiano em matéria de invalidade das deliberações assembleares — **134/12**

FRANÇA, Erasmo Valladão Azevedo e Novaes, & PEREIRA NETO, Edmur A. N. — Sociedade anônima — Fraude à lei — Alteração dos estatutos com o intuito de evitar que os acionistas preferencialistas adquiram o direito de voto às vésperas de completar o terceiro exercício social sem o pagamento de dividendos — Abuso de poder de controle — **133/259**

FRANCO, J. Nascimento — Ação renovatória — Adição de prazo contratual — **3/63**

— Ação renovatória — Citação, seu retardamento e conseqüência — **1/93**

— Honorários de advogado — Locação — Renovatória — Ação procedente — Verba advocatícia indevida — **15-16/117**

— Locação — Ação negatória — Propositura antes do prazo — Irrelevância — Citação, ademais, verificada no prazo legal — **13/106**

— Locação — Ação revisional de aluguel — Contrato sujeito à lei de luvas — Coexistência admissível de seu art. 31 e do art. 1º do Decreto-lei 4, de 1966 — **2/59**

— Locação — Contrato sobre regime de lei de luvas ajustado por usufrutuário — Obediência à avença, pelo nu-proprietário, em que se consolidou a propriedade, e se aquele não se excedeu em seu direito de contratar — **7/95**

— Locação — Matéria regulada pela lei de luvas — Retomada pelo sublocador, para uso próprio — Admissibilidade — Ação procedente — Sentença confirmada — **9/92**

— Locação — Prédio comercial — Contrato prevendo reajuste de aluguel — Cláusula que não impede a revisional do art. 31 da lei de luvas — Apelação provida para o prosseguimento do feito — **8/96**

— Locação — Reajustamento de dois em dois anos — **2/61**

— Locação — Renovatória — Autor julgado carecedor de ação — Prazo de desocupação — Aluguel arbitrado para esse prazo em escala progressiva — **8/98**

— Locação — Renovatória — Carência — Contrato celebrado com usufrutuário, sem intervenção do nu-proprietário — Extinção do usufruto — Cessão *ipso jure* — Continuação do arrendamento por tempo indeterminado, sem sujeição à lei de luvas — **5/113**

— Locação — Renovatória — Carência — Estabelecimento de ensino superior — Inexistência de atividade comercial e industrial — **15-16/123**

— Locação — Renovatória — Contratos sucessivos — Interrupção por dois meses — Cláusula determinando o regime do Decreto-lei 4, de 1996 — Carência do pedido — Voto vencido — **4/49**

— Locação — Renovatória — Desistência do pedido em fase de instrução — Admissibilidade — Homologação apesar da oposição do réu locador — **9/94**

— Locação — Renovatória — Loja de *shopping center* — Contrato em que se fixou o aluguel em porcentagem sobre os resultados do negócio nela instalado — Renda mínima estabelecida e corrigida anualmente conforme índices oficiais — Validade do ajuste — Ação procedente — Inteligência do art. 115 do Código Civil — **15-16/117**

— Locação — Renovatória — Propositura após decurso do primeiro semestre do último ano do contrato — Carência *ex officio* decretada — Embargos infringentes rejeitados — **23/111**

— Locação — Renovatória — Retomada pedida para sociedade anônima da qual o locador é acionista — Ação improcedente — Recurso provido — Voto vencido — **7/98**

— Locação — Renovatória — Retomada pelo uso de sociedade que ainda vai ser constituída pelo locador — Presunção de sinceridade — Possibilidade de ser elidida por outros meios de prova — Insinceridade evidenciada — Ação procedente — **13/109**

— Locação comercial — Lei de luvas — Despejo por falta de pagamento — Purgação da mora — Cabimento — **4/52**

— Locação comercial — Renovação pactuada para o primeiro período — Efeitos — **1/88**

— Locação comercial — Simultaneidade de renovatória e de ação de revisão de aluguéis — Subordinação desta ao resultado daquela — **5/111**

— Teoria da imprevisão — Cláusula *rebus sic stantibus* aplicável à ação revisional de aluguel da lei de luvas (art. 31) — Decisão da 4ª Câmara Cível do TARS — **69/63**

FRANCO, Vera Helena de Mello — A correção monetária no valor de reembolso do recesso societário — **89/79**

— A formação do contrato de seguro no direito brasileiro: a proposta e a apólice de seguro (confronto com o direito comparado) — **31/53**

— A reforma de sociedades por quotas de responsabilidade limitada no direito alemão — **71/87**

— A responsabilidade do fabricante no direito brasileiro futuro (confronto com o direito comparado) — **73/80**

— As operações de seguros e sua qualificação jurídica — 1. A operação de seguros — Gênese e evolução. 2. A operação de seguros. 3. Qualificação jurídica das operações de seguros — **67/39**

— Aval — Prestação por sócio em garantia de obrigação de terceiro — Violação de cláusula contratual — Contrato registrado — Efeitos perante terceiros — Embargos recebidos — Ineficácia declarada — **29/70**

— Contratos de transferência de tecnologia: intervenção estatal e tutela legal — 1. Introdução. 2. Transferência de tecnologia e *know-how*. 3. Tratamento jurídico e tutela legal no direito brasileiro — **33/59**

— Convenção de arbitragem: cláusula compromissória estabelecida antes do advento da lei nova. Direito aplicável — **106/149**

— Dissolução parcial e recesso nas sociedades por quotas de responsabilidade limitada. Legitimidade e procedimento. Critério e momento de apuração de haveres — 1. Antecedentes. 2. Associações e sociedades de pessoas com autonomia patrimonial. 3. A norma do art. 16 do Código Civil Brasileiro — A personalização. 4. A exegese das normas dos arts. 335 e 336 perante a sociedade por quotas de responsabilidade limitada. 5. A estrutura coorporativa da sociedade por quotas de responsabilidade limitada: 5.a) A razão legal da criação da sociedade por quotas de responsabilidade limitada; 5.b) Sociedade por quotas: modelo coorporativo; 6. A ação social e o interesse de agir: 6.a) Interesse lesado e titularidade; 6.b) Legitimação ativa nas sociedades por quotas de responsabilidade limitada. 7. Dissolução parcial e recesso. 8. Dissolução e dissolução parcial. 9. Problema: o momento da apuração de haveres. 10. O procedimento — **75/19**

— Falência — Duplicata não aceita — Prova de entrega da mercadoria — Pedido denegado — Uniformização de jurisprudência — Indeferimento — **25/102**

— O triste fim das sociedades limitadas no novo Código Civil — **123/81**

— Particularidades da *affectio societatis* no grupo econômico — a) O grupo econômico — Realidade e qualificação jurídica. b) A união de empresas perante o direito societário. c) A disciplina extra-societária da união entre empresas. d) Conclusões no tópico. e) A confiança é elemento que integra as bases do negócio societário. f) A sanção para a violação do dever de lealdade; g) Dissolução parcial e exclusão. h) A ação cabível: legitimidade ativa — **89/47**

— Seguro — Ação do segurador sub-rogado contra o causador do dano — Prescrição. Valor da causa — Ação julgada improcedente em primeira instância — Acolhimento de prejudicial de prescrição somente argüida na segunda — Recurso extraordinário que se não conhece por falta de seus pressupostos constitucionais — **27/134**

— Seguro — Automóvel — Colisão — Culpa grave de motorista — Apólice prevendo essa hipótese — Ação de cobrança improcedente — Apelação improvida — Voto vencido — **35/121**

— Seguro — Posição do Instituto de Resseguros do Brasil nas ações de seguro — Enunciação de vontade autorizadora do pagamento — Incidência do art. 1.006 do CPC — **28/108**

— Seguro de acidentes — Compreensão do de vida — Suicídio não premeditado — Indenização de vida — Correção monetária — Apelação improvida — Voto vencido — **34/98**

— Seguro de vida — Grupo — Ação de seguradora — Cobrança de saldo das faturas de apólice — Preliminar de prescrição repelida — Ação procedente — **27/130**

— Seguro de vida — Grupo — Contrato de adesão — Interpretação a favor do segurado — Recusa da seguradora em pagar — Ação de cobrança procedente — **26/112**

— Sociedade comercial — Limitada — Dissolução de fato — Inexistência de bens sociais — Sócio detentor da quase totalidade das cotas — Penhora de seus bens particulares — Admissibilidade — Hipótese de "desconsideração da personalidade jurídica" — Embargos improcedentes — Decisão confirmada. Sociedade comercial — Pessoa distinta da do sócio — Princípio não absoluto — **51/105**

— Sociedade comercial — Sociedade anônima — Empresa *holding* — Ações de subsidiária — Alienação — Faculdade — Embargos rejeitados — **23/122**

— Sociedade de economia mista — Fazenda do Estado com quase total das ações — Criação por lei — Desnecessidade — Competência da Vara da Fazenda Pública — **40/140**

— Seguro — Correção monetária — Cabimento a despeito de não regulamentada a Lei 5.488, de 27.8.1968 — Termo inicial — **39/127**

— Seguro — Prêmio — Pagamento após sinistro — Segurado não constituído em mora — Direito à indenização — Ação procedente — **24/77**

FRANKE, Walmor — Sociedades controladoras (*holdings*) — **21-22/65**

FREIRE, J. Renato Corrêa — Livre concorrência e conglomerados ou controle de preços — 1. Introdução. 2. Definição, uso e mérito do direito comparado. 3. As leis de repressão (antitruste), objetivos e origens — **21-22/47**

FREITAS, Ricardo dos Santos — Da necessidade de afronta a interesse de sócio para o exercício do direito de recesso — Sociedade anônima — Criação de nova classe de ações preferenciais — Direito de recesso do sócio — Exercício condicionado à demonstração de prejuízo em seu desfavor — **105/213**

— Dissolução da S/A pela impossibilidade de preencher o seu fim — **113/222**

— Sociedade anônima — Empresa de radiodifusão e telecomunicação — Exigência do órgão público fiscalizador — Comprovação da nacionalidade dos acionistas — Deliberação assemblear de venda das ações que não atenderam à convocação — Ilegalidade — **104/127**

FRIGINI, Ronaldo — Depósito elisivo. Levantamento. Decretação da falência superveniente em outro processo — 1. Introdução. 2. Dos interesses do credor que requer a falência. 3. Decretação da quebra e a fixação do termo legal. 4. Da ineficácia dos atos no termo legal — O inc. II do art. 52. 5. Da existência de depósito elisivo em um processo e ocorrência de quebra superveniente em outro. 6. Proibição ditada pelo Juiz incidentalmente e de ofício. 7. Conclusão — **104/73**

FRONTINI, Paulo Salvador — A atividade negocial e seus pressupostos econômicos e políticos — 1. Revolução industrial e comércio. 2. Economia socialista, comércio e direito comercial. 3. Condicionamentos institucionais à atividade negocial. 4. Presença do Estado na economia. 5. Reflexos no direito constitucional pátrio. 6. Ordem econômico-social, vigente. 7. Pressupostos econômicos e políticos da atividade negocial. 8. Atividade negocial e função social da livre iniciativa — **18/31**

— A Comissão de Valores Mobiliários e a Lei 6.616/1978: uma charada processual! — **32/103**

— "A guerra das garrafas": uma página de direito econômico do Plenário do CADE (Conselho Administrativo de Defesa Econômica) — **13/133**

— A instituição do "jeito" e o cancelamento do protesto — **23/159**

— A sociedade limitada e seu apelo às normas da sociedade anônima — 1. Colocação do tema. 2. A prática societária. 3. A questão emergente: qual o alcance da expressão "na parte aplicável" (art. 18)? 4. Preceitos imperativos. 5. Liberdade de contratar dos sócios. 6. Proposta de critério: sociedade anônima fechada e outras sociedades anônimas. 7. Conclusão. Bibliografia — **79/23**

— Alienação fiduciária — Automóvel — Busca e apreensão — Pedido feito por consórcio — Admissibilidade — Apelação provida — Voto vencido. Alienação fiduciária — Busca e apreensão — Requerimento por consórcio — Inadmissibilidade — Negócio reservado às instituições financeiras — Decisão — **33/100**

— Banco — Horário de funcionamento — Competência do Município para sua fixação — Segurança negada — **14/89**

— Cambial — Aval — Garantia prestada por diretor de sociedade comercial, contrariamente à permissão dos respectivos estatutos — Responsabilidade da pessoa jurídica, não obstante, face ao terceiro de boa-fé — Sentença confirmada — **14/96**

— Caracterização de condutas contrárias à ordem econômica — **96/101**

— Cédula de crédito bancário — **119/52**

— Cédula de crédito comercial e nota de crédito comercial: dois novos títulos de crédito — **40/154**

— Cédula de Produto Rural — CPR — Novo título circulatório (Lei 8.929/1994) — **99/121**

— Citação — Firma comercial — Realização na pessoa de gerente, que se apresentou ao oficial para recebê-la, apondo seu "ciente" no mandato — Revelia — Prática repetida, por idêntica maneira, na fase de execução — Pretendida nulidade das citações, argüida em embargos à penhora e sob o fundamento de não possuir tal gerente poderes para receber citação — Defesa repelida — **18/96**

— Crédito fiscal — Cobrança contra massa falida — Opção da Fazenda Pública que nada a beneficia — Submissão às preferências legais — Hipótese em que seria preferível a mera habilitação — Direito, entretanto assegurado em lei — Aplicação do art. 187 do CTN — **29/67**

— Crime contra a economia popular — Gestão temerária de sociedade — Infração caracterizada — Consórcio de automóveis — Golpe dado pelo réu na praça, prejudicando considerável número de pessoas — Condenação decretada — Inteligência do art. 3º, IV, da Lei 1.521, de 1951 — **10/116**

— Crime econômico por meio da empresa — Relevância da omissão causal — 1. Economia neoliberal, direito econômico e direito penal econômico. 2. Caracterização do delito econômico. 3. Peculiaridades da legislação penal econômica do Brasil. 4. O fragmentarismo das normas. 5. A conduta no delito econômico. 6. Características fáticas e psicológicas do delito econômico. Dificuldades do Legislador. 7. Impropriedade das sanções. 8. Contribuição do novo Código Penal. 9. Conclusões — **5/41**

— Crime falimentar — I — Introdução: colocação do tema. II — O crime falimentar como crise especial. III — Classificação tripartite dos crimes falimentares. IV — Delito falimentar: crime de dano com dolo de perigo. V — Elemento subjetivo no crime falimentar. VI — Concurso de crimes e crime continuado. VII — Responsabilidade penal por crime falimentar: efeitos penais puros e efeitos penais mistos. VIII — Responsabilidade de administradores de pessoas jurídicas falidas. IX — Responsabilidade de administrador de grupo de sociedades ante a falência de sociedade integrante do grupo. X — Conclusões — **27/55**

— Falência — Execução hipotecária iniciada anteriormente — Imóvel pertencente a sócio solidário — Prosseguimento — Recurso provido — **44/93**

— Falência — Pedido baseado em nota promissória — Pretendido protesto desta — Requisito desnecessário para viabilidade da pretensão — Recurso provido — **17/63**

— Falência — Requerimento com base em duplicata não aceita, mas protestada e acompanhada do recibo da efetiva entrega da mercadoria — Admissibilidade — Revista procedente — Inteligência e aplicação da Lei 5.474, de 1968, modificada pelo Decreto-lei 436, de 1969 — **12/115**

— Insolvência — Inexistência de penhora — Bens não encontrados — Pedido de exeqüente fundado nos arts. 748 e ss. do Código de Processo Civil de 1973 — Indeferimento — **19/77**

— Itaipu binacional: novo tipo de empresa? — **15-16/251**

— Locação — Renovatória — Consultório médico — Processo extinto pelo juiz — Apelação provida — **35/116**

— Novas vantagens para o Fisco em matéria falimentar — **44/123**

— O caso da falência da Sanderson e as tendências atuais do direito falimentar — **15-16/247**

— Proibidos de comerciar (sobre o art. 2º do Código Comercial e sua atualização) — **28/39**

— Reflexões sobre a reforma da lei de falências — 1. Introdução. 2. Ressalva necessária. 3. Quatro pontos críticos. 4. Inviabilidade da atual lei de falências face aos objetivos a que se propôs. 5. Limitações da fórmula processual. 6. Vulnerabilidade da lei de falências ante práticas que a deturpam. 7. Necessidade de a falência alcançar empresários hoje a elas não sujeitos. 8. Encerramento — **31/43**

— Responsabilidade dos administradores em face da nova lei das sociedades por ações — I — Os quatro planos da responsabilidade na sociedade por ações. II — Responsabilidade da sociedade por atos de seus administradores. III — Responsabilidade de terceiros perante a sociedade: o acionista controlador. IV — Responsabilidade de órgãos societários: administradores e membros de conselhos estatutários. V — Responsabilidade civil de diretores e membros do Conselho de Administração: desvio de poder. VI — Proibições que alcançam os administradores. VII — Deveres e atribuições. VIII — O art. 158 da lei das sociedades por ações. IX — Casos destacados de responsabilidade. X — Uma nota sobre a responsabilidade no grupo societário. XI — Observações finais — **26/35**

— Sociedade anônima: a questão do voto mútuo — 1. O tema na lei societária de 1976. 2. Justificativa para a inovação. 3. O Conselho de Deliberação e seu modo de deliberar. 4. Minoria societária e participação no Conselho: 4.1 a 4.3 Situações casuísticas, exemplos e dificuldades na aplicação do preceito do voto múltiplo; ponto crítico da questão. 5. Fórmulas matemáticas elaboradas por especialistas. Dificuldades ante peculiaridades que o Conselho de administração pode exibir em face dos estatutos sociais. 6. Conclusões. 7. Ponderações a considerar. Bibliografia — **113/68**

— Sociedade anônima — Direito de retirada — Recesso de dissidente — Lei Lobão: um precedente judicial — **86/71**

— Sociedade comercial — Dois sócios — Falecimento de um há vários anos — Apuração de haveres do falecido — Ação proposta em nome da sociedade extinta — Nulidade — **23/118**

— Sociedade comercial — Responsabilidade dos sócios — Aplicação do art. 10 da Lei 3.708 — **15-16/132**

— Sociedade comercial — Responsabilidade limitada — Falta de integralização do capital — Responsabilidade solidária — Aplicação do art. 9, da Lei 3.708, de 1919 — Embargos rejeitados — **21-22/82**

— Sociedade comercial ou civil entre cônjuges: Inexistência, validade, nulidade, anulabilidade ou desconsideração desse negócio jurídico? — 1. Introdução. 2. Crise do sistema da personalidade jurídica. 3. Posições doutrinárias e evolução jurisprudencial. 4. Recentes posições jurisprudenciais: a ressalva de anulabilidade. 5. Opções e indagações. 6. Inexistência ou existência da sociedade entre cônjuges. 7. A tese da nulidade. 8. Seria essa sociedade anulável? 9. Conclusões: 1a) Validade da sociedade entre cônjuges; 2a) Desconsideração de sua personalidade jurídica, pelo juiz, em caso de fraude ou abuso — **43/37**

— Sociedade por quota — Morte de um dos sócios — Herdeiros pretendendo a dissolução parcial — Dissolução total requerida pela maioria social — Continuidade da empresa — **116/171**

— Sociedade por quotas — **114/161**

— Supremo decide: consórcios podem usar alienação fiduciária — **37/163**

GAAL, Ariadna Bohomoletz — A caracterização de emissão pública e privada de valores mobiliários no direito americano — 1. Antecedentes e propósitos da regulamentação. 2. O tratamento legal da emissão pública de ações: 2.1 As isenções para emissões públicas: a) As isenções para *dealer* e *brokers*; b) As isenções para *underwriters*: b.1) A *two-step distribution*; b.2) A *secondary distribution*; b.3) A *rule* 144. 3. O tratamento legal da emissão privada de ações. Observações finais — **63/48**

GALGANO, Francesco — *Lex Mercatoria* (item 1 da Introdução da obra *Lex Mercatoria*) — **129/224**

GALIZZI, Gustavo Oliva — A sociedade em conta de participação como subespécie do gênero *joint venture* — **135/206**

GAMBARO, Antonio — *La circulations des modéles juridiques entre composantes non homogenes du droit: le modéle allemand en France dans le secteur des surêtes mobiliéres* — **92/52**

GARCIA, Flávio Amaral, JURUENA, Marcos V. Souto, ALMEIDA, Aline Paola C. B. C. de, & COSTA, Paulo Henrique Spilotors — Gestão privada do Funcafé — **102/80**

GARCIA, Roni Genicolo — A multinacional "limitada": uma ilimitada distorção — **56/147**

GIARDINO, Cleber — Territorialidade e ICM — a) Considerações gerais. b) A materialidade do ICM e o âmbito espacial de validade da legislação tributária estadual. c) Desdobramento propedêutico. d) A imputação espacial do fato imponível. e) O aspecto espacial da hipótese de incidência do ICM. f) O "local da operação" — **43/19**

GIFFONI, Adriana de Oliveira — A Convenção de Viena sobre compra e venda internacional de mercadorias e sua utilidade no Brasil — **116/167**

— As cláusulas *cross default* em contratos financeiros — **121/148**

GIL, Miguel Ángel Espeche — *Ilicitud del alza unilateral de los intereses de la deuda externa* — **74/101**

GIL, Otto — As sociedades por cotas de responsabilidade limitada no direito português e no direito brasileiro — **5/15**

GIOVEDI, Hedila do Carmo — Alienação fiduciária — Títulos vinculados ao contrato — Resolução deste — Saldo devedor — Desentranhamento — Deferimento — Agravo provido — **21-22/89**

GOLDBERG, Daniel Krepel — A Lei 10.303, de 2001, e a inclusão dos derivativos no rol dos valores mobiliários — **129/73**

GOMES, Carla Amado — A evolução do conceito de soberania — Tendências recentes — 1. Introdução. 2. A soberania como poder absoluto: o deslindar de um equívoco histórico. 3. A releitura do conceito de soberania: o regresso às origens. 4. Da soberania quantitativa à soberania qualitativa. 5. Em especial: o "caso europeu". 6. Conclusões — **111/57**

GOMES, Orlando — Responsabilidade dos administradores de sociedades por ações — 1. Considerações preliminares. 2. Necessidade de ordenar a responsabilidade dos diretores. 3. Opções do legislador. 4. Natureza do vínculo de administração. 5. Ordens de responsabilidade. 6. Responsabilidade para com a sociedade. 7. Natureza da responsabilidade. 8. Elementos da responsabilidade. 9. Exoneração de responsabilidade. 10. Critérios para definição da responsabilidade. 11. Critério analítico. 12. O regime em vigor. 13. Conclusão — **8/11**

GONÇALVES, Almir Rogério — Conceitos, regras e situação atual do *transfer price* no Brasil — **118/123**

— O sistema cambial brasileiro e a implantação de programas de *stock option* — **119/142**

— O Sistema de Pagamentos Brasileiro (SPB) — **127/107**

— Uma análise jurídica do estudo e gerenciamento dos riscos envolvidos na atividade financeira e seu tratamento atual no Brasil — **128/102**

GONÇALVES, Priscila Brólio — Limitada — Dissolução parcial da sociedade com dois sócios — Sociedade unipessoal transitória — **111/190**

GONÇALVES NETO, Alfredo de Assis — A cisão de sociedades — **19/107**

— A fusão, a incorporação e a cisão na lei de sociedades por ações — Introdução. Histórico. A fusão e a incorporação: 1. Conceito. 2. Distinções e semelhanças. 3. Estudo unitário, 4. A questão perante o direito positivo brasileiro. 5. Natureza jurídica. 6. Disposições comuns à fusão e à incorporação. 7. Figuras afins; cisão: 1) A cisão propriamente dita; 2) A desincorporação; 3) A cisão com incorporação; 4) Os direitos dos credores — **23/71**

— Falência — Pedido com fundamento em duplicata protestada por falta de aceite, mencionando-se no protesto a nota fiscal e o recibo da entrega da mercadoria — **5/107**

— Falência — Pedido formulado com base em duplicata protestada por falta de aceite — **5/106**

GONTIJO, Vinícius Jose Marques — Interrupção da prescrição pelo protesto cambial — **134/66**

— O empresário no Código Civil brasileiro — **135/76**

— O protesto de título de crédito em que concordatário figura como devedor direto — **132/64**

— O sistema de defesa composto no pedido de falência — Compreensão da oposição falimentar — **128/91**

GONZALES JÚNIOR, Astyr — A caducidade do privilégio de invenção na lei brasileira e na Convenção de Paris — **58/61**

— O Poder Judiciário e os cheques especiais — **72/94**

GONZÁLEZ, Javier Carrascosa, CARAVACA, Alfonso-Luís Calvo — *Algunas cuestiones sobre la libre prestación de servicios en el mercado único europeo* — 1) Libertades comunitarias y libre prestación de servicios: 1. Aspectos generales; 2. La regulación de la libre prestación de servicios. 2) Libre acceso al ejercicio de la actividad económica en régimen de libre prestación de servicios: 1. Introducción; 2. El principio de no discriminación: a) Prohibición de discriminaciones por razón de la nacionalidad o de la residencia; b) Prohibición de las medidas "indistintamente aplicables" pero restrictivas de la libre prestación de servicios. 3) "El interés general" como límite a la libre prestación de servicios: 1. Condiciones para apreciar un interés general en la normativa restrictiva de la libre prestación de servicios; 2. Causas concretas que constituyen "razones imperativas de interés general" — **116/78**

GORGA, Érica Cristina Rocha — A importância dos contratos a futuro para a economia de mercado — **112/157**

— Considerações sobre os sistemas de telefonia americano e o brasileiro sob a ótica do direito antitruste — **119/196**

GORGA, Érica Cristina Rocha, ZYLBERSZTAJN, Décio, SZTAJN, Rachel, & SCARE, Roberto Fava — Relevância para transformação das instituições no Brasil contemporâneo — **126/101**

GORON, Lívio Goellner — Contornos atuais do contrato de *factoring* — **124/153**

GRAU, Eros Roberto — Atividade comercial das empresas estatais e noção de efeitos comerciais — **72/41**

— Autorização para o exercício de iniciativa econômica — Agências de turismo — I — O direito positivo. II — Os questionamentos possíveis. III — As liberdades. IV — O princípio da liberdade de iniciativa econômica. V — A relativização do princípio (e do direito) de liberdade de iniciativa econômica. VI — As autorizações administrativas para o exercício da iniciativa econômica. VII — Natureza da exigência do art. 7º, V, do Decreto 84.934/1980 — **49/21**

— Cessão de cotas operadora no exterior e arquivamento na Junta Comercial — 1. Posição da questão. 2. Existência, validade e eficácia do negócio jurídico. 3. O mandato outorgado pela empresa estrangeira. 4. O arquivamento do instrumento de alteração contratual na Junta Comercial. 5. Os efeitos, no Brasil, da cessão de quotas realizada no exterior. 6. O instrumento de alteração contratual. 7. O procedimento da Junta Comercial do Estado de São Paulo. 8. Conclusões — **59/20**

— Concordata: risco cambial e contrato de câmbio — **63/29**

— Empresas estatais: participação dos empregados na diretoria — **52/30**

— Indexação e paridade cambial; *leasing* contrato com cláusula de paridade cambial — **117/87**

— *Joint ventures* e transferência de tecnologia — Lei de informática — 1. *Joint ventures* e contratos de transferência de tecnologia. 2. *Joint ventures* e o conceito de empresa Nacional da Lei 7.232/84. 3. Os contratos de transferência de tecnologia e a Lei 7.232/84. 4. Observações finais — **79/5**

— Lei de informática — Economia concentrada: liberação de bens para importação — 1. Posição da questão. 2. A Lei 7.232/1984. 3. A relação estabelecida entre a SEI e empresa nacional com projeto de fabricação de bens de informática aprovado pela SEI e entre empresa nacional beneficiária de incentivos e a SEI. 4. A liberação de importações pelo Poder Executivo — **80/24**

— Lucratividade e função social nas empresas sob controle do Estado — 1. Introdução. 2. As "empresas sob controle do Estado". 3. Conceito de sociedade de economia mista. 4. Conceito de empresa pública. 5. Primeiras conclusões. 6. Classificação das empresas sob controle do Estado. 7. A posição da doutrina. 8. A função social das empresas sob controle do Estado. 9. A lucratividade nas empresas sob controle do Estado — **55/35**

— Preços — Congelamento — Taxas de manutenção devidas a associações — **64/13**

GRAU, Eros Roberto, & FORGIONI, Paula A. — CADE *vs.* BACEN — Conflitos de competência entre autarquias e a função da Advocacia-Geral da União — **135/7**

— Restrição à concorrência, autorização legal e seus limites — Lei 8.884, de 1994 e Lei 6.729, de 1979 ("Lei Ferrari") — **114/258**

GREBLER, Eduardo — A lei-modelo sobre arbitragem comercial internacional da Uncitral em face da lei brasileira de arbitragem — **116/101**

— A nova lei brasileira sobre propriedade industrial — **111/100**

— O contrato de venda internacional de mercadorias — 1. Introdução. 2. Campo de aplicação. 3. Interpretação da convenção e do contrato. 5. Formação do contrato. 6. Violação essencial ao contrato. 7. Notificações às partes. 8. Execução específica das obrigações contratuais. 9. Obrigações do vendedor. 10. Obrigações do comprador. 11. Transferência do risco sobre as mercadorias. 12. Suspensão do cumprimento do contrato. 13. Perdas e danos, juros. 14. Exoneração de responsabilidade. 15. Efeitos da rescisão contratual. 16. Conservação das mercadorias. 17. Conclusão — **88/34**

— O contrato internacional no direito de empresa — 1. Introdução. 2. A lei aplicável ao contrato internacional: a) A internacionalidade do contrato; b) O conflito de leis em matéria de obrigações; c) *Lex Mercatoria.* 3. A jurisdição estatal no contrato internacional: a) Alternativas de solução de controvérsias contratuais; b) Jurisdição contenciosa no contrato internacional; c) Eleição de foro no contrato internacional; d) Execução de sentença estrangeira no Brasil. 4. Conclusão — **85/22**

— O direito e o comércio internacional — 1. Objetivo e conteúdo do direito do comércio internacional. 2. A ordem econômica internacional — **62/12**

GRECO, Marco Aurélio, & SOUZA, Hamilton Dias de — Inconstitucionalidade da alíquota do ICM nas operações interestaduais em que o destinatário não é contribuinte do imposto — 1. Introdução. 2. Evolução ocorrida. 3. Não confundir a norma com a sua formulação. 4. A competência do Senado para fixar alíquotas do ICM. 5. As disciplinas são equivalentes. 6. Conseqüências do exame. 7. Conclusão — **46/15**

GRINBERG, Mauro — A concorrência entre empresas perante o Mercosul (enfoque específico sobre o Brasil e Argentina face à legislação antitruste) — I — Introdução. II — A experiência comunitária e o Mercosul: a) A experiência comunitária; b) O Mercosul e a livre concorrência. III — Argentina. IV — Brasil. V — Brasil e Argentina: exame comparativo dos exemplos mencionados: a) Preços predatórios; b) "Venda casada"; c) Imposição de condições discriminatórias a clientes semelhantes; d) Recusa de venda; e) Extinção de produção ou distribuição; f) Fixação de preços uniformes; g) Acumulação de direção; h) Açambramento e retenção de bens; i) Criação de dificuldades; j) Formação de cartéis. VI — Mercosul. VII — O Brasil, o Mercosul e a livre concorrência: situação atual. VIII — Conclusão — **89/56**

— A ética e o direito das relações de consumo. De que forma o direito das relações de consumo pode interferir na aplicação dos códigos de ética profissional — **87/21**

— Apresentação a pagamento de letras de câmbio e notas promissórias — **17/31**

— Aumentos arbitrários de lucros como abusos do poder econômico — Interpretação da Constituição e sugestão de alteração — 1. Introdução. 2. Evolução constitucional. 3. Evolução legislativa (infraconstitucional). 4. Impossibilidade de subsídios do direito estrangeiro. 5. Concorrência como bem protegido. 6. Lucros arbitrários. 7. Lucros arbitrários e abuso do poder econômico. 8. Conclusões e propostas — **103/51**

— Direito bancário: conceito e fontes — I — Bancos e instituições financeiras. II — Operações bancárias. III — Conceito de direito bancário. IV — Colocação do direito bancário no mundo jurídico. V — Fontes — **43/59**

— O avalista face ao protesto — **26/153**

— Sobre a competência punitiva da superintendência de seguros privados — **8/131**

GRINBERG, Mauro, FERRAZ JÚNIOR, Tércio Sampaio, & ROSA, José del Chiaro Ferreira da — Direitos *antidumping* e compensatórios: sua natureza jurídica e conseqüências de tal caracterização — **96/87**

GRINOVER, Ada Pellegrini — A tutela jurisdicional dos interesses difusos — **46/67**

GRUENBERG, Charles Isidoro, & LOPES, Paulo Henrique de Mendonça — Cheque administrativo — Possibilidade da instituição financeira acolher oposição feita pelo endossante — **130/237**

GUERREIRO, José Alexandre Tavares — A execução judicial de decisões arbitrais — **75/29**

— Alienação de controle de companhia aberta: o papel das instituições financeiras — **30/115**

— Aplicação analógica da lei dos revendedores — I — Colocação do problema. II — Lei especial e analogia. III — Aplicação analógica da Lei 6.729 ao caso. IV — Conclusão — **49/34**

— Aquisição de quotas pela própria sociedade — 1. O regime jurídico das quotas sociais. 2. A possibilidade de aquisição de quotas pela sociedade. 3. A aquisição de quotas pela sociedade. 4. O valor da aquisição de quotas pela sociedade. 5. Distribuição disfarçada de lucros. 6. Redução de capital. 7. Tributação dos sócios — pessoas físicas. 8. Conclusões — **36/49**

— Cambial — Nota promissória — Emissão em moeda estrangeira — Validade, no caso, face ao disposto no art. 2º, IV, do Decreto-lei 857, de 1969 — Conversão em cruzeiros, à taxa cambial da época do pagamento — Apelação provida apenas para a redução da verba honorária — **12/101**

— Cheque visado — **62/17**

— Conflitos de interesses entre sociedades controlada e entre colegiadas, no exercício do voto em assembléias gerais e reuniões sociais — **51/29**

— Contrato mercantil — Proposta — Aceitação — Inexistência de manifestação expressa — Cobrança procedente — Recurso não provido — **53/119**

— Convocação de assembléia geral por acionista — **41/153**

— Correção monetária — Repetição do indébito procedente — Inaplicabilidade da analogia — Verba indevida — Embargos infringentes rejeitados — Repetição do indébito — Ação do contribuinte procedente — Correção monetária indevida — **20/88**

— Direito das minorias na sociedade anônima — **63/106**

— Direito de retirada e poder de retratação — **44/22**

— Empreendimento de administrador em acção social *ut singuli* — **46/23**

— Execução — Penhora — Incidência sobre quotas de sociedade por quotas de responsabilidade limitada — Execução aforada contra sócio, por obrigação sua e não da sociedade — Admissibilidade — Recurso não provido — **51/123**

— Execução específica do acordo de acionistas — I — Cumprimento e execução das obrigações. II — Execução específica. III — Acordo de acionistas e contrato preliminar. IV — Acordo de acionistas e direito de voto — **41/40**

— Falência — Requerimento que empresta função de cobrança irregular ao instituto falimentar, desviando-o de sua função específica e constrangendo ilicitamente o devedor — Indeferimento da petição inicial, que se restabelece — Recurso extraordinário conhecido e provido — **40/132**

— Formas de abuso de poder econômico — **66/41**

— Imposto — Serviços de qualquer natureza — Locação de bens (filmes para televisão) — Base de cálculo — Abrangência de todo o valor cobrado pelo serviço pelo serviço — Independente da rubrica adotada pela fatura — Validade da lei municipal reguladora do imposto — Recurso promovido para declarar a improcedente a ação — 19/85

— Instituto do consórcio previsto na lei das sociedades por ações — Parecer — 618/1983 — 52/126

— Mandado de segurança — Autoridade coatora — Junta Comercial do Estado — Julgamento afeto à justiça comum estadual — Preliminar de incompetência rejeitada — Sociedade anônima — Reserva de capital — Descaracterização — Correção monetária do capital realizado — Aplicação de parte à compensação de prejuízos e parte para elevação do capital — Inadmissibilidade — Arts. 182, § 2º; 189, parágrafo único e 200 da Lei 6.404, de 1976 — Segurança denegada — **45/69**

— O conselho fiscal e o direito à informação — **45/29**

— O Estado e a economia dos contratos privados — 1. A evolução do direito dos contratos. 2. A crise do contrato. 3. Fundamentos da intervenção. 4. Contrato e instituição. 5. Meios de intervenção. 6. Modos e técnicas de intervenção. 7. A revisão dos contratos — **31/77**

— O usufruto de ações ao portador e a posição da companhia emissora — **39/84**

— Problemas atuais das debêntures — **52/128**

— Problemas atuais no direito cambiário — a) A cambial indexada. b) A cambial financeira. c) A investigação da *causa debendi* — **52/64**

— Prova — Testemunha — Impedimento — Dispensa do juiz — Sociedade comercial — Anônima — Assembléia geral — Contas da administração — Aprovação fraudulenta — Nulidade — **47/61**

— Responsabilidade dos administradores de sociedades anônimas — 1. Introdução. 2. Evolução do problema. 3. Alcance da responsabilidade. 4. Responsabilidade por culpa ou dolo. 5. Responsabilidade civil. 6. Ação social. 7. Ação individual. 8. Responsabilidade individual e responsabilidade solidária — **42/69**

— Sobre a conferência de bens — I — A conferência de bens como modalidade de alienação. II — O valor dos imóveis conferidos. III — Tributação de ganhos de capital não realizados. IV — Capacidade contributiva. V — Isonomia — **48/16**

— Sobre a interpretação do objeto social — 1. Sobre o conceito de objeto social. 2. Mudança e desvio do objeto social. Atos estranhos ao objeto social. 3. Conclusões — **54/67**

— Sobre a opção de compra de ações — **39/226**

— Sobre o poder disciplinar da CVM — I — Fundamentos do poder disciplinar da CVM. II — Atuação administrativa do poder disciplinar da CVM — **43/64**

— Sociedade anônima — Alienação de bem por diretor, sem assembléia geral — Aplicação do Decreto-lei 2.627/1940, art. 119 — Ação anulatória improcedente — **19/89**

— Sociedade anônima — Assembléia geral extraordinária de debêntures — Emissão — Conversão em ações preferenciais com e sem direito de voto — Direito de recesso dos acionistas minoritários — **93/114**

— Sociedade anônima: poder e dominação — 1. Delineamentos gerais. 2. Poder de controle e dominação burocrática — **53/72**

— Sociedade comercial — Conta de participação — Dissolução — Possibilidade de recurso ao Judiciário — **54/126**

— Sociedade por quotas — Quotas preferenciais — **94/28**

— Sociedade por quotas de responsabilidade limitada — Sociedade civil — Prestação suplementar — Déficit da empresa — Responsabilidade subsidiária do sócio pelas obrigações sociais — Adoção, em face do art. 1.396 do CC, de forma estabelecida nas leis comerciais, ressalvada a obediência a textos da lei civil, entre os quais se inclui o art. 19, IV — Recurso extraordinário não reconhecido — **39/192**

— Sociologia do poder na sociedade anônima — **77/50**

— Título extrajudicial — Notas promissórias — Execução contra avalista que pretende chamamento ao processo do emitente dos títulos — Indeferimento — Aplicabilidade do princípio da solidariedade cambial — Agravo conhecido e não provido — **37/155**

— Tributário — Imposto de renda — Dissolução e liquidação de sociedade comercial — Distribuição do acervo social líquido entre os sócios — Alienação — **43/94**

GUIMARÃES, Bernardo Strobel — Conceito de relação de consumo e atividades prestadas por entidades sem fins lucrativos — Ensaio sobre o alcance do Código de Defesa do Consumidor — **135/164**

GUIMARÃES, Leonardo — A SPE — Sociedade de Propósito Específico — I — Introdução. II — O instituto da *joint venture*: 2.1 O que é a *joint venture*; 2.2 Formas legais; 2.3 Duração; 2.4 Controle acionário e administração do empreendimento; 2.5 Número e natureza dos participantes. III — A quais propósitos se presta a *joint venture*: 3.1 Expansão em novos mercados não-domésticos; 3.2 Desenvolvimento e exploração de um novo produto; 3.3 Execução de contrato de propósito específico. IV — SPE — Sociedade de Propósito Específico: 4.1 O que é SPE — Sociedade de Propósito Específico; 4.2 Referências legislativas à SPE — Sociedade de Propósito Específico na legislação brasileira; 4.3 Exemplos atuais de utilização de SPEs. V — Conclusões: 5.1 Conclusões de ordem jurídica fundamental; 5.2 Conclusões pragmáticas acerca da SPE — Sociedade de Propósito Específico — **125/127**

— Exclusão de sócios em sociedades limitadas no novo Código Civil — **129/108**

— Questões controvertidas no processo de execução — **122/64**

GUIMARÃES, Renato Lôbo — Oponibilidade dos direitos de patente a terceiros — Natureza jurídica da carta-patente — **130/158**

GUIMARÃES, Vasco Branco — Uma reflexão sobre as estruturas jurídicas no direito internacional econômico — 1. Introdução. 2. Princípios base do direito internacional econômico. 3. Os enquadramentos e meios de actuação internacional. 4. As multinacionais e transacionais. 5. Conclusões — **111/30**

GUSMÃO, José Roberto — A proteção da marca notória no Brasil — Aplicação do art. 6º-*bis* Convenção de Paris e da lei interna — 1. Definição de marca notória: 1) Noção, fundamento e natureza jurídica de marca notoriamente conhecida segundo o art. 6º-*bis* da Convenção de Paris; 2) Noção de marca notória segundo a legislação brasileira. 2. Condições de aplicação do art. 6º-*bis* no Brasil: 1) Beneficiários do dispositivo convencional; 2) A notoriedade da marca; 3) Território e data da notoriedade; 4) Produtos idênticos ou similares; 5) A proteção acordada: recusa ou invalidação de um registro; 6) Dos prazos para se reclamar a proteção convencional — **70/65**

GUYENOT, Jean — *Prospectives en droit français contemporain des sociétés civiles et commerciales* — 1. Les réformes concernant le droit *stricto sensu* des sociétés. 2. Les modifications de la Loi du 24.7.1966 sur les sociétés commerciales: a) Traduction en droit français des sociétés commerciales, des Directives Européennes — **58/5**

HAGSTROM, Carlos Alberto — As centrais de risco e o sigilo bancário — **106/174**

— O sigilo bancário e o poder público — 1. Introdução. 2. Considerações gerais. 3. Direito comparado. 4. Disciplina do segredo bancário no Brasil. 5. O Banco Central do Brasil e o dever de sigilo. 6. O Banco Central como órgão estatal. Informações a ele solicitadas por outros órgãos estatais. 7. A fiscalização do Poder Público e a apuração de fatos ilícitos. 8. O sigilo bancário e o fisco. Posição do Banco Central. 9. Prestação de informações ao Poder Legislativo — **79/34**

— Sigilo bancário: novas questões — 1. Introdução. 2. O sigilo bancário e as garantias constitucionais. 3. O sigilo bancário como instrumento de proteção ao sistema financeiro. 4. O sigilo bancário e o Ministério Público. 5. O sigilo bancário e a administração tributária. 6. Evolução legislativa (normas vigentes e proposições em tramitação) — **105/43**

HAGSTROM, Carlos Alberto de São Tiago — O *factoring* no Brasil — I — Introdução. II — Histórico. III — Caracterização do *factoring*. IV — O contrato de *factoring*. Fundamentos jurídicos. V — O *factoring* ante o direito brasileiro. VI — A prática do *factoring* no Brasil e a tutela da atividade. VII — Ordenação da atividade — **48/38**

HARBICH, Ricco — Correção monetária e equivalência patrimonial na Sociedade Anônima — 1. Correção monetária. 2. *Equity method* (equivalência patrimonial). 3. Ao terminar, posso resumir as conclusões como segue — **58/55**

HAYASHI, Alexandre Yoshio — Liquidação ordinária de instituição financeira — Legalidade e responsabilidade decorrente de fraude — **120/228**

HEINRICH, Gregor — *International initiatives (regarding the harmonization of rules having an effect on payment, funds transfers, and bankruptcy)* — a) Introduction. b) International initiatives: I — Place of payment/time of payment/time limits; II — Foreign money liabilities; III — Funds transfer/payment/payment systems; IV — Collections; V — Bankruptcy; VI — Private International Law — **84/83**

— *The new Brazilian Cheques Act of 1985 and the Geneva Uniform Law on Cheques* — **64/83**

HENRY, Eduardo Y. — Comentários sobre o Decreto-lei 1.338, de 23.7.1974 — **13/147**

HENTZ, Luiz Antonio Soares — Notas sobre a desconsideração da personalidade jurídica: a experiência portuguesa — **101/109**

HILÁRIO, Benedito Garcia — Conceito de publicações na nova lei de sociedades anônimas — **27/153**

— Conselho fiscal da sociedade anônima — 1. O conselho fiscal na sociedade anônima. 2. Finalidade do conselho fiscal. 3. Importância do conselho fiscal, como órgão independente na gestão administrativa da sociedade anônima. 4. A substituição do conselho fiscal por outro órgão ou entidade. 5. O conselho fiscal na legislação brasileira. 6. O conselho fiscal no direito comparado. 7. Conclusão do autor — **12/55**

— Projeto Lei do Senado 57/1977 — **24/123**

— Reservas, reserva de lucro e provisões — 1. Sumário. 2. Introdução. 3. Abordagem do tema. 4. Conclusão. 5. Bibliografia — **39/96**

HUCK, Hermes Marcelo — Contratos internacionais de financiamento: a lei aplicável — Lei aplicável e contrato sem lei. A escolha da lei aplicável. As cláusulas de estabilização. Autonomia da vontade. Ausência de escolha de lei aplicável — **53/81**

— Garantia à primeira solicitação no comércio internacional — 1. A garantia nos contratos internacionais. 2. As garantias bancárias. 3. As garantias abstratas. 4. Comportamento jurisprudencial. 5. A fraude na garantia à primeira solicitação. 6. Medidas cautelares. 7. A autonomia da garantia. 8. Conclusão — **84/5**

INACARATO, Márcio Antonio — A disciplina das sociedades comerciais no anteprojeto do Código Civil — **12/155**

— Créditos sujeitos aos efeitos da concordata perante a nova lei — **77/65**

— Os novos rumos do direito comercial e falimentar no Brasil — **78/52**

IRUJO, José Miguel Embid — *Algunas reflexiones sobre los grupos de sociedades y su regulación jurídica* — 1. Introducción. 2. El grupo de sociedades: delimitación de sus características: a) Aspectos generales; b) La dirección unitaria. Su relación con la estructura del grupo; c) Dirección unitaria sin relación de dependencia económica: la posibilidad de los llamados grupos por coordinación. 3. La regulación jurídica del grupo de sociedades: finalidades y modelos legislativos: a) finalidades de la regulación jurídica de los grupos; b) Modelos de regulación de los grupos: 1) Modelo contractual; 2) Modelo orgánico; c) Insuficiencia de los modelos de regulación. Hacia una concepción dinámica del grupo de sociedades. 4. Los grupos de sociedades en derecho español; a) Ausencia de regulación en nuestro ordenamiento societario vigente; b) La regulación de los grupos de sociedades en el Anteproyecto de ley de sociedades anónimas de 1979; c) Observaciones sobre la regulación de los grupos en el anteproyecto. 5. Consideraciones finales. 6. Bibliografía fundamental — **53/18**

— *El derecho de los grupos de sociedades en Brasil — Su significación y repercusión en el ordenamiento jurídico español* — 1. Problemática jurídica general de los grupos de sociedades. 2. El control societario: técnicas de obtención y posición jurídica del socio de control. 3. El grupo de sociedades en Derecho brasileño: su régimen jurídico. 4. La situación de los grupos de sociedades en el derecho español — **71/5**

JO, Hee Moon — Confidencialidade em arbitragem internacional — **127/68**

— O acordo geral sobre o comércio de serviços (GATS) e o turismo sustentável — **132/77**

JOSUÁ, Adriana — Alienação do controle de S/A por oferta pública (art. 254-A da Lei das S/A) — **126/141**

— Contrato preliminar — Aspectos jurídicos, funcionalidade, análise econômica e teoria dos jogos — **131/230**

JURUENA, Marcos V. Souto, ALMEIDA, Aline Paola C. B. C. de, GARCIA, Flávio Amaral, & COSTA, Paulo Henrique Spilotors — Gestão privada do Funcafé — **102/80**

KNOPFELMACHER, Marcelo, & CASTRO, Rodrigo R. Monteiro de — As sociedades anônimas e o *interim management* — **134/77**

KRAFT, Dan M. — Será possível uma convergência regulatória e fiscalizadora das instituições financeiras no Mercosul? — **122/183**

KUNTZ, Karin Grau — Comentários à lei de marcas alemã de 1995 — **100/111**

KUNTZ, Karin Grau, & SILVEIRA, Newton — A exaustão do direito de marcas na União Européia e o Mercosul — 1. Introdução. 2. A função econômica da marca. 3. O princípio da territorialidade da marca. 4. Outras funções da marca. 5. Da cessão e da licença de uso da marca. 6. Importações paralelas da União Européia e a teoria da origem comum. 9. Importações paralelas e os Estados não membros da UE. 10. Importações paralelas e os tribunais brasileiros. 11. O problema das importações paralelas e a nova lei de propriedade industrial. 12. O direito de marcas e o Mercosul — **106/107**

LACERDA, J. C. Sampaio de — A legislação comercial e a integração latino-americana — I — A instituição da ALALC e o futuro Mercado Comum Latino-Americano. II — Vantagens do Mercado Comum: sua amplitude. III — O comércio e a troca. IV — Necessidade de harmonização e coordenação das legislações nacionais. V — Função primordial do direito comparado. VI — O direito comparado: sua evolução. VII — Facilidade da integração através da existência de um direito comunitário. VIII — A coordenação a harmonização e a aproximação das legislações nacionais para a estruturação do direito comunitário. IX — A missão dos juristas. X — Realizações da ALALC no que concerne à aproximação e coordenação do direito interno dos Estados membros. XI — O direito comercial e a integração econômica. XII — Legislação comercial: princípios gerais; o registro de comércio; concorrência desleal. XIII — Legislação comercial: contratos. XIV — O direito marítimo e o direito aeronáutico. XV — Os títulos de crédito. XVI — O direito falimentar. XVII — Sociedades comerciais: sociedades multinacionais. XVIII — A justiça comunitária. XIX — Conclusão — **1/29**

— A não subordinação das sociedades de economia mista e das empresas públicas (sociedade de Estado) ao regime falimentar — **20/97**

— Comentário ao recente projeto de convenção sobre responsabilidade espacial — **9/139**

— Considerações acerca do *leasing* e sua aplicação no campo do direito aeronáutico — **5/127**

— Estudo acerca das decisões do Conselho da OACI, dos recursos admissíveis e seus efeitos — **5/129**

— Manual das sociedades por ações — **1/173**

— Sociedades de economia mista e sociedades de Estado — 1. Sociedades anônimas de economia mista. 2. Sociedades de Estado (empresas públicas) — **12/19**

LAFER, Celso — A importância de Hobbes e Leibniz na história do pensamento jurídico, segundo Tullio Ascarelli — 1. Introdução. 2. A dogmática jurídica e o positivismo. 3. Importância das fontes do direito e do tema da interpretação na obra de Ascarelli. 4. Importância de Hobbes e Leibniz na história do pensamento jurídico, segundo Tullio Ascarelli. 5. Conclusão — **38/87**

— Comércio internacional: fórmulas jurídicas e realidades político-econômicas — 1. Introdução: metodologia e objetivos. 2. Cláusula de nação mais favorecida. 3. Comércio de Estado. 4. Acordos intergovernamentais sobre produtos primários. 5. Acordos de produtores. 6. Empresas multinacionais. 7. Conclusões preliminares: tendências institucionais e lições para o futuro — **13/71**

— O convênio internacional do café — 1. Modalidades de intervenção no mercado internacional do café. 2. Origens dos acordos intergovernamentais de produtos primários e suas atuais relações com o GATT. 3. Antecedentes do convênio Internacional do café de 1962. 4. Objetivos e estrutura do convênio Internacional do Café de 1962 e 1968. 5. Normas que tratam das medidas de curto prazo: o mecanismo de cotas e suas exceções. 6. Normas que tratam das medidas de curto prazo: os sistemas de controles. 7. Normas que tratam de medidas de longo prazo sobre: a) superprodução (controles de produção, política de estoques e Fundo de Diversificação do café); e, b) subconsumo (promoção do café e remoção dos obstáculos ao seu consumo). 8. O poder decisório na Organização Internacional do Café (o problema do voto) e a aplicação das medidas de curto e longo prazo. 9. A controvérsia entre os EUA e o Brasil sobre café solúvel. 10. Conclusões preliminares — **9/29**

— O GATT, a cláusula de nação mais favorecida e a América Latina — **3/41**

LAMY FILHO, Alfredo — A empresa, os minoritários e o mercado de capitais — **117/53**

— A reforma da lei das sociedades anônimas (seminário) — **7/123**

— Considerações sobre a elaboração da Lei de S/A e de sua necessária atualização — **104/86**

LATORRACA, Cláudio Zalona — Comercial — Execução baseada em duplicatas aceitas pelo devedor — Alegações que não afastam a liquidez dos títulos — Negativa de vigência do art. 585, I, do CPC — **61/82**

— Sociedade comercial — Fusão — **62/65**

— Sociedade comercial — Prazo indeterminado — Dissolução pleiteada por sócios minoritários — Oposição da maioria — Apuração de haveres convencionada — Prevalência deste ajuste — Recurso extraordinário não conhecido — **57/83**

LATORRACA, Nilton — A correção monetária do aumento de capital — **57/97**

LATORRACA, Sérgio Murilo Zalona — Cheque — Emissão em nome de sociedade comercial — Embargos alegando falta de poderes do emitente e de *causa debendi* — Direito aparente do emitente e terceiro de boa-fé — Embargos rejeitados — Recurso extraordinário não conhecido — **59/104**

— Comentário de acórdão — Medida cautelar — Exibição de livros e documentos — Pretensão por sócio de sociedade de responsabilidade limitada — Medida preparatória de posterior ação de prestação de contas — Admissibilidade — Aplicação dos arts. 358, I, 359 e 844 do CPC e do 18 e 290 do CCom. O sócio de sociedade por cotas de responsabilidade limitada pode intentar ação de exibição de livros e documentos por inteiro para verificação do que lhe é devido. Amplo é seu direito no exame nos livros da sociedade, e pode exercê-lo como medida preparatória para instrução de ação de prestação de contas. Ap. 132.891-2, 19ª C., j. 3.10.1988, rel. Des. Mohamed Amaro — **74/97**

— Nome comercial — Firma e denominação social — Art. 3º, § 1º, do Decreto 3.708/1919 — **62/49**

— Sociedade de fato — Ação declaratória de existência de uma sociedade de fato integrada por duas sociedades anônimas (regularmente constituídas), uma delas posteriormente falida, e para efeito de reconhecimento de solidariedade de ambas nas dívidas de uma outra (inclusive a da em quebra) perante o autor — Acórdão recorrido que extinguiu o processo, sem exame do mérito, por falta de possibilidade jurídica do pedido — **68/71**

— Sociedade de responsabilidade limitada — Dívida particular do sócio — Penhorabilidade das respectivas cotas de capital — Decisão tomada à vista do CPC de 1973 (art. 655, X). Embargos de divergência não conhecidos, por inexistência do dissídio nos termos dos arts. 331 e 332 do Regimento Interno do Supremo Tribunal Federal — **56/137**

LAUTENSCHLEGER JÚNIOR, Nilson — Limitação da responsabilidade na prática contratual brasileira — Permite-se no Brasil a racionalização dos riscos do negócio empresarial? — I — Introdução. II — Responsabilidade civil e a lei brasileira. III — Extensão da responsabilidade: a indenização. IV — Responsabilidade contratual e risco para o negócio empresarial. V — Cláusulas limitadoras ou excludentes de responsabilidade? VI — Eficácia e validade das cláusulas limitadoras no Brasil. VII — Disposições de direito internacional aplicáveis à limitação contratual de responsabilidade no Brasil. VIII — Cláusulas limitadoras, relações de consumo e normas de ordem pública. IX — Cláusula penal como limitação de responsabilidade. X — Considerações finais. Proposta de reforma legislativa — **125/7**

LAUTENSCHLEGER JÚNIOR, Nilson, & SCHWARTZMANN, Lara — Pressuposto corporativo da venda de ativos de uma sociedade comercial por quotas de responsabilidade limitada — **123/111**

LEÃES, Luiz Gastão Paes de Barros — A ciência do direito e a elaboração dos conceitos jurídicos — **81/5**

— A disciplina do direito de empresa no novo Código Civil brasileiro — **128/7**

— A estrutura dualista da obrigação tributária — I — A estrutura dualista da relação obrigacional. II — A estrutura dualista da obrigação tributária. III — A natureza jurídica da obrigação tributária. IV — O dualismo conceitual e o Código Tributário Nacional. V — Uma aplicação da análise dualista: decadência e a prescrição em direito tributário — **1/41**

— A natureza jurídica do Fundo Garantidor de Crédito — FGC — **121/7**

— A obrigação de melhores esforços (*best efforts*) — **134/7**

— A operação de *factoring* como operação mercantil — **115/239**

— A prévia deliberação assemblear como condição de *legitimatio ad causam* na ação social — **100/98**

— A validade da cláusula de correção cambial nas obrigações pecuniárias internas — 1. Colocação do problema. 2. As cláusulas de indexação e o curso legal forçado da moeda. 3. A evolução da legislação relativa à correção monetária nas obrigações contratuais. 4. A validade das cláusulas de correção cambial em nosso direito — **88/10**

— Ação social derivada de responsabilidade civil dos administradores — **112/127**

— Ações preferenciais exclusivamente com vantagens políticas — **109/223**

— Alienação de controle de companhia aberta seguida do fechamento do seu capital — **113/255**

— Aquisição de ativos e assunção de passivos empresariais — **118/236**

— Arbitrabilidade subjetiva. A competência da administração para a celebração de convenção arbitral — **134/211**

— As relações de consumo e o crédito ao consumidor — 1. As relações de consumo. 2. O conceito jurídico de consumidor. 3. O objeto da relação de consumo. 4. O crédito ao consumidor. 5. Conclusões — **82/13**

— Condenação impediente de novo estabelecimento — **110/231**

— Conflito de interesses e vedação de vota nas assembléias das sociedades anônimas — **92/107**

— Construção e operação do gasoduto para importação do gás boliviano: o exercício do monopólio do gás pela União — 1. Introdução. 2. Livre iniciativa e livre concorrência na Constituição de 1988. 3. A noção de serviço público. 4. O monopólio estatal. 5. O monopólio do gás natural. 6. O monopólio da importação e do transporte do gás boliviano — **93/70**

— Controle cambial e fluxo internacional da moeda nacional — 1. O regime de controle do câmbio e a disciplina valutária. 2. Princípios básicos do controle cambial. 3. Fluxo internacional da moeda nacional — **83/11**

— Conversão de ações e relação de substituição diferenciada — 1. A conversão de ações. 2. A relação de substituição na conversão de ações. 3. Relação de troca de ações com quocientes diferenciados — **99/18**

— *Derivative's suitability* — 1. Introduction. 2. The nature of derivatives. 3. Current rules and solutions for derivatives suitability. 4. Conclusion — **102/59**

— Direito adquirido em meteria de indexação legal (interpretação do art. 38 da Lei 8.880, de 1994) — 1. Preliminares; 2. A mudança do sistema monetário e as normas de conversão. 3. As normas de conversão do Plano Real. 4. A polêmica a respeito do expurgo do resíduo inflacionário. 5. Direitos adquiridos em matéria de indexação convencionada. 6. Investimentos em NTN, CBD e debêntures — **102/5**

— Distribuição secundária no Brasil e no exterior de ações pertencentes à administração pública — 1. Preliminares. 2. Exigibilidade e dispensa de licitação. 3. A dispensa de licitação na venda de ações. 4. A oferta no mercado externo, através de ADR. 5. A concessão de deságio no preço de venda — **101/5**

— Dividendos mínimos cumulativos e participantes — **111/157**

— Exclusão extrajudicial de sócio em sociedade por quotas — 1. A exclusão de sócio sem expressa previsão contratual. 2. A desnecessidade de se pleitear judicialmente a exclusão. 3. A exclusão por deliberação da maioria não configura abuso de direito, e não atenta contra os princípios da isonomia, do devido processo legal ou da plenitude de defesa. 4. A desarmonia como causa de exclusão extrajudicial — **100/85**

— Falência — Habilitação de crédito fiscal com multa moratória — Inadmissibilidade — **5/99**

— *Hedging* com futuro de índices representativos de ações — **124/215**

— Homenagem ao Prof. Waldirio Bulgarelli — **119/7**

— Incentivos fiscais à concentração de empresas — **6/123**

— Incorporação de companhia controlada — 1. As técnicas de reorganização societária e o jogo dos interesses. 2. A incorporação e a conciliação dos interesses. 3. A incorporação de companhia controlada e a composição dos interesses — **94/87**

— Inexistência de relação de consumo entre o *shopping center* e seus freqüentadores — **122/211**

— Lei — Modelo de arbitragem comercial internacional — **60/66**

— Limites legais ao fundo de exaustão — **4/23**

— Negócio indireto e operação de câmbio — **131/251**

— O alcance das limitações estatutárias ao poder de representação dos diretores — 1. Introdução: extensão e limites dos poderes de representação. 2. Atos estranhos ao objeto social. 3. As restrições estatutárias aos poderes de representação dentro do objeto social. 4. A posição do direito societário brasileiro — **113/9**

— O conceito de área demarcada na concessão comercial de veículos — 1. Distinção entre áreas demarcadas (*closed territories*) e áreas operacionais de responsabilidade dos concessionários (*areas of primary responsability*). 2. A cláusula de exclusividade como pacto de limitação à concorrência. 3. As alterações imprimidas pela Lei 8.132, de 1990, ao art. 5º da Lei 6.729, de 1979 — **110/16**

— O conceito de *security* no direito norte-americano e o conceito análogo no direito brasileiro — 1. Colocação do tema: o caso *People vs. Syde*. 2. A definição legal de *security*. 3. Considerações sobre a interpretação dos *statutes*. 4. O conceito de *security* como contrato de investimento. A fórmula Howey. 5. As noções de "transação" e de "empreendimento comum". 6. Caso *Silver Hills Country Club vs. Sobieski* e a aplicação do *risk test*. 7. A ausência de ingerência do investidor no empreendimento comum como elemento caracterizador de *security*. 8. A *security* como solicitação pública de recursos. 9. Os elementos caracterizadores de *security*. Definição. 10. A noção de "títulos e valores mobiliários" como conceito análogo ao de *security* no direito brasileiro. Conclusões — **14/41**

— O conceito jurídico de custo na avaliação do ativo fixo. I — Critérios para a estimação dos bens do ativo patrimonial. II — O critério do preço de custo ou do custo de aquisição. III — As despesas que não entram no cálculo do custo das imobilizações. IV — As despesas financeiras e o custo de bens imobilizados — **2/21**

— O *dumping* como forma de abuso do poder econômico — 1. O regime da legislação "antitruste" brasileira. 2. A concorrência e o abuso do poder econômico. 3. O *dumping* como forma de abuso do poder econômico. 4. Abuso da posição de "dominação" de mercado — **91/5**

— O *leasing* é uma operação financeira? — **35/11**

— O uso das cartas de crédito comerciais como instrumento de garantia — 1. Preliminares. 2. O crédito documentado: funcionamento, modalidades, natureza jurídica e estrutura. 3. A disciplina legal do crédito documentado. 4. O uso da carta de crédito comercial como instrumento de garantia. 5. Exame das cartas de crédito e outras considerações. 6. Conclusões — **15-16/51**

— Os conceitos de "EDITDA", "Brazilian Gaap" e "juros Selic" — **128/263**

— Responsabilidade dos administradores das sociedades por cotas de responsabilidade limitada — **25/49**

— Sociedade por ações — Atos praticados por seus diretores, em razão de administração — Responsabilidade daquela e dêstes, solidariamente, se agiram com culpa ou contrariamente aos estatutos sociais — **2/74**

— Sociedade por ações — Exibição de livros — Prova cabal de prejuízo — Necessidade de apenas se justificar o receio — Inteligência e aplicação do art. 50 do Decreto-lei 2.627, de 1940 — **2/70**

— Sociedade por cotas — Penhorabilidade — **5/116**

— Sociedades coligadas e consórcios — **12/137**

LEAL, Nuno de Mello Rodrigues — Do *del credere* fidejussório, como garantia prestada pelos bancos de desenvolvimento — 1. Introdução. 2. Operações bancárias de repasse. 3. Espécies de repasse. 4. Análise jurídica e econômica do "repasse específico". 5. O repasse como contrato inominado. 6. Repasse e refinanciamento. 7. Órgão financiador e agente financeiro. 8. A comissão mercantil. 9. Comissão *del credere*. 10. Comissão mercantil *del credere*, no repasse.

11. Proposições. 12. Programas e linhas de crédito de outros órgãos financiadores federais. 13. Endosso pignoratício. 14. Convênio típico. 15. *Del credere* fidejussório — **36/35**

LEITE FILHO, Fernando Rudge — Da responsabilidade dos administradores das sociedades anônimas no direito brasileiro e no comparado — 1. A sociedade anônima, definição e sua característica quanto à responsabilidade dos acionistas. 2. O Decreto-lei 2.267, de 1940, e a responsabilidade dos diretores. 3. A responsabilidade solidária e individual dos administradores e a causa dos prejuízos e os atos de que decorrem. 4. A responsabilidade dos diretores de instituições financeiras. A Lei 1.808, de 7.1.1953, e a Lei 4.595, de 31.12.1964. 5. Os diretores de instituições financeiras. Penalidades, pelo não cumprimento de suas obrigações e deveres. Tipo de responsabilidade. 6. A distinção dos atos praticados pelo diretor, dentro de suas atribuições, com culpa ou dolo, e os com violação da lei ou dos estatutos. 7. O nexo de causalidade entre o ato e o prejuízo de ordem material. 8. A responsabilidade civil e penal dos diretores de sociedades anônimas. 9. A ação de responsabilidade civil. Legitimação ativa. 10. A responsabilidade subsidiária dos diretores com a de seus predecessores. Requisitos para que ocorra. 11. O anteprojeto do Código Civil e a regulamentação da responsabilidade dos administradores; e 12. O direito comparado e a responsabilidade dos diretores de sociedades anônimas: a) na Alemanha; b) na França; c) na Espanha; d) no México; e) na Suíça, Bélgica e Irã; f) em Portugal; e g) na Itália — **11/35**

LEME, Dirceu Paes, & MATTOS, Walmyr — Capitalização anual da correção do capital social realizado nas companhias abertas e fechadas ("carimbo" ou "bonificações"?) e nas sociedades por quotas de responsabilidade limitada — **32/107**

LEMES, Selma M. Ferreira — Arbitragem na concessão de serviços públicos. Arbitrabilidade objetiva. Confidencialidade ou publicidade processual? — **134/148**

LEONARDOS, Flávio — Do registro do formato, do envoltório e da embalagem como marcas de indústria e comércio — **64/19**

LEONARDOS, Gabriel F. — A proteção jurídica ao nome comercial, ao título de estabelecimento e à insígnia no Brasil — Regime jurídico e novos desenvolvimentos na jurisprudência — 1. Introdução: 1.1 Considerações preliminares; 1.2 Conceitos de nome comercial, título de estabelecimento e insígnia, e demais conceitos aplicáveis ao tema. 2. Desenvolvimento histórico da legislação: 2.1 Código Comercial brasileiro (Lei 556, de 25.6.1850); 2.2 Convenção da União de Paris — CUP: 2.2.1 Aplicação da CUP no Brasil; 2.2.2 O princípio do tratamento nacional; 2.2.3 Conteúdo da proteção ao nome comercial na CUP; 2.2.4 Requisito de proteção no país de origem; 2.3 Decreto — com força de Lei 916, de 24.10.1890; 2.4 Decreto — com força de Lei 3.708, de 10.1.1919; 2.5 Decreto — com força de Lei 24.507, de 29.6.1934; 2.6 primeira lei das sociedades por ações; 2.7 Código Penal (Decreto-lei 7.903, de 27.8.1945 cf. alt. pelo Decreto-lei 8.481, de 27.12.1945); 2.9 Lei do registro do comércio (Lei 4.726, de 13.7.1965); 2.10 Código de Propriedade Industrial de 1967; 2.11 Código de Propriedade Industrial de 1969; 2.12 Código de Propriedade Industrial vigente, de 1971 (Lei 5.772, de 21.12.1971); 2.13 Lei de sociedades por ações vigente, de 1976 (LSA — Lei 6.404, de 15.12.1976); 2.14 Código de Proteção e Defesa do Consumidor (CDC, Lei 8.078, de 11.9.1990). 3. Conteúdo do direito ao nome comercial, ao título de estabelecimento e à insígnia. 4. Questões especiais: 4.1 Alienabilidade do nome comercial, do título de estabelecimento e da insígnia; 4.2 A proteção do nome das sociedades civis; 4.3 A prescrição da ação de violação e da ação de indenização; 4.4 A proteção do nome comercial *vis-à-vis* uma marca registrada e o âmbito de proteção do nome comercial. 5. Conclusão — **95/26**

— A validade da cessão de crédito externo a residente no Brasil — **85/101**

— As cláusulas gerais do contrato na República Federal da Alemanha — I — Introdução. II — A *AGB-Gesetz*: 1. Considerações gerais; 2. Histórico; 3. Conteúdo. III — Conclusão. IV — Apêndice: tradução do texto da lei — **86/31**

LEONARDOS, Luiz — Marcas formadas por nomes civis — **46/59**

LESSA, Paulo Barbosa — O crédito fiscal e sua cobrança em caso de falência do devedor — A não sujeição do Fisco ao processo e ao juízo da falência continua em vigor — 1. Dificuldades práticas surgidas — Falência continua em vigor. 2. A prioridade do processo trabalhista sobre o fiscal. 3. A criação da justiça federal. 4. As disposições do colégio tributário nacional. 5. O CPC de 1973. 6. A ausência do Fisco no processo falimentar, o tratamento igualitário dos credores e os poderes do síndico. 7. Concurso universal de credores e concurso parcial de credores preferentes. 8. A conciliação dos privilégios trabalhista com os privilégios fiscais. 9. A defesa dos privilégios trabalhistas na ação executória fiscal. 10. A pobreza da massa em razão das execuções fiscais. 11. A permanência do preceito que permite a Fazenda Pública ajuizar ou continuar sua pretensão executória fiscal diretamente contra o obrigado, ainda que falido ou declarado tal posteriormente — **21-22/11**

LEVY, Jorge Eduardo Prada — As cooperativas e o direito dos cooperados retirantes ao valor atualizado de suas quotas-partes — **101/122**

LILLA, Paulo Eduardo — O abuso de direito na denúncia dos contratos de distribuição: o entendimento dos tribunais brasileiros e as disposições do novo Código Civil — **127/229**

LIMA, André Luís Amoroso de — Aspectos gerais do sistema de marcas: o registro e o risco de confusão — **133/203**

LIMA, Caio Moysés de — Aplicabilidade da Resolução 2.493/1998 às companhias securitizadoras de créditos imobiliários — 1. Introdução. 2. As companhias securitizadoras de créditos imobiliários. 3. As companhias securitizadoras de créditos financeiros. 4. Aplicabilidade da Resolução 2.493/1998 às companhias securitizadoras de créditos imobiliários — **115/79**

LIMA, Marcelle Fonseca, & ROCHA, João Luiz Coelho da — Os valores mobiliários como título de crédito — **119/137**

LIMA, Osmar Brina Corrêa — Resgate de ações de sociedade anônima — 1. Resgate de ações. Lei atual e lei anterior. 2. O caso Adhemar de Barros: 2.1 Posição de Adhemar de Barros; 2.2 Posição da companhia; 2.3 Decisões das instâncias ordinárias; 2.4 Decisões do STF. 3. As lições da Justiça brasileira. 4. Críticas das lições acima: 4.1 Resgate e amortização; 4.2 Resgate e reembolso; 4.3 Valor do resgate; 4.4 Resgate e redução do capital; 4.5 Resgate não previsto no estatuto; 4.6 Afinal, para que serve o resgate? — **68/7**

LINHARES, Marcel Queiroz — Venda de veículos novos através da internet: reflexos no campo da exclusividade inerente à concessão de veículos automotores — **121/95**

LIRA, José Ricardo Pereira, & LOBO, Carlos Augusto da Silveira — Correção Monetária pela variação cambial — 1. Exposição do problema. 2. Inexistência de lei vedando a cláusula de correção cambial. 3. A correção cambial e o curso legal da moeda. 4. Conclusões — **85/12**

LOBO, Carlos Augusto da Silveira — Os mercados futuros — **124/148**

— Participação de sociedades estrangeiras em sociedades por cotas de responsabilidade limitada — **64/23**

LOBO, Carlos Augusto da Silveira, & LIRA, José Ricardo Pereira — Correção Monetária pela variação cambial — 1. Exposição do problema. 2. Inexistência de lei vedando a cláusula de correção cambial. 3. A correção cambial e o curso legal da moeda. 4. Conclusões — **85/12**

LOBO, Dilson A. da Costa — Aparência do direito — Diretor de sociedade que costumeiramente excede seus poderes sem qualquer oposição do conselho de administração — Responsabilidade da sociedade — **120/173**

LOBO, Jorge — A empresa: novo instituto jurídico — § 1º. A polêmica interminável. § 2º. O conceito de empresa no século XVIII. § 3º. O conceito de empresa no século XIX. § 4º. O conceito unitário de empresa. § 5º. O direito comercial como sendo o direito das empresas. §

6º. A opinião de Alfredo Rocco. § 7º. A opinião de Asquini. § 8º. O conceito de empresa no direito comparado. § 9º. No direito italiano. § 10. No direito francês. § 11. No direito alemão. § 12. No direito espanhol. § 13. No direito argentino. § 14. No direito brasileiro. § 15. O direito constituído — **125/29**

— Anteprojeto de lei das sociedades por quotas de responsabilidade limitada — 1. Prazo para apresentação do trabalho da comissão. 2. Natureza jurídica da sociedade por quotas de responsabilidade limitada. 3. Comercialidade da sociedade por quotas em razão da forma. 4. A disciplina das sociedades limitadas no projeto de Código Civil em tramitação no Senado Federal. 5. Definição de critérios precisos. 6. Um diploma legal e flexível. 7. Um diploma legal para as empresas de um volume econômico pequeno e médio e de menor número de sócios do que as de forma anônima. 8. Direito supletivo. 9. Remissões ao direito positivo. 10. Proposições para o anteprojeto. 11. Outros pontos importantes: a) Violação de direitos previstos contratualmente; b) Questões polêmicas; c) Uma lei nova extensa e casuísta ou uma lei sucinta. 12. Conclusão — **66/29**

— As "dez regras de ouro" dos títulos cambiais — **117/7**

— Contrato de *factoring* — 1. Metodologia do estudo. 2. Conceito de *factoring*. 3. Características do *factoring*. 4. Natureza jurídica do *factoring*. 5. Pressuposto básico do *factoring*. 6. Classificação do *factoring*. 7. Ciclo operacional do *factoring*. 8. Finalidade do *factoring*. 9. Conteúdo do contrato de *factoring*. 10. Diversidade de serviços como elemento caracterizador do *factoring*. 11. O *factoring* como um contrato complexo. 12. Efeitos naturais do *factoring*. 13. Efeitos de compra de créditos. 14. Ação de regresso do faturizador contra o faturizado. 15. Outras observações — **112/36**

— Direito da crise econômica da empresas — **109/64**

— Direito dos grupos de sociedades — 1. Grupo de sociedade: uma técnica revolucionária de organização da empresa moderna. 2. A dimensão ótima da empresa. 3. A expansão externa da empresa. 4. Noção de grupos de sociedades. 5. Classificação dos grupos de sociedades. 6. Características dos grupos de sociedades. 7. Convenção grupal. 8. Direção econômica unitária do grupo de sociedades. 9. Independência jurídica das sociedades grupadas. 10. Personalidade jurídica do grupo de personalidades. 11. Os direitos dos acionistas minoritários, dos credores e das próprias sociedades controladas em face da sociedade de comando: a) Grupos de sociedades de fato; b) Grupos de sociedades de direito. 12. Direitos dos grupos societários — **107/99**

— Do exercício do direito de voto das ações preferenciais com dividendo diferenciado — **132/60**

— Do exercício do direito de voto das ações preferenciais com dividendo diferenciado — **133/77**

— Efeitos da concordata e da falência em relação aos contratos bilaterais do concordatário e do falido — 1. A *mens legis* do art. 43 e do art. 165 da lei de falências. 2. Classificação das leis. 3. Leis comuns ou *legis* gerais do direito comum. 4. Leis especiais ou direito singular. 5. Leis excepcionais ou direito excepcional. 6. Lei de falências como direito singular ou lei especial. 7. Dos contratos bilaterais do concordatário. 8. A norma do art. 43 da lei especial de falências, por ser norma excepcional, deve preferir todas as demais — **110/32**

— Efeitos do silêncio e da ratificação no contrato de mandato civil ou mercantil — 1. Mandato e representação. 2. A representação no negócio jurídico. 3. Forma e prova do mandato. 4. Obrigações do mandante perante o mandatário e terceiros. 5. Atos praticados pelo mandatário contrário às instituições do mandante. Efeitos do silêncio. 6. Atos praticados pelo mandatário com excesso de poderes: efeitos da ratificação — **114/68**

— Fraudes à Lei de S/A — 1. A Lei de S/A: uma carta de princípios. 2. As normas da Lei 6.404/1976: abundância de preceitos e insuficiência de sanções. 3. O voto acionista contrário à lei, aos estatutos sociais, à companhia e em conflito de interesses. 4. O abuso do poder de controle. 5. A responsabilidade dos administradores da companhia. 6. Fraudes à Lei de S/A — **113/108**

— Fraudes à realidade e integridade do capital social das sociedades anônimas — 1. A importância das sociedades anônimas. 2. As macroempresas. 3. Os conglomerados econômicos. 4. Os acionistas-capitalistas e os acionistas-empresários. 5. A tutela dos direitos dos credores da companhia e dos adquirentes das ações em que se divide o capital social. 6. Conceito e função do capital social. 7. O princípio da intangibilidade do capital social. 8. Fraudes à realidade do capital social das sociedades anônimas — **70/52**

— Interpretação do direito comercial — **115/55**

— Interpretação realista da alienação de controle de companhia aberta — **123/7**

— Interpretação realista da alienação de controle de companhia aberta — **124/90**

— Nota promissória em ORTN — 1. Justificação. 2. A inflação, a correção monetária e a promissória em ORTN. 3. As decisões do TARJ. 4. Decisões de outros tribunais. 5. Conseqüências práticas da orientação dominante. 6. A orientação dominante: suas causas últimas. 7. A natureza antinômica da idéia de direito. 8. A lei cambial brasileira. 9. A lei uniforme de Genebra. 10. A soma cambial: a lição da doutrina. 11. O princípio da literalidade. 12. Os fundamentos das decisões do TARJ. 13. As instituições financeiras. 14. O art. 27 da lei de mercado de capitais. 15. A interpretação extensiva. 17. O respeito da legalidade. 18. A idéia de justiça e a idéia de segurança. 19. O contrato e o princípio da autonomia da vontade. 20. Resumo. 21. Conclusão. Bibliografia — **61/33**

— O moderno direito concursal — I — O direito comparado. II — As dificuldades das empresas em crise e a solução legal no Brasil. III — Finalidade do moderno direito concursal. IV — A empresa privada de interesse público. V — A reorganização da empresa privada de interesse particular, econômica e financeiramente viável, da empresa privada de interesse público, da empresa de economia mista e da empresa pública. VI — Meios para reorganizar as empresas em crise. VII — Procedimento de reorganização das empresas em crise. VIII — Conclusão — **99/87**

— O titular de cheques pós-datados, dados em garantia real, não participa da concordata da devedora — 1. Natureza jurídica do cheque. 2. O cheque pós-datado conserva a natureza de título de crédito. 3. Penhor dos títulos de crédito. 4. Endosso pignoratício do título de crédito. 5. Endosso pignoratício do cheque. 6. Penhor do cheque pelo direito comum. 7. Efeitos do penhor de cheques pós-datados — **102/21**

— Pressupostos da quebra — 1. Estado de falência ou quebra. 2. Pressuposto subjetivo da falência. 3. Pressuposto objetivo da falência. 4. Pressuposto formal — **116/110**

— Proteção à minoria acionária — 1. Direitos da minoria e direitos individuais dos acionistas. 2. Os grupos minoritários de poder e as maiorias dispersas. 3. Conceito de minoria. 4. Os focos dos conflitos no âmbito das anônimas. 5. Direitos da minoria qualificada. 6. Direitos individuais dos acionistas: a) Direito individual de participar dos lucros; b) Participar do acervo da companhia, em caso de liquidação; c) Fiscalizar a gestão dos negócios sociais; d) Preferência para subscrição de ações, partes beneficiárias conversíveis em ações, debêntures conversíveis em ações e bônus de subscrição; e) Retirar-se da sociedade nos casos previstos em lei. 7. O desrespeito aos direitos dos minoritários — **105/25**

LOBO, Jorge, & PIMENTEL, Sérgio — A recuperação da empresa em crise no direito francês — 1. Introdução. 2. A prevenção das dificuldades. 3. O regulamento amigável. 4. Procedimento judicial: 1) A abertura do processo; 2) O período de observação; 3) A fase definitiva. 5. Conclusões — **113/148**

LOPES, José Reinaldo de Lima — Banco Central — Possui discrição para conceder ou cancelar cartas-patentes de instituições financeiras — Segurança concedida contra ato judicial que ordenou àquele banco, em processo falimentar, restaurasse a carta-patente da falida — **65/77**

— Indenização — Responsabilidade civil — Morte de novilhas em razão de complexo vitamínico — Impossibilidade da efetivação do exame pericial — Nexo causal, no entanto, afirmado pelas provas de autos — Irrelevância do licenciamento do produto pela Divisão de produtos veterinários do Ministério da Agricultura — Ação procedente — Embargos rejeitados — **66/88**

— O aspecto distributivo do direito do consumidor — **123/59**

— Questões sobre a empresa pública no Brasil — 1. A natureza das empresas públicas. 2. Intervencionismo estatal. 3. A empresa pública e suas funções no direito positivo atual. 4. Atividade econômica. 5. O regime jurídico: a) A forma societária; b) Obrigações da empresa pública. 6. Controle das atividades da empresa pública — **57/51**

— Responsabilidade civil — Vacinação de reses contra febre aftosa — Morte — Nexo causal — Comerciante e fabricante responsáveis solidariamente — Ação procedente — **61/61**

LOPES, Maria Elizabete Vilaça — O contrato de *factoring* e o sistema financeiro nacional — 1. Contrato de *factoring*: 1.1 Conceito, características e espécies; 1.2 Modalidades de *factoring*. 2. O contrato de *factoring* e o desconto bancário. 3. O *factoring* e a operação de crédito. 4. O *factoring* e o Sistema Financeiro Nacional. 5. A circular 703 do Banco Central do Brasil. 6. Conclusões — **74/57**

LOPES, Mauro Brandão — A contribuição de Tullio Ascarelli à doutrina dos títulos de crédito — **38/27**

— A sociedade em comum: inovação do anteprojeto do Código Civil — **15-16/37**

— Aquisição das cotas sociais pela sociedade — **25/55**

— Cambial — Ineficácia de cláusula ou pacto de vencimento antecipado, em separado — Cláusula incompatível com a natureza do título — **3/71**

— Natureza jurídica do *leasing* — **14/35**

— O direito de preferência do acionista e a evolução da sociedade anônima no Brasil — **19/29**

— Pedido de falência indeferido *in limine* — **18/109**

LOPES, Paulo Guilherme de M. — Agravo em agravo de instrumento contra a inadmissão de recurso especial — **120/183**

LOPES, Paulo Henrique de Mendonça, & GRUENBERG, Charles Isidoro — Cheque administrativo — Possibilidade da instituição financeira acolher oposição feita pelo endossante — **130/237**

LOSS, Louis — O papel do governo na proteção dos investidores — **58/71**

LOUREIRO, Luiz Guilherme de Andrade Vieira — Patente e biotecnologia: questões sobre a patenteabilidade dos seres vivos — **116/17**

LUCCA, Newton de — A aplicação do Código de Defesa do Consumidor à atividade bancária — **112/66**

— A proteção contratual no Código de Defesa do Consumidor — **86/89**

— A responsabilidade civil dos administradores das instituições financeiras — **67/32**

— Cambial — Ação contra avalista — Título oriundo de rifa não autorizada — Irrelevância — Cobrança procedente — Apelação provida — **24/87**

— Cambial — Letras de câmbio ao portador — Aceite de financiadora — Remessa para firma distribuidora — Desaparecimento — Ação pleiteando restituição ou anulação dos títulos — Carência — Recurso improvido — Voto vencido — **29/79**

— Cambial — Nota promissória — Valor em UPC — Contrato de financiamento com o BNH — Eficácia — Apelação não provida — Voto vencido — Comentários de Newton de Lucca — **42/108**

— Cambial — Nota promissória — Valor em UPC — Ineficácia para execução — Recurso provido em parte — Comentários de Newton de Lucca — **42/107**

— Cambial — Valor em UPC — Inadmissibilidade — Juros da mora a partir do vencimento — Recurso provido em parte — Voto vencido - Comentários de Newton de Lucca — **42/111**

— Cancelamento de protesto de título quitado — Impossibilidade, dada a inexistência de norma legal que o autorize — Recurso extraordinário conhecido, mas improvido — **27/105**

— Cheque — Cláusula "para levar em conta" — Interpretação do art. 18 do anexo II da lei uniforme relativa ao cheque, c/c art. 39 da mesma lei — **45/51**

— Comentários sobre o Projeto de Lei 1.734, de 1979, do Deputado Federal Jorge Arbage — **39/203**

— Execução por título extrajudicial — Nota promissória — Alegação de furto — Prova insuficiente — Ação procedente — **26/101**

— Nota promissória — Requisitos essenciais — Correção monetária — Unidades padrão de capital — Decreto 2.044/1908, arts. 51 e 54 — **42/103**

— O aval — 1. Introdução. 2. Funções. 3. Conceito. 4. Forma. 5. Referências históricas. 6. Sistemas jurídicos estrangeiros. 7. Disciplina jurídica. 8. elaboração doutrinária do aval. 9. Conclusão final — **53/41**

— O Código de Defesa do Consumidor: discussões sobre o seu âmbito de aplicação — **85/81**

— O direito de recesso no direito brasileiro e na legislação comparada — 1. Considerações introdutórias. 2. Conceito e função do direito de recesso. 3. O direito de recesso na legislação comparada. 4. O direito de recesso na sociedade por cotas de responsabilidade limitada. 5. O direito de recesso na Lei 6.404/1976. 6. O direito de recesso na Lei 7.958/1989 (a malfadada "Lei Lobão"). 7. O direito de recesso na Lei 9.457/1997. 8. Bibliografia — **114/7**

— Título de crédito — Nota promissória — Execução apoiada por título extrajudicial — Falta de causa ou ilicitude da mesma — **28/97**

— Tributário — IPMF — Empresa de arrendamento mercantil incidência da alíquota zero por equiparação às instituições financeiras — **108/205**

LULAI, Esther — A publicidade e a propriedade industrial no Brasil — 1. Marcas. 2. Expressões ou sinais de propaganda — **76/75**

MACEDO, Ricardo Ferreira de — Autonomia do Banco Central do Brasil e despolitização da moeda — **113/237**

— Limites de efetividade do direito societário na repressão ao uso disfuncional do poder de controle nas sociedades anônimas — **118/167**

— Limites de efetividade do direito societário na repressão ao uso disfuncional do poder de controle nas sociedades anônimas — **120/195**

MACHADO, Rubens Approbato — Créditos na concordata preventiva e o "pacote econômico" (critérios de conversão) — **61/95**

— Sociedade por ações — Incorporação, fusão e cisão — Direito de retirada — 1. Exposição do tema. 2. Análise do tema. 3. Conclusões — **82/46**

MAGALHÃES, José Carlos de — A cláusula arbitral nos contratos internacionais — **43/29**

— Aplicação extraterritoriais das resoluções do Banco Central do Brasil — **90/23**

— Breve análise sobre o direito aplicável a bens no direito internacional privado brasileiro: a caução de ações — **82/24**

— Empresa multinacional: descrição analítica de um fenômeno contemporâneo — 1. Introdução. 2. Conceituações formais econômico-políticas. Conceituação jurídica. 3. Descrição analítica. Participante. Objetivos. Estratégia. Áreas de atuação. Base do poder. Resultados e efeitos. Transferência de tecnologia. Balança de pagamentos. Controle da economia. Dependência tecnológica e distorção da Economia — **14/61**

— O poder de controle como bem imaterial do estabelecimento comercial — **42/61**

— Perspectivas da arbitragem comercial no Brasil — **69/24**

MAGALHÃES, José Carlos de, & SAMPAIO, Onofre Carlos de Arruda — A concentração de empresas e a competência do CADE — 1. Introdução. 2. A defesa da concorrência e o fenômeno da globalização. 3. A livre concorrência na Constituição de 1988. 4. A atividade vinculada do CADE. 5. Os motivos de conveniência e de oportunidade na contratação de empresas. 6. Implicações constitucionais do poder de apreciar atos de concentração de empresas. 7. Concentração de empresas no Brasil e o CADE — **113/30**

MAIDA, Silvia Maria do Prado — Acionista controlador — Alienação do controle e incorporação de sociedades — Responsabilidade nas operações em desacordo com as normas do contrato e da lei — **113/210**

— Cheque administrativo. Oposição motivada apresentada pelo endossante. Exoneração do Banco sacado de honrar o título de sua emissão. Acórdão do STJ de 26.4.1993 — **117/168**

MALUF, Carlos Alberto Dabus — Locação — Concessionária sem fundo de comércio — **77/79**

MALUF NETO, Miguel Alfredo — Ação de prestação de contas — Trânsito em julgado da ação que apura saldo devedor ou credor — Execução — Apuração de culpa contratual no curso da ação — Responsabilidade do credor caucionado por duplicatas prescritas — **23/113**

MANGE, Renato Luiz de Macedo — Sobre recuperação e falência de empresas no Brasil — **127/56**

MANSO, Eduardo Vieira — A proteção jurídica do logiciário — **67/122**

— Direito autoral — **72/76**

— Direito autoral — Obra didática — Reprodução de texto em obra alheia — Lei 5.988/1973, art. 49 — Não constitui ofensa aos direitos do autor a reprodução de trechos e pequenas composições alheias, em obra maior de caráter didático — **66/95**

— Títulos de fascículos e marcas de indústria ou de comércio — **73/93**

MARINHO, Arthur, SILVEIRA, André Bueno da, MOREIRA, Edson Fábio Garutti, & BARBOSA, Iberê Uchoa de Azevedo — A relação entre o novo SPB e os títulos de crédito. Conseqüências jurídicas, políticas e sociais — **127/215**

MARINI NETO, Pedro — A assembléia especial dos preferencialistas e os procedimentos de reestruturação das empresas — **114/199**

MARINO NETO, José Ernesto — *Factoring* — Alternativas às modificações financeiras introduzidas pelos Decretos-lei 2.283/1986 e 2.284/1986 — 1. Princípio da inércia. 2. Do crédito como mercadoria. 3. A evolução da economia mundial. 4. Intervenção estatal no domínio econômico. 5. Do *factoring*. 6. A legislação brasileira. 7. Conclusão — **66/67**

MARQUES, Maria Beatriz L. de Andrade — Contrato preliminar — Breve análise dos arts. 462 a 466 do Código Civil — **132/156**

MARSHALL, Carla Izolda Fiuza Costa — Temas polêmicos da sociedade por quotas — Posição da jurisprudência. Cessão de quotas, responsabilidade e exclusão de sócios — **102/94**

MARTINHO, Catarina, & MATIAS, Armindo Saraiva — Branqueamento de capitais — Medidas legislativas em Portugal e na Europa — **129/30**

MARTINS, Fran — A tradução da lei uniforme sobre letras de câmbio e notas promissórias — **5/11**

— As sociedades de capital autorizado na nova lei das sociedades anônimas — **26/13**

— Nota promissória a certo tempo da vista — **6/11**

— O contrato de venda e compra internacional — 1. As várias definições do contrato. 2. Caráter internacional da venda. 3. Lei uniforme sobre vendas internacionais. 4. Lei uniforme sobre a formação dos contratos de vendas internacionais. 5. Usos comerciais das vendas internacionais. "Incoterms". 6. Usos americanos. "Definições para o comércio exterior". 7. Outras normas reguladoras das vendas internacionais. 8. Utilidade dos termos internacionais. 9. Legislação sobre as vendas internacionais — **33/25**

— Os títulos de crédito no projeto de Código Civil — **17/127**

MARTINS, Pedro A. Batista — A arbitragem nas sociedades de responsabilidade limitada — **126/58**

— O direito do acionista de participação nos lucros sociais — **103/40**

MARTINS, Ricardo José — Aspectos do crédito documentário — Introdução. 1. Contrato de compra e venda internacional. 2. Formas de pagamento nas vendas internacionais. 3. Origem, evolução histórica e terminologia. 4. As diversas formas de substituição do devedor, de sucessões na dívida e de adesão à divida. 5. O problema da tipificação dos contratos. 6. Da apresentação e conferência dos documentos. 7. As partes e as relações jurídicas no crédito documentário. 8. Classificação. 9. Teorias sobre a natureza jurídica do crédito documentário. 10. Tentativa de estabelecimento da natureza jurídica do crédito documentário. Conclusões — **110/43**

MARTINS, Vera Helena de Mello Franco — Seguro obrigatório — Passageiro de automóvel — Acidente — Culpa de motorista — Reparação de dano — Embargos rejeitados — **30/90**

MARZORATI, Osvaldo J. — *Congreso de Caracas 1982 — Informe Nacional de la Argentina sobre el tópico 2.B.1 para el Undécimo Congreso Internacional de Derecho Comparado* — **48/81**

MATIAS, Armindo Saraiva — Código de normas de conduta do sistema financeiro português e comunitário — **106/127**

— Efeitos do registro predial português — **117/16**

— Garantias bancárias — **107/7**

— Novos aspectos da harmonização do direito bancário comunitário decorrentes da introdução do Euro — 1. Introdução. 2. Noção de harmonização bancária. 3. Legislação de harmonização. 4. A transposição das directivas. 5. E agora? Os instrumentos da instituição da União Monetária e criação da moeda única. 6. As Resoluções de 23.4.1998 vieram dar o "tom" de como se processará a futura harmonização, após a entrada em funcionamento do BCE. 7. E depois? 8. Conclusão — **113/45**

— Os direitos fundamentais — Recensão da obra de Maurizio Fioravanti *Appunti di Storia delle Costituzioni Moderne. Le Libertà Fondamentali* — **122/173**

— Regime sancionatório em direito bancário — **127/21**

— Responsabilidade dos administradores e outros membros dos órgãos sociais por dívidas tributárias — I — A responsabilidade civil dos membros dos órgãos sociais até a à entrada em vigor do código das sociedades comerciais. II — Princípios gerais sobre a responsabilidade civil dos membros dos órgãos sociais, no âmbito do código das sociedades comerciais. III — A responsabilidade por dívidas de impostos no código de processo de contribuições e impostos de 1963. IV — A responsabilidade dos membros dos órgãos sociais e revisores oficiais de contas, no código do processo tributário de 1991. V — O regime de responsabilidade por dívidas tributárias consagrado na lei geral tributária. VI — A responsabilidade dos gestores no âmbito do regime das infracções fiscais não aduaneiras. VII — As infrações fiscais criminais. VIII — As infrações fiscais contraordenacionais. IX — Concurso de infrações fiscais criminais e contraordenacionais. X — Responsabilidade civil dos gestores pelo pagamento de multas e coimas. XI — Conclusão — **115/42**

— Saneamento e liquidação de instituições de crédito — Novas perspectivas do direito comunitário — **124/7**

— Titularização — Um novo instrumento financeiro — 1. Introdução. 2. Breve noção de titularização. 3. Breve estudo comparativo. 4. Experiência de titularização em Portugal. 5. O actual quadro legal português. 6. Conclusões — **112/48**

MATIAS, Armindo Saraiva, & MARTINHO, Catarina — Branqueamento de capitais — Medidas legislativas em Portugal e na Europa — **129/30**

MATTIA, Fábio Maria de — Contrato de reprodução de obra intelectual — 1. Conceito. 2. Sujeito do contrato de reprodução. 3. Objeto do contrato de reprodução. 4. Distinção entre contrato de edição, e contrato de licença e a licença legal ou obrigatória: 1) Licença legal ou obrigatória e o contrato de reprodução em países e em vias de desenvolvimento; 2) Conclusão. 5. Diferença entre cessão e concessão. 6. Deveres fundamentais do autor: 3) obrigação de garantia ou de disposição jurídica; 4) Alguns aspectos do dever de disposição física da obra: a) Entrega do *corpus mechanicum*; b) Causas possíveis da recusa de entregar; c) Sanção pela não entrega; d) Correção e modificação das provas; e) Importância da "ordem de mandar imprimir". 7. Deveres do editor: 5) Publicação: a) Noção e sanções à obrigação de publicar; b) Alguns problemas de alta relevância ligados à impressão: b.1) O número de exemplares, os *mains de passe* e os exemplares a serem dados ao autor; b.2) Distinção entre edição, tiragem e reimpressão; b.3) Numeração e assinaturas dos exemplares da obra; 6. Difusão e distribuição comercial. 8. Algumas considerações sobre a retribuição econômica do autor — **21-22/33**

— Direitos autorais — Música — Execução em restaurante por meio de toca discos ou toca-fitas — Indenização devida — Critério para a sua fixação — Arbitramento do *quantum* pelo julgador — **13/97**

— O direito do autor e a concorrência desleal — 1. Considerações preliminares. 2. Fundamento legal da ação de concorrência desleal. 3. Finalidade da ação de concorrência desleal. 4. Aplicação das normas sobre concorrência desleal ao campo do direito de autor. 5. Desnecessidade de desvirtuamento de clientela para configurar a concorrência desleal. 6. Atribuição a alguém de prática de contrafação. 7. Relação entre ato de concorrência desleal e ato ilícito. 8. Atos denegatórios. 9. Presunção de culpa no ato que prejudica autor e editor. 10. O descrédito como conseqüência de ato de concorrência desleal. 11. O problema do dano. 12. Falta de dano para configurar a concorrência desleal. 13. Quanto à avaliação dos danos — **20/25**

MATTOS, Francisco de Souza — Limitações constitucionais para majoração de tributos (Projeto de Lei 77/1976, da Câmara dos Deputados) — **30/111**

— Transferência de tecnologia e de recursos para o exterior por exploração ou uso de marcas e patentes — **24/119**

— Utilização de nomes brasileiros nos produtos da indústria nacional — **19/101**

MATTOS, Walmyr, & LEME, Dirceu Paes — Capitalização anual da correção do capital social realizado nas companhias abertas e fechadas ("carimbo" ou "bonificações"?) e nas sociedades por quotas de responsabilidade limitada — **32/107**

MATTOS, Walmyr, & ROSMAM, Suzel Whitaker de Assumpção Mattos — Representação de sociedade por falido — 1. Introdução. 2. Quem pode falir. 3. Falência da sociedade. 4. Extensão das responsabilidades sociais. 5. Da incapacidade de direito especial relativa. 6. Direito positivo. 7. Conclusões — **46/29**

MATTOS FILHO, Ary Oswaldo — O conceito de valor mobiliário — 1. O aparecimento. 2. O que é o valor mobiliário? 3. Valor Mobiliário ou Título de Crédito? 4. Efeitos de comércio e valores mobiliários. 5. Valor mobiliário: a) Contribuição para investimento; b) empreendimento comum; c) Expectativa de lucro; d) Caracterização do empreendimento; e) Contrato de risco; f) Controle de empreendimento; g) Materialização do Valor Imobiliário; h) Falta de especialização. 6. Alcance, limitações e exclusões — **59/30**

MAUDONNET, Maria Clara — Comentários sobre o novo código do consumidor — Lei 8.078/1991 — **86/83**

MEDAUAR, Odete, & AMARAL, Marcos — Responsabilidade administrativa — A legislação de "lavagem de dinheiro" — 1. Introdução. 2. Pessoas jurídicas e físicas que podem ser responsabilizadas. 3. Obrigações cujo descumprimento desencadeia a responsabilização administrativa. 4. sanções administrativas. 5. O Conselho de Controle de Atividades Financeiras (COAF). 6. O processo administrativo previsto no Decreto 2.799, de 1998 — **119/86**

MEDEIROS, Wanderley Pinto de — A insolvência das empresas brasileiras e o papel dos bancos de desenvolvimento — Introdução. Breve notícia da crise do direito falimentar. A evolução legislativa do direito empresarial no Brasil. Mudança da concepção processual da falência para uma teoria econômico-social. O papel dos bancos de desenvolvimento frente a crise do direito falimentar e o processo de insolvência das empresas brasileiras. Conclusões — **72/48**

MÉLEGA, Luiz — A reformulação do instituto da alienação fiduciária em garantia — **29/111**

— A regulamentação da atividade de secretário — Projeto de Lei Federal 5.099/1978 — **31/115**

— Ações bonificadas derivadas de ações subscritas com utilização de incentivos fiscais. Implicações — **9/59**

— Alienação fiduciária — Negócio feito por pessoa física — Falta de legitimidade desta — Eficácia apenas como contrato de mútuo — Pedido de restituição — Improcedência — **10/99**

— Alienação fiduciária em garantia — Alterações propostas na respectiva legislação pelo Projeto de Lei 1.960/1979, de autoria do Dep. Odacir Klein — **37/166**

— As operações de *hedging* e o seu regime fiscal — **24/129**

— As operações de *hedging* praticadas por firmas nacionais no comércio exterior — Estrutura jurídica do *hedge* — 1. Generalidades. 2. A não incidência e a isenção. 3. Empresas beneficiárias do favor fiscal. 4. O conceito de *hedge* ou *hedging*. 5. As bolsas de mercadorias e sua atuação nas operações de *hedging*. 6. O *hedging* não é operação eventual nem aplicação financeira. 7. As várias espécies de *hedging*: a) *Selling* ou *short-hedge*; b) *Buying* ou *long-hedge*; c) *Trade account*; d) *Straddle*; e) *Switch*; f) *Day trade*. 8. A estrutura jurídica do *hedge*. 9. A importância do *hedge*. 10. O regime fiscal brasileiro do *hedge* no comércio exterior: 10.1 O dispositivo legal que criou a isenção e o Comunicado Gecam 229/1973; 10.2 Os pressupostos constitucionais do Decreto-lei; 10.3 O princípio da reserva legal; 10.4 As normas de eficácia contida e de eficácia plena; 10.5 A função do regulamento. Sua subordinação à lei regulamentada; 10.6 O regulamento e a delegação de poderes. 11. A Portaria MF 18/1979: 11.1 O conceito de resultados líquidos; 11.2 Efeitos da Portaria MF 18/1979 no tempo: *ex nunc* ou *ex tunc*; 11.3 Os resultados líquidos negativos; 11.4 A extensão do benefício fiscal segunda a Portaria MF 18/1979; 11.5 Natureza interpretativa desse ato do ministro da Fazenda; 11.6 O aparente motivo da edição da Portaria MF 18/1979; 11.7 A interpretação literal. 12. O Parecer Normativo CST 10/1979: 12.1 O conceito de lucro de exploração; 12.2 A vinculação dos dois incentivos: exportação de manufaturados e operações de *hedge* no mercado exterior; 12.3 A ilegalidade da junção dos dois benefícios; 12.4 Novamente o princípio da estrita legalidade. 13. Outros tributos: imposto sobre produtos industrializados, imposto sobre a circulação de mercadorias, imposto sobre a exportação e a importação e imposto sobre operações financeiras. 14. Incentivo fiscal à exportação de manufaturados. 15. Legislação citada: a) Art. 5º do Decreto-lei 1.418/1975; b) Portaria MF 18/1979; c) Parecer Normativo CST 10/1979; d) Resolução BCB 272/1973; e) Comunicado Gecam 229/1973 — **35/49**

— As sociedades anônimas e as sociedades por cotas de responsabilidade limitada. Confronto de eventuais vantagens e desvantagens — **25/119**

— Cláusula-ouro — Proibição das cláusulas que estipulem pagamento em moeda diversa da nacional — Cláusula de correção de valor — Legislação e jurisprudência do STF — **11/74**

— Contrato de prestação de assistência técnica — **19/61**

— Correção monetária — Cabimento somente quando contratualmente estipulada ou expressamente autorizada por lei — Recurso extraordinário conhecido e provido — **12/98**

— Empréstimo compulsório — Correção monetária — Sua contabilização e efeitos fiscais — **39/213**

— Incentivos fiscais à exportação de serviços — **29/119**

— *Leasing* — 1. Conceito. 2. Modalidades. 3. Vantagens Financeiras; vantagens administrativas e desvantagens. 4. Imposto sobre a renda (IR); imposto sobre produtos industrializados (IPI); imposto sobre a circulação de mercadorias (ICM) e imposto municipal sobre serviços de qualquer natureza (ISS). 5. Necessidade de regulamentação — **5/29**

— Nacionalidade das sociedades por ações — **33/127**

— O Código de Defesa do Consumidor (Lei 8.078 de 11.9.1990) — **83/84**

— O imposto de renda sobre o lucro auferido por pessoas físicas nas vendas de imóveis a prestações — 1. A legislação. 2. O Decreto-lei 1.641/1978: 2.1 O sistema do Decreto-lei 1.641/1978; 2.2 O parentesco para o efeito do Decreto-lei 1.641/1978. 3. O Parecer Normativo CST 08/1979. 4. A Portaria Ministerial 80/1979. 5. e 5.1 Crítica ao Decreto 1.641/1978. 6. Crítica ao Parecer Normativo CST 08/1979. 7. a 7.6 A disponibilidade econômica e a disponibilidade jurídica. 8. a 8.6 A legislação sobre o parcelamento do solo. 9. a 9.7 O princípio da capacidade contributiva. 10. a 10.4 O princípio do ganho realizado. 11. Conclusões — **33/47**

— O problema da cobrança de juros e correção monetária nos débitos governamentais face à lei da usura — **20/61**

— Os incentivos fiscais do imposto sobre a renda e as subscrições de capital do fundo de investimento do nordeste — FINOR — 1 a 1.4 O tema a ser desenvolvido. 2 a 2.1 O sistema de Decreto-lei 1.376/1974; 2.2 O significado da expressão "arts. 34/18 e 13/13"; 2.3 A resolução BCB de 24.6.1976; 2.4 As hipóteses da aplicação dos incentivos em projetos próprios. 3. A realização conjunta das assembléias gerais ordinárias e extraordinárias: 3.1 A capitalização do resultado da correção monetária do capital social realizado. 4. a 4.2 O balanço. Sua natureza jurídico-contábil. 5. O balanço como mera proposta dos órgãos administrativos: 5.1 As decisões das assembléias gerais. 6. Sua natureza jurídica: 6.1 Os efeitos *ex tunc* das decisões das assembléia que aprovam os balanços; 6.2 O direito ao dividendo e o encerramento do exercício social; 6.3 o mandato, a gestão de negócios e os atos de administração. 7. A assembléia geral ordinária e a reserva de capital resultante da correção monetária do capital realizado. O capital, o lucro fator tempo. Os dividendos e os frutos civis. 8. a 8.1 O direito do acionista à percepção do lucro. 9. As aplicações nos projetos da empresa intitulada ao incentivo fiscal: 9.1 As hipóteses do art. 11 da Portaria SUDENE 83/1976: repasse das ações aos acionistas da empresa titular de projeto beneficiário dos incentivos: 9.1.1 a 9.1.3 A proibição das sociedades anônimas negociarem com as próprias ações; 9.2 Conseqüências fiscais do repasse das ações (item 9.1); 9.3 A situação dos acionistas da empresa beneficiária do projeto incentivado face à distribuição de bonificações ao FINOR. 10. As aplicações da empresa titular de projeto beneficiário em favor desse projeto: uma anomalia do sistema do Decreto-lei 1.376/1974: 10.1 a 10.3 Sugestões *de lege ferenda* para correção da anomalia — **37/51**

— Reavaliação dos bens do ativo — Companhias aberta — Deliberação CVM 13 — 15.10.1981 — **43/106**

— Reavaliação dos bens do ativo permanente. Constituição da reserva de reavaliação. Sua incorporação ao capital social. Seu aproveitamento para compensação de prejuízos. Hipóteses que dispensam a sua Constituição — **44/115**

— Reforma tributária — Imposto sobre a renda da pessoa jurídica — Proposta de sua eliminação — Críticas e sugestões — **50/123**

— Seguro de garantia — **21-22/159**

MELLO, Adriana Mandim Theodoro, & de THEODORO JÚNIOR, Humberto — Apontamentos sobre a responsabilidade civil na denúncia dos contratos de distribuição, franquia e concessão comercial — **122/7**

MELLO, Celso Antônio Bandeira de — Preço secreto no julgamento das licitações — **63/40**

MELLO, Moacir de Barros — Concordata preventiva — Exercício do comércio há mais de 2 anos — Início da contagem — Interpretação do art. 140 da lei falimentar — **10/106**

MELO, Claudineu de — O sexto poder *interna corporis* da sociedade anônima — **62/69**

MENDES, Antônio, & NASCIMENTO, Edson Bueno — Estudo de direito monetário: a moeda e suas funções; obrigações monetárias; estipulação e indexação de obrigações monetárias — 1. Introdução. 2. Elementos da teoria geral do direito monetário: os conceitos de base: 2.1 A moeda: conceitos e funcções; 2.2 A soberania monetária do Estado: *jus cudendae monete*, conversibilidade de moedas e sustentação legal do monopólio estatal da moeda; 2.3 O "direito de senhoriagem" e a irresponsabilidade monetária do Estado dos pontos de vista interno e internacional. 3. Elementos básico da conceituação de obrigações monetárias: 3.1 Considerações acerca da inflação; 3.2 Dívidas de valor e dívidas de dinheiro e o conceito jurídico de obrigações monetárias; 3.3 O regime jurídico das taxas de juros. 4. Estipulação em moeda nacional e em moeda estrangeira e a indexação de obrigações monetárias estipulada em cruzeiros: 4.1 Regime comum — O curso legal e forçado da moeda nacional; 4.2 Regime de Exceção — Os contratos em moeda estrangeira; 4.3 Considerações críticas acerca da indexação de obrigações monetárias estipuladas em cruzeiros; 5. Conclusão — **84/35**

MENEZES, José Alberto Bastos de — Os atos de liberalidade nas sociedades anônimas — Os órgãos da sociedade anônima. Indelegabilidade dos poderes. A diretoria. Limitações aos poderes da diretoria. Atos de liberalidade. Amplitude do conceito de liberalidade. Objetividade do preceito legal. Crítica à justificativa das liberalidades. Autorização da assembléia. Previsão estatutária. Crítica à lei atual. Elogio ao anteprojeto. Conclusões — **11/49**

MENEZES, Paulo Lucena de — A disciplina do direito de recesso no Projeto de Lei 1.564/1996 — 1. Introdução. 2. O direito de recesso na Lei 6.404/1976 e as modificações promovidas pela Lei 7.958/1989. 3. A disciplina do direito de recesso no Projeto de Lei 1.564/1996 — **105/126**

MERCADO JÚNIOR, Antônio — Algumas questões sôbre a forma do protesto de títulos cambiários — **1/157**

— Observações sobre o anteprojeto de Código Civil, quanto à matéria "Dos Títulos de Crédito", constante da Parte Especial, Livro I, Título VIII — 9/113

— Procedimento no protesto de títulos cambiais — Algumas questões sobre a forma do protesto de títulos cambiários - 1/157

— Relatório apresentado ao Instituto Brasileiro de Direito Comercial Comparado e Biblioteca Tullio Ascarelli anexo ao Departamento de Direito Comercial, da Faculdade de Direito da Universidade de São Paulo, sobre o tema: "O projeto de lei do Senado Federal, que dispõe sobre o cheque e dá outras providências" — **53/134**

MESQUITA, José Ignacio Botelho de — Concordata preventiva — Desistência — Recurso cabível — Agravo de petição — **6/74**

— Da liquidez suficiente para requerer falência — **7/47**

— Duplicata — Título não aceito mas protestado, nos termos da nova lei aplicável — Cobrança executiva — Carência — Pretendido direito da conversão de demanda em ação ordinária — Inadmissibilidade — **8/92**

— Falência — Pedido com fundamento no art. 2º, I, do Decreto-lei 7.661, de 1945 — Denegação liminar por não haver o oficial de justiça certificado não ter encontrado bens penhoráveis — Inadmissibilidade — Decisão reformada — Voto vencido — Inteligência do dispositivo supra — **7/81**

— Falência — Pedido de restituição — Inaplicabilidade do princípio de imediatidade — Inteligência do art. 120 do CPC — **2/63**

MESSINA, Paulo de Lorenzo — *Capital requirements and the Brazilian banking system* — 1. Introduction. 2. General characteristics of the Brazilian banking system. 3. Capital Requirements in the Brazilian Banking System. 4. The balse accord for capital requirement of banks. 5. Capital requirement in the European Community. 6. Capital requirement in the United States. 7. Capital requirement in Japan. Conclusion — **93/49**

MICALI, Isabella Soares, & WALD, Arnoldo — *L'endettement et les nouvelles perspectives de la conversion de la dette en investissements al'heure des privatisations et du Plan Brady: l'expérience brésilienne* — **98/15**

MIGNOLI, Ariberto — Contribuição de Tullio Ascarelli à doutrina das sociedades anônimas — **38/37**

— *Il controllo pubblicistico sulle società per azioni: la CONSOB* — **17/87**

MIGUEL, Paula Castello — Contratos de *shopping center* — **107/137**

— O estabelecimento comercial — Introdução. I — Conceito de estabelecimento empresarial: 1.1 O estabelecimento comercial; 1.2 O estabelecimento empresarial: 1.2.1 Teoria dos atos de comércio e teoria da empresa; 1.2.2 Conceituação moderna; 1.3 Sinônimos de estabelecimento empresarial. II — O estabelecimento empresarial na legislação nacional: 2.1 Referências legais; 2.2 Estabelecimento principal, agências, filiais e sucursais. III — Natureza jurídica do estabelecimento empresarial: 3.1 Considerações gerais; 3.2 Teoria da personalidade jurídica: 3.2.1 Autonomia do estabelecimento para fins fiscais; 3.3 Teoria do patrimônio separado; 3.4 Teoria do bem imaterial; 3.5 Teoria das universalidades: 3.5.1 Bens singulares e coletivos (universalidades); 3.5.2 Universalidades de fato e de direito. IV — Composição do estabelecimento empresarial e sua proteção jurídica: 4.1 Considerações gerais; 4.2 Bens: 4.2.1 Bens corpóreos; 4.2.2 Bens incorpóreos; 4.3 Direitos e obrigações: 4.3.1 Contratos de trabalho; 4.4

Ponto empresarial: 4.4.1 Do direito a renovação do contrato de locação; 4.5 Elementos fáticos: 4.5.1 Clientela ou freguesia; 4.5.2 Aviamento; 4.6 Proteção jurídica ao estabelecimento empresarial. Conclusão — **118/7**

MILANI, Mário Sérgio — Comercial — Balanço futuro — Obrigação de pagar ao ex-sócio certo percentual, a ser apurado em balanço futuro — Dívida de valor, e não dívida de dinheiro — Correção monetária imponível, a partir da definição de *quantum* — Divergência jurisprudencial não caracterizada — **61/85**

— Execução fiscal — Ação contra sociedade por quotas de responsabilidade limitada — Penhora de bens do sócio — Caso em que é possível — Aplicação do art. 135, *caput*, do CTN — **57/78**

— Finsocial — Ação ordinária contra União pedindo a devolução das quantias pagas indevidamente — Ação julgada procedente — **62/59**

— Sobretarifa — Instituição pela Lei 4.117/1982, para vigorar pelo prazo de 10 anos, transformou-se em imposto — **64/75**

— Sociedade anônima — **76/81**

MILANI, Virgínia de Medeiros Claudino — Sociedade comercial — Marido e mulher — Dívida assumida pelo varão — Aparência de legitimidade perante terceiros de boa-fé — Contrato social que, entretanto, exige a assinatura dos dois sócios — Nulidade dos títulos alegada em embargos à execução — Inadmissibilidade — Má-fé caracterizada — **60/62**

— Sociedade por quotas — Marido e mulher, sócios exclusivos — Legitimidade — **61/76**

MIRANDA JÚNIOR, Darcy Arruda — Algumas questões relativas ao cheque "cruzado" e "para ser creditado em conta", na prática, na doutrina e na jurisprudência — **61/22**

— É necessária a autorização marital para a mulher exercer o comércio? — **5/23**

MIYAJIMA, Tsukasa — A nova lei japonesa das sociedades anônimas — **82/80**

MONOD, Françoise — Criação e desenvolvimento de uma sociedade capital — **101/119**

MONTEIRO, Manoel Ignácio T., STUBER, Walter Douglas, & NOBRE, Lionel Pimentel — Questões jurídicas relacionadas à internet — **120/146**

MONTES FILHO, José Alcides — O ISS na construção civil — **129/108**

MONTES FILHO, José Alcides, & BARROS, Zanon de Paula — Proibição da suspensão de serviços essenciais à população por falta de pagamento — **121/234**

MONTORO, Thereza Maria S. Franco — O contrato preliminar, o novo Código Civil e a análise econômica do direito — **132/151**

MONTORO, Thereza Maria S. Franco, & RIBEIRO, Mariana Martins — Banco Central do Brasil — Procedimentos de registro de investimentos estrangeiros direitos — Empréstimos externos — **134/187**

MORAES, Aloysio, & BARROSO, Luiz Felizardo — O sistema judiciário japonês — **94/103**

MORAES, Luiza Rangel de, & WALD, Arnoldo — Da legalidade da emissão de ações preferenciais para distribuição pública, por sociedade controlada por capitais estrangeiros — **105/19**

MORAES, Mauro Delphim de — A mudança do objeto da companhia e o direito de recesso — **85/57**

— A sucessão nas obrigações aziendais no direito brasileiro — I — Introdução. II — Sucessão. III — A sucessão e o estabelecimento comercial: 1. O estabelecimento comercial; 2. A sucessão e o estabelecimento comercial: a) *Causa mortis*; b) *Inter vivos*; 3. Trespasse do estabelecimento comercial, sucessão nos créditos, débitos, obrigações e contratos: a) sucessão nos créditos; b) sucessão nos débitos, obrigações; c) cessão dos contratos; d) sistematização sobre a transmissão de créditos, débitos e contratos; e) aplicação de regras, oriundas da sistematização de alguns casos concretos: a) A responsabilidade pelos tributos; b) Contrato de fornecimento; c) Contrato de seguro; d) Contrato de trabalho; e) Contrato de locação de imóvel; f) contratos administrativos; g) O mandato. IV — A cessão de crédito, débito e contrato sua eficácia em relação a terceiros: a) Crédito sua cessão; b) débito sua cessão; c) contrato sua cessão; d) generalidade. V — O estabelecimento comercial bancário. VI — Conclusão — **32/17**

— Alienação fiduciária — Busca e apreensão — Venda do bem fiduciado — Saldo devedor — Ação contra avalista — Inicial indeferida — **31/100**

— Avalista de concordatária responde pelo débito em moeda estrangeira até o efetivo pagamento (Lei Uniforme, art. 41) — **65/64**

— Banco comercial — Cessão do controle acionário — Incorporação — **61/63**

— Boletim de subscrição — Natureza jurídica — **45/89**

— Cédula rural pignoratícia — Débito pago pelo avalista — Prosseguimento na execução contra o devedor avalizado — Admissibilidade — Agravo provido — **26/126**

— Cheque — Extravio — Terceiro que cobra — Boa-fé — Ação de restituição improcedente — Apelação não provida — **52/110**

— Contrato de abertura de crédito — **72/65**

— Empréstimo bancário — Cambial — Vinculação a contrato — Autonomia da cártula — **81/87**

— Execução — Cobrança de saldo de contrato de abertura de crédito para movimentação de conta bancária — Super-cheque — Embargos recebidos — Apelo da vencida pedido prosseguimento da execução — Falta de apresentação de título executivo hábil pela apelante, para comprovar seu crédito — Apelo não provido. Não tendo a credora apresentado título executivo hábil à comprovação de seu crédito é de ser mantida a sentença que proclamou a carência do procedimento escolhido e a procedência dos embargos — **50/111**

— Incorporação — Omissão no edital de convocação para assembléia geral extraordinária — **40/119**

— Mútuo — Débitos garantidos com alienação fiduciária — Atraso do devedor no pagamento de prestações — Saque pela financeira credora de letras de câmbio contra a mutuaria, com acréscimo variando entre 6, 43 e 15.88% e todas com vencimento à vista — Comissão de permanência — Falta de indispensável precisão — Cláusula potestativa — Declaração de nulidade das cambiais, ressalvada a emissão de outras, nos termos dos contratos e atendidas as limitações ali previstas — Cambial — Letra de câmbio — Saque à vista — Cláusula contratual autorizando-o em caso de atraso no pagamento de prestações de contrato de mútuo garantido com alienação fiduciária — Desnecessidade de registro — Alienação fiduciária — Lei de usura — Diploma legal inaplicável às instituições financeiras — **45/63**

— Sociedade anônima — Correção do capital social — **79/101**

— Supremo Tribunal Federal — Na transferência da propriedade de imóveis, resultante de cisão parcial, incide imposto de transmissão "inter vivos", segundo decidiu o aresto recorrido — Recurso extraordinário não conhecido — **71/81**

MOREIRA, Edson Fábio Garutti, SILVEIRA, André Bueno da, MARINHO, Arthur, & BARBOSA, Iberê Uchoa de Azevedo — A relação entre o novo SPB e os títulos de crédito. Conseqüências jurídicas, políticas e sociais — **127/215**

MOREIRA, Egon Bockmann — Conselho Monetário Nacional, Banco Central do Brasil e Comissão de Valores Mobiliários. Considerações acerca de sua natureza jurídica, em face das chamadas "agências administrativas" — **116/136**

MOREIRA, Ricardo Guimarães — Poder regulamentar da Comissão de Valores Mobiliários em face dos princípios da legalidade e separação de poderes — **131/122**

— Sociedade limitada ou anônima fechada? O novo dilema dos empreendedores nacionais — **133/32**

MORELLO NETTO, João Baptista — O registro público de empresas mercantis e atividades afins — Lei 8.934, de 18.11.1994 — **96/73**

MORITZ, Renata Brandão — As hipóteses de recesso na lei das sociedades anônimas — 1. O direito de retirada na Lei 6.404: 1.1 A Lei 6.404/1976 e os pressupostos de recesso; 1.2 Hipóteses para seu exercício; 1.3 Prazo para exercer o direito de retirada; 1.4 Valor de reembolso das ações. 2. A Lei 7.958/1989: 2.1 Alterações no *caput* do art. 137 da Lei 6.404/1976; 2.2 A reação às mudanças; 2.3 Acórdãos e pareceres sobre a "Lei Lobão". 3. Novas propostas de alterações. 4. Conclusão — **101/56**

MOSQUEIRA, Beatriz Mansília de, & ESCUTI, Inacio A. — *Derecho de información del accionista* — 1. Introducción. 2. Evolución histórica: 1) Generalidades; 2) Etapas; 3) La situación actual. 3. El derecho argentino vigente: a) Información genérica; b) La interpretación societaria — **70/15**

MOTTA, Nelson Cândido — Alienação de controle de instituições financeiras — Acionistas minoritários — Notas para uma interpretação sistemática da lei das sociedades anônimas — 1. Notas para uma interpretação sistemática. 2. Art. 255 — Um exercício de leitura. 3. Oferta pública e rateio dos intangíveis. 4. Direitos da minoria e poupança popular. 5. Direitos patrimoniais e igualdade de tratamento. 6. Oferta pública e direito de voto. 7. O dever de zelar e a preexistência do direito. 8. "Alienação" e "aquisição" do controle. 9. A Instrução CVM 03/1978. 10. A doutrina estrangeira. 11. Alienação do controle e incorporação. 12. Ainda o acórdão do TFR. 13. A nova estrutura do mercado de capitais de risco — **46/33**

— Alienação do poder de controle compartilhado — **89/42**

— Classe e espécie de ações — A questão. Espécies de ações. Classes de ações. Conceito de classe. Aumento do capital social: a regra. Aumento do capital social: as exceções do art. 136. As hipóteses previstas nos incs. I e II do art. 136. O ponto de vista da CVM. Alguns subsídios de hermenêutica — **62/32**

— Da responsabilidade patrimonial dos administradores de instituições financeiras. A indisponibilidade de bens — I — A Lei 6.024, de 1974. II — "Indisponibilidade" e inalienabilidade. III — Indisponibilidade e direito de propriedade. IV — Indisponibilidade e sucessão hereditária. V — Indisponibilidade e direito de família. VI — Indisponibilidade e responsabilidade patrimonial. VII — Indisponibilidade de bens e arresto. VIII — Alternativa *de lege ferenda.* IX — Indisponibilidade e reincidência — **27/35**

— Do acesso aos livros societários. Notas para uma interpretação sistemática e teológica do § 1º do art. 100 da Lei de S/A — **115/127**

MOURA, Geraldo Bezerra de — A competência judiciária em matéria de acidentes aéreos — 1. Introdução. 2. Alguns traços da natureza compósita dos acidentes aéreos. 3. A justiça federal tem competência exclusiva — **18/39**

— O contrato de seguro no direito da navegação — 1. Introdução e plano do trabalho. 2. O contrato de seguro nas suas origens sociais e comerciais. 3. Evolução intrínseca do instituto do seguro marítimo. 4. O princípio da responsabilidade garantida. 5. As implicações do Contrato de seguro aeronáutico — **20/35**

— Transporte aéreo — Abalroamento de aeronaves em vôo — Indenização devida pelo causador do acidente — Responsabilidade a ser apurada de conformidade com o art. 159 do Código Civil — Circunstância irrelevante de haver sido paga indenização tarifada — **13/120**

— Transporte aéreo internacional — Acidente — Aplicabilidade, quanto á indenização, dos princípios proclamados pela Convenção de Varsóvia — **14/128**

MUELLER, Bernardo — Direitos de propriedade na nova economia das instituições e em direito e economia — **126/117**

MÜLLER, Otto — Participação nos lucros e co-gestão dos trabalhadores nos grupos societários do direito alemão — **57/89**

MUNHOZ, Eduardo Secchi — Desconsideração da pessoa jurídica e grupos de sociedades — **134/25**

MUSSNICH, Francisco Antunes Maciel — A utilização desleal de informações privilegiadas — *Insider Trading* — no Brasil e nos Estados Unidos — Introdução. I — O problema da separação entre o controle e a gestão e o dever dos administradores nas empresas modernas. II — Descrição e comentário dos mecanismos existentes nos Estados Unidos para evitar a utilização desleal de informações privilegiadas pelos administradores, de acordo com o *Securities and Exchange Act of 1934, Section 16 (b)* e *Rule 10b-5* e os casos relevantes sobre a matéria. III — Descrição e comentário dos mecanismos existentes no Brasil para evitar a utilização desleal de informações privilegiadas pelos administradores, de acordo com os arts. 155 e 157 da Lei 6.404/1976 e 4º e 9º da Lei 6.385/1976 e os dois casos relevantes sobre a matéria. IV — Comparação de alguns aspectos dos dois sistemas jurídicos com sugestões de três alternativas para o aperfeiçoamento das normas que regem a utilização desleal de informações privilegiadas — **34/31**

NACARINI, Augusto do Carmo — Cheque — Data da emissão muito posterior à em que o emitente o assinou — Mandato atribuído ao portador para preenchimento — Inexistência de tempo certo para o seu exercício — Embargos recebidos — Aplicação do art. 4º do Decreto 2.044, de 1908 — **20/84**

— Sociedade comercial — Responsabilidade limitada — Dissolução sem liquidação regular — Responsabilidade de sócio-gerente — **19/82**

NASCIMENTO, Edson Bueno, & MENDES, Antônio — Estudo de direito monetário: a moeda e suas funções; obrigações monetárias; estipulação e indexação de obrigações monetárias — 1. Introdução. 2. Elementos da teoria geral do direito monetário: os conceitos de base: 2.1 A moeda: conceitos e funcções; 2.2 A soberania monetária do Estado: *jus cudendae monete*, conversibilidade de moedas e sustentação legal do monopólio estatal da moeda; 2.3 O "direito de senhoriagem" e a irresponsabilidade monetária do Estado dos pontos de vista interno e internacional. 3. Elementos básico da conceituação de obrigações monetárias: 3.1 Considerações acerca da inflação; 3.2 Dívidas de valor e dívidas de dinheiro e o conceito jurídico de obrigações monetárias; 3.3 O regime jurídico das taxas de juros. 4. Estipulação em moeda nacional e em moeda estrangeira e a indexação de obrigações monetárias estipulada em cruzeiros: 4.1 Regime comum — O curso legal e forçado da moeda nacional; 4.2 Regime de Exceção — Os contratos em moeda estrangeira; 4.3 Considerações críticas acerca da indexação de obrigações monetárias estipuladas em cruzeiros; 5. Conclusão — **84/35**

NEHRING NETTO, Carlos — Jurisprudência da Corte de Arbitragem da Câmara de Comércio Internacional — **85/72**

NERY, Sandra de Medeiros — Concordata preventiva e suspensiva (alguns aspectos econômicos e contábeis) — **118/199**

— Direitos dos acionistas diante da morosidade do procedimento de liquidação ordinária ou facultativa de S/A — **113/201**

— Estacionamentos em *shopping centers* (uma análise da evolução jurisprudencial) — **114/206**

— Preço de emissão das ações no aumento de capital da companhia — art. 170 da lei das sociedades por ações (alterações introduzidas pela Lei 9.457/1997) — **115/221**

NEVES, Daniella Maria — A executividade do contrato de abertura de crédito em conta corrente — Cheque especial — **119/173**

NOBRE, Lionel Pimentel, STUBER, Walter Douglas, & MONTEIRO, Manoel Ignácio T. — Questões jurídicas relacionadas à internet — **120/146**

NÓBREGA, Maílson da, & WALD, Arnoldo — Privatização, minoritários e moralidade administrativa — **110/146**

NOGUEIRA, Antonio de Pádua Ferraz — *Shopping center*: características do contrato de direito de reserva da localização (*res sperata*) — **77/82**

NOGUEIRA, José Carlos da Silva — A análise do mercado relevante e o princípio da isonomia na matéria antitruste — **131/75**

— O contrato de *joint venture* na matéria antitruste — **125/58**

NOGUEIRA, Ruy Barbosa — A bitributação internacional — **62/83**

— A coisa julgada em direito tributário — A relação jurídico-tributária como objeto da lide — Impostos periódicos e instantâneos — ICM, ISS e *numerus clausus* — Distinção entre provimento "normativo" e "preventivo" ou "repressivo", em tema de mandado de segurança — A coisa julgada no executivo fiscal e no mandado de segurança — Vinculação dos tribunais. Segurança e paz jurídicas. Confiança dos jurisdicionados — Coisa julgada e ato continuado. Sistematização. Informática jurídica. Computador — A exigência de imposto sabidamente indevido e o Código Penal — **14/11**

— A contribuição de Tullio Ascarelli para a formação da doutrina jurídico-tributária do Brasil — A vinda da família para o Brasil; A primeira impressão; A primeira contribuição jurídico-fiscal do mestre; Resumo de idéias e fundamentos; Contribuição até hoje inédita; O primeiro curso monográfico de direito tributário, em grau de pós-graduação, no Brasil; Incentivador de publicações; O advogado-professor; As indicações de literatura jurídico-tributária do mestre; O comercialista e o direito tributário; O fato e o direito; Uma explicação possível da redação de Ascarelli; Volta à Itália — **38/61**

— A liberdade de escrever e a imunidade objetiva — O caso proposto. Estudo do caso e conclusões. A sentença. O vigente texto da Constituição. O erro e o excesso do Fisco Paulista. Direito comparado. O livro de figurinhas do Fisco paulista para ensinar "o que é o ICM" e auxiliar a fiscalização. Porque a Constituição vigente afastou o próprio poder de instituir imposto, de forma objetiva e incondicional — **54/26**

— A política fiscal e a reformulação do Imposto sobre Produtos Industrializados — Introdução — A problemática das infra-estruturas — Taxa, contribuição de melhoria e imposto — Natureza do imposto e sua instrumentalidade — As atividades produtoras nacionais — **40/19**

— Constituição? E a moléstia das normas? — **63/100**

— Contribuição de melhoria e taxa de iluminação pública — 1. Contribuição de melhoria: realização de obra pública. 2. Taxa por prestação de serviço público. 3. Direito tributário comparado — **43/5**

— Dicionário expositivo de direito tributário e das ciências fiscais — **6/141**

— Faturamento ou receita operacional, IPI e contribuição ao PIS. A problemática do tributo sobre tributo — Estudo e conclusão — Dos direitos e garantias individuais — **23/13**

— Imposto de renda — Ação fiscal direta e antecipação de Lançamento — **7/11**

— Imposto de renda — Sociedades anônimas — Comissões, bonificações, gratificações e semelhantes sem origem e identificação de beneficiário — Alíquota condensada ou *una tantum* — A "consumição" do fato econômico tributado — A assunção da responsabilidade pelo imposto na fonte, com o desconto por dentro: contribuinte individualizado — Natureza e regime dos arts. 308, 181 e 502 do RIR — Aspectos do direito tributário comparado — Prática administrativa e jurisprudência — Pretendida alteração do critério jurídico — Acumulação juridicamente impossível: confisco — **9/11**

— Imposto sobre operações relativas à circulação de mercadorias — **11/89**

— Incêndio, documentação e imposto de renda — **18/103**

— Miguel Reale e o direito tributário — 1. Universalidade e predomínio da filosofia. 2. As contribuições de Miguel Reale à dogmática, à ciência, à filosofia do direito tributário — **80/5**

— O direito tributário. Sua codificação, estudo e ensino no Exterior e no Brasil — 1. Direito tributário. Sua codificação, estudo e ensino no exterior e no Brasil. 2. Importância atual do direito tributário como especialidade profissional. 3. O auxílio que, dentro do ensino universitário, o direito tributário pode dar a outros estudos. 4. A exigência curricular do direito tributário como complementação científica e profissional — **24/13**

— Programas e compêndios de direito — **60/83**

— Quatrocentas reuniões de estudos da mesa semanal de debates do IBDT/USP — **51/153**

— Taxatividade da lista de serviços e aplicação de seus itens — A lista é taxativa; a técnica das listas, tabelas ou elenco de tributações e a sua interpretação — **19/15**

NORONHA, Ilene Patrícia de — Aspectos jurídicos da cédula de produto rural — **119/168**

NUNES, Antônio José Avelãs — Algumas incidências constitucionais da institucionalização da união econômica e monetária — **129/7**

— Noção e objecto da economia política — 1. Enunciado da problemática: 1.1 Economia política (*political economy*) ou economia (*economics*)?; 1.2 Há uma definição para a ciência econômica?; 1.3 A ciência econômica surgiu com o capitalismo; 1.4 A ciência econômica surgiu como "ciência da burguesia". 2. As duas perspectivas fundamentais de ciência econômica: 2.1 A perspectiva clássica-marxista (fisiocratas — Smith/Ricardo/Marx); 2.2 A perspectiva subjetivista-marginalista. 3. Reflexão crítica: 3.1 O âmbito da ciência econômica; 3.2 Mais relevantes são as limitações de uma ciência econômica que faz a análise do comportamento do *homo oeconomicus* o seu núcleo essencial; 3.3 A economia marginalista é incapaz de compreender o capitalismo; 3.4 É possível uma pura "ciência dos meios"?; 3.5 A economia é uma ciência? 4. Referências bibliográficas — **104/7**

— Nota sobre a independência dos bancos centrais — **103/59**

NUNES, Hélio da Silva — A concordata preventiva e a nova lei — **81/117**

— A *disregard doctrine* — A falência — A extensão da falência e extensão dos efeitos da falência — 1. Histórico, falência, extensão, extensão da falência e extensão dos efeitos da falência. 2. A *disregard doctrine*. 3. Pessoa jurídica — Personalidade jurídica. O sistema brasileiro de direito e a *disregard doctrine*. 4. A desconsideração na jurisprudência. 5. Conclusão — **120/22**

— Alienação de bem imóvel pendente demanda contra o alienante insolvente — **123/94**

— Concessão da concordata a empresa de assistência médica — Decisão transitada em julgado do juízo distrital de Cajamar/SP — **67/90**

— Execução de cessão de crédito — Alienação em fraudes à execução — Ineficácia — Adquirente falido — Numerário entregue ao exeqüente — **124/199**

— Incorporação e a concordata preventiva — **73/74**

NUNES, Simone Lahorgue — Emissão de ações preferenciais por instituições financeiras — Limite de 50% do capital social — **116/162**

NUSDEO, Ana Maria de Oliveira, & COSTA, José Augusto Fontoura — As cláusulas de força maior e de *hardship* nos contratos internacionais — **97/76**

NUSDEO, Fábio — A empresa brasileira de capital nacional: extensão e implicações do art. 171 da Constituição Federal — 1. Introdução. 2. Enquadramento do tema. 3. A nacionalidade. 4. A empresa brasileira de capital nacional — Conceito. 5. Princípios interpretativos básicos: 5.1 Caracterização do controle; 5.2 Controle de fato; 5.3 Controle de direito; 5.4 A titularidade direta ou indireta; 5.5 Pessoas físicas domiciliadas e residentes no país. 6. O tratamento dado a empresa brasileira de capital nacional: 6.1 Proteção e benefícios temporários; 6.2 Proteção e benefícios; 6.3 Proteção e benefícios especiais; 6.3 Atividades estratégicas para a defesa nacional ou imprescindíveis ao desenvolvimento. 7. Controle tecnológico nacional. 8. Percentuais de participação societária. 9. Preferência para fornecimento ao poder público. 10. Conclusão — **77/15**

— A ordem econômica constitucional no Brasil — 1. As constituições brasileiras: breve escorço histórico. 2. O constitucionalismo e a ordem econômica. 3. A ordem econômica na futura Constituição brasileira — **65/12**

— O desenvolvimento econômico como fim constitucional — 1. O tema. 2. Evolução recente. 3. Desenvolvimento econômico: meio ou fim? 4. O desenvolvimento nas Constituições brasileiras. 5. Conclusão — **37/9**

— O direito econômico e os grupos de pressão — 1. Do Estado intervencionista ao Estado participante. 2. As normas do direito econômico. 3. Agências governamentais. 4. Grupos de pressão: uma análise comportamental. 5. Maioria e minoria. 6. Direito econômico e axiologia — **31/11**

OCHMAN, Renato — A lacuna do art. 123 da Lei 6.404/1976 — **72/91**

OCHMAN, Renato, & FORGIONI, Paula A. — Direito de retirada do acionista no "fechamento de capital" de companhia — 1. Do "fechamento de capital" da companhia. 2. Do procedimento necessário ao cancelamento do registro para negociação de valores mobiliários em bolsa dou no mercado de balcão: 2.1 Procedimento para cancelamento de registro de companhias que possuam em circulação no mercado ações representativas de mais de 10% de seu capital social; 2.2 Procedimento para cancelamento de registro de companhias que possuam em circulação no mercado ações representativas de menos de 10% de seu capital social; 2.3 Procedimento para cancelamento do registro de sociedades anônimas beneficiárias de recursos oriundos de incentivos fiscais. 3. Do direito de recesso: 3.1 Considerações gerais sobre o direito de recesso; 3.2 O direito de recesso na legislação brasileira. 4. O direito de retirada na legislação vigente: 4.1 O suposto direito de retirada que seria assegurado pelas instruções da CVM 156 e 185. 5. Do grupo de sociedades na legislação brasileira. 6. Do direito de retirada na criação dos grupos de sociedade. 7. Conclusões — **90/38**

OLIVEIRA, Ary Brandão de — Dos contratos de utilização de navios no direito brasileiro (análise crítica) — 1. Introdução. 2. Noção de "contrato de utilização do navio". 3. A regulação dos contratos de utilização típica dos navios no direito comparado: 3.1 O fretamento segundo o código de comércio francês; 3.2 O fretamento segundo a doutrina francesa. 4. Análise da questão no direito brasileiro. 5. A guisa de conclusão — **91/27**

OLIVEIRA, Edison Josué Campos de Oliveira — Cancelamento de protesto de títulos — O direito desuniforme — **10/149**

OLIVEIRA, Fábio César dos Santos — Direito constitucional. Direito econômico. Propriedade industrial. Proibição legislativa do registro de novas marcas de cigarro — **133/288**

OLIVEIRA, Fernando Albino de — Imposto de renda — Aporte de capital a pessoa jurídica. Existência ou não de renda — **46/51**

— Imposto de renda — Incorporação de bens de sócio à pessoa jurídica para aumento de capital — Tributação não reconhecida — **54/119**

OLIVEIRA, Gérson de — Junta Comercial — Contrato social — Alteração — Saída de sócio e entrada de novo — Hipótese de mutuação patrimonial — Necessidade de apresentação do certificado de regularidade de situação — Segurança denegada — Aplicação do art. 141 da Lei 3.807, de 1960 — **11/71**

— Penhora — Bens de diretores de sociedade anônima — Pretendida responsabilidade secundária — Incorrência — Embargos recebidos — Inteligência dos arts. 121 e 122 do Decreto-lei 2.627, de 1940 — Apelação provida — **6/92**

OLIVEIRA, Jorge Rubem Folena de — A possibilidade jurídica da declaração de falência das sociedades civis com a adoção da teoria da empresa no direito positivo brasileiro — 1. Considerações introdutórias. 2. A figura do comerciante e a falência. 3. Da distinção entre sociedades comerciais e as civis. 4. A teoria da empresa e sua importância. 5. A adoção da teoria da empresa no Brasil e seus efeitos. 6. Conclusão. Bibliografia — **113/136**

— Desenvolvimento da teoria da empresa — Fim da distinção entre sociedades civis e comerciais — **103/33**

OLIVEIRA, Maurício Lopes de — A obrigação do contrafator de marca famosa em ressarcir o legítimo titular do registro por prejuízo à imagem e conseqüente dano moral — **118/101**

— Ensaio sobre a marca de alto renome: uma proteção especial contrapondo a eterna privação da novidade absoluta — **117/150**

— Reflexão sobre a atividade inventiva — 1. A atividade inventiva. 2. O estado da técnica. 3. O técnico no assunto. 4. *La non-évidence*. 5. Conclusão — **114/134**

OLIVEIRA, Régis de — Aspectos constitucionais do sigilo bancário — 1. Relatório. 2. Competência da comissão de constituição e justiça e análise inicial do problema ora analisado — **99/98**

OLIVEIRA, Ricardo Mariz de — A dedutibilidade das multas fiscais face ao princípio da legalidade da obrigação tributária e a conceituação de custos e despesas operacionais — **8/135**

PACIELLO, Gaetano — A evolução do conceito de empresa no direito italiano — 1. Premissas. Significado e limites da pesquisa. 2. A empresa na categoria dos atos de comércio. 3. A posição de Vivante. 4. A posição de Alfredo Rocco. 5. Os projetos de reforma de 1922 e 1925. 6. A influência da Carta do Trabalho. 7. O projeto do Código de Comércio Asquini de 1940. 8. A empresa no sistema do Código Civil de 1942. Construções doutrinárias. Tentativas de sistematização teórica. Significados de empresa extraídos das disposições legislativas. 9. Evolução e perspectivas da empresa no direito italiano, à luz da experiência comunitária (Tratados CEE, CECA e CEEA) — **29/39**

PALERMO, Fernanda Kellner de Oliveira — As microempresas como propulsoras do desenvolvimento econômico e social — Contribuição para o incremento das atividades econômicas no âmbito do Mercosul — **124/183**

PALMA, Luiz Fernando de — Aplicabilidade da Lei das S/A as sociedades por quotas de responsabilidade limitada — 1. O que está em discussão: hipóteses específicas. 2. O art. 18 do Decreto 3.078. 3. A sociedade limitada no projeto do Código Civil. 4. Exame das hipóteses: a) Distribuição trimestral de lucros sem que a sociedade tenha as reservas de capital previstas no art. 204, § 1º da Lei das S/A: (a.1) Da intangibilidade do capital social; (a.2) O princípio da anualidade do exercício social; (a.3) nulidade do contrato social; b) Possibilidade de ter a limitada um conselho de administração composto de residentes no exterior. 5. Conclusão — **57/61**

PAOLANTONIO, Martin E., & BERGEL, Salvador —*Anotaciones sobre la nueva ley de defensa del consumidor de la República Argentina* — **92/21**

PARENTE, Norma Jonssen — A lei de sociedades anônimas sob a ótica dos princípios constitucionais — **134/72**

— O direito de regresso na incorporação, fusão ou cisão de sociedades — **97/67**

PATRÍCIO, José Simões — A autogestão na lei e na jurisprudência — 1. Introdução. 2. O fenômeno da autogestão. 3. A primeira jurisprudência. 4. A autogestão na lei (ordinária). 5. Jurisprudência posterior — **56/90**

PATROCÍNIO, Daniel Moreira do — Autotutela do acordo de acionistas — Novo regime estabelecido pela Lei 10.303/2001 — **135/194**

PAULIN, Luiz Alfredo — A responsabilidade do administrador de instituição financeira, em face da lei bancária — **97/39**

— Administrador de fato nas sociedades por ações — **130/102**

— Das instituições financeiras de fato ou irregulares — Análise com base na Lei 4.595/1964 — **110/196**

— Inquérito administrativo CVM e recurso de ofício — **101/97**

PELA, Juliana Krueger — Nota sobre a eficácia da cláusula compromissória estatutária — **126/129**

— O contrato preliminar — **130/230**

PELICANO, Helcias — Considerações sobre alguns aspectos do programa de integração social — 1. Introdução. 2. Histórico. 3. Participação dos empregados nos lucros da empresa? 4. Originalidade do programa de integração social. 5. Natureza jurídica da contribuição empresarial ao PIS. 6. Profissionais autônomos. 7. Faturamento. 8. Inclusão ou não do IPI na base de cálculo do PIS. 9. Empresas de construção civil — **15-16/69**

— ICM — Operações interestaduais — Inconstitucionalidade da Resolução 65/1970, do Senado Federal — **14/114**

PENTEADO, Arthur Bardawil — CVM — Decisão administrativa sobre alienação de controle — Ações vinculadas a acordo de acionistas — O caso Votorantim — **126/178**

PENTEADO, Luciano de Camargo — Teoria dos jogos: por uma propedêutica à elaboração racional da decisão — **132/160**

PENTEADO, Mauro Rodrigues — A alteração do dividendo obrigatório nas companhias fechadas — **48/95**

— A Lei 7.958/1989 e a pretensa modificação do direito de retirada dos acionistas: uma discussão inócua — 1. Introdução: 1.1 Reações no meio empresarial à Lei 7.958/1989; 1.2 Idem, nos meios jurídicos; 1.3 Casuísmo?; 1.4 Aplausos às modificações supostamente concretizadas pela Lei 7.958/1989; 1.5 A artificiosa explicação do autor do Projeto convertida na Lei 7.958/1989. 2. Processo legislativo de aprovação da Lei 7.958/1989. 3. Direito de recesso dos sócios e acionistas de sociedades mercantis: 3.1 Sociedades de pessoas; 3.2 Sociedades anônimas;

3.3 Companhias abertas e fechadas; 3.4 Noção e características do direito de recesso. 4. O direito de recesso na incorporação, fusão e cisão de sociedades. 5. O direito de retirada na constituição de grupos societários. 6. Conclusão: a Lei 7.958/1989 não modificou a disciplina do direito de recesso contida na Lei 6.404/1976 — **77/29**

— Aplicação da teoria da desconsideração da personalidade jurídica — **51/127**

— Apontamentos sobre a alienação do controle de companhias abertas — 1. Acionista controlador e sociedade controladora na Lei 6.404/1976. 2. Alienação do controle acionário: tratamento dicotômico para as companhias abertas e fechadas — Oferta pública. 3. Interveniência da CVM na alienação do controle de companhia aberta — Posição do TRF. 4. regulamentação e polícia do mercado de capitais: atribuições da "SEC" e da CVM. 5. Natureza jurídica do procedimento da oferta pública para aquisição de ações. 6. Nulidade ou ineficácia do procedimento licitatório e responsabilidade da CVM — **76/15**

— As empresas estatais e os sistemas de supervisão e controle — 1. Introdução. Colocação do tema. 2. Noção de empresa estatal. Empresa estatal e sociedades integrantes da Administração Federal indireta. Empresa estatal e entidades obrigadas a prestar contas ao Tribunal de Contas da União: 2.1 Noção de empresa estatal; 2.2 Empresa estatal e entidades integrantes da Administração Federal indireta; 2.3 Empresa estatal e as entidades sujeitas à obrigação de prestar contas ao Tribunal de Contas da União. 3. Supervisão ministerial. 4. Controle interno. 5. Planejamento e orçamento. 6. SEST — Secretaria de Controle das Empresas Estatais. 7. Controle externo: Congresso Nacional e Tribunal de Contas da União. 8. Observações finais — **45/20**

— As sociedades de economia mista e as empresas estatais perante a Constituição de 1988 — I — Introdução. II — Breve escorço histórico. III — Sociedades de economia mista e subsidiárias ou empresas controladas por outras sociedades de economia mista: exigência de autorização legal para sua criação. IV — Subsidiárias ou controladas de sociedades de economia mista, criadas à míngua de autorização legal específica. Regime jurídico: IV.1 A inexistente categoria das chamadas sociedades de economia mista "de segundo grau"; IV.2 Colocação isolada da doutrina, adotada, episodicamente, pela Consultoria-Geral da República. V — Diretriz atualmente dominante no âmbito da Administração Federal, Tribunal de Contas da União, doutrina e jurisprudência: V.1 Posição da Administração Federal. Orientação da Consultoria-Geral da Fazenda Nacional; V.2 Idem. Posição da Procuradoria-Geral da Fazenda Nacional; V.3 Tribunal de Contas da União; V.4 Doutrina; V.5 Jurisprudência; VI.6 Conclusão: o controle e a gestão de empresas com a participação majoritária do Estado, que não são sociedades de economia mista — **73/5**

— Associações voluntárias de empresas — Uma análise da legislação no país e no exterior — 1. O trabalho: 1.1 Objetivos; 1.2 Plano. 2. Legislação aplicável às associações voluntárias de empresas no Brasil: 2.1 Considerações prévias; 2.2 A constituição de uma nova sociedade com o fito de propiciar a colaboração interempresarial; 2.3 A cooperação empresarial pela via contratual; 2.4 Primeiras manifestações sobre o consórcio na legislação brasileira; 2.5 A lei geral sobre consórcios; 2.6 A legislação tributária e o consórcio. 3. Legislação estrangeira: 3.1 Critérios de análise; 3.2 Itália; 3.3 França: o *groupement d'intérêt économique*; 3.4 Portugal: o novo Decreto-lei sobre consórcio. 4. Conclusões — **52/44**

— Boletim de subscrição — Natureza jurídica — **43/120**

— Cambial — Letra de câmbio — Emissão em moeda estrangeira — Desobrigatoriedade do registro — Possibilidade de ser pedido o pagamento na moeda nacional ao câmbio do dia do vencimento ou do pagamento — Inteligência do art. 41 da lei uniforme — **42/89**

— Cambial — Nota promissória — Vencimento a certo tempo de vista — Prazo prescricional não decorrido — Registro desnecessário na espécie — Apelação não provida — **37/125**

— Caracterização jurídica das sociedades de economia mista — **43/111**

— Depósito — Contrato configurado, pois o diretor-presidente da firma mutuaria assinou duas vezes o respectivo instrumento, na condição de representante da devedora e de fiel depositário, declarando ter recebido em depósito os bens dados em penhor — **40/110**

— Duplicata — Direito de regresso — A nova lei das duplicatas, ao fixar o prazo único de 30 dias corridos, no § 4º de seu art. 13, não se contenta com a simples apresentação do título a protesto dentro do referido prazo com vistas à preservação do direito de regresso. Exige, também, que o protesto seja tirado dentro do mesmo prazo e "em forma regular", para que o portador garanta o seu direito contra os endossantes e respectivos avalistas — Na espécie, sete duplicatas tiveram o seu protesto tirado após o decurso de 30 dias, havendo perda de direito de regresso contra os endossantes e avalista — Recurso extraordinário provido — **44/97**

— Eleição de administradores em sociedades filiadas a grupos societários — **40/164**

— *Empresa Contemporânea e Direito Societário. Poder de controle e grupos de sociedades*, de Eduardo Secchi — **133/301**

— Formação de contrato preliminar suscetível de adjudicação compulsória — **39/136**

— Junta Comercial: deliberação de assembléia geral e atentado — **72/83**

— Privatização e parcerias: considerações de ordem constitucional, legal e de política econômica — 1. Estatização: breve histórico. 2. Reação: o controle das estatais e as três fases da privatização. 3. O atual Programa Nacional de Desestatização. 4. Observações de ordem político-econômica. 5. As parcerias. 6. Parcerias e legislação da desestatização. 7. Modalidade de parcerias. 8. O consórcio — **119/9**

— Proteção ao consumidor — Responsabilidade do fabricante — Competência — Danos a lavoura — Inseticida com substância nociva — Ação de indenização — Foro competente — Aplicação do art. 100, V, *a*, do CPC — Agravo improvido — **41/121**

— Responsabilidade civil — Garantia dos acionários minoritários — Oferta pública de aquisição de ações — Aprovação indevida pela CVM — Indenização — **71/73**

— Sociedade anônima — Acionista controlador — **83/99**

— Sociedade anônima — Sócio dissidente — Apuração de haveres — **82/69**

— Títulos de crédito no Projeto de Código Civil — 1. Introdução: relevância da matéria. 2. Sentido de uma codificação de direito privado no limiar do século XXI. Origens próximas do projeto. 3. Necessidade de uma disciplina geral para os títulos de crédito, codificada ou não. Legislação extravagante. 4. Premissas estruturais do projeto: criação de títulos inominados ou atípicos. Observações críticas: por uma mudança de ênfase. 5. Análise tópica do Projeto. Propostas de modificações: títulos impróprios. 6. Segue: as disposições gerais. A "descartularização" dos títulos de crédito. 7. Segue: títulos representativos de mercadorias. 8. Segue: títulos ao portador, à ordem e nominativos. 9. Aspectos processuais: ação monitória e ação executiva. 10. Conclusões. Projeto modificado e teste de funcionalidade da nova regulamentação — **100/24**

— Vicissitudes da administração dos bancos de desenvolvimento — 1. Introdução: a crise política, moral e institucional e a gestão das empresas. 2. Atividades bancárias. Os bancos de desenvolvimento. 3. Deveres e responsabilidades dos administradores, na lei que rege as sociedades por ações. 4. Responsabilidade dos administradores de instituições financeiras, na legislação especial. 5. Os bancos de desenvolvimento como integrantes da Administração Pública Indireta. Limites e vedações constitucionais. 6. Subsunção dos bancos de desenvolvimento aos sistemas de controle externo, interno e da cidadania. 7. Os bancos de desenvolvimento e as competências da União e dos Estados, em matéria bancária, finanças públicas e desenvolvimento. Considerações finais. O projeto de lei complementar que dispõe sobre o Sistema Financeiro Nacional — **87/25**

— 20 anos da promulgação da Lei das S/A: anteprojetos e projeto visando sua reforma — Anteprojeto de lei federal modifica a Lei 6.404/1976 — **105/84**

PENTEADO, Mauro Rodrigues, & PRADO, Anna Lia A. de A. — Procuração — Manuscrito veneziano de 14.6.1442 — **113/265**

PENTEADO JÚNIOR, Cássio M. C. — A desintermediação na oferta de crédito e o Sistema Financeiro Nacional: exame do tema e possíveis conclusões — **106/154**

— A propósito da securitização de recebíveis: cessão de crédito ou cessão do contrato — **115/124**

— A securitização de recebíveis de créditos gerados em operações dos bancos — A Resolução 2.493 em sua perspectiva jurídica — Os princípios básicos da securitização. Os tópicos essenciais da Resolução 2.493: da natureza dos créditos cedidos — Das características da securitizadora — Das condições dos créditos cedidos — Pagamento de rendimentos e amortização das debêntures — **111/120**

PEREIRA, Guilherme Teixeira — Inovações da sociedade limitada no novo Código Civil — **131/191**

PEREIRA, José Edgard Amorin — Contrato internacional do comércio — 1. Introdução. 2. Conceito. As questões chamadas de direito aplicável e do juízo ou tribunal competente. 3. A autonomia da vontade. 4. Execução de sentença estrangeira. 5. Arbitragem internacional: natureza e execução. 6. Direito uniforme e harmonização do direito — **74/11**

— Créditos em moeda estrangeira na falência e na concordata — **67/115**

— Da citação do comerciante por edital — 1. Introdução. 2. Dos registros para validade da citação por edital. 3. Impossibilidade de citação do comerciante por edital. Exceções. 4. Citação por mandado: a citação do comerciante por hora certa. 5. Citação e intimação — **69/19**

PEREIRA, Marco Antonio Marcondes — Regime dissolutório do Código Comercial. Dissolução total e dissolução parcial. Dissolução judicial e extrajudicial — 1. Introdução. 2. Causas de dissolução total: 2.1 Sociedade com prazo certo; 2.2 A morte de um dos sócios; 2.3 Distrato; 2.4 Impossibilidade de execução do fim e intuito social; 2.5 Causas contratuais; 2.6 Sociedade unipessoal; 2.7 A falência da sociedade. 3. Causas de dissolução parcial: 3.1 A convenção; 3.2 A falência de um dos sócios; 3.3 Direito de retirada; 3.4 Exclusão de sócio. 4. Regime dissolutório da lei das sociedades por ações. 5. Liquidação. Apuração de haveres: 5.1 Liquidação. Sociedade de pessoas e sociedades por ações; 5.2 Apuração de haveres. 6. Partilha. Reembolso: 6.1 Partilha. Sociedades de pessoas e sociedades anônimas; 6.2 Reembolso. 7. Conclusões — **100/63**

PEREIRA NETO, Edmur de Andrade Nunes — Anotações sobre grupos de sociedades — 1. A legislação brasileira dos grupos. 2. A natureza jurídica da convenção grupal. 3. A classificação dos grupos. 4. A consideração da empresa no direito contemporâneo e os grupos. 5. O fenômeno do controle externo e os grupos. Bibliografia — **82/30**

PEREIRA NETO, Edmur A. N., & FRANÇA, Erasmo Valladão Azevedo e Novaes — Sociedade anônima — Fraude à lei — Alteração dos estatutos com o intuito de evitar que os acionistas preferencialistas adquiram o direito de voto às vésperas de completar o terceiro exercício social sem o pagamento de dividendos — Abuso de poder de controle — **133/259**

PERNIDJI, Sérgio I. Eskenazi, & BITY, Mônica Castro de Mello — Imputação de declaração falsa (§ 3º, art. 23 da Lei 4.131/1962) e da vedação à compensação privada de créditos (art. 10 do Decreto-lei 9.025/1946) — **125/185**

PESSOA, Ana Paula Gordilho — As constantes mudanças legislativas no mercado de capitais e seus efeitos — **128/175**

PIAGGI, Ana Isabel — *La sindicatura como órgano intrasocietario de control. Nuevas técnicas de control* — **42/17**

PICCHI, Flavio Augusto — A sociedade em conta de participação e os contratos de investimento coletivo: paralelismo e assimetria — **134/193**

PIMENTEL, Ayrton — Seguro aeronáutico — Apólice a crédito — Acidente antes do pagamento — **14/123**

PIMENTEL, Manoel Pedro — Crimes contra o Sistema Financeiro Nacional — **67/5**

PIMENTEL, Sérgio, & LOBO, Jorge — A recuperação da empresa em crise no direito francês — 1. Introdução. 2. A prevenção das dificuldades. 3. O regulamento amigável. 4. Procedimento judicial: 1) A abertura do processo; 2) O período de observação; 3) A fase definitiva. 5. Conclusões — **113/148**

PINHEIRO, Flávio César de Toledo — "Comissão de permanência" em títulos de crédito não resgatados no vencimento — Impossibilidade de sua cobrança pelo oficial de protesto de títulos — **6/135**

PINHEIRO, Waldemar Álvaro — Invenções de medicamentos: uma decisão da justiça italiana — **29/125**

— Marca — Contratação — Concorrência desleal — **51/119**

— Patente de invenção — Sua nulidade não pode ser argüida em defesa do réu, em ação cominatória, mas deve ser pedida em ação própria — **17/71**

— Propriedade industrial — Proteção à marca — Decisão da 8ª Câmara Civil do Tribunal de Justiça — **68/66**

— Sentença — Documento junto ao processo em tempo irregular — Falta de audiência da parte contrária — Matéria irrelevante — Inexistência de nulidade. Contrato de publicidade — Agência de propaganda — *Jingles* e filmes correspondentes — Utilização pelo cliente, anos depois, dos trabalhos criados por aquela — Exploração dita indevida através do veículo de divulgação — Ação de indenização julgada improcedente — Voto vencido — **49/75**

PINSK, Lior — Aplicação extraterritorial da lei antitruste — 1. Introdução. 2. Território e soberania. 3. Leis extraterritoriais em geral. 4. Direito antitruste extraterritorial: 4.1 Estados Unidos; 4.2 Comunidade Européia; 4.3 Brasil. 5. Tratados internacionais. 6. Conclusões. Bibliografia — **115/130**

PINTO, Adriano — ICM — Imunidade do algodão em pluma exportado — O caso concreto. Colocação do tema em debate. Conceito jurídico de produto industrializado. O algodão em pluma sob o aspecto técnico. A questão nos Tribunais. O tema na justiça do Ceará. Mandado de segurança contra decisão do Conselho de Contribuintes do Estado. Conclusões — **12/71**

PINTO, Jayme Bastian — Da nocividade de rigor excessivo na cobrança dos créditos — **56/75**

PINTO, José Emilio Nunes — A cláusula compromissória à luz do Código Civil — **135/188**

PINTO, Luis Felipe de Carvalho — Dissolução parcial de sociedade por cotas — **111/185**

— Grupo de sociedades e abuso da acionista controlador — **108/171**

PINTO, Marcos Barbosa — Liberdade de imprensa e responsabilidade civil dos meios de comunicação — **111/171**

PINTO JÚNIOR, Mario Engler — A opção entre a forma Ltda. ou S/A — 1. Introdução. 2. O consenso entre os sócios. 3. Cálculo do valor do reembolso. 4. Falecimento de sócio. 5. Transferência de quotas e ações. 6. Administração. 7. Aspectos diversos — **79/26**

— Crítica do anteprojeto de lei que dá nova redação ao art. 72 da Lei 6.404, de 15.12.1976 — **53/131**

— Críticas à decisão do Plenário da Junta Comercial de São Paulo, que aprovou o Parecer 618/1983, da Procuradoria Regional — **52/122**

— Debêntures. Direito de debenturistas. Comunhão e assembléia. Agente fiduciário — 1. Introdução. Considerações gerais. Colocação do problema. 2. A comunhão dos debenturistas. 3. O agente fiduciário. 4. Assembléia de debenturistas. 5. Resumo das conclusões: 5.1 Introdução. Considerações gerais; 5.2 A comunhão dos debenturistas; 5.3 O agente fiduciário; 5.4 A assembléia de debenturistas — **48/25**

— Exclusão de acionista — 1. Colocação do problema. 2. Aspectos do contrato de sociedade. 3. Fundamentos da exclusão. 4. A exclusão por inadimplemento de prestações acessórias na sociedade anônima. 5. A exclusão do acionista como forma de assegurar a sobrevivência da companhia. 6. Outras hipóteses de exclusão — **54/83**

— Extinção de condomínio sobre quota de capital de sociedade Ltda. — **84/57**

— O novo mercado da Bovespa e o compromisso da sociedade de economia mista com práticas de boa governança corporativa — **128/54**

— Sociedade anônima — Direito de recesso — Não exige a Lei 6.404/1976, art. 136, V, que a alteração estatutária importe mudança de objeto essencial da empresa — Basta que prejudiquem interesses de acionistas minoritários, para dar ensejo ao recesso — **66/77**

PIRES, Carlos Eduardo da Costa — Cobrança judicial de dividendos prioritários: desnecessidade de anulação de decisão assemblear — **127/189**

PIRES, José Paulo Leal Ferreira — Validade ou ineficácia de notas promissórias emitidas com valor expresso em unidade outra que não em moeda corrente — 1. Considerações preliminares. 2. Legislação cambiária. 3. Legislação especial. 4. Posição doutrinária. 5. Orientação jurisprudencial. 6. Hipóteses de previsão em contrato com cláusula de atualização monetária. 7. A matéria em exame à luz da Lei 6.899/81. 8. Conclusão — **62/41**

PIRES, Sady Dornelles — Nota promissória rural e duplicata rural — Títulos de créditos civis. Destinação específica: representar vendas a prazo de bens de natureza agrícola, extrativa ou pastoril — 1. Introdução: 1.1 Exemplos de diferentes campanhas; 1.2 Reclamos de maior produção rural. 2. O papel fundamental do crédito na economia: 2.1 As casas bancárias; 2.2 A economia moderna é creditória; 2.3 Crédito — Elemento criador de cultura; 2.4 A duplicata comercial; 2.5 A carteira de crédito agrícola e industrial do Banco do Brasil; 2.6 A Lei 492/1937. 3. Institucionalização de crédito rural. 4. A lei é uma diretriz? 5. Os novos títulos de crédito: 5.1 Índole cambial dos títulos de crédito; 5.2 Diferenças entre o crédito comercial e o civil; 5.3 Títulos de crédito civis; 5.4 Privilégio especial; 5.5 Efetividade da operação. 6. Conclusões — **66/53**

POLICASTRO, Décio — A concordata do ex-concordatário e a desistência do favor legal — **102/54**

PONTES, Aloysio Lopes — Cobrança de ágio em aumentos de capital de sociedades anônimas — 1. Origem. Legislação estrangeira. 2. Legislação brasileira. 3. Doutrina. 4. Variação do valor respectivo. 5. Justificativa de cobrança do ágio. 6. Pagamento por antigos acionistas. 7. Soberania das assembléias gerais. 8. Destinação do produto arrecadado. 9. O contrato de subscrição de ações e sua liberdade — **11/29**

PONTES, Evandro Fernandes de — Meio ambiente — A vida da empresa entre os direitos difusos e os direitos de vizinhança — **120/136**

POUSADA, Estevan Lo Ré — Alguns conceitos elementares de teoria dos jogos — Uma análise sucinta de aspectos potencialmente relevantes — **132/166**

PRADO, Anna Lia A. de A., & PENTEADO, Mauro Rodrigues — Procuração — Manuscrito veneziano de 14.6.1442 — **113/265**

PRADO, Maurício C. de A. — A formação do MERCOSUL e a harmonização das regras no campo da propriedade industrial — Introdução. 1. Os principais instrumentos internacionais de harmonização das legislações sobre a propriedade industrial ou outorgadas pelos Estados membros: 1.1 A Convenção de Paris de 1883; 1.2 O acordo ADPIC; 1.3 O Tratado de Assunção. 2. A harmonização das regras sobre a propriedade industrial em vista das necessidades do processo de formação do Mercosul: 2.1 Os problemas decorrentes da eficácia de harmonização; 2.2 O grau de harmonização necessário; 2.3 O estabelecimento de um sistema uniforme de proteção da propriedade industrial no Mercosul. 3. Conclusão. 4. Bibliografia — **104/100**

PRADO, Roberta Nioac — Da obrigatoriedade por parte do adquirente do controle de sociedade por ações de capital aberto de fazer simultânea oferta pública, em iguais condições, aos acionistas minoritários — Art. 254 da Lei 6.404/1976 e resolução CMN 401/1976 — É efetivo mecanismo de proteção aos minoritários? — 1. Introdução. 2. Surgimento do art. 254 da Lei 6.404/1976. 3. A Resolução 401/1976 do Conselho Monetário Nacional. 4. Da efetiva proteção aos acionistas minoritários: 4.1 Da não extensão aos preferencialistas sem direito de voto e da dívida quanto aos possuidores de voto restrito; 4.2 Da não extensão às companhias fechadas; 4.3 Transferência indireta de controle; 4.4 Acordo de acionistas. 5. Alguns julgados da Comissão de Valores Mobiliários envolvendo alienação de controle de companhias abertas. 6. Direito comparado: 6.1 Direito americano; 6.2 Direito francês. 7. Conclusão. 8. Bibliografia — **106/83**

— Dissolução de *holding* S/A e a apuração de haveres — **113/230**

— O cheque "pós-datado": a realidade brasileira e a solução legal argentina — **118/135**

PRADO FILHO, José Inacio Ferraz de A. — Notas sobre as sociedades fictícias, ou de favor — **134/85**

PRIGENZI, Rubens — O incapaz e a empresa no anteprojeto do Código Civil — **11/97**

RABELLO, Bruno Resende — Da necessidade de se repensar a praxe da duplicata mercantil — **128/75**

RAMALHETE, Clovis — A correção monetária na concordata — I — Regime legal da moeda e correção monetária. I — Moeda, matéria de lei e função do Estado. II — Moeda, imposição do Estado por via de leis. III — Unidade padrão de valor — Casos legais de variação de valor da dívida. IV — "Correção monetária" em concordata: exceções da lei. V — Leis. Valor nominal e valor corrigido — Regras. VI — Entendimento da lei sobre "correção judicial" (Lei 6.899/1981). VII — Conclusões — **55/157**

RAMOS, Felipe de Freitas — Responsabilidade dos signatários de acordo de voto no regime da Lei 10.303/2001 — I — Introdução. II — Do conflito de interesses. III — Do conflito entre o interesse social e o acordo de voto sob a vigência da Lei 6.404/1976. IV — Do conflito entre o interesse social e o acordo de voto sob o prisma da Lei 10.303/2001. V — Da responsabilidade civil do acionista pelo seu exercício de voto. Da presunção de culpa do acionista na atual lei das sociedades anônimas. VII — Conclusão — **125/114**

RAMOS, José Nabantino — Circulação de mercadorias — 1. Interpretações divergentes do art. 52 do CTN. 2. Três espécies de saída, cada uma caracterizando diferente imposto. 3. Decisivo elemento histórico. 4. Conceito econômico de *circulação*. 5. Acórdãos do STF. 6. Conclusão — **7/51**

RATHENAU, Walter — Do sistema acionário — Uma análise negocial — **128/199**

REALE, Miguel — A teoria da interpretação segundo Tullio Ascarelli — **38/75**

REALE JÚNIOR, Miguel — Concorrência desleal e interesse difuso no direito brasileiro — A) Diretrizes do Decreto-lei 24.507 de 1934. B) Diretrizes do Código Penal de 1940, do Código de Propriedade Industrial. C) A interpretação sistemática. D) A sociedade tecnológica e o novo sistema econômico. E) A legislação atual e o interesse do consumidor — **49/5**

REBELLO, Edgard de Castro — A sociedade de responsabilidade limitada no direito brasileiro e no direito italiano — **47/5**

— Caça aos livros — **66/107**

— Há um direito marítimo? — **69/76**

RECART, Rodrigo — Anulação da assembléia geral. Voto do acionista controlador contrário ao interesse da companhia — **108/197**

— Responsabilidade da sociedade por dívida de seus sócios integrantes — Desconsideração da personalidade jurídica — **104/146**

RECK, Melina Breckenfeld, & CLÈVE Clèmerson Merlin — A repercussão, no regime da patente *pipeline*, da declaração de nulidade do privilégio originário — **131/44**

RÉGNIER, Leonardo Medeiros — Alguns aspectos que envolvem a nacionalidade das sociedades comerciais — Justificativa. 1. Conceito de nacionalidade. 2. A nacionalidade das pessoas físicas. 3. Teorias que negam a nacionalidade das sociedades. 4. Teorias que admitem a nacionalidade das sociedades. 5. Formas de atribuição de nacionalidade às sociedades. 6. Conseqüências da atribuição de nacionalidade — **111/86**

REQUIÃO Rubens — A classificação dos créditos na falência — 1. A crise no direito falimentar brasileiro. 2. Sistema legal global para a disciplina das empresas insolventes. 3. Os problemas da classificação de créditos. 4. Credores não sujeitos ao processo de falência. 5. Os créditos provenientes do pedido de restituição. 6. A propriedade entre os créditos. 7. Análise de algumas questões que os preferenciais acarretam. 8. O desprestígio dos direitos reais de garantia. 9. Conclusão — **30/29**

— A crise do direito falimentar brasileiro — Reforma da lei de falências — A necessidade da reforma da lei de falências — O escopo de instituto da falência — A recuperação econômica da empresa — A demissão dos dirigentes da empresa insolvente — O papel do gerente profissional — Separação entre empresa e o empresário — A extinção da concordata preventiva — O obsoleto mecanismo da declaração da falência — Novo modelo para a declaração judicial de falência — O acertamento do passivo — A publicidade dos atos judiciais — **14/23**

— A sociedade anônima como "instituição" — **18/25**

— Cambial: concomitante exigibilidade em diversos processos — 1. Discrepância da jurisprudência. 2. Autonomia das obrigações cambiárias e suas conseqüências. 3. A ação cambiária dirigida contra um, vários ou todos os coobrigados. 4. A exigência do crédito cambiário em diversas ações e processos. 5. A obrigatória exibição do título; exceções à regra. 6. Validade de certidão ou cópias fotográficas autenticadas dos títulos cambiários. 7. O duplo recebimento do crédito e sua repetição — **3/33**

— Cambial: invalidade da lei que exige seu registro — I — A natureza circulatória das cambiais. II — Restrições à circulação interna das cambiais. III — Lei Uniforme de Genebra como lei interna. IV — A posição oficial do Poder Executivo. V — A controvérsia nos tribunais. VI — Os tratados e as convenções em face da hierarquia das leis. VII — A invalidade da Lei 427, que declara nulas as cambiais não registradas — **1/13**

— Cheque — Falência — Pedido instruído com cheque pós-datado e protestado por falta de fundos — **4/42**

— Concordata preventiva — Atraso no pagamento da segunda prestação — Falência decretada — Pagamento de todos os credores após esse despacho — Agravo provido — **7/77**

— Concordata preventiva — Dação de imóvel em pagamento dos créditos — Ausência do consentimento de todos os credores — **12/130**

— Concordata preventiva — Desistência — Conversão em falência — Título protestado — **1/99**

— Conjuntura política e o problema das empresas insolventes — 1. O sistema livre e o comportamento empresarial 2. Os efeitos do sistema político fechado e o fracasso de certas empresas 3. Os efeitos da liberdade incipiente 4. Os efeitos da liberdade ampla 5. A necessária reforma do instituto da falência e da concordata preventiva — **34/21**

— Considerações sobre o Projeto de criação da Comissão de Valores Mobiliários (CVM) — **20/101**

— Duplicata — Ação anulatória — **1/120**

— O contrato de concessão de venda com exclusividade (concessão comercial) — 1. Capacidade criativa do direito comercial. 2. Fundamentos econômicos do contrato de concessão comercial. 3. Conceito e objeto de contrato. 4. Natureza jurídica da concessão comercial. 5. Qualificação do contrato de concessão comercial. 6. Atipicidade de contrato. 7. Distinção em relação aos contratos afins. 8. A cláusula de exclusividade. 9. A cláusula de exclusividade e a recusa de venda. 10. A concessão comercial no direito comparado (Estados Unidos e Bélgica); 11. A concessão comercial na América Latina (S. Domingos, Panamá, Honduras, S. Salvador, Argentina). 12. Rescisão do contrato e a indenização. 13. Ruptura do contrato a prazo determinado. 14. O tema em face das leis brasileiras. 15. Rescisão do contrato atípico no direito brasileiro — **7/17**

— O controle e a proteção dos acionistas — **15-16/23**

— Penhor mercantil — Tradição da coisa — **1/87**

— Representação comercial — Representante autônomo — Prazo indeterminado da avença — Cláusula de exclusividade de zona — Denúncia ou restrição pelo decurso de tempo razoável de sua vigência — Admissibilidade — Inteligência e aplicação do art. 27, *e*, da Lei 4.886, de 1965 — **10/120**

— Sociedade comercial — Responsabilidade limitada — Contrato de venda do estabelecimento celebrado por sócio-gerente — Falta de podêres — Excesso de mandato — Obrigação perante terceiros — Ação de indenização procedente — Recurso provido em parte — Embargos infringentes rejeitados — **4/63**

— Sociedade comercial — Responsabilidade limitada — Retirada de sócio por cessão de cota — Dívidas sociais — Responsabilidade solidária — Penhora — Validade — Embargos de terceiro rejeitados — Aplicação do art. 15 do Decreto 3.708, de 1919 — **7/112**

REQUIÃO, Rubens, & COMPARATO, Fábio Konder — Anteprojeto de lei de sociedades por ações — **17/111**

RESTIFFE NETTO, Paulo — A propriedade fiduciária no Anteprojeto de Código Civil — **9/147**

— Ação de depósito no novo Código de Processo Civil — **14/141**

— Alienação fiduciária de embarcações e aeronaves — **13/137**

— Duplicata — Falta de devolução pelo sacado — Busca e apreensão contra ele ajuizada — Carência — **13/102**

RETTO, Marcel G. Bragança — Evolução legislativa das ações preferenciais no Brasil e os institutos a elas relacionados — **133/121**

REZENDE, César Vieira de — Participação dos administradores nos lucros e dividendos obrigatórios — I — Introdução. II — Falsa antinomia entre os parágrafos do art. 152. III — O real alcance do 1º do art. 152. IV — O falso sentido do 2º do art.152. V — O real sentido do 2º do art. 152. VI — Conclusão — **27/27**

REZENDE, Lucas Ênio — Cambial — Intervenção interdependente do protesto — Sub-rogação — Lei uniforme — **9/79**

— Cédula rural — Pagamento por estranho ao título — Ação deste contra avalista — Carência — **9/81**

— Cheque — Apresentação após o prazo de 30 dias — Falta de provisão do emitente — Ação contra este — Procedência — Falta de prova de existência de fundos ao tempo da emissão — Apelação não provida — **14/100**

— Cheque — Apresentação fora do prazo — Falta de provisão do emitente — Ação executiva contra este — Carência — Embargos recebidos — **14/102**

— Cheque — Título normativo endossável — Falsificação de endôsso — Pagamento pelo banco — Ação de reembôlso contra êste — Improcedência — **2/67**

— Uma lacuna no futuro texto constitucional — **71/105**

RIBEIRO, Mariana Martins, & MONTORO, Thereza Maria S. Franco — Banco Central do Brasil — Procedimentos de registro de investimentos estrangeiros direitos — Empréstimos externos — **134/187**

RIBEIRO, Milton Nassau — Fundamentos e efeitos jurídicos da governança corporativa no Brasil — **127/165**

RIBEIRO, Renato Ventura — Crise cambial e revisão judicial dos contratos de *Leasing* indexados em moeda estrangeira; breve contribuição ao debate — 1. Introdução. 2. Aspectos econômicos, políticos e sociológicos do "Plano Real". 3. A operação econômica dos contratos de *leasing* com reajuste vinculado à variação cambial. 4. Aspectos jurídicos. 5. Considerações finais — **114/87**

RICHTER JÚNIOR, Stella, & SALOMÃO FILHO, Calixto — Interesse social e poderes dos administradores na alienação de controle — I — Introdução. II — A regulamentação positiva da alienação de controle e sua interpretação. III — Interesses envolvidos na alienação de controle. IV — Os administradores e a defesa do interesse social: a) A solução norte-americana; b) A solução alemã e a recente proposta de diretiva; c) Conflito de interesses *a priori*? — **89/65**

ROCHA, Bolívar B. M. — O novo perfil da dívida externa brasileira — **96/46**

— O poder normativo de órgão da administração — O caso da comissão de valores mobiliários — 1. Delegação de funções legislativas à administração: 1.1 Separação e indelegabilidade de poderes; 1.2 Refutação de uma interpretação rígida; 1.3 Justificação e conveniência da delegação: 1.3.1 Justificativas; 1.3.2 Da conveniência; 1.4 O poder normativo da administração e a jurisprudência; 1.5 Limites e parâmetros das delegações; 1.6 As salvaguardas. 2. O poder normativo de órgão da administração indireta: 2.1 Órgãos da administração e função normativa. Tratamento constitucional; 2.2 As *Independent Regulatory Commissions*; 2.3 As autarquias do direito brasileiro. 3. A Comissão de Valores Mobiliários: 3.1 O modelo da *Security and Exchange Commission*; 3.2 Objetivos e limites da atuação da CVM. 4. Conclusão. Apêndice: a definição de ilícitos pela CVM — **64/47** — Regulação de infra-estrutura e defesa da concorrência: proposta de articulação — Introdução. Regulação e defesa da concorrência. Experiências estrangeiras. O caso brasileiro. Proposta de articulação — **112/85**

ROCHA, Jean-Paul C. V. — O controle de constitucionalidade capacidade normativa de conjuntura do conselho monetário nacional e do Banco Central: o caso do Fundo Garantidor de Crédito (FGC) — **120/111**

ROCHA, Jean-Paul Cabral Veiga da, & SILVA, Luís Virgílio Afonso da — A regulamentação do Sistema Financeiro Nacional: o art. 192 e o mito da lei complementar única — **127/79**

ROCHA, João Luiz Coelho da — A administração estatal indireta e o concurso público — **87/17**

— A contribuição ao Finsocial e a lei complementar 70/91 — **86/79**

— A decadência do direito de construir o crédito tributário — Perigoso procedente jurisprudencial — **104/77**

— A dissolução parcial de sociedade *holding* — **109/98**

— A exclusão do sócio pela maioria social nas sociedades por cotas — A evolução do tipo societário — **110/148**

— A Lei 8.137 e a prisão por débito tributário — **87/67**

— A minoria social. Relatividade e alcance dos efeitos de seus direitos — **102/38**

— A propriedade industrial na falência — Alienação de direito de marca — a) A falência e a gestão dos bens do falido. b) Os direitos de propriedade industrial pertencentes à massa — **111/82**

— A reavaliação dos ativos das sociedades anônimas e seu tratamento como lucro — A) Sobre a reavaliação do ativo das companhias. B) A valorização econômica enquanto lucro, resultado da companhia. C) O tratamento concedido pela Lei 6.404. D) A realização da reserva de reavaliação. E) Lucro do exercício ou acumulado? F) Conclusão — **113/118**

— A responsabilidade especial dos empreiteiros prescrita no art. 1.245 do Código Civil — **91/64**

— A retirada judicial dos sócios-cotistas e a justa preservação de seus direitos no curso da ação — **124/85**

— A retirada judicial dos sócio-cotistas e a justa preservação de seus direitos no curso da ação — **126/37**

— Ainda a questão do valor das ações em caso de recesso — **81/113**

— Algumas mudanças na lei acionária — **130/94**

— Alguns aspectos heréticos da lei antitruste (Lei 8.884/1994) — **97/108**

— As cédulas de crédito bancário e os limites legais dos juros — I — A permanente questão dos juros. II — As cédulas de crédito bancário. III — A liberação dos juros para os credores das cédulas de crédito bancário — **125/25**

— As contribuições sociais — Tributo especial — **77/87**

— As licitações e contratos públicos: algumas anotações à Lei 8.666 — **93/95**

— As parcerias público/privadas — **134/130**

— As sociedades por quotas como sociedades de capitais — **122/48**

— Aspectos do Código de Proteção do Consumidor — **81/109**

— Assembléia de cotistas na sociedade limitada — A natureza dessa espécie societária — As deliberações sociais não unânimes — A assembléia de quotistas — **106/53**

— Conta de participação, consórcio e parceria — Formas associativas não personalizadas — Introdução. a) Sociedades comerciais e civis — Taxativamente da lei. b) A sociedade em conta de participação. c) O consórcio. d) Distinções entre a conta de participação e o consórcio. e) A parceria — **105/37**

— Contratos e obrigações "virtuais" — **120/90**

— Criação de impostos — Alteração de seus elementos essenciais. O art. 146 da Constituição Federal — **102/46**

— Falta ou atraso de pagamentos contratuais. Correção monetária — **74/83**

— Fechamento de capital, extinção da oferta pública no *take over* da companhia e outros problemas afetos à proteção das minorias sociais — **116/151**

— Imunidades do ICMS e a Lei Complementar 87/1996 — A) Não incidência e imunidade. B) As imunidades do art. 155, X, *b*, da Constituição. C) A Lei Complementar 87/1986 e suas restrições à imunidade constitucional — **112/79**

— Novas alternativas e derivações jurídicas para a agregação empresarial — **118/94**

— O caráter obrigacional da relação tributária — **121/83**

— O conceito de preço dos serviços e a base de cálculo do ISS — **95/85**

— O ICMS e os serviços de transmissão de energia elétrica. Não incidência — **106/164**

— O novo Código Civil e a retirada de sócios nas limitadas — **131/185**

— Os compromissos de voto nos acordos de acionistas e sua eficácia executiva — **127/63**

— Os consórcios de empresas e seus riscos jurídicos — A) A moderna tendência consorcial. B) O balizamento jurídico dos consórcios. C) O risco da sociedade irregular. D) Os riscos do consórcio sob o Código do Consumidor. Conclusão — **115/83**

— Os débitos tributários das empresas. Responsabilidade de diretores, sócios-gerentes e controladores — **101/49**

— Os investimentos anônimos, as empresas *offshore* e os parâmetros da legalidade. O fim das ações ao portador — **123/77**

— Os juros no direito brasileiro — A) O trato legislativo dos juros. B) As espécies de juros, como meio remuneratório do capital. C) Os juros compensatórios, negociais, legais e jurisprudenciais. D) Os juros moratórios. E) Conclusão — **114/73**

— Os prepostos das sociedades no novo Código Civil — **135/89**

— Os títulos de crédito e o Código Civil vigente — **132/55**

— Particularidades do conselho de administração das sociedades anônimas — **128/61**

— Registro do comércio e os limites de suas exigências — **129/69**

— Representação comercial e distribuição comercial — Importância dos traços distintos — **101/114**

— Um título de crédito recente: a cédula de produto rural — **117/112**

ROCHA, João Luiz Coelho da, & LIMA, Marcelle Fonseca — Os valores mobiliários como título de crédito — **119/137**

ROCHA FILHO, Valdir de Oliveira — Marcas de serviço — 1. Introdução. 2. Os conceitos doutrinários. 3. O crescimento do número de registros. 4. Conflitos marcários. 5. Comprovação de uso. 6. A jurisprudência. 7. Crimes contra a propriedade industrial. 8. Conclusão — **74/30**

— Marcas: falsas e verdadeiras indicações de procedência — 1. Generalidades. 2. Histórico. 3. Direito comparado. 4. Doutrina nacional e estrangeira. 5. Jurisprudência. 6. Interpretação hodierna do INPI. 7. Conclusão — **65/30**

RODRIGUES, José Galante — Cheque — Endosso em preto — Cancelamento deste, para a quebra do entrosamento de endossos — Título, não obstante, pago pelo banco sacado a quem se fizera endossante sem que tivesse sido endossatário — Pagamento mal feito — Repetição ordenada — **5/79**

ROSA, José del Chiaro Ferreira da — Efeito perverso da deflação — **70/98**

ROSA, José del Chiaro Ferreira da, FERRAZ JÚNIOR, Tércio Sampaio, & GRINBERG, Mauro — Direitos *antidumping* e compensatórios: sua natureza jurídica e conseqüências de tal caracterização — **96/87**

ROSADO, Maria do Céu Marques — Duplicata não aceita — Execução — Protesto — **94/130**

ROSMAM, Suzel Whitaker de Assumpção Mattos, & MATTOS, Walmyr — Representação de sociedade por falido — 1. Introdução. 2. Quem pode falir. 3. Falência da sociedade. 4. Extensão das responsabilidades sociais. 5. Da incapacidade de direito especial relativa. 6. Direito positivo. 7. Conclusões — **46/29**

ROSSI, Lívia — Arbitragem na lei das sociedades anônimas — **129/186**

ROTHMANN, Gerd W. — O princípio da legalidade tributária — 1. Apresentação. 2. Introdução: 2.1 O poder de tributar; 2.2 Limitações ao poder de tributar concorrentes do princípio do estado de direito: 2.2.1 Conceito de estado de direito; 2.2.2 O estado de direito na Constituição Federal; 2.2.3 O princípio do estado de direito no direito tributário. 3. Origem histórica e conceito do princípio da legalidade tributária: 3.1 Origem histórica da legalidade tributária; 3.2 Conceito da legalidade tributária. 4. As feições do princípio da legalidade tributária: 4.1 Legalidade da administração; 4.2 Reserva da lei; 4.3 Estrita legalidade tributária; 4.4 Conformidade da tributação com o fato gerador. 5. O conceito da lei para efeitos do princípio da estrita legalidade tributária — Legalidade material e formal. 6. O princípio da legalidade tributária e a aplicação e interpretação das leis tributárias: 6.1 Aplicação das leis tributárias; 6.2 Interpretação das leis tributárias; 6.3 Integração das leis tributárias — Analogia e equidade; 6.4 Consideração econômica: 6.4.1 Natureza econômica das leis tributárias; 6.4.2 Aspectos da consideração econômica — Teoria dos tipos e *Durchgriffslehre*; retroatividade das leis tributárias. 7. Conclusões — **8/65**

SÁ, Gonçalo Ivens Ferraz da Cunha e — O *factoring* e a nova Constituição — **73/100**

SÁ, Jacyra Xavier de — Cumulação de causas de dissolução de S/A. Prevalência daquela que ocorreu em primeiro lugar. Casos de inconvertibilidade do procedimento de liquidação — **114/192**

SABINO, José Alfredo Ferrari — Anotações sobre a legitimação para requerer a apuração de haveres — **106/178**

SADDI, Jairo — A atividade bancária e o Código de Defesa do Consumidor — **120/76**

— Considerações acerca da representação comercial frente ao novo Código Civil — **129/54**

— Considerações sobre alguns aspectos jurídicos dos atos de concentração no sistema financeiro nacional — 1. Introdução: a competência para se analisar atos de concentração. 2. A abrangência legal da concorrência. 3. A Lei 4.595/1964 e o Sistema Financeiro Nacional. 4. Do conflito de competência. 5. Os riscos da concentração bancária. 6. À guisa de conclusão — **113/99**

— Lavagem de dinheiro no direito comparado: a experiência americana — **117/117**

SAENZ, José María de la Cuesta — *El derecho agrario español de hoy* — 1. Orígenes. 2. Vicisitudes más recientes del derecho agrario español como ciencia. 3. Breve indicación de la reciente historia de la legislación agraria española — **105/11**

SALLES, Marcos Paulo de Almeida — A visão jurídica da empresa na realidade brasileira atual — **119/94**

— Aspectos da competência do CMN e da CVM no mercado de valores mobiliários — **108/101**

— *Curso de Direito Comercial*, v. 1, de Haroldo Malheiros Duclerc Verçosa — **134/235**

— Os valores mobiliários na Lei das S/A — **107/123**

— *Título de crédito — Teoria geral e títulos Atípicos em face do novo Código Civil (análise dos arts. 887 e 903): Títulos de Crédito Eletrônicos (alcance e efeitos do art. 889, 3º e Legislação Complementar)*, de Mauro Rodrigues Penteado (coord.) — **134/237**

SALLES, Marcos Paulo de Almeida, & SZTAJN, Rachel — Regulação e concorrência no sistema financeiro — **123/41**

SALLES, Ricardo — Alguns aspectos jurídicos dos contratos internacionais de mútuo (1ª Parte) — 1. Partes. 2. Língua. 3. Local da celebração. 4. Juros. 5. Notas promissórias. 6. Vencimento antecipado. 7. Garantia (I). 8. Garantia (II). 9. Garantia (III). 10. Citação das partes. 11. Tributos. 12. Juízo arbitral. 13. Testemunhas — **17/17**

— Alguns aspectos jurídicos dos contratos internacionais de mútuo (2ª Parte) — 14. Moeda de pagamento. 15. Língua (II). 16. Língua (III), 17. Simulação do local de emissão de nota promissória, 18. Cláusula penal — **20/67**

— Responsabilidade do controlador por obrigações da sociedade de economia mista e da empresa pública — I — Sociedades de economia mista e empresas públicas. II — Inexistência de responsabilidade solidária. III — Responsabilidade subsidiária: 1. Sociedades de economia mista; 2. Empresas públicas — **32/13**

SALOMÃO FILHO, Calixto — Apontamento para formulação de uma teoria jurídica dos cartéis — **121/18**

— Atuação estatal e ilícito antitruste — 1. As principais teorias: a) *State Action Doctrine*; b) *Pervasive Power Doctrine*. 2. Poder regulamentar e direito antitruste. 3. Imunidade antitruste. 4. O caso do Sistema Financeiro Nacional. 5. Conclusão — **106/35**

— Condutas anticoncorrenciais no setor bancário — 1. Introdução. 2. direito da concorrência e teoria da regulação. 3. Regulação concorrencial do sistema financeiro. 4. Condutas anticoncorrenciais — **114/51**

— Direito empresarial público — 1. Introdução: uma crítica ao neoliberalismo. 2. A crítica da Hayek aos socialistas e neoclássicos. 3. O pós-neoliberalismo. 4. A teoria jurídica do conhecimento econômica e social. 5. Direito empresarial público: a) Direito antitruste; b) Direito societário. 6. Conclusão — **112/9**

— Função social do contrato: primeiras anotações — **132/7**

— *La societa unipersonale a responsabilita limitada nel diritto tedesco* — I. Introduzione. II. *Einmanngrundung*. III. Conflitto di interessi: a) Interesse sociale e interesse dei lavoratori; b) Contratto con se stesse — Il problema della appicazione del § 181 BGB alla società unipersonale a responsabilità limitata; c) Prestiti del socio alla società; pubblicità e prevenzione: qualque spunto sulla doutrina tedesca. IV. Società unipersonale e diconoscimento della personalità giuridica; a) Introduzione; b) Disconoscimento e società unipersonale; c) *Zurechenungsdurdchgriff*; d) *Haftungsdurchgriff*; e) *Umbekehrter Durchgriff*; f) *Gesellschafterfreudlichen Durchgriff*. V. Considerazioni conclusive — **83/33**

— Liquidação de sentença por cálculo — Matéria de prova — Compra de controle acionário em sociedade dependente de autorização — Acordo de herdeiros sócios — Ilegitimidade de inventariante em transações contra o espólio; inteligência do art. 57 do CC — Exegese do art. 255 da Lei 6.404/1976 — **95/91**

— Sociedade anônima: interesse público e privado — I. O interesse social na história das idéias: 1. Noção de interesse publico e privado; 2. Interesse social: antecedentes históricos; 3. Mercantilismo e revolução industrial; 4. O contraponto institucionalista; 5. Conclusão parcial. II. Relações internas: 1. Institucionalizo *vs.* Contratualismo: a) Institucionalismo; b) Contratualismo; 2. A situação no Brasil; 3. A teoria organizativa: a) Interesses interiorizáveis; b) Disciplina aplicável; 4. Conclusão parcial. III. Relações externas: 1. Momento de reconhecimento de relevância externa da sociedade; 2. Função social da empresa; 3. Conclusão parcial. IV. Conclusão — **127/7**

— Sociedade cooperativa e disciplina da concorrência — 1. Cooperativismo e interesse público: uma relação em crise? 2. A grande cooperativa: natureza econômico-jurídica. 3. A concorrência sob o aspecto externo. 4. A concorrência interna. 5. O papel do direito societário no equilíbrio cooperativa-cooperado. 6. A questão constitucional — **90/27**

— Sociedade simulada — 1. Introdução — Plano da exposição. 2. A simulação na teoria dos negócios jurídicos: a) Características básicas; b) Distinção do negócio jurídico indireto. 3. A simulação no campo societário: a) Casuística — Constituição unipessoal indireta; b) Crítica a aplicação do raciocínio civilístico às sociedades. 4. Conclusão — **105/70**

— *Societas* com relevância externa e personalidade jurídica — 1. Introdução. 2. O problema da relevância externa do vínculo societário no direito romano: a) *Societas* como forma organizativa da empresa coletiva em Roma; b) Exegese das fontes. 3. Aspectos comparatísticos — **81/66**

SALOMÃO FILHO, Calixto, & RICHTER JÚNIOR, Stella — Interesse social e poderes dos administradores na alienação de controle — I — Introdução. II — A regulamentação positiva da alienação de controle e sua interpretação. III — Interesses envolvidos na alienação de controle. IV — Os administradores e a defesa do interesse social: a) A solução norte-americana; b) A solução alemã e a recente proposta de diretiva; c) Conflito de interesses *a priori*? — **89/65**

SALOMÃO NETO, Eduardo — A natureza contratual da relação sócio-sociedade — 1. Introdução. 2. Teoria contratual e seus *leading cases*: 2.1 *Memorandum* e estatuto; 2.2 Efeitos do *memorandum* e do estatuto; 2.3 Obrigações contratuais de uma sociedade para com os seus sócios; 2.4 Obrigações contratuais dos sócios para com a sociedade; 2.5 A síntese em *Hickman vs. Kent*; 2.6 A regra em *Foss vs. Harbottle* como um limite à aplicação da teoria contratual. 3. A defesa de direitos de terceiros estranhos à sociedade: 3.1 Sócios agindo fora de sua qualidade de sócios, terceiros, e a regra de *Hickman vs. Kent*; 3.2 Teorias alternativas: 3.2.1 Considerações gerais; 3.2.2 Direito dos sócios de exigir o cumprimento de todas as obrigações dos estatutos; 3.2.3 Direito dos sócios a que os negócios da sociedade sejam conduzidos pelo órgão específico indicado quando da constituição; 3.2.4 Direito dos sócios a que a sociedade funcione de acordo com o estipulado quando de sua constituição; 3.2.5 Abordagem pela relação; 3.3 Análise das diferenças; 4.1.1 Alteração unilateral de cláusulas; 4.1.2 Estrita regulamentação legal; 4.1.3 Impossibilidade de retificação; 4.1.4 Impossibilidade de ressarcimento por violação; 4.2 Importância das diferenças entre o contrato de constituição de uma sociedade e um contrato padrão. 5. O *memorandum* e os estatutos como contrato firmado pela sociedade antes de sua constituição. 6. Conclusão — **73/39**

— Argüição de inconstitucionalidade — Tributário — Imposto de renda — Lei 7.713/1988 — Art. 35 — Acionista — Lucro não distribuído — Inconstitucionalidade — **99/127**

— As operações de crédito documentário, as cartas de crédito e as *comfort letters* — **123/23**

— Nova regulamentação do mercado de balcão organizado — **109/102**

— O conflito Brasil-EUA sobre a informática e o GATT — Uma análise jurídica — **75/93**

— O contrato de abertura de crédito — Natureza e regime jurídico — **120/9**

— Sistema financeiro imobiliário — **110/155**

— Tratados de bitributação brasileiros e suas características fundamentais — **95/64**

SAMPAIO, Onofre Carlos de Arruda, & MAGALHÃES, José Carlos de — A concentração de empresas e a competência do CADE — 1. Introdução. 2. A defesa da concorrência e o fenômeno da globalização. 3. A livre concorrência na Constituição de 1988. 4. A atividade vinculada do CADE. 5. Os motivos de conveniência e de oportunidade na contratação de empresas. 6. Implicações constitucionais do poder de apreciar atos de concentração de empresas. 7. Concentração de empresas no Brasil e o CADE — **113/30**

SANT'ANNA, Rubens — A falência da empresa — Realidade contemporânea e perspectivas futuras — 1. A empresa. Seu papel no mundo econômico e o novo sistema da codificação projetada. 2. A noção legal de falência. Configuração. Pressupostos. 3. Causas de insolvência das empresas. 5. A reforma da lei de falências. Expectativas de um novo ordenamento jurídico — **64/37**

SANTANA, Cláudia Silva de, & CELLI JÚNIOR, Umberto — Telecomunicações no Brasil: balanço e perspectivas — **134/175**

SANTOS, Aline de Menezes — Reflexões sobre a governança corporativa no Brasil — **130/180**

SANTOS, J. A. Penalva — A aplicação da correção monetária nas condenações em dívida de dinheiro no juízo civil — 1. Introdução. 2. A moeda e as suas principais funções na economia das nações. 3. A correção monetária: conceito, aplicação, colocação no quadro geral das formas de rompimento do princípio do nominalismo da moeda. 4. A correção monetária e sua incidência nos casos judiciais. 5. Extensão da aplicação da correção monetária às dívidas de dinheiro nas ações no foro cível, precedentes na Justiça trabalhista. 6. Conclusão — **20/51**

— Inatividade da sociedade comercial — Inatividade da sociedade comercial. Sociedade comercial por tempo determinado. Reativação da sociedade inativa. Significado do vocábulo "inatividade". Interpretação contida no Decreto 1.800, de 30.1.1996, que regulamentou a Lei 8.934, de 18.11.1994. Problema relativo à sociedade anônima. Conclusão — **115/75**

— Sociedade anônima — Decurso do prazo prescricional ao exercício do direito à percepção das vantagens em favor do debenturista — **124/81**

— *Trading companies* — **17/99**

SANTOS, José Soledade Santos — A debênture como instrumento de aplicação e captação de recursos — Introdução. 1. Exemplos de "montagens financeiras". 2. Experiência brasileira. 3. Aspectos jurídicos. 4. Emissão de debêntures. 5. Características das debêntures. 6. Derivativos. 7. Cédula pignoratícia de debêntures. 8. Observações finais — **101/27**

SANTOS, Paulo Penalva — O novo projeto de recuperação da empresa — **117/126**

SANTOS, Theóphilo de Azevedo — A contribuição do Prof. João Eunápio Borges para instituições do direito comercial brasileiro — **95/5**

— Redução do compulsório e aplicação em ações e debêntures — **2/95**

SANTOS NETO, Domício dos — Conselho fiscal: competência orgânica e atividade individual de seus membros — **107/205**

SAPIENZA, Oswaldo — Fusões e incorporações de emprêsas (Decreto-lei 1.182, de 16.7.1971) — **2/103**

SARFERT, Thereza Maria — Técnicas de privatização. A experiência brasileira — **117/182**

SCARE, Roberto Fava, ZYLBERSZTAJN, Décio, SZTAJN, Rachel, & GORGA, Érica Cristina Rocha — Relevância para transformação das instituições no Brasil contemporâneo — **126/101**

SCHAHIN FILHO, Nassaralla — A cláusula "e/ou" nos certificados de depósito bancário e nos recibos de depósito bancário — **20/73**

— Cambial — Notas promissórias não registradas — Cobrança — Cabimento só contra o emitente — Rito ordinário — Revista indeferida — **10/101**

— Cheque falso — Indagação da culpa — Risco profissional — Súmula 28 do STF — Persistência perante a Lei de Genebra — **9/84**

— Embargos de terceiro — Automóvel — Certificado de propriedade sem restrições — Compra — Terceiro de boa-fé — Contrato de alienação fiduciária registrado — Inobservância — Porém do art. 52 do Código Nacional de Trânsito — Embargos procedentes — **19/73**

— Honorários de advogado — Executivo fiscal — Improcedência — Condenação da Fazenda na honorária — Inadmissibilidade — Ingresso do Fisco em juízo fundado em elementos que a aparência da escrituração do contribuinte propiciava — Recurso provido — **9/89**

SCHUARTZ, Luis Fernando — Abuso do poder econômico e (i)legitimidade — **95/57**

— As razões do direito da concorrência — **118/77**

— Banco Central: questões jurídico-políticas na Constituição de 1988 — 1. Aspectos constitucionais gerais; 2. A independência do Banco Central — **93/36**

— Dogmática jurídica e Lei 8.884/1994 — 1. Livre iniciativa. 2. Livre concorrência. 3. Poder econômico. Abuso. Infrações da ordem econômica — **107/70**

— Ilícito antitruste e acordos entre concorrentes — 1. "Bem-estar social" e ilícito antitruste. 2. O real significado da distinção entre a regra *per se* e a "regra da razão". 3. Acordos horizontais: tipologia e análise: 3.1 Os cartéis *harde-core*; 3.2 Acordos de colaboração entre concorrentes — **124/47**

— *Monopolization, attempt to monopolize* e a interpretação do inciso II do art. 20 da Lei 8.884, de 1994 — **119/128**

— O direito da concorrência e seus fundamentos. Racionalidade e legitimidade na aplicação da Lei 8.884/1994 — **117/57**

— Poder econômico e abuso do poder econômico no direito de defesa da concorrência brasileiro — **94/13**

SCHWARTZ, Victor E. — Reforma da responsabilidade civil em nível estadual: auxiliando o sistema ou criando mais caos? — A era inicial, 1875 — 1975: reforma da responsabilidade delitual. A era 1965 — 1975: o total desenvolvimento do princípio da culpa. A era de 1975 até o presente: a erosão da responsabilidade civil delitual tradicional. A imposição de "responsabilidade objetiva" estrita. Responsabilidade por dano puramente emocional. Responsabilidade solidária e culpa comparativa. Esforços a nível de reforma da responsabilidade delitual. Reforma através de ação legislativa estadual. Resultados da reforma. Reformas introduzidas pelos tribunais. Reforma legislativa estadual — O futuro. Reformas introduzidas na responsabilidade delitual em 1986 e 1987. Responsabilidade do produtor. Responsabilidade solidária. Responsabilidade comparativa. Regra da fonte colateral. Limites à indenização. Prestações periódicas. Juros incorridos anteriormente à sentença condenatória — **72/5**

SCHWARTZMANN, Lara, & LAUTENSCHLEGER JÚNIOR, Nilson — Pressuposto corporativo da venda de ativos de uma sociedade comercial por quotas de responsabilidade limitada — **123/111**

SEIXAS FILHO, Aurélio Pitanga — O registro naval no tribunal marítimo — **56/42**

— Taxa de melhoramento dos portos — Direito tributário internacional — Associação Latino-Americana de Livre Comércio — ALALC — Redução de alíquota da taxa de melhoramento dos portos — Isenção do imposto de importação por Resolução do Conselho de Política Aduaneira — Cláusula de nação mais favorecida — **34/104**

SEÑA, Jorge S. Malem — A corrupção dos juízes — **108/159**

SENATORE, Carlos Alberto — A concessão comercial entre produtores e distribuidores de veículos automotores de via terrestre no Brasil: uma novidade jurídica — **36/109**

— Alienação fiduciária — Automóvel — Tradição ao comprador mediante contrato com aparência de venda à vista embora não recebido o preço total — Obtenção por ele, no DST, de certificado de propriedade sem reserva de domínio — Formalização posterior do contrato de financiamento — Busca e apreensão do veículo por inadimplemento do adquirente — Embargos de terceiro opostos por sucessor — Inadmissibilidade — Inteligência do art. 620 do Código Civil — **28/103**

— Cambial — Nota promissória — Prazo prescricional decorrido — Ação ordinária de cobrança — Carência — Recurso improvido — **17/59**

— Sociedade comercial — Responsabilidade limitada — Natureza — Cotas — Cessão — Falta de registro na Junta Comercial — Transformação em irregular — Solidariedade dos sócios cedentes — Ação de indenização procedente — Apelação provida — Voto vencido — **39/183**

SHAYER, Fernando — Governança corporativa e ações preferenciais — Dilema do legislador brasileiro — **126/75**

SHIGUEMATSU, Plínio José Lopes — O uso de duplicatas para a cobrança dos serviços prestados pelos concessionários de serviço público — **119/155**

SIDOU, J. M. Othon — Aval em cheque — Conceito — Histórico — Legislação — Natureza jurídica — Aval e fiança — Requisitos (quanto à forma): Assinatura — Lugar e data — Requisitos (quanto à espécie): Aval "em preto" e "em branco" — Alterações de espécies — Aval em separado — Requisitos (quanto ao objeto): Aval parcial — Avalista — Capacidade — Pluralidade de avalistas — Aval coletivo — Aval de aval — Avalizado — Recobro — Ação contra o avalista — Extinção do aval — **12/39**

— Breves notas sobre a atividade negocial no anteprojeto do Código Civil — **10/141**

— O novo direito brasileiro do cheque — Tentativas de consolidação. O Projeto 118/1977. Características da lei — **60/5**

SILVA, Américo Luís Martins da — A bipartição do domínio no direito societário — Propriedade indireta — **107/129**

SILVA, José Afonso da — As disposições constitucionais programáticas sobre a ordem econômica e social — I — Localização das disposições programáticas. II — Normas programáticas e direitos econômicos, sociais e culturais. III — Normas programáticas e fins da ordem econômica e social. IV — Normas constitucionais e princípios constitucionais. V — Natureza dos direitos econômicos, sociais e culturais. VI — Vinculatividade das normas programáticas. VII — Normas programáticas e tutela das situações subjetivas. VIII — Conclusão. Bibliografia citada — **55/70**

SILVA, José Anchieta da — O projeto de lei de falências e a realidade brasileira — **135/110**

SILVA, José Manoel da — Alienação de distribuição disfarçada de lucros — **18/45**

— Imposto de renda: abolição dos limites remuneratórios dos dirigentes empresariais — 1. Pagamento de renda como remuneração de um fator de produção. 2. Conceito de "rendimento" na lei brasileira. 3. Remuneração de serviços ou pró-labore e despesa operacional. 4. Limites à dedutibilidade: sua *ratio essendi* e refutação. 5. Razões outras que militam em prol da elasticidade dos pagamentos. 6. Conclusões — **6/35**

SILVA, Luís Virgílio Afonso da, & ROCHA, Jean-Paul Cabral Veiga da — A regulamentação do Sistema Financeiro Nacional: o art. 192 e o mito da lei complementar única — **127/79**

SILVA, Luiz Antônio Guerra da — Contemporaneidade do Código Comercial Imperial. Breves considerações — **115/120**

— Posição do promitente — Comprador, no negócio jurídico complexo regido pela lei de incorporação imobiliária, na hipótese de falência do incorporador — **114/82**

SILVEIRA, André Bueno da, MARINHO, Arthur, MOREIRA, Edson Fábio Garutti, & BARBOSA, Iberê Uchoa de Azevedo — A relação entre o novo SPB e os títulos de crédito. Conseqüências jurídicas, políticas e sociais — **127/215**

SILVEIRA, Clóvis — Enquadramento jurídico do *software* — Uma abordagem histórica, crítica e prática — **85/90**

SILVEIRA, João Marcos — A proteção jurídica dos segredos industriais e de negócio — **121/150**

— O nome empresarial no novo Código Civil — **128/122**

— Sociedade de responsabilidade limitada — Projeto de Lei do Senado 46/1993 — **92/111**

SILVEIRA, Lilian de Melo — Propriedade industrial — Registro da marca "JW" e "Caoekubga" para distinguirem, na classe 37, a prestação de serviços de assistência técnica (art. 61, 3, do Código de Propriedade Industrial), indeferido pelo INPI, com base no parágrafo único do art. 62 da Lei 5.772/1971 — **42/101**

SILVEIRA, Newton — A propriedade intelectual na internet e a questão dos nomes de domínio — **119/26**

— A proteção internacional da propriedade industrial — **73/120**

— Ação ordinária — Sentença (Proc. 5.209, 6ª Vara Federal-RJ, Juiz Carlos Augusto Thibau Guimarães) — **37/139**

— Aplicação do Acordo TRIPS no Brasil — Antecedentes remotos. Antecedentes próximos. O resultado. A questão da vigência e eficácia do Acordo TRIPS no Brasil. O Acordo TRIPS obriga estados ou particulares? A questão do prazo das patentes já concedidas antes da entrada em vigor da lei de propriedade industrial brasileira (15.4.1997) — **115/66**

— Ato normativo INPI 35 — **31/121**

— Comentários à Lei de Cultivares, n. 9.456, de 25.4.1997 (*DOU* 28.4.1997) — **110/167**

— Competência — Conflito negativo — Ação cominatória tendente a coibir o uso do nome fantasioso, não registrado, passível de induzir a equívoco — Julgamento afeto à justiça estadual — **25/94**

— Concorrência desleal — Denominação semelhante — Prescrição — **26/106**

— Concorrência desleal — Desvio de clientela — Reprodução de produto industrial alheio não protegido por patente ou registro — Irrelevância — Condenação — **42/98**

— Concorrência desleal — Imitação servil — Atos confusórios — Art. 178, III do Decreto-lei 7.903, de 1945 — **42/96**

— Concorrência desleal — Uso abusivo do nome civil — Meio fraudulento empregado pelo querelado para desviar, em proveito próprio, clientela do querelante — Recurso provido — Extinção de sua punibilidade, todavia, decretada — Inteligência dos art. 178, III, do Decreto-lei 7.903, de 1945, e 128 da Lei 5.772, de 1971 — **24/110**

— Contratos de transferência de tecnologia — I — Introdução. II — Segredo industrial. III — Natureza jurídica do segredo industrial. IV — Objeto do segredo industrial. V — O *know-how*. VI — Contrato de *know-how*. VII — Patente e segredo industrial. VIII — Transferência de tecnologia. IX — O Ato Normativo 15/1975. X — Bibliografia — **26/87**

— *Copyright* para artigos úteis segundo o direito norte-americano — **46/55**

— Crime de violação de marca registrada — Falta de justa causa — Ação penal calcada em marca usurpada proposta contra os sócios da legítima titular da marca — Trancamento da ação penal — **48/69**

— Denominação comercial — "Balila" e "Baliza" — Imitação — Atividades de comércio diferentes — Irrelevância — Ação procedente — Perdas e danos — Recurso provido — **41/118**

— Estabelecimento comercial — Títulos semelhantes — Utilização da expressão *drugstore* — Negócios ou atividades diferentes — Cominatória improcedente — **50/115**

— Firmas que operam no mesmo setor, ou seja, exportação — A mais antiga, com tradição no ramo, estará efetivamente prejudicada com a semelhança — A firma nova deve sempre se distinguir de qualquer outra inscrita no registro do lugar — Independentemente de concorrência, mormente quando ambas tratam de nomes de fantasia — Apelo provido — **68/77**

— Garantias constitucionais aos bens imateriais — 1. Introdução — A nova Constituição. 2. Tratamento do tema nas Constituições brasileiras. 3. Patentes para a indústria farmacêutica no Brasil. 4. A pressão dos países desenvolvidos — Indústria farmacêutica e programas de computadores. 5. A experiência italiana. 6. A ordem econômica e social — **60/18**

— Imitação servil e forma distintiva — **35/129**

— Imposto sobre serviços — Administração de bens e propaganda — Arrendamento de marca — Receita — Tributo devido — Recurso não provido — **40/116**

— INPI — Transferência de tecnologia — Leis 5.648/1970 e 5.772/1971 — Averbação de contrato no INPI — **54/112**

— Licença de exploração de patentes com cláusula acessória de assistência técnica-*royalties* contratos em fraude à lei — **63/88**

— Limitações a direitos de propriedade industrial, produtos farmacêuticos, licença compulsória e caducidade — I — Introdução. II — A questão da não-privilegiabilidade, no Brasil, das invenções que tenham por objeto substâncias, matérias, misturas ou produtos químico-farmacêuticos e medicamentos, bem como os respectivos processos de obtenção ou modificação. III — O sistema da Convenção de Paris para a Proteção da Propriedade Industrial e a concessão de licenças obrigatórias. IV — O abuso perpetrado por meio das patentes de invenção e a conseqüente limitação a certos direitos de propriedade industrial — **27/73**

— Limites convencionais à concorrência — I — De direito público. II — De direito privado: a) Concorrência desleal: 1. Formação do estabelecimento; 2. Elementos imateriais do estabelecimento; 3. Concorrência ilícita e concorrência desleal. b) Convenções: 1. Limitações convencionais; 2. Cláusula de não restabelecimento; 3. Convenções diretas para excluir a concorrência — **43/47**

— Mandado de segurança — Ato judicial — Impetração por terceiro atingido pelo ato atacado — Propriedade industrial — Medida cautelar concedida em ação anulatória de patente — Descabimento, no caso — **58/103**

— Marca comercial — Forma usada nos dizeres — Semelhança — Ação cominatória procedente — **2/86**

— Marca comercial — Marcas semelhantes — Depósitos no Departamento Nacional da Propriedade Industrial — Registros pendentes — Carência de ação — Recurso provido — **39/190**

— Microempresa — Isenção de imposto sobre serviços — Município da capital — Segurança concedida — Apelação parcialmente provida para excluir condenação da impetrada na verba honorária (Súmula 512 — STF) — **67/87**

— Nome comercial — Elementos diferenciais entre duas denominações — Ramos de negócio diversos — Domicílios em cidades diferentes — Ação improcedente — Apelação provida — Voto vencido — **32/95**

— Nome comercial — Empresas com o mesmo ramo — "Fabrini" e "Fabrina" — Confusão — Ação procedente — Alteração obrigatória — Recurso provido em parte — **41/118**

— Nome comercial — "Loja dos enfeites" e "Palácio dos Enfeites Ltda." — Vocábulo de uso comum — Apropriação inadmissível — Ação improcedente — **3/79**

— Nome comercial — Patronímico de sócio registrado como marca — Impossibilidade do seu rumo por outra sociedade do mesmo ramo — Recurso extraordinário não conhecido, à míngua de seus pressuposto de admissibilidade — **30/86**

— Nome comercial — Pessoa jurídica de direito privado — Exclusividade de denominação — Necessidade de registro federal — Aplicação da Lei 5.772, de 1971 — Apelação não provida — **29/89**

— Nome comercial — Registro como marca — Inexistência — Proteção, não obstante — Aplicação dos arts. 153, § 24, da Constituição da República Federativa do Brasil, 38, IX e 49 da Lei 4.726, de 1965 — Ação cominatória procedente — Apelação não provida — **31/94**

— Nome comercial — Semelhança — Mesmo gênero de comércio — Possibilidade de confusão — Contrato social arquivado na Junta Comercial — Ação de nulidade procedente — Preliminar de prescrição repelida — **4/56**

— Nome comercial objetivo e subjetivo — **45/93**

— O contrato de *franchise* e a transferência de tecnologia — **74/23**

— O direito industrial e sua caracterização como ramo autônomo do direito privado — 1. Idêntica natureza do direito de autor e do direito do inventor. 2. Relações entre o autor e o empresário. 3. Os bens imateriais como integrantes do estabelecimento comercial. 4. A teoria de Tullio Ascarelli. 5. Caracterização do direito industrial. 6. Autonomia do direito industrial. 7. Conclusão — **36/59**

— O impacto das novas tecnologias no sistema brasileiro de patentes — **80/149**

— Patente de invenção — Derrogação e não ab-rogação, do antigo Código de propriedade industrial — **3/87**

— Patente de invenção — Interdito proibitório — Propositura contra autor de notificação — Meio processual inidôneo — **2/89**

— Propriedade industrial — Nome de empresa — Distinção entre nome-firma e nome-marca — Ação para modificar o nome-firma, por semelhante ou idêntico a outro, causador de erro ou confusão — Prescrição — Não prescreve em seis meses — **52/104**

— Propriedade industrial — Registro da marca "Comind". Se a anterioridade alegada pelo INPI refere-se a marca pertencente ao mesmo grupo econômico, não incide a proibição contida no item 17 do art. 65 do CPI. Segurança concedida. Sentença confirmada. Apelo improvido — **50/119**

— Proteção ao *design* — **23/151**

— Sociedades de pessoas — Gerência e firma — **123/86**

— Transferência de tecnologia. Indústria automobilística — **25/133**

— Tribunal Federal de Recursos — Súmulas relativas à propriedade industrial — Súmula 7 e Súmula 10 — **43/100**

SILVEIRA, Newton, & KUNTZ, Karin Grau — A exaustão do direito de marcas na União Européia e o Mercosul — 1. Introdução. 2. A função econômica da marca. 3. O princípio da territorialidade da marca. 4. Outras funções da marca. 5. Da cessão e da licença de uso da marca. 6. Importações paralelas da União Européia e a teoria da origem comum. 9. Importações paralelas e os Estados não membros da UE. 10. Importações paralelas e os tribunais brasileiros. 11. O problema das importações paralelas e a nova lei de propriedade industrial. 12. O direito de marcas e o Mercosul — **106/107**

SILVEIRA, Sebastião — As denominações de sociedades anônimas que operam em arrendamento mercantil ou *leasing* — **36/105**

— Crime contra a propriedade industrial — Violação de privilégio de invenção — Pretendida a ausência de justa causa para a ação penal por ter sido reconhecida judicialmente a nulidade da patente — Decisão entretanto, não transitada em julgado — *Habeas corpus* denegado — Inteligência dos arts. 169, I, II e III, do Decreto-lei. 7.903/1945 e 648, I, do CPP — **37/136**

— Denominação social — Sociedade civil e sociedade comercial — **52/114**

— Nome comercial — Algarismo ou número — Inexistência de criação de fantasia — Ação improcedente — Embargos infringentes rejeitados — **48/72**

— Nome comercial: autorização para o uso de expressão de fantasia comum a duas sociedades — **47/87**

— Nome comercial — Marca — Apelação não provida — **47/65**

— Nome comercial — Semelhança que possibilita confusão — Direito à exclusividade da denominação registrada em primeiro lugar — **43/101**

— Patente de invenção — Fabricação de escovas — Processo — Direitos — Ação anulatória e ação de indenização — Conexão inexistente — Exceção de incompatibilidade rejeitada — **36/92**

— Prisão civil — Decretação contra o devedor por não haver devolvido as duplicatas que lhe fora enviadas para aceite — Admissibilidade — Medida não inconstitucional ou ilegal — *Habeas corpus* denegado — Inteligência dos arts. 153, § 17, da CF e 885 do CPC — *Prisão civil* — Decretação contra o sonegador e duplicatas que fora enviadas para aceite — Revogação pretendida por não proposta a ação principal nos 30 dias subseqüentes — Inadmissibilidade — Medida cautelar ainda não executada — *Habeas corpus* denegado — Inteligência dos arts. 806, 808, II e 885 do CPC — **37/129**

— Propriedade industrial — **56/130**

— Semelhança de nome comercial: parecer do DNRC-MIC — **49/79**

SILVEIRA, Wilson — Marcas e patentes no exterior — Marcas. Patentes. Exportação. A União de Paris. Outros tratados e convenções. A América Latina. Oriente Médio. Declaração. África. Europa Oriental — **37/82**

SIMIONATO, Frederico — A disciplina da reorganização da empresa em crise econômica no projeto de lei concursal — **111/138**

— A lei e a vontade do Estado — **120/238**

— A lei e a vontade do Estado — Sociedade anônima. Cisão. Direito de recesso. Subsistência desse direito mesmo após a vigência da Lei 7.958/1989 que, modificando o disposto no art. 137 da Lei 6.404/1976, absteve-se, entretanto, de alterar o contido no art. 230, *caput* da mesma lei que também regulava o direito de retirada — **116/180**

— A privatização no Brasil — **112/93**

— Conselho fiscal: ausência de legitimação processual de acionista par obtenção de informação em nome de conselheiro — **109/150**

— Liquidação extrajudicial de companhia seguradora. Direito de o acionista recorrer ao poder judiciário para defesa de seus direitos — **115/184**

SIMIONATO, Frederico Augusto Monte — A função social e o controle do poder de controle nas companhias — **135/94**

— A reforma da lei de falência frente a reorganização econômica da empresa — Introdução. Capítulo 1. A origem e evolução histórica do instituto da falência: 1.1 O direito romano na antiguidade: 1.1.1 O período clássico do direito romano; 1.2 A falência no período medieval: 1.2.1 Amplitude na execução coletiva na idade média; 1.3 Falência a partir do século XVIII ao fim do século XIX no direito internacional: 1.3.1 Abrangência da falência nesse período da história; 1.4 O direito falimentar no Brasil: 1.4.1 O Brasil colônia; 1.4.2 O período republicano no Brasil; 1.4.3 O Decreto 917/1890; 1.4.4 A Lei 859, de 16.8.1902; 1.4.5 A Lei 2.014, de 17.12.1908; 1.4.6 A Lei 5.746, de 9.12.1929. Capítulo 2. A natureza jurídica do instituto falimentar: 2.1 A natureza processual da falência; 2.2 A natureza substancial da falência; 2.3 Considerações críticas a respeito da natureza jurídica do instituto falimentar. Capítulo 3. Aspectos estruturais referentes ao princípio da preservação da empresa: 3.1 Comentários gerais sobre o novo direito falimentar; 3.2 Correlação entre o direito e a economia; 3.3 Questões de ordem sócio-política sobre o princípio da preservação da empresa no processo de reorganização econômica; 3.4 Dissociação entre a sorte da empresa para a do empresário; 3.5 A participação dos órgãos governamentais no plano de reorganização econômica da empresa: 3.5.1 A intervenção do Estado no processo de reorganização; 3.5.2 Desnecessidade da participação estatal no plano; 3.6 A participação dos bancos privados e dos demais credores no plano de reerguimento financeiro da empresa. Capítulo 4. Aspectos objetivos do plano de reorganização econômica da empresa: 4.1 Conceito e característica do plano de reerguimento econômico; 4.2 A nova classificação creditória no procedimento reorganizatório; 4.3 A sistemática recursal no âmbito do procedimento concursal; 4.4 A instituição do cargo de administrador judicial; 4.5 A participação dos empregados na direção da empresa; 4.6 Reformulação da atividade jurisdicional em um novo direito concursal. Considerações finais. Bibliografia — **108/16**

— ALCA E União Européia: interesses específicos e gerais da política econômica brasileira — **134/138**

SIMONI, Liane Maia — O regime jurídico da responsabilidade dos administradores de instituições financeiras — Introdução. I — Conceituação de instituição financeira. II — Teoria de fundamentação da responsabilidade civil. Evolução legal da responsabilidade dos administradores de instituições financeiras. Conclusões — **44/28**

SIMSON, Werner von — Direito tributário comparado — Mercado Comum Europeu — Tributação e conflitos — Tribunal de Justiça da Comunidade Européia — **10/137**

SIQUEIRA, Francisco José de — Da responsabilidade dos administradores de instituições financeiras — 1. A natureza jurídica da responsabilidade. 2. A responsabilidade na legislação civil. 3. A responsabilidade na lei de sociedades anônimas. 4. A responsabilidade na legislação especial — **68/31**

SOARES, Guido F. S. — A ordem pública nos contratos internacionais — **55/122**

— Antecedentes internacionais da regulamentação de transferência internacionais de tecnologia — 1. Introdução. 2. Antecedentes das organizações internacionais atuais. 3. Antecedentes da OMPI: as Uniões e os BIRPI. 4. A OMPI e as Uniões na atualidade. 5. Conclusões — **57/19**

SOARES, José Carlos Tinoco — Marca notória — Registro especial no INPI para as marcas conceituadas no país — **10/157**

— Proteção dos programas de computadores — 1. Parte histórica. 2. Direitos autorais. 3. Privilégio de invenção. 4. Modelo de utilidade. 5. Conclusão — **17/39**

SOARES, Luiz Dantas de Souza — Agente de navegação — Responsabilidade civil — I — O que são os agentes de navegação. II — Os agentes de navio revestem a qualidade de representantes do armador. III — Limitações de tal representação. IV — Gênese e índole da responsabilidade dos proprietários por atos do capitão e da equipagem e pelas obrigações contraídas pelo capitão. V — Responsabilidade face ao Estado por penas pecuniárias, taxas, multas e direitos marítimos devidos pelo capitão. VI — Inadimplemento das obrigações impostas por lei ao capitão. VII — Responsabilidade não — solidária por atos do capitão. VIII — Responsabilidade dos armadores e proprietários pelos atos e obrigações dos agentes dos seus navios. IX — Irresponsabilidade por danos causados pelos empresários de carga e descarga. X — A ação de dano contra os armadores ou proprietários do navio é uma ação direta. XI — Pactos especiais que excluem ou limitam a responsabilidade dos armadores ou proprietários. XII — Interpretação das cláusulas exclusivas ou limitativas da responsabilidade. XIII — O contrato de fretamento. XIV — Carga e descarga. XV — Comunidade de carga. XVI — Das regras para entrada e saída de embarcações em portos nacionais. XVII — Equiparação dos agentes aos armadores. XVIII — Faltas na carga. XIX — Requisição da entidade estivadora. XX — Abertura de crédito pelo armador ao agente. XXI — Quem é o armador? — **34/53**

SOBREIRA, Diógenes Setti — Uma abordagem aos aspectos jurídicos dos créditos originários de operações de adiantamento sobre contratos de câmbio, garantidos por títulos cambiais, em face da flutuação das taxas e de sucessivas prorrogações — **51/45**

SOUSA, Pedro Oliva Marcilio de — Eleição de membros do conselho de administração pelos acionistas minoritários (exegese do inciso I, § 4º, do art. 141 da Lei 6.404/1976) — **126/87**

SOUTO, Marcos Jurena Villela — A nova lei antitruste brasileira: críticas e sugestões — I — Apresentação. II — Apreciação: 1. Aspectos constitucionais; 2. Visão global; 3. Órgãos de repressão ao abuso do poder econômico; 4. Composição do CADE; 5. Procuradoria do CADE; 6. Apuração das ocorrências; 7. Infração à ordem econômica; 8. Julgamento do processo administrativo; 9. Cessação de compromissos; Consulta. III — Conclusão — **84/75**

— Contratos reajustados com base na variação cambial — Um fator de manutenção do equilíbrio dos negócios — **83/63**

— O programa brasileiro de privatização de empresas estatais — 1. Introdução. 2. Visão global do tema. 3. Noção histórica do intervencionismo estatal. 4. Tratamento constitucional do intervencionismo. 5. A intervenção estatal na Constituição de 1988. 6. As primeiras empresas estatais brasileiras. 7. Razões da privatização. 8. Experiências de privatização em outros países. 9. Fundamentos do programa brasileiro de privatização. 10. Comentários à Lei 8.031, de 12.4.1990. 10. Conclusão — **80/54**

SOUZA, George Marcondes Coelho de — O nome comercial e o título de estabelecimento — Anteprojeto de lei — **6/115**

SOUZA, Hamilton Dias de — Finsocial — **47/71**

— Imposto de renda — Tributação de representante comercial de empresa estrangeira — Interpretação do art. 76 da Lei 3.470, de 29.11.1958 — **7/84**

— O ICM na entrada de bens importados do exterior — **7/59**

SOUZA, Hamilton Dias de, & GRECO, Marco Aurélio — Inconstitucionalidade da alíquota do ICM nas operações interestaduais em que o destinatário não é contribuinte do imposto — 1. Introdução. 2. Evolução ocorrida. 3. Não confundir a norma com a sua formulação. 4. A competência do Senado para fixar alíquotas do ICM. 5. As disciplinas são equivalentes. 6. Conseqüências do exame. 7. Conclusão — **46/15**

SOUZA, J. Jacaúna de — Direito bancário brasileiro — 1. Introdução. 2. Antecedentes históricos. 3. Evolução — Características próprias e fundamentos de substancial diferenciação, em face ao direito comercial. 4. Elementos fáticos de efetiva existência autônoma — Oportunidade e conveniência de assim o aceitar a ciência jurídica nacional, ante os reclamos de sua integração e desenvolvimento — **10/49**

SOUZA, Luís Antonio Semeghini, & COSAC, Marcelo — O controle do Estado em setores estratégicos — **132/106**

SOUZA, Luiz Antônio Alves de — Cambial — Nota promissória — Ação executiva instruída com cópia do título, permanecendo o original em cofre do Cartório — Acórdão que, por esta circunstância, anulou o processo *ab initio* — Caso de nulidade suprível — Cabimento de conversão do julgamento em diligência — Recurso extraordinário para este fim conhecido e provido — Aplicação do art. 877, parágrafo único, do CPC de 1939 — **21-22/94**

SOUZA, Renato A. Gomes de — Empréstimos ou adiantamentos a pessoas ligadas — Emissão de carta de crédito a favor de exportador estrangeiro. Relacionada com importação feita por empresa de *leasing* ligada — **99/24**

SPERCEL, Thiago — A teoria da empresa no novo Código Civil — O fim da distinção entre sociedades civis e comerciais — **130/125**

— Teoria dos jogos aplicada à responsabilidade civil dos administradores de instituições financeiras — **135/219**

SPONLANSKY, Noberto Eduardo — *Los crímenes de gestión fraudulenta en las sociedades comerciales* — **55/135**

SQUASSONI, Christian Max Finardi — O direito de continuar sócio de S/A face as reorganizações societárias — Dos direitos essenciais dos acionistas. O exemplo da incorporação. Da indivisibilidade das ações perante a empresa. Conclusões — **114/140**

— Riscos operacionais nos mercados de futuros, opções e de *swaps* na Bolsa de Mercadorias e Futuros — BM&F — **120/242STRENGER, Irineu** — Verdadeira projeção da arbitragem — Convenção de New York de 1958 — **129/40**

STREET, Eric, & STUBER, Walter Douglas — As novas normas do programa brasileiro de conversão da dívida externa em investimento — **80/152**

STUBER, Adriana Godel, & STUBER, Walter Douglas — O *factoring* internacional — **122/54**

STUBER, Walter Douglas — A legitimidade do *trust* no Brasil — **76/103**

— Empréstimos entre sociedades — 1. Introdução. 2. Tipos de empréstimo. 3. Operações privativas de instituições financeiras. 4. Conceito de instituição financeira na esfera penal. 5. Remuneração permitida. 6. Forma do empréstimo. 7. Aspectos tributários. 8. Empréstimos entre sociedades do mesmo grupo. 9. Empréstimos internacionais. 10. Teoria da desconsideração da personalidade jurídica. 11. Conclusão — **68/25**

— O consórcio no setor de informática — **69/73**

— O lançamento de ações resgatáveis como modalidade de captação de recursos — **65/82**

— Os certificados de depósitos de valores mobiliários em garantia — I — Introdução. II — Da legislação aplicável. III — Da doutrina. IV — Classificação dos títulos e valores mobiliários. V — Conclusões — **83/71**

— Os certificados de depósitos de valores mobiliários em garantia —Introdução. 1. Da legislação aplicável. 2. Da doutrina. 3. Classificação dos títulos e valores mobiliários. 4. Conclusões — **82/39**

STUBER, Walter Douglas, & STUBER, Adriana Godel — O *factoring* internacional — **122/54**

STUBER, Walter Douglas, & STREET, Eric — As novas normas do programa brasileiro de conversão da dívida externa em investimento — **80/152**

STUBER, Walter Douglas, MONTEIRO, Manoel Ignácio T., & NOBRE, Lionel Pimentel — Questões jurídicas relacionadas à internet — **120/146**

STURZENEGGER, Luiz Carlos — A propósito da polêmica em torno do art. 38 da Lei 8.880/1994 — **96/28**

— Imposto suplementar de renda critério para desconto nas remessas de lucros ao exterior — Visão histórica do problema. A questão. Conclusão — **69/56**

SUEN, Alberto Sanyuan — Sociedade por quotas de responsabilidade limitada — Compromisso assumido por um dos sócios-gerentes em nome da sociedade ou nos limites dos poderes de sua gerência — Responsabilidade da sociedade — **105/209**

SZTAJN, Rachel — A prestação de serviços na lei do consumidor — **83/117**

— A responsabilidade social das companhias — **114/34**

— Associações e sociedades — **128/15**

— Autonomia e heteronímia na relação profissional/usuários de serviços e ações de saúde e as declarações de vontade viciadas — **110/22**

— Conceitos de liquidez na disciplina do mercado de valores mobiliários — Introdução. 1. Definição de circulação. 2. Definição de liquidez. 3. Liquidez no mercado de valores mobiliários. Conclusão — **126/7**

— Consentimento informado e o Projeto de Código Civil — **109/93**

— Depósito de cordão umbilical — Seguro de vida biológico — **113/64**

— Direito e incertezas da biotecnologia: custo social das pesquisas — **119/34**

— Eficiência alocativa das normas que regem o direito de propriedade e a reforma agrária — **115/7**

— Externalidade e custos de transação: a redistribuição de direitos no novo Código Civil — **133/7**

— Notas de análise econômica: contratos e responsabilidade civil — **111/9**

— Notas em matéria de *leasing* cambial — **120/66**

— Notas sobre privatização — **117/98**

— Nótulas sobre o novo estatuto da microempresa — **116/97**

— O direito de recesso nas sociedades comerciais — **71/50**

— Os custos provocados pelo direito — **112/75**

— Os projetos de alteração da Lei 6.404/1976 — **107/183**

— Quotas de fundos imobiliários — Novo valor mobiliário — **93/104**

— Regulação e o mercado de valores mobiliários — **135/136**

— Responsabilidade civil do médico. Visão bioética — **108/7**

— Seguro de dano moral resultante de acidente com veículo automotor — Responsabilidade civil — Seguro de responsabilidade civil — Dano moral — Seguro de dano moral — Compensação por dano moral — **106/25**

— Sobre a natureza jurídica das opções negociadas em bolsas — 1. Introdução e função econômica. 2. Origem. 3. Parte-se da noção de contrato que está no art. 1.321 do Código Civil italiano. 4. No direito italiano. 5. No direito norte-americano. 6. Na doutrina dos direitos de base romano-germânica. 7. Direito alemão. 8. Conclusão — **105/53**

— Solicitação de interrupção do curso do prazo de antecedência de convocação de assembléia geral extraordinária — Cataguases-Leopoldina-CFLCL — Proc. RJ2003/12.767, da CVM — **133/221**

SZTAJN, Rachel, & SALLES, Marcos Paulo de Almeida — Regulação e concorrência no sistema financeiro — **123/41**

SZTAJN, Rachel, & VERÇOSA, Haroldo Malheiros Duclerc — A disciplina do aval no novo Código Civil — **128/33**

— A incompletude do contrato de sociedade — **131/7**

SZTAJN, Rachel, ZYLBERSZTAJN, Décio, GORGA, Érica Cristina Rocha, & SCARE, Roberto Fava — Relevância para transformação das instituições no Brasil contemporâneo — **126/101**

SZTERLING, Fernando, & BOULOS, Eduardo Alfred Taleb — O novo mercado e as práticas diferenciadas de governança corporativa: exame de legalidade frente aos poderes das Bolsas de Valores — I — Introdução: o novo mercado e as práticas diferenciadas de governança corporativa. II — História e natureza jurídica das Bolsas de Valores. III — Regulação do mercado de capitais. IV — Poder regulamentar e poder disciplinar das bolsas de valores: a) Poder regulamentar e poder disciplinar; b) Princípio da legalidade; c) O poder regulamentar das bolsas de valores. V — Fundamento contratual dos poderes da BOVESPA. VI — Legalidade da imposição de sanções e da alteração aos regulamentos. VII — Resumo conclusivo — **125/96**

TÁCITO, Caio — A responsabilidade do Estado e dos organismos públicos em razão da direção do crédito e da supervisão dos estabelecimentos de crédito — **70/94**

TADDEI, Marcelo Gazzi — O *dumping* e a defesa comercial no Brasil — **120/95**

— O CADE e o controle preventivo dos atos de concentração empresarial — **121/86**

TEIXEIRA, Egberto Lacerda — A Bôlsa de Valôres e o balanço das sociedades anônimas — **1/135**

— A conversão de debêntures em ações e o aumento do capital social — **54/131**

— A responsabilidade social do advogado de empresa — **42/147**

— Anteprojeto da nova lei do cheque — **4/87**

— As sociedades limitadas e o projeto do Código Civil — **99/67**

— As sociedades limitadas e o projeto do novo Código Civil brasileiro — **55/162**

— As sociedades limitadas face ao regime do anonimato no Brasil — I — Relacionamento com as anônimas. II — Natureza comercial ou civil. III — Limitação da responsabilidade dos sócios. IV — Responsabilidade dos sócios gerentes. V — Constituição e realização do capital social. VI — Espécies de quotas e de ações. VII — Administração e fiscalização das sociedades limitadas. VIII — Conselho de Administração. IX — Conselho Fiscal. X — Reuniões ou assembléias de quotistas. XI — Aumento de capital — Direito de preferência. XII — Alterações do contrato social e o direito de "retirada" — Recesso. XIII — O regime das quotas sociais. XIV — Aquisição de quotas pela própria sociedade. XV — Exercício social e demonstrações financeiras. XVI — Transformação. XVII — Incorporação. XVIII — Fusão. XIX — Cisão. XX — Subsidiária integral. XXI — Grupo de sociedades. XXII — Consórcios. XXIII — Constituição de direitos reais e outros ônus. XXIV — Dissolução e liquidação — Extensão do conceito de recesso. XXV — Ação anulatória de decisões sociais — Prescrição da ação para haver dividendos. XXVI — Conclusões finais — **39/40**

— Cheque — Aplicação da Lei Uniforme de Genebra — Necessidade de protesto — Interpretação da reserva n. 21 do anexo II — **8/85**

— Cheque — Contra-ordem — Direito da própria essência do título — **5/82**

— Cheque — Irretratabilidade — Princípio que sofre restrições — **5/82**

— Cheque — Prazo de apresentação — Reserva 14 da lei uniforme — Ação executiva — Insubsistência — **6/71**

— Co-gestão empresarial — **42/139**

— Intimação restrita ao emitente de promissórias e ao aceitante de letras de câmbio: posição dos avalistas — **1/162**

— Mútuo — Multa contratual — Legitimação e exigência somente na hipótese de cobrança judicial da obrigação — **5/82**

— O anteprojeto de Código Civil e as sociedades limitadas — **9/103**

— Observações sobre estatuto atípico de sociedade anônima — **71/101**

— Os cartões de crédito bancário — **8/121**

— Repercussão da nova lei de sociedades anônimas na vida das sociedades limitadas no Brasil — **23/151**

— Sociedade comercial — Limitada — Menor — Participação do contrato social em que o capital foi totalmente integralizado — Admissibilidade — Segurança concedida — **18/77**

— Sociedade comercial — Responsabilidade limitada — Indeferimento, pela Junta Comercial, do arquivamento de alteração contratual, sob o fundamento de não conter assinatura de todos os sócios — Inteligência e aplicação do art. 15 do Decreto 3.708, de 1919. E do art. 71, V, do Decreto 57.651, de 1966 — Segurança concedida — Decisão confirmada — Recurso extraordinário denegado — **12/87**

— Sociedade de responsabilidade limitada — Dívida particular do sócio — Penhorabilidade das respectivas cotas de capital — Recurso extraordinário conhecido e provido — **40/103**

— Tecnologia estrangeira no Brasil — Regime jurídico-fiscal — A intervenção do Instituto Nacional de Propriedade Industrial — 1. Generalidades. 2. Restrições fiscais — Lei 3.470, de 1958. 3. Restrições e cambiais — Lei 4.131, de 1962. 4. Novas restrições fiscais. Lei 4.506, de 1964. 5. Distinção de regime cambial entre assistência técnica e *royalties* pelo uso de marcas e patentes. 6. Análise crítica ao sistema atual; 7. Registro e duração dos contratos de assistência técnica e de licenças, no regime da Lei 4.131, de 1962. 8. Registro e duração dos contratos de assistência técnica e de licença de marcas e patentes no regime da Lei 5.772, de 1971. 9. Contratos de licença sujeitos a averbação no INPI. 10. Transferência de tecnologia. 11. Comunicado FIRCE 19. 12. Contratos de licença e de assistência técnica. 13. Conclusão. 14. Imposto de renda brasileiro e os contratos de *royalties* e de assistência técnica. 15. Incidência do imposto de renda e as decisões administrativas e judiciárias. Conclusão — **13/55**

— Usura — Lei reguladora — Revogação possível com referência aos crimes e penas criminais — Subsistência no âmbito do direito privado — **5/82**

TEPEDINO, Ricardo — A recuperação da empresa em crise diante do Decreto-lei 7.661/1945 — **128/165**

TERRA, Nívio — Contrato de concessão comercial — Margem de comercialização — **71/95**

THEODORO JÚNIOR, Humberto, & MELLO, Adriana Mandim Theodoro de — Apontamentos sobre a responsabilidade civil na denúncia dos contratos de distribuição, franquia e concessão comercial — **122/7**

TOLEDO, Gastão Alves de — A norma inscrita no § 1º do art. 102 da CF e sua interpretação — **112/148**

TOLEDO, Paulo Fernando Campos Salles de — A desconsideração da personalidade jurídica na falência — **134/222**

— A disciplina jurídica das empresas em crise no Brasil: sua estrutura institucional — **122/168**

— A Lei 7.913, de 7.12.1989 — A tutela judicial do mercado de valores imobiliários — **80/138**

— Ainda a abstração — **80/133**

— Da caracterização da insolvabilidade civil. Pressupostos objetivos e subjetivos do processo de execução concursal — 1. Introdução. 2. Inadimplemento, insolvência e insolvabilidade. 3. Critérios de aferição das insolvabilidade. 4. Insolvabilidade real e insolvabilidade presumida. A disciplina legal da matéria no Brasil. 5. Pressupostos objetivos da execução civil concursal. 6. Pressupostos subjetivos da execução civil concursal. 7. Conclusões — **57/42**

— Da personificação da massa falida — 1. Pessoa e sujeito de direito. 2. Elementos conceituais da personalidade jurídica. 3. Começo da existência da pessoa jurídica. 4. Personalidade jurídica e sociedade irregular. 5. Personalidade jurídica e massa falida. 6. Tentativa de equacionamento — **78/46**

— Lei de falências — Alienação de estabelecimento da concordatária — **128/275**

— Liquidação extrajudicial e instituições financeiras: alguns aspectos polêmicos — 1. Introdução. 2. Considerações gerais: 2.1 Aspectos positivos; 2.2 Aspectos negativos; 2.3 Alguns problemas decorrentes da aplicação da Lei 6.024. 3. A disciplina do inquérito administrativo, 3.1 Aperfeiçoamentos possíveis; 3.2 Atenção maior aos crimes detectados; 3.3 Outros. 4. A questão da responsabilidade civil: 4.1 A indisponibilidade dos bens: 4.1.1 Indisponibilidade formal e efetiva; 4.1.2 Pessoas atingidas pela indisponibilidade; 4.1.3 Os bens do controlador; 4.2 A medida cautelar de arresto: 4.2.1 O equívoco do *nomem juris*; 4.2.2 Os bens a serem arrestados; 4.2.3 A prevenção do juízo; 4.3 A responsabilidade civil: 4.3.1 O art. 39 e o art. 40 da Lei 6.024; 4.3.2 A posição de Mauro Brandão Lopes; 4.3.3 A posição de Wilson de Egito Coelho sobre a responsabilidade solidária; 4.3.4 Outros pronunciamentos a respeito da responsabilidade solidária; 4.3.5 A posição do autor; 4.3.6 A prescrição vintenária e os fatos ocorridos há mais de cinco anos; 4.4 A ação ordinária de responsabilidade civil: 4.4.1 Prazo para a propositura; 4.4.2 A hipóteses do art. 49, § 2º; 4.4.3 O encerramento da intervenção ou da liquidação extrajudicial e a legitimação do Ministério Público. 5. Conclusões — **60/24**

TOMASETTI JÚNIOR, Alcides — A *propriedade privada* entre o direito civil e a Constituição — **126/123**

TORNOVSKY, Miguel — Acordos de acionistas sobre o exercício do poder de controle (análise das principais alterações introduzidas ao art. 118 da Lei das S/A pela Lei 10.303/2001) — **127/93**

TÔRRES, Heleno Taveira — Propriedade de industrial e transferência de tecnologia no direito tributário brasileiro — **134/107**

TORRES, Rubens Paulo Cury de Almeida — Comentários ao Decreto-lei 2.014/1983 (que dispõe sobre a tributação da variação cambial das Obrigações Reajustáveis do Tesouro Nacional (ORTN) com cláusula de correção cambial) — **49/105**

TOSETTI, Gian Maria — Da intervenção nas instituições financeiras sob a égide da Lei 6.024/1974 — I — Visão histórica. II — Natureza jurídica. III — Liquidação: direito adjetivo. IV — Da autorização para funcionamento. V — Liquidação extrajudicial: ato de poder vinculado, ou ato de poder discricionário. VI — Comentários sobre alguns artigos da Lei 6.024/1974 — **41/74**

TOURINHO, Ruy — A nova lei de locações diante da empresa — **87/48**

TRINDADE, Marcelo — Execução contra empresa pública — 1. Objeto de estudo. 2. A natureza de direito privado da empresa pública. 3. Relações comerciais da empresa pública. 4. Patrimônio e capital social da empresa. 5. Direitos dos credores da empresa pública. 6. Conclusão — **74/72**

TRONCOSO JÚNIOR, José — Falência — Requerimento contra empresa julgada extinta por sentença judicial — Citação dos sócios e não do liquidante — Inadmissibilidade — Aplicação dos art. 12, VI e 1.218 do Código de Processo Civil de 1973 — **17/67**

— Honorários de advogado — Pedido de falência julgado improcedente — Verba devida — **17/67**

TROPARDI, Nelcina Conceição de Oliveira — Dano moral. Anulação de assembléia geral e exclusão indevida de acionistas de sociedade comercial — **109/157**

— Dissolução e liquidação de associação civil, a requerimento do Ministério Publico — torcida "Mancha Verde" — **113/188**

TSUKAMOTO, Yuichi & BIANCO, João Francisco — O lucro inflacionário e a correção monetária integral das demonstrações financeiras — **72/57**

TUNC, André — O direito na década de 1990 — **93/127**

VALÉRIO, Marco Aurélio Gumieri — Ainda sobre a necessidade de homologação das sentenças arbitrais estrangeiras pelo STF e a convenção de Nova Iorque de 1958 — **131/91**

— Cláusulas compromissórias nos contratos de *joint venture* — **130/151**

— O Acordo TRIPS e a implementação de políticas de propriedade intelectual no Brasil — **124/143**

— Reforma regulatória e Sistema Financeiro Nacional — **129/174**

VALLE, Javier — *Una experiencia comparada reciente: la ley concursal española* — **134/96**

VALVERDE, Trajano de Miranda — A reforma da legislação relativa às sociedades por ações — **1/153**

VENÂNCIO FILHO, Alberto — A elaboração do Código Comercial de 1850 — **23/53**

VERÇOSA, Fabiane — A (des)necessidade de homologação de laudos arbitrais estrangeiros após a entrada em vigor, no Brasil, da convenção de Nova Iorque — **131/214**

VERÇOSA, Haroldo Malheiros Duclerc — A cédula de crédito bancário (Medida Provisória 1.925, de 14.10.1999) — **116/129**

— A CVM e os contratos de investimento coletivo ("boi gordo" e outros) — Introdução. 1. Elementos característicos. 2. Natureza jurídica. 3. Aplicação do direito do Consumidor. 4. Equiparação dos criadores e tratadores às instituições financeiras. 5. Considerações sobre o novo campo de atuação da CVM. 6. Um teste da definição legal — **108/91**

— A desconsideração da personalidade jurídica na prática de ilícito cambial administrativo — 1. Introdução. 2. Da legitimidade passiva frente ao art. 23, § 3º da Lei 4.131/1962. 3. A separação patrimonial e seus efeitos, como objetivo divisado pelos sócios. 4. A funcionalidade do conceito de pessoa jurídica. 5. Conclusão — **100/49**

— A fraude no negócio jurídico subjacente e seus efeitos quanto ao crédito documentário — 1. Introdução; 2. A Brochura 500 da Câmara de Comércio Internacional, como fonte de obrigatoriedade no campo do direito brasileiro. 3. A utilização do crédito documentário na compra e venda internacional. 4. A abstração e a autonomia do crédito documentário. 5. A formalização do crédito no negócio jurídico subjacente — **99/75**

— A "lavagem" ou ocultação de dinheiro e de outro bens e a atividade empresarial — **113/78**

— A prescrição administrativa no âmbito do Banco do Brasil — 1. A analogia da doutrina jurídica. 2. O recurso à equidade. 3. O regramento legal da prescrição administrativa. A utilização da analogia e da equidade. Conclusão — **111/125**

— A prisão civil do depositário havido por infiel — **121/183**

— A proteção do consumidor (notas sobre doutrina e jurisprudência no direito comparado — Disposições do novo direito constitucional — Breve análise de um projeto de lei) — 1. Introdução. 2. Problemas jurídicos ligados à proteção do consumidor: 2.1 A responsabilidade contratual; 2.2 A responsabilidade extracontratual; 2.3 Conclusões sobre o direito comparado; 2.4 Notas específicas sobre o direito brasileiro. 3. Outras formas jurídicas de proteção do consumidor. 4. O direito constitucional de proteção do consumidor. 5. O Projeto de Lei 898/1988, da Dep. Márcia Kubitschek. 6. Conclusão — **76/54**

— A reformulação da Lei 6.024, de 13.3.1974 — 1. Introdução. 2. As regras vigentes. 3. A responsabilidade. 4. A indisponibilidade dos bens. 5. O inquérito. 6. Considerações finais — **41/29**

— A regulamentação do art. 192 da Constituição Federal — 1. Introdução. 2. Funções clássicas: 2.1 Introdução; 2.2 O poder monetário dos BCs — Execução da política monetária. 3. Os problemas da autonomia e da organização: 3.1 A autonomia dos Bancos Centrais; 3.2 Independência e regime democrático; 3.3 Independência dos Bancos Centrais e Desenvolvimento econômico; 3.4 Conceito e extensão da autonomia técnica; 3.5 A escolha dos administradores dos Bancos Centrais; 3.6 Quadro de pessoal profissionalizado e estável. 4. Um novo SFN. 5. Condições para a execução de uma eficaz política monetária: 5.1 A participação da sociedade nos planos de estabilidade da moeda; 5.2 O problema orçamentário; 5.3 A questão da limitação constitucional dos juros; 5.4 A crucial questão dos bancos públicos; 5.5 A necessidade de redução e simplificação da legislação financeira; 5.6 A regionalização do sistema bancário; 5.7 A separação de contas e a transparência do Banco Central perante a sociedade. 6. Um novo BCB: o sistema brasileiro de reserva (SBR): 6.1 O destino do CMN; 6.2 Alguns modelos de BCB em estudo: 6.2.1 Os Projetos Francisco Dornelles e César Maia; 6.3 As idéias do *currency board* e da privatização da moeda; 6.4 Noções gerais sobre o modelo do novo BCB na proposta do autor. 7. Conclusão — **94/35**

— A restituição falimentar do adiantamento sobre o contrato de câmbio — 1. Colocações preliminares. 2. A análise do problema. 3. O adiantamento sobre contratos de câmbio. 4. A restituição na lei falimentar. 5. Igualdade e isonomia. 6. Conclusões — **36/27**

— Ação civil pública — Legitimação do Ministério Público — Não pode o *Parquet* exercer o *munus* que a lei concedeu ao advogado, pena de insuportável e virtual obsolescência da nobre atividade — **87/53**

— Acordos financeiros e a Resolução 3.039/2002 do Banco Central — Distorção na legislação falimentar — **127/52**

— Agente fiduciário do consumidor em compras pela internet: um novo negócio nascido da criatividade mercantil — **118/88**

— Anistia constitucional — Avalista — Inoponibilidade do avalizado — Dilação — Agravo de instrumento não provido — Decisão da 4ª Cam. Cível do TACRS — **75/90**

— Arrendamento mercantil. O princípio da liberdade das convenções. Elementos estruturais e funcionais do *leasing*. Cláusula de correção cambial como "moeda de conta". Repasse de moeda estrangeira. Prescrição das ações por enriquecimento sem causa — **130/247**

— Atividade mercantil. Ato de comércio. Mercancia. Matéria de Comércio. Comerciante — 1. Caracterização do tema. 2. Atividade mercantil, comerciante: 2.1 O lucro; 2.2 A prestação de serviço. 3. Atividades econômicas mercantil e civil: diferença: 3.1 Critério histórico; 3.2 Critério legislativo; 3.3 Critério da dependência ou da conexão. 4. A comercialidade das relações jurídicas e o entendimento do Judiciário. 5. Conclusões práticas. 6. Resumo. 7. Fontes bibliográficas — **47/29**

— Avalista — Pagamento de dívida expressa em moeda estrangeira — Conversão em moeda nacional — Câmbio do dia do efetivo pagamento — Inadmissibilidade — Data da falência do avalizado — Aplicação dos arts. 32 e 47 da Lei Uniforme de Genebra e 213 do Decreto-lei 7.661/1945 — **53/113**

— Banco — Pagamento de cheque — Valor adulterado — Inexistência de culpa do correntista — Responsabilidade do estabelecimento bancário — **64/71**

— Banco A — Brasil S/A (Banco Múltiplo) — **133/276**

— Câmbio flutuante e contas de não residentes — 1. Do tema em debate. 2. O controle de câmbio no Brasil e sua evolução ao longo do tempo. 3. O regulamento da contas correntes bancárias dos não-residentes — O entendimento e o alcance da Carta-Circular 5, de 27.2.1969. 4. O início da liberalização cambial com a criação do chamado "dólar turismo" — Fundamentação legal inadequada do "câmbio flutuante". 7. O problema da qualificação das instituições participantes do mercado de "câmbio flutuante". 8. Conclusões — **92/93**

— Cartão de crédito — Extravio — Comunicação a companhia emissora — Uso por terceiro — Exclusão da responsabilidade do usuário — Embargos recebidos — **58/101**

— Cheque — Cruzamento especial com indicação do Banco — Decisão da 2ª Câmara Civil do TJSC — **69/65**

— Companhia de capital aberto — Não caracterização da responsabilidade da sociedade quando da prática de atos *ultra vires*, com quebra direta de estatuto social — **109/237**

— Concordata — Correção monetária — Restituição de quantia paga em decorrência de contrato de câmbio — **92/123**

— Concorrência desleal — Desvio de clientela — Emprego de meio fraudulento para tanto atribuído aos querelados — Obtenção de vendedores da querelante para trabalharem em sua firma — Delito, contudo, não configurado — Absolvição mantida — Inteligência dos arts. 178, III, do Decreto-lei 7.903, de 1945 e 196, 1º, III do CP — **41/126**

— Conselho Monetário Nacional — Competência reguladora — As auditorias independentes — **124/208**

— Contrato de câmbio — Classificação incorreta — **123/188**

— Correção monetária na falência e na concordata: este assunto precisa ser definitivamente resolvido — **81/119**

— Crime contra o Sistema Financeiro Nacional — Denúncia. Peça processual ofertada com base, exclusivamente, em representação feita pelo Banco Central. Instituição que, após, determina o arquivamento do processo administrativo. Atipicidade da conduta caracterizada. Fato que enseja o trancamento da ação penal por falta de justa causa — **131/238**

— Desconto de duplicada não aceita — Responsabilidade do banco endossatário por indenização decorrente da ação de sustação de protesto, uma vez devolvida a mercadoria pelo endossante sacado — **122/203**

— Despejo por falta de pagamento, combinado com cobrança. Discussão sobre a não compensação, no cálculo do débito, dos valores pagos a título de *res sperata* — **112/97**

— Duplicata — Pagamento feito diretamente à sacadora — Recibo em separado — Embargos à execução — Inadmissibilidade — **59/97**

— Duplicata simulada — **119/177**

— Evasão de divisas — Tipicidade. Cheques sacados contra bancos nacionais integram o conceito de moeda, para fins de caracterização do crime de evasão de divisas (Lei 7.492/1986, art. 22) — **117/163**

— Execução de título extrajudicial (duplicata) contra sociedade de economia mista — **107/198**

— Falência — Desconsideração da personalidade jurídica — **120/165**

— Indisponibilidade de bens — Intervenção do Banco Central e posterior decretação de falência — Compra e venda de bem imóvel por meio de ato que antecedeu a intervenção — Não alcance da indisponibilidade — **133/253**

— Instituição financeira. Responsabilidade de ex-administrador por obrigação assumida na fase de liquidação ordinária — **134/207**

— Instituições financeiras — Administradores — Liquidação extrajudicial — **45/59**

— Medida cautelar — Sustação de protesto — Caução bancária — Duplicatas dadas em garantia de contrato de abertura de crédito — Liminar concedida uma vez reconhecida a liquidez e a incerteza do título — Duplicatas não cobradas, contudo, por retidas pelo banco — Apelos de ambas as partes — Liquidez e certeza comprovados uma vez insuficiente as duplicatas para o pagamento integral do débito — Possibilidade de protesto — Improcedimento, portanto, da ação — Apelação da ré provida — Cassação da liminar — **47/55**

— Negócios com opções — A opção flexível — 1. Natureza jurídica, estrutura, espécies e efeitos dos negócios com opções. 2. O importante papel da boa-fé nos negócios com derivativos. 3. Conclusões — **114/63**

— Notas sobre a responsabilidade civil dos administradores e do controlador de instituições financeiras sob o regime de administração especial temporária (RAET) — **104/95**

— Notas sobre o regime jurídico das ofertas ao público de produtos, serviços e valores mobiliários no direito brasileiro — Uma questão de complementação de consumidores e de investidores — Introdução. 1. O direito do consumidor. 2. Os valores mobiliários. Conclusão — **105/74**

— Notas sobre o sistema de controle de câmbio no Brasil — Introdução. 1. Conceito, espécies e natureza do contrato de câmbio. 2. O controle do câmbio no Brasil: 2.1 Aspectos gerais; 2.2 A filosofia da legislação cambial no Brasil; 2.3 Surgimento e evolução das normas sobre controle cambial no direito brasileiro. Normas regulamentares; 2.4 Conclusões sobre o regime legal de câmbio no Brasil. 3. Exame de alguns problemas mais comuns: 3.1 A regularidade das operações cambiais; 3.2 A saída e entrada de moeda e títulos no regime brasileiro; 3.3 Parâmetros da utilização da conta de "não-residentes" e sua relação com a proibição da compensação privada de créditos: a) Contas em moeda nacional — Cap. 15; b) Contas em moeda estrangeira — Cap. 17; 3.4 Significado da expressão "cobrar ágio superior à taxa oficial de câmbio sobre quantia permutada em moeda estrangeira" para os fins do art. 4º, *a*, da Lei 1.521/1951; 3.5 Sentido da expressão "falsa identidade para a realização de operação de câmbio", quanto ao crime previsto no art. 21, *caput*, da Lei 7.492/1986; 3.6 Sonegação de informação obrigatória ou prestação de informação falsa, para os efeitos do parágrafo único do art. 21, da Lei 7.492/1986; 3.7 Efetuação de operação de câmbio não autorizada, com o fim de promover evasão de dividas do país, tendo em vista o art. 22, *caput*, da Lei 7.492/1986; 3.8 Entendimento do parágrafo único do art. 22, da Lei 7.492/1986, respeitante à saída de moeda ou divisa para o exterior. 4. Regras gerais de interpretação das operações apresentadas. 5. Conclusão — **78/24**

— O conceito de "reservas bancárias" e as características do mútuo e do depósito bancários — **110/207**

— O contrato de câmbio — 1. Introdução: noções históricas e jurídicas sobre a moeda e o câmbio. 2. As operações de câmbio. O câmbio como contrato. 3. Espécies de contrato de câmbio. 4. Instrumentos do contrato de câmbio: 4.1 O câmbio manual; 4.2 O câmbio trajetício. 5. Natureza jurídica do contrato de câmbio. 6. Problemas jurídicos do câmbio: 6.1 A restituição falimentar do adiantamento sobre contrato de câmbio; 6.2 Outros problemas jurídicos. 7. Intermediação e exercício das atividades de câmbio. 8. Modificações, cancelamento e liquidação do contrato de câmbio. 9. A taxa de câmbio — **42/23**

— O *forfaiting* (aspectos técnico-jurídicos de uma operação complexa de financiamento ao comércio internacional) — **88/81**

— O inadimplemento do contrato de câmbio de exportação — 1. Introdução. 2. Aspectos genéricos do câmbio. 3. Conceitos básicos, normas e práticas do câmbio no mercado brasileiro. 3.1 Conceitos básicos; 3.2 Normas e práticas no mercado brasileiro: 3.2.1 Cobrança; 3.2.2 Pagamento antecipado; 3.2.3 Crédito; 3.2.4 Casos especiais de contrato de câmbio de exportação; 3.2.5 O inadimplemento do contrato de câmbio de exportação. 4. A natureza jurídica do contrato de câmbio de exportação e as conseqüências jurídicas de seu inadimplemento — **67/57**

— O que é a "ordem escrita do alienante" na venda de ações escriturais e conseqüências do seu descumprimento — 1. Introdução. 2. O tratamento legal das ações escriturais. 3. Atribuições e responsabilidades das corretoras intervenientes. 4. O papel das bolsas de valores na negociação das ações escriturais. 5. Atribuições e responsabilidades das instituições financeiras administradoras das ações escriturais. 6. Conclusões parciais estabelecidas pelo exame das responsabilidades até aqui examinadas! 7. Atribuições e responsabilidades do fundo de garantia das bolsas de valores — **80/39**

— O significado da expressão "operar instituição financeira" constante do art. 16 da lei "dos crimes do colarinho branco" (Lei 7.492/1986) — **115/142**

— Os contratos inominados e o novo Código Civil — **126/31**

— Penhora de dinheiro em banco — **114/170**

— Rescisão contratual — Contrato de adesão e o Código de Defesa do Consumidor — **88/95**

— Responsabilidade civil do Estado — **90/75**

— Responsabilidade civil do Estado — Banco Central do Brasil — Falta de cumprimento do serviço de fiscalização em instituição financeira — Incorrência da responsabilidade — **103/101**

— Responsabilidade do controlador, dos sócios e dos administradores de empresas de consórcios. Sua apreciação à luz do direito do consumidor — Introdução — A estrutura do sistema de consórcio — O regime legal das empresas de consórcio — As empresas de consórcio e o direito do consumidor — **106/48**

— Responsabilidade dos bancos pelo pagamento indevido de cheques — 1. Breves notas sobre a responsabilidade civil. 2. A conta-corrente bancária movimentável por meio de cheques: 2.1 O depósito bancário; 2.2 O cheque. 3. A responsabilidade por negligência. 4. Culpa corrente e culpa exclusiva. 5. Responsabilidade objetiva dos bancos. 6. Conclusão — **70/32**

— Responsabilidade ordinária do avalista com base em título de crédito prescrito — **135/236**

— Seguro de vida — Indenização — Beneficiária que ocasiona a morte do segurado ao tentar frustradamente o suicídio — Verba devida, pois ausente a intenção de matar — **123/161**

— Serviços públicos essenciais (água) fornecida por empresa concessionária — Direito ao corte por falta de pagamento — **132/177**

— Sigilo bancário — Informações bancárias requisitadas pelo Ministério Público — **97/119**

— Sociedade anônima — Companhia fechada — Eleição de diretoria — Derrogação das normas contidas em acordo de acionistas para preenchimento de cargos de administração — **96/97**

— Sociedade comercial — Responsabilidade limitada — Sócio-gerente titular de 99,2% do capital, pertencendo os restantes 0,08% a sua mãe e a um cunhado — Sociedade fictícia — Execução fiscal — Penhora de bens particulares do sócio majoritário — Admissibilidade — Embargos de terceiro rejeitados — Apelação provida — **63/83**

— *Tratado de Direito Comercial* (Cessare Vivante, v. 1, "Os Comerciantes", 5ª ed. rev. e ampl., Milão, Francesco Vallardi, 1934) — **102/134**

VERÇOSA, Haroldo Malheiros Duclerc, & BARROS, Zanon de Paula — A recepção do *drop down* no direito brasileiro — I — Descrição da operação. II — Identificação da operação como *drop down*, atípica. III — Conceito e natureza do *drop down* e seu tratamento no direito comparado e sua recepção pelo ordenamento jurídico brasileiro. IV — Confrontação do *drop down* com a cisão, a incorporação, a subsidiária integral, a atipicidade das sociedades, o negócio indireto, e outros institutos similares. V — Validade e alcance do *drop down* como exercício da liberdade constitucional de contratar. VI — efeitos jurídicos do *drop down*, *in abstracto*. VII — Conclusão geral e perspectivas — **125/41**

— Breve estudo comparativo esquemático das sociedades limitadas no direito anterior e no novo Código Civil — **130/69**

VERÇOSA, Haroldo Malheiros Duclerc, & SZTAJN, Rachel — A disciplina do aval no novo Código Civil — **128/33**

— A incompletude do contrato de sociedade — **131/7**

VERGUEIRO, Carlos Eduardo — A integração das bolsas nacionais e o aumento de competitividade — **121/193**

— A sociedade européia: comentários e reprodução do Regulamento 2.157/2001 — **132/129**

VERRUCOLI, Piero — *Associazionismo econômico e cooperativismo: considerazioni generali* — 1. Associazionismo politicoed associazionismo economico: origini, funzioni. 2. Associazionismo economico e tipologia delle atrutture operative. 3. Forma associativa e svolgimento de attivita d'impresa. 4. Dilatazione delle strutture operative economiche di tipo associativo: forme nuove; in particolare: le associazioni di produttori agricoli. 5. L'organizazazione cooperativa nel quadro dei fenomeni associativi: generalita, caratteri differenziali. 6. Considerazioni conclusive — **34/11**

VIANA, Bomfim — A remuneração dos promotores no direito societário brasileiro — I — Aspectos gerais: 1. O promotor ou fundador; 2. Natureza dos serviços; 3. Época de prestação dos serviços; 4. Plano do trabalho. II — Sistemas de remuneração: 1. Preliminares; 2. Remuneração em dinheiro; 3. Títulos não representativos do capital; 4. Títulos representativos do capital; 5. Vantagens patrimoniais. III — Aspectos jurídico-legais: 1. Preliminares; 2. Previsão contratual ou estatutária; 3. Época da emissão; 4. Qualificações jurídicas; 5. Limitações legais. IV — Direito brasileiro: 1. Preliminares; 2. Previsão contratual ou estatutária; 3. Época da emissão; 4. Qualificações jurídicas; 5. Limitações legais. V — Conclusões — **26/51**

— A repetição e a reprodução cambiárias — Seção I — Repetição cambiária (I). Seção II — Repetição cambiária (II). Seção (III) — Reprodução cambiária; subseção I — Reprodução novatória; subseção II — Reprodução renovatória — **36/16**

— A revocatória no direito cambiário — 1. Aspectos preliminares. 2. Declaração de ineficácia. 3. Decretação de ineficácia — **37/18**

— Do contrato consigo mesmo — Preliminares. I — Noções conceituais: 1. Conceito de parte; 2. Representação; 3. A autocontratação; 4. Dupla representação; 5. Natureza jurídica. II — Fundamentos da autocontratação: 1. Utilidade; 2. Conflito de interesse; 3. Situações contrapostas. III — Direito comparado: 1. Critérios metodológicos; 2. Princípios reconhecedores; 3. Princípios negadores; 4. Princípios descaracterizadores; 5. Situações contrapostas. IV — Direito brasileiro: 1. Princípios controvertidos; 2. Princípios reconhecedores; 3. Princípios negadores; 4. Situações contrapostas. V — Conclusões — **24/51**

— Perfil analítico-comparativo do estabelecimento — 1. Preliminares. 2. Empresa e estabelecimento. 3. Sociedade, empresa e estabelecimento. 4. Patrimônio social e aziendal. 5. Regime jurídico-patrimonial. 6. Pluralidade de estabelecimentos. 7. Nascimento e extinção do estabelecimento. 8. Transformações do estabelecimento — **30/69**

VIEIRA, Alexandre Letízio — Alguns aspectos atuais e polêmicos do cheque — **120/250**

— Cisão. Prejuízo aos minoritários. Desproporcionalidade. Competência do Registro público das empresas — **115/204**

VIEIRA, Antônio Cláudio de Lima — A intermediação no mercado de capitais — **11/107**

VIEIRA, Osório Faria — Locação comercial — Lei de luvas — Despejo por falta de pagamento — Purgação da mora — Admissibilidade — **8/103**

VIEIRA, Paulo Albert Weyland, & REIS, Ana Paula de Carvalho — As sociedades limitadas no novo Código Civil — A limitação do direito de contratar — **127/30**

VILAÇA, Maria Elizabete — O contrato de *factoring* e o Sistema Financeiro Nacional — 1. Contrato de *factoring*: 1.1 Conceito, características e espécies; 1.2 Modalidades de *factoring*. 2. O contrato de *factoring* e o desconto bancário. 3. O *factoring* e a operação de crédito. 4. O *factoring* e o Sistema Financeiro Nacional. 5. A circular 703 do Banco Central do Brasil. 6. Conclusões — **74/57**

VILAR, Willard de Castro — Penhora das cotas de sociedade de responsabilidade limitada — A execução forçada de bens. Sua finalidade e objeto. A oposição do Código de Processo de 1939 e a jurisprudência elaborada em torno das disposições do n. XII do art. 942. A posição do problema na doutrina. A legislação estrangeira sobre a matéria. A nossa posição: a) A natureza jurídica da cota social; b) As várias possibilidades de transferência da cota; c) A penhora da cota social; d) A reforma da penhora. Conclusão — **25/31**

VINUESA, Raúl Emilio — *El nuevo orden económico internacional — Algunos aspectos jurídicos*: a) Equidad y solidaridad. b) Obligación de los Estados de cooperar para el desarrollo. c) El principio de la soberanía permanente. d) Principio del trato preferencial y no recíproco. e) El principio de la estabilización de los ingresos por exportación. f) Derecho a la asistencia para el desarrollo. g) El patrimonio común de la humanidad. h) Desarrollo y derechos humanos. i) Derechos internacional desarrollo. j) La codificación del NOEI; k) Las fuentes del NOEI — **55/114**

VIO, Daniel de Avila — O poder econômico e a obsolescência programada de produtos — **133/193**

VITA NETO, José Virgílio — A sociedade limitada no novo Código Civil — **130/207**

WALD, Arnoldo — A caracterização da corretora de câmbio e títulos como instituição financeira e seu regime legal — **36/11**

— A conversão no presente e no futuro — **69/15**

— A culpa e o risco como fundamentos da responsabilidade pessoal do diretor do Banco — a) Evolução histórica. b) Análise do texto vigente. c) Inaplicabilidade da doutrina da transparência. d) A culpa e o risco. e) A tese da culpa presumida. f) Conclusões — **24/29**

— A definição de controlador na liquidação extrajudicial e em processos análogos — 1. O conceito de controle acionário. 2. Da inaplicabilidade da teoria da desconsideração da personalidade jurídica. 3. Do regime jurídico da responsabilidade civil do Estado e do agente da administração pública — **104/35**

— A definição do controlador na liquidação extrajudicial e em processos análogos — A) O conceito de controle acionário. B) Da inaplicabilidade da teoria da desconsideração da personalidade jurídica. C) Do regime jurídico da responsabilidade civil do Estado e do agente da administração pública — **107/34**

— A divulgação de informações na aquisição do bloco substancial de valores mobiliários — **42/9**

— A evolução da sociedade em nome coletivo e os poderes dos sócios não gerentes no direito brasileiro — I — Evolução da estrutura das sociedades em nome coletivo. II — Direitos dos sócios não gerentes — **26/27**

— A evolução do direito societário — **120/56**

— A evolução do regime legal da Petrobrás e a legislação antitruste — 1. A evolução legislativa. 2. As parcerias e a legislação antitruste — **112/55**

— A garantia à primeira demanda no direito comparado — 1. Conceito e natureza. 2. A proteção do devedor no caso de concessão de garantia à primeira demanda no direito comparado: a) O direito francês; b) O direito italiano; c) O direito suíço; d) O direito alemão; e) O direito belga; f) Conclusões — **66/5**

— A introdução da *Lex Mercatoria* no Brasil e a criação de uma nova dogmática — **100/20**

— A oferta pública, a igualdade dos acionistas e o direito comparado — **43/15**

— A política econômica dos conglomerados e as restrições legais à liberdade de contratar — 1. Introdução. 2. Da interpretação do art. 34 da Lei 4.595 — **11/23**

— A renegociação da dívida externa e o respeito à soberania nacional — a) A evolução internacional do conceito de soberania. b) A posição do direito norte-americano. c) Conclusões — **56/35**

— A responsabilidade civil do banqueiro — **17/11**

— A teoria da aparência e o direito bancário — 1. Introdução. 2. O direito bancário. 3. A teoria da aparência no direito estrangeiro: a) A posição do direito comparado; b) O direito francês; c) O direito italiano; d) O direito alemão; e) O direito anglo-americano; f) O direito espanhol; g) Conclusões quanto ao direito estrangeiro. 4. A teoria da aparência como princípio geral do direito na legislação brasileira. 5. A teoria da aparência na jurisprudência brasileira: a) Jurisprudência do Supremo Tribunal Federal; b) Jurisprudência do Superior Tribunal de Justiça; c) Jurisprudência do Tribunal de Justiça do Estado do Rio de Janeiro, do antigo Tribunal de Justiça do Estado da Guanabara e do Tribunal de Alçada; d) Jurisprudências dos Tribunais Paulistas; e) Jurisprudência dos Tribunais dos demais Estados. 6. A posição da doutrina nacional. 7. Conclusões — **106/7**

— A teoria da moeda de Tullio Ascarelli e suas repercussões no direito brasileiro — **38/47**

— A teoria dos grupos de sociedades e a competência do juízo arbitral — **101/21**

— Algumas considerações a respeito da utilização do *trust* no direito brasileiro — 1. Do objeto do estudo. 2. Da transposição de institutos jurídicos estrangeiros. 3. O *trust* no direito anglo-saxão. 4. O *trust* e o direito brasileiro. 5. Instituições de origem romana similares ao *trust*. 6. As diversas soluções referentes aos negócios fiduciários no Brasil — Vantagens e desvantagens. 7. Conclusão — **99/105**

— Alguns aspectos jurídicos do capital estrangeiro — **65/5**

— As bonificações e o regime de bens — **30/43**

— As corretoras e o financiamento de operações a termo (aspectos jurídicos do problema) — **29/19**

— As recentes mutações do sistema bancário francês — Jean Thibaud, advogado em Paris — **93/123**

— Aspectos jurídicos da gestão dos bancos de desenvolvimento — **20/11**

— Aspectos peculiares do direito bancário: o regime jurídico dos autos bifaces — **48/5**

— Auto-regulação e mercado de opções — **79/17**

— Considerações a respeito da aplicação da multa prevista no art. 23, § 2º da Lei 4.131 — a) A adequada "exegese" do art. 23, § 2º da Lei 4.131. b) Da revogação do art. 23, § 2º da Lei 4.131 pela Lei 4.595, de 31.12.1964 — **58/21**

— Considerações sobre a assunção de dívida — **59/5**

— Correção monetária — A exceção do art. 1º, § 1º, *c*, da Lei 6.423/1977 restringe-se à correção prefixada mediante estimação dos índices, não significando que as instituições financeiras estejam desobrigadas de utilizar a variação nominal das ORTN para as correções pós-fixadas — Obrigação vinculada ao valor do dólar norte-americano, nos termos da Resolução 352/1975 do Banco Central — Necessidade de provar a origem dos recursos empregados — O ônus de provar fato não mencionado expressamente no contrato compete a quem o alega — **53/101**

— Da competência das agências reguladoras para intervir na mudança de controle das empresas concessionárias — **128/41**

— Da constitucionalidade e licitude da emissão de ADR (*American Depositary Receipt*) de ações preferenciais de instituição financeira brasileira — 1. Do conceito e regime legal do ADR. 2. Das normas constitucionais. 3. Da interpretação da norma constitucional: 3.1 Dos processos de interpretação da lei; 3.2 Da interpretação da norma constitucional; 3.3 Dos trabalhos preparatórios da Constituição; 3.4 Da tradição histórica e da evolução legislativa; 3.5 A interpretação sistemática da Constituição. 4. Da caracterização das ações preferenciais. 5. Da aplicação do princípio da reciprocidade. 6. Da inaplicabilidade do art. 52 do ADCT às ações preferenciais. 7. Da inaplicabilidade da norma constitucional aos ADRs representativos de ações preferenciais. 8. A disciplina legal e regulamentar dos *Depositary Receipts* (DRs) no Brasil. 9. Conclusões — **92/5**

— Da evolução legislativa e jurisprudencial do direito brasileiro em matéria de sigilo bancário — **94/97**

— Da inaplicabilidade do art. 174 da Constituição Federal às normas monetárias — **102/109**

— Da irresponsabilidade da sociedade anônima por decisões nulas ou abusivas da assembléia geral — **12/11**

— Da licitude do pagamento de dividendo complementar em ações de outra companhia — **51/17**

— Da natureza jurídica do fundo imobiliário — **80/15**

— Da responsabilidade dos membros do conselho de administração no regime da Lei 6.024/1974 — 1. Introdução. 2. O Conselho de Administração da Sociedade Anônima. 3. Conceito de administrador na Lei 6.024/1974. 4. Da inaplicabilidade do conceito de administrador da Lei 6.404/1976. 5. Conclusão — **70/5**

— Da responsabilidade solidária na cisão e da notificação às empresas devedoras — 1. Introdução. 2. O sentido e a finalidade do parágrafo único do art. 233 da lei societária. 3. Da interpretação sistemática. 4. Da interpretação lógica. 5. Conclusões — **111/52**

— Da suspensão das ações e execuções em virtude da decretação da liquidação extrajudicial — **41/7**

— Das participações recíprocas de sociedades comerciais no direito brasileiro — 1. Posição do direito brasileiro com referência à participação recíproca de sociedades comerciais. 2. A lição do direito comparado. 3. Conclusões. 4. Do justo preço e da distribuição disfarçada de lucros — **4/11**

— Dez anos de vigência da lei das sociedades anônimas — **62/5**

— Do crédito documentário *red clause* — **100/105**

— Do descabimento da oferta pública de compra em relação às ações preferenciais — **45/7**

— Do descabimento de denúncia unilateral de pacto parassocial que estrutura o grupo societário — **81/13**

— Do regime jurídico do usufruto de cotas de sociedade de responsabilidade limitada e de ações de sociedades anônimas — 1. Da evolução do usufruto. Da posição do nu-proprietário e do usufrutuário na vida societária. 3. Usufruto e controle — **77/5**

— Do regime jurídico dos depósitos bancários e o "Plano Collor" — 1. Considerações gerais. 2. A lição do direito estrangeiro. 3. A posição do direito brasileiro. 4. Dos efeitos da caracterização do contrato de depósito bancário sobre os pleitos de diferença de correção monetária decorrentes do "Plano Collor". 5. Da infungibilidade dos depósitos bancários em virtude da aplicação do "Plano Collor". 6. Da existência de *ato de príncipe* — **90/5**

— Do regime jurídico dos encargos moratórios no sistema financeiro após a reforma monetária — 1. Introdução. 2. Evolução legislativa: a) O Código Civil; b) A lei de usura (Decreto 22.626/1933); c) A lei da reforma bancária (Lei 4.595, de 31.12.1964); d) A jurisprudência referente à Lei 4.595/1964; e) As normas do Código de Processo Civil referentes à sucumbência e a Súmula 616; f) Da sistemática legal e regulamentar vigente antes da reforma monetária. 3. A reforma monetária e a legislação vigente: a) Resolução 1.129, de 16.5.1986; b) A compensação do credor: a comissão de permanência e os juros moratórios (item I da Resolução); c) A penalidade do devedor: pagamento do valor previsto como cláusula penal moratória (item II da Resolução); d) Considerações complementares e conclusões quanto aos critérios das instituições financeiras — **63/5**

— Do regime legal da venda das ações de Sociedade de Economia mista pertencentes à União Federal — I — Introdução. II — Do regime legal de venda das ações da União de acordo com as Leis 4.595/1964 e 4.728/1965. III — Da plena vigência dos arts. 60 e 61 da Lei 4.728. IV — Da falta de poder regulamentar da CVM na matéria. V — Da ineficácia da Carta Circular 303. VI — Da constitucionalidade da regulamentação que consta nos arts. 60 e 61 da Lei 4.728/1965 — **39/23**

— Do regime legal das operações realizadas no mercado de câmbio — 1. Introdução. 2. Evolução histórica e direito comparado: 2.1 Considerações gerais; 2.2 A evolução de 1957 a 1988; 2.3 A resolução 1.552 e a regulamentação posterior; 2.4 O direito comparado. 3. Do regime legal vigente. 4. Dos direitos e deveres dos participantes do mercado e da competência das autoridades. 5. Conclusões — **93/5**

— Do regime legal dos concessionários de venda de automóveis no caso de fusão ou incorporação das empresas concedentes — **117/279**

— Dos conceitos de emissão e de oferta pública na legislação do mercado de capitais — **8/17**

— Dos conceitos de financiamento e pré-financiamento — **103/74**

— Dos contratos futuros de taxa cambial — a) Da evolução legislativa. b) Da lição do direito comparado. c) Da licitude da correção cambial em títulos públicos e, conseqüentemente, em títulos privados — **89/37**

— Dos princípios constitucionais e da limitação do poder regulamentar na área bancária — **88/5**

— *Droit privé allemand. 1. Actes juridiques, droit subjectifs* — Claude Witz — BGP, Partie générale, "Loi sur les conditions générales d'affaires" — **93/125** — Efeitos da falta de arquivamento na Junta Comercial dos atos de deliberação de cisão de sociedades em virtude de decisões judiciais — **121/201**

— Em defesa das ações preferenciais — **78/19**

— Embargos de terceiro — Penhorabilidade dos bens do casal — Defesa da mulher — **35/105**

— Evolução jurisprudencial sobre o imposto de renda referente a juros pagos a financiadores estrangeiros — **9/23**

— Histórico e desenvolvimento do *leasing* — 1. Origens remotas. 2. Origens do *leasing*: 2.1 Implantação do *leasing* industrial: 2.2 Surgimento do *leasing* financeiro; 2.3 O *lend and lease act*; 2.4 O *leasing* na década de 1950/1960. 3. O recente desenvolvimento do *leasing*: 3.1 O *leasing* nos Estado Unidos; 3.2 O *leasing* na Europa: 3.2.1 O *leasing* na Inglaterra; 3.2.2 O *leasing* na França; 3.2.3 O *leasing* na Alemanha; 3.2.4 O *leasing* na Itália; 3.2.5 O *leasing* na Bélgica; 3.2.6 O *leasing* em outros países Europeus; 3.3 O *leasing* no resto do mundo — **10/25**

— Interesses societários e extra-societários na administração das sociedades anônimas: a perspectiva brasileira — **55/9**

— Internacionalização, desestatização e mercado de capitais — **74/5**

— *Les groupements dans la vie économique* — **99/5**

— Novos aspectos do contrato de seguro — 1. Introdução — O mercado segurado. 2. A evolução do contrato de seguro. 3. O equilíbrio econômico-financeiro. 4. Da internacionalização. 5. A desburocratização e privatização do contrato de seguro. 6. O seguro-garantia. 7. Conclusões — **113/53**

— O acordo de acionistas e o poder de controle do acionista majoritário — 1. A configuração do controle societário e a transferência do poder de controle. 2. O controle da sociedade e o acordo de acionistas. 3. Validade e abrangência das disposições estatutárias e contratuais definidoras das relações entre acionistas controlador e acionista minoritário. 4. Conclusões — **110/7**

— O arresto e a indisponibilidade na Lei 6.024/1974 — I — Da evolução legislativa das normas de direito bancário no Brasil. II — Interpretação da legislação vigente: a) da interpretação literal e sistemática da lei vigente; b) da interpretação histórica; c) da interpretação lógica; d) conclusões da interpretação do texto legal; e) da inconversibilidade da indisponibilidade em arresto; f) a formalização da indisponibilidade não se confunde com o arresto. III — Indisponibilidade e arresto. IV — Da impossibilidade de concessão do arresto sem o preenchimento dos requisitos legais. V — Conclusões — **33/11**

— O banco múltiplo — **64/9**

— O direito de preferência e a incorporação de ações em outra sociedade — **46/5**

— O direito de privatização — A) Introdução e considerações gerais. B) As concessões. C) As licitações nas concessões. D) As concessões e o direito societário — **115/33**

— O espírito empresarial, a empresa e a reforma constitucional — **98/51**

— O mercado acionário e o governo — **85/5**

— O mercado de capitais no Brasil — **71/47**

— O mercado futuro de índices e os valores mobiliários — 1. Colocação do tema. 2. Significado jurídico da expressão "valores mobiliários": a) Os valores mobiliários no direito comparado; b) O conceito de valor mobiliário no direito brasileiro. 3. O mercado futuro de índice. 4. Conclusão — **57/5**

— O novo Código Civil e a evolução do regime jurídico dos contratos — **130/39**

— O papel pioneiro do direito bancário — I — A importância dos Bancos. II — A autonomia do direito bancário. III — Direito bancário e direito comercial. IV — A formação democrática do direito bancário e o modelo brasileiro. V — Confiança e responsabilidade no direito bancário — **27/13**

— O regime jurídico da comunhão de debenturistas e as condições de validade e oponibilidade das deliberações assembleares — I — Dos poderes da Assembléia no tocante aos direitos dos debenturistas: 1. Considerações gerais; 2. Direitos essenciais dos debenturistas; 3. Do abuso de direito e má-fé; 4. A sistemática do revogado Decreto-lei 781/1938; 5. As experiências estrangeiras — **94/5**

— O regime jurídico das ações escriturais — **67/17**

— *Obligaciones — Régimen jurídico* — Marcelo Urbano Salerno — **102/116**

— Os acordos de comercialização no direito brasileiro — I — Do regime legal vigente no Brasil. II — A jurisprudência administrativa do CADE. III — A regra da razão e a sua interpretação. IV — A posição do direito estrangeiro — **47/15**

— Os aspectos institucionais, jurídicos e econômicos da conversão e a necessidade de uma política normativa catalisadora — I — Considerações gerais. II — A conversão na área pública. III — Conclusões — **75/5**

— Os bancos múltiplos e o direito de recesso — I — Introdução. II — Do conceito de objeto social. III — Da identidade do setor de atividades entre Banco Central e as demais entidades do sistema financeiro e da política de formação dos conglomerados financeiros. IV — Conclusões — **87/5**

— Os efeitos da falência sobre a alienação fiduciária — **44/5**

— Os efeitos jurídicos da morte do usufrutuário de ações no tocante aos dividendos e bonificações (da interpretação do art. 205 da lei das sociedades anônimas) — I — Introdução. II — Do conceito de dividendo. III — Do direito do usufrutuário — **86/5**

— Os instrumentos de modernização do mercado de capitais em 1991 e o fortalecimento das empresas — **82/5**

— Solidariedade e fiança — 1. Introdução. 2. Da interpretação dos contratos bancários. 3. Da distinção entre fiança e obrigação solidária. 4. Da fiança comercial e civil. 5. Conclusões — **76/5**

— Término de concessão e direito de recesso — **40/29**

WALD, Arnoldo, & EIZIRIK, Nelson — A designação "grupo de sociedades" e a interpretação do art. 267 da Lei das S/A — 1. Colocação do problema. 2. Definições terminológicas e interpretação jurídica. 3. Grupos societários de fato e grupos de direito. 4. A norma do art. 267 da lei das sociedades anônimas: a) Finalidade da lei; b) A interpretação literal da lei e o seu sentido — **54/51**

— O regime jurídico das bolsas de valores e sua autonomia frente ao Estado — I — Introdução. II — Âmbito de atuação das bolsas de valores e sua caracterização no direito comparado. III — as bolsas de valores no jurídico brasileiro. IV — A natureza jurídica das bolsas de valores. V — A autonomia das bolsas de valores. VI — Conclusões — **61/6**

WALD, Arnoldo, & MICALI, Isabella Soares — *L'endettement et les nouvelles perspectives de la conversion de la dette en investissements al'heure des privatisations et du plan brady: l'experience bresilienne* — **98/15**

WALD, Arnoldo, & MORAES, Luiza Rangel de — Da legalidade da emissão de ações preferenciais para distribuição pública, por sociedade controlada por capitais estrangeiros — **105/19**

WALD, Arnoldo, & NÓBREGA, Maílson da — Privatização, minoritários e moralidade administrativa — **110/146**

WAMBIER, Luiz Rodrigues — Busca e apreensão na alienação fiduciária — **114/117**

XAVIER, Alberto — Natureza jurídica do certificado de registro de investimento estrangeiro — Alienação parcial de participações societárias e redução do capital social — 1. O certificado de registro como elemento formal do conceito de investimento estrangeiro. 2. Significado das referências do certificado em moeda estrangeira e em moeda nacional. 3. O certificado de registro como título representativo de direitos cambiais e não de direitos societários. 4. Operações de desinvestimento e redução do certificado de registro. a) Perda de substância econômica; b) Desinvestimento parcial; c) Critério da proporção e critério da diferença na alienação parcial de participações societárias (i) Critério da proporção; d) Crítica do critério da proporção. 5. Efeitos da redução do capital social no Certificado de Registro — **69/39**

— Problemas jurídicos das filiais de sociedade estrangeiras no Brasil e de sociedades brasileiras no exterior — a) Colocação e âmbito do problema. b) Reconhecimento e funcionamento de sociedades estrangeiras. c) As filiais como estabelecimentos comerciais. d) Inexistência de personalidade jurídica. e) Aspectos tributários. f) Relações externas das filiais. g) Relações internas entre filial e matriz — **39/76**

XAVIER, José Tadeu Neves — A teoria da desconsideração da pessoa jurídica no novo Código Civil — **128/138**

— Reflexões sobre os contratos cativos de longa duração — **135/26**

YAMASHITA, Douglas — Dos destinatários da oferta pública na alienação de controle da companhia aberta — **131/206**

YANAGAWA, Sílvio Hitoshi — Contratos entre sociedades e seus administradores. Conflito de interesses — 1. Introdução. 2. Enquadramento dos contratos; 3. Da decisão sobre a celebração. Órgão competente. Critério e conseqüências. 4. Conclusão — **20/115**

— Das compensações múltiplas (*nettings*) nos *swaps* e *derivatives* internacionais — **96/58**

YAZBEK, Otavio — O regime das participações societárias recíprocas e as sociedades por quotas de responsabilidade limitada — 1. Objeto. 2. Metodologia. 3. Problemática dos grupos de sociedades. 4. As participações societárias recíprocas. 5. Aplicabilidade da Lei 6.404/1976 às sociedades por quotas de responsabilidade limitada. 6. Os objetivos da vedação às participações societárias recíprocas. 7. Os riscos de caráter patrimonial provenientes das participações recíprocas. 8. Os riscos de caráter organizativo proveniente das participações recíprocas. 9. Conclusões — **109/54**

— Política econômica, legislação societária e aplicação do direito da concorrência no Brasil — **117/136**

— Privatizações e relação entre interesses públicos primários e secundários — As alterações na legislação societária brasileira — **120/100**

ZANINI, Carlos Klein — A doutrina dos *fiduciary duties* no direito norte-americano e a tutela das sociedades e acionistas minoritários frente aos administradores das sociedades anônimas — **109/137**

ZAVASCKI, Teori Albino — Liquidação extrajudicial e correção monetária — 1. Introdução. 2. Correção monetária. 3. A intervenção do Estado na ordem econômica. 4. Submissão dos credores à via administrativa. 5. Conclusões — **57/30**

ZENUM JUNQUEIRA, Luiz — Natureza jurídica do contrato bancário — 1. Introdução. 2. Contrato bancário. 3. Missão do juiz. 4. Saldo devedor. 5. Comissão de permanência. 6. Multa contratual. 7. Aval. 8. Verba advocatícia. 9. Conclusão — **70/39**

ZIMMERMANN, Dennys — O aviso de sinistro no direito brasileiro — Existe um "princípio do prejuízo"? — A insubsistência do Enunciado 229 do STJ e a exegese do art. 771 do Código Civil de 2002 em consonância com o princípio da boa-fé objetiva — **135/44**

ZYLBERSZTAJN, Décio, & SZTAJN, Rachel — A economia e o direito de propriedade — **126/112**

ZYLBERSZTAJN, Décio, SZTAJN, Rachel, GORGA, Érica Cristina Rocha, & SCARE, Roberto Fava — Relevância para transformação das instituições no Brasil contemporâneo — **126/101**

GRÁFICA PAYM
Tel. (011) 4392-3344
paym@terra.com.br